au bord des routes

1. TOURTERELLE TRISTE
2. MOINEAU DOMESTIQUE
3. QUISCALE BRONZÉ
4. ÉTOURNEAU SANSONNET
5. VACHER À TÊTE BRUNE
6. CAROUGE À ÉPAULETTES
7. MARTIN-PÊCHEUR D'AMÉRIQUE
8. GEAI BLEU
9. MOQUEUR POLYGLOTTE
10. BRUANT CHANTEUR
11. PIE-GRIÈCHE
12. PIC FLAMBOYANT
13. MERLE-BLEU DE L'EST
14. ENGOULEVENT D'AMÉRIQUE
15. MERLE D'AMÉRIQUE
16. PLUVIER KILDIR
17. FAISAN DE CHASSE
18. HIRONDELLE NOIRE
19. HIRONDELLE DES GRANGES
20. HIRONDELLE À FRONT BLANC
21. CRÉCERELLE D'AMÉRIQUE
22. CARDINAL ROUGE
23. STURNELLE DES PRÉS
24. TYRAN TRITRI
25. ALOUETTE CORNUE
26. MOUCHEROLLE PHÉBI
27. COLIN DE VIRGINIE
28. CORNEILLE D'AMÉRIQUE

Les oiseaux

de l'est de l'Amérique du Nord

LES GUIDES PETERSON

Les oiseaux
de l'est de l'Amérique du Nord

texte et illustrations de
ROGER TORY PETERSON

cartes de
VIRGINIA MARIE PETERSON

traduction de
Philippe Blain, André Cyr, Ph.D.
Normand David et Michel Gosselin

Recommandé par la National Audubon Society
et la National Wildlife Federation

ÉDITIONS
BROQUET INC
CASE POSTALE 310, LAPRAIRIE, QC CANADA J5R 3Y3 TÉL.: 514-659-4819

Un mot de la conservation

Les oiseaux sont indéniablement de charmants visiteurs qui font plaisir à voir. Sensibles à l'environnement, ils sont de parfaits indicateurs de notre milieu de vie, une sorte de «papier tournesol écologique», et par le fait même ils doivent signifier pour nous beaucoup plus qu'un simple gros-bec ou mésange venant égayer notre jardin, qu'une gélinotte ou canard dans la gibecière du chasseur, qu'une paruline rare ou un bécasseau pointés sur la liste des oiseaux observés. L'observation des oiseaux conduit inévitablement à un souci de l'environnement.

Aidez la cause de la conservation de la faune en participant activement à l'oeuvre d'une société de conservation ou d'histoire naturelle.

titre original:

Peterson Field Guides
Eastern Birds
publié par Houghton Mifflin Compagny, Boston

Copyright © 1980 by Roger Tory Peterson
All right reserved.

pour l'édition en langue française:

Copyright © 1989
Éditions Marcel Broquet Inc.
Dépôt légal — Bibliothèque nationale du Québec
2e trimestre 1989

ISBN 2-89000-250-0

À la mémoire de
CLARENCE E. ALLEN
et
WILLIAM VOGT

Les chants et les cris des oiseaux

On ne peut faire entrer dans un guide de poche tout ce qui peut servir à l'identification des oiseaux. Dans les descriptions des espèces, l'auteur ajoute de brefs commentaires tout à fait personnels sur la **voix**, en tentant de donner au lecteur quelque indication verbale sur le chant ou le cri qu'il entend. Les auteurs de livres d'ornithologie ont tenté, avec un succès variable, de traduire les chants en syllabes, en mots et en phrases. Certains ont utilisé des notations musicales, des descriptions comparatives et même des codes ingénieux. La venue des enregistrements a éclipsé ces anciennes techniques. L'enregistrement a également permis l'utilisation d'une nouvelle représentation visuelle, le sonogramme, mais la plupart des gens n'ont pas les prédispositions requises pour pouvoir l'interpréter facilement.

Utilisez donc le *Field Guide to Bird Songs* (n° 1R de la série des guides Peterson). Il se vend sous la forme d'un coffret de deux microsillons de 30 cm, ou sous la forme de cassettes. Dans ce répertoire exhaustif, on retrouvera les chants et les cris de plus de 200 espèces, tant terrestres qu'aquatiques, soit un fort pourcentage de toutes les espèces présentes dans l'est et le centre de l'Amérique du Nord. Avant de partir en excursion, écoutez les enregistrements pour vous préparer; lisez ensuite les descriptions des chants dans le guide: vous y trouverez des indices utiles et une analyse complémentaire. Pour apprendre les chants — et certains ornithologues font 90 pour cent de leurs identifications à l'oreille — rien ne peut remplacer les chants eux-mêmes.

Introduction

En 1934 paraissait mon premier *Field Guide*, sur l'avifaune de l'Amérique du Nord à l'est du 90e méridien. Ce guide était conçu pour que les oiseaux vivants puissent être identifiés aisément à distance par leurs caractéristiques externes, sans devoir recourir à la méthode du spécimen en main qu'utilisaient les premiers naturalistes. Durant les cinquante dernières années, les jumelles et le télescope ont donc remplacé le fusil sur le terrain.

Le «**système Peterson**», comme on l'appelle aujourd'hui, est basé sur des dessins schématiques et des flèches indiquant les principales caractéristiques. Ces illustrations quelque peu simplifiées et la comparaison directe entre espèces semblables sont l'essentiel de ce système pratique reconnu non seulement en Amérique du Nord mais aussi en Europe, où des guides du genre existent aujourd'hui en 12 langues. Ce système qui est, en un sens, une clé illustrée basée sur des observations visuelles immédiates plutôt que sur des caractères techniques, a été appliqué à d'autres branches des sciences naturelles: la série de guides Peterson compte maintenant plus d'une vingtaine de titres, dont certains paraîtront sous peu en français.

La présente édition de ce guide, vaisseau amiral de la collection, compte 136 planches. Toutes les espèces sont représentées en couleurs; certaines sont également illustrées en noir, mais seulement lorsque les motifs de l'oiseau en vol sont mieux représentés de la sorte.

On trouvera également 390 cartes en couleurs. Ma femme, Virginia Marie, et moi-même les avons établies ensemble, puis elle les a dessinées avec minutie. Ses compétences avaient déjà été mises à contribution au Centre de recherche et de développement de la Garde côtière américaine, où elle a élaboré des méthodes exactes d'identification des déversements de pétrole par spectroscopie infrarouge. Elle a écrit le premier *Infrared Field Manual for Oil Spill Identification*.

Avec cette quatrième édition, le *Field Guide to the birds* a atteint la maturité. Il y a de cela des années, j'avais conclu que, pour fins de comparaison, le nombre idéal d'espèces par planche en couleurs, était 4 (plutôt que de 10 à 12 comme dans les éditions antérieures), mais le coût avait empêché cette présentation idéale. En fait, il n'y avait que 4 planches en couleurs et 26 en noir dans l'édition de 1934. En 1939, 4 nouvelles planches en noir se sont ajoutées. Lorsque le livre a été révisé en profondeur en 1947, et que le territoire couvert a été étendu jusqu'au 100e méridien, toutes les anciennes planches ont été remplacées par 60 nouvelles, dont 36 en couleurs. Le succès du guide et du système pratique qu'il utilise a crû constamment au cours des années; les coûts de distribution et les progrès techniques dans l'impression offset permettent maintenant de surmonter les contraintes antérieures.

L'utilisateur de ce guide trouvera un grand changement de présentation particulièrement utile: les descriptions des espèces font face aux illustrations. Au cours des années, de nombreux observateurs d'oiseaux m'avaient pressé d'adopter cette présentation. Je suis fier de pouvoir faciliter ainsi le travail de consultation dans la présente édition.

Territoire couvert par le guide: Ce guide couvre l'Amérique du Nord à l'est du 100ᵉ méridien comme l'illustre la carte en p. 16. Une limite écologique est plus utile qu'une limite politique arbitraire. Aux États-Unis, la division logique de l'avifaune se situe dans une bande se trouvant entre le 100ᵉ méridien (au milieu de l'Oklahoma, du Kansas, du Nebraska et des Dakotas) et le pied des Rocheuses. Cette limite n'est certes pas précise, mais les habitants de cette «zone grise écologique» trouveront dans *A Field Guide to Western Birds* toutes les espèces qu'ils sont susceptibles d'y rencontrer. En règle générale, les oiseaux de l'est remontent les vallées vers l'ouest, alors que les espèces de l'ouest s'avancent vers l'est dans les hautes-terres plus arides. Au Canada, l'influence orientale s'étend beaucoup plus loin à l'ouest, les oiseaux de l'est comblant la zone de transition jusqu'aux Rocheuses via la forêt de conifères au nord de la Prairie.

Les oiseaux qui habitent l'est du Texas sont traités adéquatement dans le présent guide. Quant à ceux de la vallée du Rio Grande et des côtes centrale et méridionale de l'État où de nombreuses espèces de l'ouest atteignent la limite de leur répartition et quelques oiseaux mexicains s'y rencontrent, ils sont présentés dans *A Field Guide to the Birds of Texas* (nº 13 de la série Peterson). Le Texas est le seul État américain doté de son propre guide.

Cartes: Des cartes détaillées des aires de répartition sont réunies en annexe à la fin du livre. La plupart des échelles utilisées permettant d'indiquer les limites des provinces et des États, les aires de répartition n'en sont que plus précises. Les notes figurant sur les cartes sont autant de renseignements supplémentaires. Le coin gris des pages de cartes facilite leur repérage. Notre connaissance de la répartition des espèces se précisent continuellement grâce à la prolifération des ornithologues amateurs. En groupant ainsi les cartes, il sera facile de les mettre périodiquement à jour sans devoir remanier le reste de l'ouvrage.

Bien que les cartes de répartition continentale de certains oiseaux (oiseaux-gibiers, oiseaux de mer) figurent déjà dans le *Handbook of North American Birds* (R.S. Palmer) et dans d'autres ouvrages, Mme Peterson et moi-même avons établi nos propres cartes à partir de documents régionaux et d'États, mais nous les avons trouvés de qualité très inégale. Nous recommandons expressément à quiconque prépare une publication de ce type de le faire consciencieusement et d'y inclure des cartes. Les territoires suivants disposent d'ouvrages dotés de cartes: Canada, (W.E. Godfrey), Alabama (T.A. Imhof), Floride (A. Sprunt; H.M. Stevenson), Kentucky (R.M. Mengel), Maryland (R.E. Stewart et C. Robbins), Minnesota (J.C. Green et R.B. Janssen), New York (J. Bull), Nord-Dakota (R.E. Stewart), Pennsylvanie (W.E.C. Todd; E.L. Poole), Sud-Dakota (*South Dakota Ornithologists Union*), Texas (H.C. Oberholser et E.B. Kincaid, Jr.), Wisconsin (O.J. Gromme; S. Robbins) et les États de la Prairie (P.A. Johnsgard). Les cartes de répartition des oiseaux qui nichent au Canada apparaissent dans *Les oiseaux du Canada* de W.E. Godfrey. Quinze autres États et provinces disposent de bons ouvrages malheureusement dépourvus de cartes. À l'aide de tous ces ouvrages, nous avons réussi à esquisser un bon nombre de cartes approximatives, parfois incertaines. Six ou sept États ne disposent de rien d'autre que de quelques listes locales, certaines imprécises. Nous avons consulté tous les ouvrages régionaux et d'États de la bibliographie annotée préparée par S.R. Drennan et incluse dans le *Special Book Supplement* publié par *American Birds*, ainsi que les dossiers de cette revue rédigée sous la direction de R. Arbib (*National Audubon Society*, 950 Third Ave., New York, N.Y. 10022).

Aires de répartition. Certaines espèces se sont ajoutées à l'avifaune de l'est de l'Amérique du Nord depuis la parution de ce guide en 1947. Notamment, le Héron garde-boeufs s'est multiplié et propagé remarquablement depuis qu'il est arrivé de ses propres ailes aux États-Unis vers 1952. La progression du Roselin familier, relaché à l'origine par des oiseliers, a été tout aussi rapide. Certains visiteurs exceptionnels, comme la Mouette pygmée et la Mouette rieuse de l'Ancien-Monde, sont devenus réguliers et commencent à nicher ici. Le Goéland brun pourrait faire de même. Plusieurs oiseaux exotiques, s'étant échappés de captivité, se sont bien acclimatés, en particulier en Floride.

L'aire de nombreuses espèces a changé considérablement au cours des trente ou quarante dernières années. Certains oiseaux ont progressé, grâce à la protection dont ils font l'objet depuis longtemps; d'autres ont diminué de façon alarmante ou ont disparu dans certaines parties de leur aire à la suite de changements du milieu. L'engouement pour les mangeoires a contribué à étendre l'aire du Cardinal rouge, de la Mésange bicolore, du Gros-bec errant, de la Tourterelle triste et de plusieurs autres oiseaux. Le guide Peterson a sans doute joué un rôle significatif dans ces expansions d'aire, en faisant connaître les oiseaux à tant de gens.

Dessins et photos: À cause des exigences grandissantes des amateurs d'oiseaux, j'ai poussé le détail de mes nouvelles illustrations, tout en m'efforçant de conserver l'aspect schématique utilisé dans les éditions antérieures. Un dessin peut mettre en lumière les traits caractéristiques tellement mieux qu'une photo! La photo enregistre un moment fugace; un dessin est la synthèse de l'expérience de l'artiste. Le dessinateur peut corriger, mettre en valeur une caractéristique, supprimer les détails inutiles.

Il peut choisir la pose et mettre en relief les couleurs et la livrée de base sans qu'elles soient modifiées par la lumière et l'ombre du moment. La photo est sujette aux caprices de la température des couleurs, de la marque du film, de l'heure du jour, de l'angle de la prise, du talent du photographe et, avouons-le, de la chance. Le dessinateur a plus de latitude et plus de contrôle, même s'il se réfère à l'occasion à des photos. Je ne veux pas me lancer dans une diatribe contre la photographie: étant moi-même un photographe obsessionnel en plus d'être un artiste, je suis bien conscient des différences. La photo peut capter l'intimité de la vie, mais un bon dessin est vraiment plus instructif.

Races: Les races correspondent à de simples subdivisions dans l'aire géographique d'une espèce. Elles se distinguent habituellement par des caractéristiques morphologiques subtiles comme, entre autres, de légères différences dans les mensurations et dans la couleur. Ces catégories ne peuvent généralement être identifiées que par la comparaison des oiseaux en main avec des collections de spécimens naturalisés. Souvent vagues, les distinctions sont rarement apparentes sur le terrain et ne devraient pas préoccuper l'observateur. Exemple: le Troglodyte familier de la côte atlantique (*Troglodytes aedon aedon*) ne diffère que très légèrement de celui des Appalaches (*T.a. baldwini*) et appartient à une race différente. Seul un expert pourrait les distinguer, en comparant des séries de spécimens. Contrairement à l'espèce, la race ne constitue pas une population isolée au niveau de la reproduction; en d'autres termes, les individus de deux races peuvent se reproduire ensemble si leurs populations respectives viennent en contact.

Les races ont de l'importance pour l'étude de la répartition et de l'évolution des oiseaux et ont un intérêt pratique en conservation et en gestion de la faune. Le cas échéant, le professionnel ou l'universitaire pourront se référer à la liste de l'*American Ornithologists Union* qui donne le détail des races et de leur aire. Ne nous préoccupons donc pas des races. On en donnait la liste dans les éditions précédentes, mais les pages qui leur étaient consacrées ont été mieux utilisées dans la présente édition. Certaines races sont cependant identifiées lorsque les distinctions sont évidentes sur le terrain. L'exemple le plus connu et le plus controversé est celui de l'Oriole «de Baltimore», aujourd'hui regroupé avec l'Oriole «à ailes blanches» sous le nouveau nom d'Oriole du Nord. Signalons également la Paruline «d'Audubon» (race de la Paruline à croupion jaune), le Junco «à dos roux» (race du Junco ardoisé) et le Bruant «d'Ipswich» (race du Bruant des prés).

Remerciements: William Vogt, le premier rédacteur en chef du magazine *Audubon*, m'avait suggéré de réaliser un guide en utilisant mes méthodes d'enseignement de l'identification sur le terrain. Il fut ma bougie d'allumage. J'avais déjà écrit des articles sur le sujet pour le magazine *Nature* (goélands et mouettes) et pour *Field and Stream* (canards). Vogt et moi-même excursionnions souvent durant mes années de beaux-arts et lorsque nous étions tous deux à l'emploi de la *National Audubon Society*. Il devait se distinguer plus tard comme l'un des premiers gourous du mouvement écologique.

Durant ma jeunesse, il n'existait pas de bon guide d'oiseaux au sens moderne du terme. J'utilisais le petit *Reed's Bird Guide*, du format d'un chéquier, mais ce n'est qu'après avoir rencontré les jeunes membres du *Bronx County Bird Club*, Allan Cruickshank, Richard Herbert, Joseph Hickey, Irving Kassoy et les frères Kuerzi, que j'ai vraiment appris à connaître les oiseaux. Nous devions tous notre motivation et notre savoir à Ludlow Griscom du *Museum of Comparative Zoology* de Cambridge (Massachusetts). Il représentait le tribunal de dernière instance en matière d'identification sur le terrain et c'est à lui que je recourais toujours pour un jugement final sur les espèces difficiles et les problèmes épineux. Pendant toute la préparation des premières éditions de ce guide, il m'a généreusement fait bénéficier de sa riche et longue expérience sur le terrain. Charles A. Urner d'Elizabeth (New-Jersey), dont la spécialité était les oiseaux aquatiques, a gracieusement commenté mon premier manuscrit. Francis H. Allen de Boston, mon premier éditeur, fit de même. Il a fourni de nombreuses notes précieuses; je lui dois également le polissage du texte original et des deux versions suivantes.

Je ne donnerai pas à nouveau la liste des cent personnes ou plus qui m'ont fourni des notes ou aidé autrement pour les éditions antérieures. Leurs noms figurent dans la préface de l'édition de 1947. Cependant, je voudrais remercier ici ceux qui m'ont offert leurs suggestions pour la présente édition, ou qui m'ont aidé d'autres manières: Ira J. Abramson, E. Ahlquist. Forrest Alexander, Horace Alexander, Robert Arbib, Mme R.A. Arny, Elisha Atkins, Harold et Rachel Axtell, H.D. Bain, James Baird, Wesley Biggs, Dr. J.D. Black, Don Bleitz, Bradford G. Blodget, Leonard C. Brecher, Paul Brooks, Maurice Broun, Carter Bundy, A. Chamberlain, J. Cohn, C. Collins, Mme C.N. Collister, G.D. Constantz, R. Crawford, Davis Crompton, Mme Allan D. Cruickshank, Robert H. Curry, Owen Davies, Susan Roney Drennan, Sam Elliot, Owen W. Ellis, John G. Ericson, Richard Ferren, John Farrand, Jr., Mme Bradley Fisk, E.R. Ford, N.L. Ford, William Foster, Mme Leonard I. French, Peter Gilchrist, F. Gill, Earl Greene, Fred Hall, Samuel A. Harper, Mlle O.C. Hazlett, Donald S. Heintzelman, Fred J. Helgren, R.E. Herman, Philip B. Heywood, Joseph J. Hickey, D.H. Hirth, Stuart Houston, J.B. Hubbard, S.H. Hubbard, Sara Hugus, H. Roy Ivor, Joseph R. Jehl, Jr., Herbert W. Kale II, J. Kleiman, John Lane, David Lank, M.A. Linton, Mme R. Cutler Low, George H. Lowery, Jr., J. Ludwig, Elizabeth F. MacDonald, J. Steven Makasa, Carl Maslowski, Russell Mason, Ian McLaren, Gordon M. Meade, James, K. Merrit, Roy Moore, J. Morlan, B.G. Murray, Jr., Robert J. Newman, Isabel O'Brien, John Ogden, Oscar T. Owre, Henry E. Parmer, Wayne Peterson, Allan R. Phillips, Helen Phillips, Charles Chauncey Pool, Peter Post, J.S. Prendergast, Frank W. Preston, Noble Proctor, J.V. Remsen, Tudor Richards, Sam Robbins, William

B. Robertson, Jr., Dudley et Vivian Ross, William C. Rowe, Alvah W. Sanborn, D.B.O. Saville, F.G. Scheider, Fritz Scheider, Seymour Schiff, Ralph Schreiber, Paul W. Schueler, Charles W. Schulze, Frank Shields, William J. Sladen, Mme Charles L. Smith, Doug Smith, J. Murray Speirs, Sally Spofford, Henry M. Stevenson, Robert W. Storer, M. et Mme S.J. Strickler, Robert Sundell, Wendell Taber, Harrison B. Tordoff, Mary M. Tremaine, Peter Vickery, Robert B. Weeden, F.D. Weinstein, Harold Werner, Mimi Westervelt, Francis M. Weston, S.F. White, David Wingate, P. Woodward, William Shepherd et Paul Sykes.

Pour l'aide fournie dans la préparation des cartes, Mme Perterson et moi-même sommes particulièrement obligés envers Noble Proctor, le Rév. Sam Robbins, Richard Ferren, Wayne Peterson et Peter Vickery.

Les spécimens naturalisés qui ont servi à la préparation des nouvelles planches en couleur proviennent presque entièrement du Musée d'histoire naturelle de New York. Je suis profondément reconnaissant envers les conservateurs et le personnel du Département d'ornithologie du Musée pour leur aide, en particulier envers Dean Amadon, John Bull, Allan O'Connor, Eugen Eisenmann, John Farrand et Wesley Lanyon.

Je veux exprimer une gratitude toute spéciale à Cornelia Eastland, Elaine Giambattista, Kerry Pado et Barbara C. Peterson pour leur travail de secrétariat et de soutien administratif en rapport avec cet ouvrage, et particulièrement à Charles W. Schulze qui a tapé et retapé plusieurs fois le manuscrit définitif. Les membres du personnel de la maison Houghton Mifflin qui ont dû se débrouiller avec les corrections, la production et la publication de la présente édition sont Morton Baker, Carol Goldenberg, Richard McAdoo, Austin Olney, Stephen Pekich, Richard Tonachel et surtout Lisa Fisher, Peggy Burlet et James Thompson, qui sont des modèles de minutie.

La qualité des couleurs est le résultat d'une collaboration étroite avec l'imprimeur, Case-Hoyt de Rochester (New York); le travail de Anson Hosley, Directeur de la recherche du développement, de Gary Meicht, Directeur technique et de Paul Nederlk a été précieux. Madame Peterson a revu attentivement toutes les épreuves des cartes avec Charles Cruickshank, W.C. Pevc et D.L. Milligan. En plus du talent de ces artisans et de ceux du service de la production chez Houghton Mifflin, dirigé par Morton Baker, j'ai également profité des compétences en matière de couleurs de Ian Ballantine ainsi que de Robert et Richard Lewin de la maison Mill Pond Press, qui a produit des tirages limités de mes dessins d'oiseaux.

L'espace me manque pour énumérer ici encore la masse de documents ornithologiques digérés en vue de la préparation des premières éditions du *Field Guide*, de même que les ouvrages d'envergure régionale, les listes, les mémoires et les périodiques qui sont entrés dans la préparation de la présente édition. Je les ai tous consultés minutieusement. La liste de ces sources est en dossier dans ma bibliothèque.

Table des matières

TABLE DES MATIÈRES

TERRITOIRE COUVERT PAR
LE GUIDE

L'est et le centre de l'Amérique du Nord, jusqu'au 100ᵉ méridien environ, incluant l'Arctique canadien mais non le sud du Texas.

T.-N.-O

Baie
d'Hudson

LAB.

T.-N.

MANITOBA

QUEBEC

N.-B.

ONTARIO

ME

T.-N.

VT

N.-H.

N.-D.

MINN.

N.-Y.

MASS.

S.-D.

WISC.

MICH.

CONN.

PENN.

N.-J.

NEBR.

IOWA

ILL.

IND

OHIO

VIRG
OCC

DEL.
MD

Océan
Atlantique

KANS.

MO

KY

VIRG.

TENN.

CAR. du N

OKL.

ARK.

CAR. du S

MISS.

ALAB.

GEOR.

TEXAS

LOUIS.

FLOR

Golfe
du Mexique

Liste systématique

On peut tenir une liste de contrôle en cochant les espèces que l'on observe.

La présente liste couvre le territoire situé à l'est du 100e méridien. Elle ne comprend que les espèces décrites et illustrées dans le corps de ce guide. En sont exclues les espèces exceptionnelles, introduites et échappées, qui sont énumérées ou illustrées aux pp. 290-304, ainsi que certains des psittacidés d'origine captive décrits aux pp. 178-179, mais ces espèces exceptionnellement observées peuvent être rajoutées dans l'espace laissé libre à la fin de cette liste.

Dans cette liste, les espèces sont d'abord groupées à l'intérieur d'un ordre (terminaison latine *-iformes*), ensuite dans une famille (terminaison *-idae*) et parfois dans une sous-famille (terminaison *-inae*) ou une tribu (terminaison *-ini*). La liste suit la plus récente classification établie par l'*American Ornithologists' Union* (34e supplément de la liste de l'*A.O.U.*).

Le texte de ce guide est une traduction intégrale de l'édition américaine originale qui suivait une classification antérieure. Le lecteur pourra toutefois retracer les changements intervenus en comparant les groupes d'espèces constitués en familles et sous-familles dans le texte à ceux de la liste systématique.

Les noms américains et scientifiques (latins) donnés aux espèces sont ceux établis par l'*A.O.U.* Les noms français sont ceux établis par Ouellet et Gosselin (*Les noms français des oiseaux d'Amérique du Nord*, Syllogeus n° 43. Musée national des Sciences naturelles du Canada. Ottawa, 1983). Le nom usité en Europe francophone désignant une espèce holarctique est inscrit entre parenthèses quand il diffère du nom canadien.

GAVIIFORMES
Gaviidae
__ HUART À GORGE ROUSSE
__ HUART DU PACIFIQUE
__ HUART À COLLIER
__ HUART À BEC BLANC

PODICIPEDIFORMES
Podicipedidae
__ GRÈBE À BEC BIGARRÉ
__ GRÈBE CORNU
__ GRÈBE JOUGRIS
__ GRÈBE À COU NOIR
__ GRÈBE ÉLÉGANT

PROCELLARIIFORMES
Procellariidae
__ FULMAR BORÉAL
__ DIABLOTIN ERRANT
__ DIABLOTIN DES BERMUDES
__ PUFFIN CENDRÉ
__ PUFFIN MAJEUR
__ PUFFIN FULIGINEUX
__ PUFFIN DES ANGLAIS
__ PUFFIN D'AUDUBON
Hydrobatidae
__ PÉTREL OCÉANITE
__ PÉTREL CUL-BLANC

PELECANIFORMES
Phaethontidae
__ PETIT PAILLE-EN-QUEUE
Sulidae
__ FOU MASQUÉ
__ FOU BRUN
__ FOU DE BASSAN
Pelecanidae
__ PÉLICAN BLANC D'AMÉRIQUE
__ PÉLICAN BRUN
Phalacrocoracidae
__ GRAND CORMORAN
__ CORMORAN À AIGRETTES
__ CORMORAN OLIVÂTRE
Anhingidae
__ ANHINGA D'AMÉRIQUE
Fregatidae
__ FRÉGATE SUPERBE

CICONIIFORMES
Ardeidae
__ BUTOR D'AMÉRIQUE
__ PETIT BUTOR
__ GRAND HÉRON
__ GRANDE AIGRETTE
__ AIGRETTE NEIGEUSE
__ AIGRETTE BLEUE
__ AIGRETTE TRICOLORE
__ AIGRETTE ROUSSÂTRE
__ HÉRON GARDE-BOEUFS
__ HÉRON VERT
__ BIHOREAU À COURONNE NOIRE
__ BIHOREAU VIOLACÉ
Threskiornithidae
__ IBIS BLANC
__ IBIS FALCINELLE
__ IBIS À FACE BLANCHE
__ SPATULE ROSÉE
Ciconiidae
__ TANTALE D'AMÉRIQUE

PHOENICOPTERIFORMES
Phoenicopteridae
__ FLAMANT ROSE

ANSERIFORMES
Anatidae

Anserinae
Dendrocygnini
__ DENDROCYGNE FAUVE
Cygnini
__ CYGNE SIFFLEUR
__ CYGNE TUBERCULÉ
Anserini
__ OIE RIEUSE
__ OIE DES NEIGES
__ OIE DE ROSS
__ BERNACHE CRAVANT
__ BERNACHE NONNETTE
__ BERNACHE DU CANADA
Anatinae
Cairinini
__ CANARD BRANCHU
Anatini
__ SARCELLE À AILES VERTES
__ CANARD NOIR
__ CANARD BRUN
__ CANARD COLVERT
__ CANARD PILET
__ SARCELLE À AILES BLEUES
__ SARCELLE CANNELLE
__ CANARD SOUCHET
__ CANARD CHIPEAU
__ CANARD SIFFLEUR D'EUROPE
__ CANARD SIFFLEUR D'AMÉRIQUE
Aythyini
__ MORILLON À DOS BLANC
__ MORILLON À TÊTE ROUGE
__ MORILLON À COLLIER
__ FULIGULE MORILLON
__ GRAND MORILLON
__ PETIT MORILLON
Mergini
__ EIDER À DUVET
__ EIDER À TÊTE GRISE
__ CANARD ARLEQUIN
__ CANARD KAKAWI
__ MACREUSE À BEC JAUNE
__ MACREUSE À FRONT BLANC
__ MACREUSE À AILES BLANCHES
__ GARROT À OEIL D'OR
__ GARROT DE BARROW
__ PETIT GARROT
__ BEC-SCIE COURONNÉ
__ GRAND BEC-SCIE
__ BEC-SCIE À POITRINE ROUSSE
Oxyurini
__ CANARD ROUX

FALCONIFORMES
Cathartidae
__ URUBU NOIR
__ URUBU À TÊTE ROUGE
Accipitridae
Pandioninae
__ BALBUZARD
Accipitrinae
__ MILAN À QUEUE FOURCHUE
__ ÉLANION BLANC

__ MILAN DES MARAIS
__ MILAN DU MISSISSIPPI
__ PYGARGUE À TÊTE BLANCHE
__ BUSARD SAINT-MARTIN
__ ÉPERVIER BRUN
__ ÉPERVIER DE COOPER
__ AUTOUR DES PALOMBES
__ BUSE À ÉPAULETTES
__ PETITE BUSE
__ BUSE À QUEUE COURTE
__ BUSE DE SWAINSON
__ BUSE À QUEUE ROUSSE
__ BUSE ROUILLEUSE
__ BUSE PATTUE
__ AIGLE ROYAL

Falconidae
Polyborini
__ CARACARA HUPPÉ
Falconini
__ CRÉCERELLE D'AMÉRIQUE
__ FAUCON ÉMERILLON
__ FAUCON PÈLERIN
__ FAUCON GERFAUT

GALLIFORMES
Phasianidae
Phasianinae
__ PERDRIX GRISE
__ FAISAN DE CHASSE
Tetraoninae
__ TÉTRAS DU CANADA
__ LAGOPÈDE DES SAULES
__ LAGOPÈDE DES ROCHERS
__ GÉLINOTTE HUPPÉE
__ GRANDE POULE-DES-PRAIRIES
__ PETITE POULE-DES-PRAIRIES
__ GÉLINOTTE À QUEUE FINE
Meleagridinae
__ DINDON SAUVAGE
Odontophorinae
__ COLIN DE VIRGINIE
__ COLIN ÉCAILLÉ

GRUIFORMES
Rallidae
__ RÂLE JAUNE
__ RÂLE NOIR
__ RÂLE DE GENÊTS
__ RÂLE GRIS
__ RÂLE ÉLÉGANT
__ RÂLE DE VIRGINIE
__ RÂLE DE CAROLINE
__ GALLINULE VIOLACÉE
__ POULE-D'EAU
__ FOULQUE D'AMÉRIQUE
Aramidae
__ COURLAN
Gruidae
__ GRUE DU CANADA
__ GRUE BLANCHE D'AMÉRIQUE

CHARADRIIFORMES
Charadriidae
__ PLUVIER ARGENTÉ
__ PLUVIER DORÉ D'AMÉRIQUE
__ GRAVELOT À COLLIER
   INTERROMPU
__ PLUVIER DE WILSON
__ GRAND GRAVELOT
__ PLUVIER SEMIPALMÉ
__ PLUVIER SIFFLEUR
__ PLUVIER KILDIR
Haematopodidae
__ HUÎTRIER D'AMÉRIQUE
Recurvirostridae
__ ÉCHASSE D'AMÉRIQUE
__ AVOCETTE D'AMÉRIQUE
Scolopacidae
Scolopacinae
__ GRAND CHEVALIER
__ PETIT CHEVALIER
__ CHEVALIER SOLITAIRE
__ CHEVALIER SEMIPALMÉ
__ CHEVALIER BRANLEQUEUE
__ MAUBÈCHE DES CHAMPS
__ COURLIS ESQUIMAU
__ COURLIS CORLIEU
__ COURLIS À LONG BEC
__ BARGE HUDSONIENNE
__ BARGE MARBRÉE
__ TOURNEPIERRE À COLLIER
__ BÉCASSEAU MAUBÈCHE
__ BÉCASSEAU SANDERLING
__ BÉCASSEAU SEMIPALMÉ
__ BÉCASSEAU D'ALASKA
__ BÉCASSEAU MINUSCULE
__ BÉCASSEAU À CROUPION BLANC
__ BÉCASSEAU DE BAIRD
__ BÉCASSEAU À POITRINE
   CENDRÉE
__ BÉCASSEAU VIOLET
__ BÉCASSEAU VARIABLE
__ BÉCASSEAU COCORLI
__ BÉCASSEAU À ÉCHASSES
__ BÉCASSEAU ROUSSÂTRE
__ BÉCASSEAU COMBATTANT
__ BÉCASSEAU ROUX
__ BÉCASSEAU À LONG BEC
__ BÉCASSINE DES MARAIS
__ BÉCASSE D'AMÉRIQUE
Phalaropodinae
__ PHALAROPE DE WILSON
__ PHALAROPE HYPERBORÉEN
__ PHALAROPE ROUX
Laridae
Stercorariinae
__ LABBE POMARIN
__ LABBE PARASITE
__ LABBE À LONGUE QUEUE
__ GRAND LABBE
__ LABBE ANTARCTIQUE

LISTE SYSTÉMATIQUE

Larinae
__ MOUETTE À TÊTE NOIRE
__ MOUETTE DE FRANKLIN
__ MOUETTE PYGMÉE
__ MOUETTE RIEUSE
__ MOUETTE DE BONAPARTE
__ GOÉLAND À BEC CERCLÉ
__ GOÉLAND DE CALIFORNIE
__ GOÉLAND ARGENTÉ
__ GOÉLAND DE THAYER
__ GOÉLAND ARCTIQUE
__ GOÉLAND BRUN
__ GOÉLAND BOURGMESTRE
__ GOÉLAND À MANTEAU NOIR
__ MOUETTE TRIDACTYLE
__ MOUETTE ROSÉE
__ MOUETTE DE SABINE
__ MOUETTE BLANCHE
Sterninae
__ STERNE HANSEL
__ STERNE CASPIENNE
__ STERNE ROYALE
__ STERNE CAUGEK
__ STERNE DE DOUGALL
__ STERNE PIERREGARIN
__ STERNE ARCTIQUE
__ STERNE DE FORSTER
__ PETITE STERNE
__ STERNE À COLLIER
__ STERNE FULIGINEUSE
__ GUIFETTE NOIRE
__ NODDI NIAIS
__ NODDI NOIR
Rynchopinae
__ BEC-EN-CISEAUX NOIR
Alcidae
__ MERGULE NAIN
__ MARMETTE DE TROÏL
__ MARMETTE DE BRÜNNICH
__ PETIT PINGOUIN
__ GUILLEMOT À MIROIR
__ MACAREUX MOINE

COLUMBIFORMES
Columbidae
__ PIGEON BISET
__ PIGEON À COURONNE BLANCHE
__ TOURTERELLE RIEUSE
__ TOURTERELLE À AILES
   BLANCHES
__ TOURTERELLE TRISTE
__ COLOMBE INCA
__ COLOMBE À QUEUE NOIRE

PSITTACIFORMES
Psittacidae
__ PERRUCHE ONDULÉE
__ CONURE VEUVE
__ TOUI À AILES JAUNES

CUCULIFORMES
Cuculidae
__ COULICOU À BEC NOIR
__ COULICOU À BEC JAUNE
__ COULICOU MASQUÉ
__ GRAND GÉOCOUCOU
__ ANI À BEC LISSE
__ ANI À BEC CANNELÉ

STRIGIFORMES
Tytonidae
__ EFFRAIE DES CLOCHERS
Strigidae
__ PETIT-DUC MACULÉ
__ GRAND-DUC D'AMÉRIQUE
__ HARFANG DES NEIGES
__ CHOUETTE ÉPERVIÈRE
__ CHOUETTE DES TERRIERS
__ CHOUETTE RAYÉE
__ CHOUETTE LAPONE
__ HIBOU MOYEN-DUC
__ HIBOU DES MARAIS
__ NYCTALE BORÉALE
__ PETITE NYCTALE

CAPRIMULGIFORMES
Caprimulgidae
__ ENGOULEVENT MINIME
__ ENGOULEVENT D'AMÉRIQUE
__ ENGOULEVENT DE GUNDLACH
__ ENGOULEVENT DE NUTTALL
__ ENGOULEVENT DE CAROLINE
__ ENGOULEVENT BOIS-POURRI

APODIFORMES
Apodidae
__ MARTINET RAMONEUR
__ MARTINET DE VAUX
Trochilidae
__ COLIBRI À GORGE RUBIS
__ COLIBRI ROUX

CORACIIFORMES
Alcedinidae
__ MARTIN-PÊCHEUR
   D'AMÉRIQUE

PICIFORMES
Picidae
__ PIC À TÊTE ROUGE
__ PIC À VENTRE ROUX
__ PIC MACULÉ
__ PIC MINEUR
__ PIC CHEVELU
__ PIC À FACE BLANCHE
__ PIC TRIDACTYLE
__ PIC À DOS NOIR
__ PIC FLAMBOYANT
__ GRAND PIC
__ PIC À BEC IVOIRE

PASSERIFORMES
Tyrannidae
___ MOUCHEROLLE À CÔTÉS OLIVE
___ PIOUI DE L'EST
___ MOUCHEROLLE À VENTRE JAUNE
___ MOUCHEROLLE VERT
___ MOUCHEROLLE DES AULNES
___ MOUCHEROLLE DES SAULES
___ MOUCHEROLLE TCHÉBEC
___ MOUCHEROLLE PHÉBI
___ MOUCHEROLLE À VENTRE ROUX
___ MOUCHEROLLE VERMILLON
___ TYRAN À GORGE CENDRÉE
___ TYRAN HUPPÉ
___ TYRAN DE L'OUEST
___ TYRAN TRITRI
___ TYRAN GRIS
___ TYRAN À QUEUE FOURCHUE
Alaudidae
___ ALOUETTE CORNUE
Hirundinidae
___ HIRONDELLE NOIRE
___ HIRONDELLE BICOLORE
___ HIRONDELLE À AILES HÉRISSÉES
___ HIRONDELLE DE RIVAGE
___ HIRONDELLE À FRONT BLANC
___ HIRONDELLE DES GRANGES
Corvidae
___ GEAI DU CANADA
___ GEAI BLEU
___ GEAI À GORGE BLANCHE
___ PIE BAVARDE
___ CORNEILLE D'AMÉRIQUE
___ CORNEILLE DE RIVAGE
___ CORBEAU À COU BLANC
___ GRAND CORBEAU
Paridae
___ MÉSANGE À TÊTE NOIRE
___ MÉSANGE MINIME
___ MÉSANGE À TÊTE BRUNE
___ MÉSANGE BICOLORE
Sittidae
___ SITTELLE À POITRINE ROUSSE
___ SITTELLE À POITRINE BLANCHE
___ SITTELLE À TÊTE BRUNE
Certhiidae
___ GRIMPEREAU BRUN
Pycnonotidae
___ BULBUL ORPHÉE
Troglodytidae
___ TROGLODYTE DES ROCHERS
___ TROGLODYTE DE CAROLINE
___ TROGLODYTE DE BEWICK
___ TROGLODYTE FAMILIER
___ TROGLODYTE DES FORÊTS
___ TROGLODYTE À BEC COURT
___ TROGLODYTE DES MARAIS
Muscicapidae
Sylviinae
___ ROITELET À COURONNE DORÉE
___ ROITELET À COURONNE RUBIS
___ GOBE-MOUCHERONS GRIS-BLEU

Turdinae
___ TRAQUET MOTTEUX
___ MERLE-BLEU DE L'EST
___ MERLE-BLEU AZURÉ
___ SOLITAIRE DE TOWNSEND
___ GRIVE FAUVE
___ GRIVE À JOUES GRISES
___ GRIVE À DOS OLIVE
___ GRIVE SOLITAIRE
___ GRIVE DES BOIS
___ MERLE D'AMÉRIQUE
___ GRIVE À COLLIER
Mimidae
___ MOQUEUR CHAT
___ MOQUEUR POLYGLOTTE
___ MOQUEUR ROUX
Motacillidae
___ PIPIT D'AMÉRIQUE
___ PIPIT DES PRAIRIES
Bombycillidae
___ JASEUR BORÉAL
___ JASEUR DES CÈDRES
Laniidae
___ PIE-GRIÈCHE GRISE
___ PIE-GRIÈCHE MIGRATRICE
Sturnidae
___ ÉTOURNEAU SANSONNET
Vireonidae
___ VIRÉO AUX YEUX BLANCS
___ VIRÉO DE BELL
___ VIRÉO À TÊTE NOIRE
___ VIRÉO À TÊTE BLEUE
___ VIRÉO À GORGE JAUNE
___ VIRÉO MÉLODIEUX
___ VIRÉO DE PHILADELPHIE
___ VIRÉO AUX YEUX ROUGES
___ VIRÉO À MOUSTACHES
Emberizidae
Parulinae
___ PARULINE DE BACHMAN
___ PARULINE À AILES BLEUES
___ PARULINE À AILES DORÉES
___ PARULINE OBSCURE
___ PARULINE VERDÂTRE
___ PARULINE À JOUES GRISES
___ PARULINE À COLLIER
___ PARULINE JAUNE
___ PARULINE À FLANCS MARRON
___ PARULINE À TÊTE CENDRÉE
___ PARULINE TIGRÉE
___ PARULINE BLEUE À GORGE NOIRE
___ PARULINE VERTE À GORGE NOIRE
___ PARULINE À CROUPION JAUNE
___ PARULINE GRISE À GORGE NOIRE
___ PARULINE À GORGE ORANGÉE
___ PARULINE À GORGE JAUNE
___ PARULINE DES PINS
___ PARULINE DE KIRTLAND
___ PARULINE DES PRÉS
___ PARULINE À COURONNE ROUSSE
___ PARULINE À POITRINE BAIE
___ PARULINE RAYÉE

___ PARULINE AZURÉE
___ PARULINE NOIR ET BLANC
___ PARULINE FLAMBOYANTE
___ PARULINE ORANGÉE
___ PARULINE VERMIVORE
___ PARULINE DE SWAINSON
___ PARULINE COURONNÉE
___ PARULINE DES RUISSEAUX
___ PARULINE HOCHEQUEUE
___ PARULINE DU KENTUCKY
___ PARULINE À GORGE GRISE
___ PARULINE TRISTE
___ PARULINE MASQUÉE
___ PARULINE À CAPUCHON
___ PARULINE À CALOTTE NOIRE
___ PARULINE DU CANADA
___ PARULINE POLYGLOTTE

Thraupinae
___ TANGARA VERMILLON
___ TANGARA ÉCARLATE
___ TANGARA À TÊTE ROUGE
___ TANGARA GRIS-BLEU

Cardinalinae
___ CARDINAL ROUGE
___ CARDINAL À POITRINE ROSE
___ CARDINAL À TÊTE NOIRE
___ PASSERIN BLEU
___ PASSERIN AZURÉ
___ PASSERIN INDIGO
___ PASSERIN NONPAREIL
___ DICKCISSEL

Emberizinae
___ TOHI À FLANCS ROUX
___ BRUANT DES PINÈDES
___ BRUANT À COURONNE FAUVE
___ BRUANT HUDSONIEN
___ BRUANT FAMILIER
___ BRUANT DES PLAINES
___ BRUANT DES CHAMPS
___ BRUANT VESPÉRAL
___ BRUANT À JOUES MARRON
___ BRUANT NOIR ET BLANC
___ BRUANT DES PRÉS
___ BRUANT DE BAIRD
___ BRUANT SAUTERELLE
___ BRUANT DE HENSLOW

___ BRUANT DE LE CONTE
___ BRUANT À QUEUE AIGÜE
___ BRUANT MARITIME
___ BRUANT FAUVE
___ BRUANT CHANTEUR
___ BRUANT DE LINCOLN
___ BRUANT DES MARAIS
___ BRUANT À GORGE BLANCHE
___ BRUANT À COURONNE BLANCHE
___ BRUANT À FACE NOIRE
___ JUNCO ARDOISÉ
___ BRUANT À COLLIER GRIS
___ BRUANT LAPON
___ BRUANT DE SMITH
___ BRUANT À VENTRE NOIR
___ BRUANT DES NEIGES

Icterinae
___ GOGLU
___ CAROUGE À ÉPAULETTES
___ STURNELLE DES PRÉS
___ STURNELLE DE L'OUEST
___ CAROUGE À TÊTE JAUNE
___ QUISCALE ROUILLEUX
___ QUISCALE DE BREWER
___ GRAND QUISCALE
___ QUISCALE DES MARAIS
___ QUISCALE BRONZÉ
___ VACHER À TÊTE BRUNE
___ ORIOLE DES VERGERS
___ ORIOLE MACULÉ
___ ORIOLE DU NORD

Fringillidae
___ DUR-BEC DES PINS
___ ROSELIN POURPRÉ
___ ROSELIN FAMILIER
___ BEC-CROISÉ ROUGE
___ BEC-CROISÉ À AILES BLANCHES
___ SIZERIN FLAMMÉ
___ SIZERIN BLANCHÂTRE
___ CHARDONNERET DES PINS
___ CHARDONNERET JAUNE
___ GROS-BEC ERRANT

Passeridae
___ MOINEAU DOMESTIQUE
___ MOINEAU FRIQUET

Exceptionnels ou autres

_____   _____

_____   _____

_____   _____

_____   _____

_____   _____

_____   _____

_____   _____

Comment identifier les oiseaux

Les observateurs expérimentés sauront utiliser ce livre. Les néophytes, cependant, devraient passer un certain temps à se familiariser avec les illustrations. Ces dernières ne sont pas placées dans l'ordre systématique ou phylétique utilisé dans la plupart des ouvrages, mais sont plutôt groupées en 8 grandes catégories visuelles:

(1) **les nageurs:** les canards et les oiseaux qui leur ressemblent;
(2) **les voiliers:** les goélands et les oiseaux qui leur ressemblent;
(3) **les grands échassiers:** les hérons, les grues, etc.;
(4) **les petits échassiers:** les râles et les limicoles;
(5) **les gallinacés:** les gélinottes, les colins, etc.;
(6) **les rapaces:** les buses, les éperviers, les hiboux, etc.;
(7) **les oiseaux terrestres différents des passereaux;**
(8) **les passereaux.**

À l'intérieur de ces groupes, on constatera que les canards ne ressemblent pas aux huarts, que les goélands sont faciles à distinguer des sternes. Le bec en aiguille des parulines permet de distinguer immédiatement ces dernières des bruants au bec conique de granivore. Les oiseaux qu'on pourrait confondre sont regroupés dans la mesure du possible et dessinés dans la même pose pour faciliter la comparaison. Les flèches indiquent les caractéristiques les plus visibles qui sont décrites dans le texte. Ce texte donne également les indices qui ne peuvent être illustrés comme la voix, les comportements et l'habitat; sous une rubrique distincte, sont mentionnées les espèces qui peuvent être confondues. Les notes brèves sur l'aire de répartition sont illustrées par les cartes détaillées qui se trouvent en annexe (pp. 305-370) et auxquelles correspondent les renvois numériques accompagnant les textes.

En plus des 129 planches de dessins d'oiseaux observés normalement dans le territoire couvert par le guide, on en trouvera 7 autres où figurent 80 espèces exceptionnelles provenant d'Europe, de la haute mer et des tropiques, de même que certains des oiseaux exotiques susceptibles de s'échapper dans la nature.

Quelle est la taille de l'oiseau?

Il faut prendre l'habitude de comparer la taille d'un oiseau inconnu à celle d'une espèce qui nous est familière: le moineau, le merle, le pigeon, etc., de façon à pouvoir se dire: «plus petit qu'un merle; un peu plus gros qu'un moineau». Les mesures métriques indiquées entre parenthèses dans cet ouvrage sont des longueurs de spécimens naturalisés, reposant sur le dos et mesurés du bout du bec à l'extrémité de la queue. Cependant, la longueur du spécimen varie beaucoup selon la préparation, le cou pouvant être étiré quelque peu. Pour la majorité des espèces, les longueurs minimale et maximale sont mentionnées; cependant, dans la nature, la taille de la plupart des oiseaux se rapproche plus du premier chiffre que du second.

Quelle est sa forme?

Est-il trapu comme un étourneau (à gauche); ou élancé comme un coulicou (à droite)?

Quelle forme ont ses ailes?

Sont-elles arrondies comme celles du Colin de Virginie (à gauche); ou très pointues comme celles de l'Hirondelle des granges (à droite)?

Quelle forme a son bec?

Est-il petit et effilé comme celui d'une paruline (1); gros et court comme celui d'un bruant (2); en forme de dague comme celui d'une sterne (3); ou crochu comme celui d'un rapace (4)?

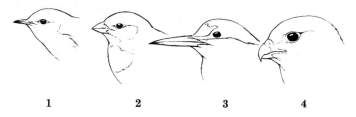

    1   2   3   4

Quelle forme a sa queue?

Est-elle très fourchue comme celle de l'Hirondelle des granges (1); carrée comme celle de l'Hirondelle à front blanc (2); encochée comme celle de l'Hirondelle bicolore (3); arrondie comme celle du Geai bleu (4); ou pointue comme celle de la Tourterelle triste (5)?

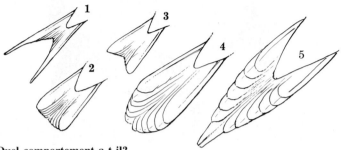

Quel comportement a-t-il?

Relève-t-il la queue comme un troglodyte ou la garde-t-il abaissée comme un moucherolle? Agite-t-il la queue? Se perche-t-il à la verticale bien en évidence, pour partir prestement à la poursuite d'un insecte et revenir se percher au même endroit, comme un moucherolle?

Grimpe-t-il aux arbres?

Si oui, grimpe-t-il en *spirale* comme un grimpereau (à gauche); par saccades et en s'appuyant sur sa queue comme un pic (au centre); ou descend-il tête première comme une sittelle (à droite)?

Comment vole-t-il?

Ondule-t-il comme le Pic flamboyant (1)? Vole-t-il vite et droit comme une tourterelle (2)? Vole-t-il sur place comme un martin-pêcheur (3)? Plane-t-il?

Nage-t-il?

Flotte-t-il bas comme un huart (1); ou haut comme une poule-d'eau (2)? S'il s'agit d'un canard, plonge-t-il comme une espèce d'eau profonde (3); ou encore barbotte-t-il et bascule-t-il comme un colvert (4)?

Marche-t-il dans l'eau?

Est-il grand et porté par de longues pattes comme un héron ou petit comme un bécasseau? S'il s'agit d'un bécasseau, sonde-t-il la boue ou ramasse-t-il ses proies en surface? Se trémousse-t-il?

Quelles sont ses caractéristiques?

Certains oiseaux se reconnaissent simplement à leurs couleurs, mais la plupart ne sont pas si faciles à identifier. Les indices les plus importants sont les caractéristiques visuelles, des sortes de «marques de commerce naturelles». Remarquez si la poitrine est tachetée comme chez la Grive des bois (1); rayée comme chez le Moqueur roux (2); ou unie comme chez un coulicou (3).

Motifs de la queue

La queue présente-t-elle un contraste frappant de couleurs: une extrémité blanche comme chez le Tyran tritri (1); des taches blanches aux coins comme chez le Tohi à flancs roux (2); ou des plumes latérales blanches comme chez le Junco ardoisé (3)?

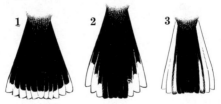

Taches sur le croupion

A-t-il un croupion pâle comme l'Hirondelle à front blanc (1) ou le Pic flamboyant (2)? Le Busard Saint-Martin, la Paruline à croupion jaune et de nombreux limicoles ont également des taches caractéristiques au croupion.

Lignes et cercles

L'oiseau a-t-il une ligne au-dessus, en travers ou au-dessous de l'oeil? Présente-t-il une combinaison de ces lignes? La calotte est-elle rayée? A-t-il un cercle autour de l'oeil ou des «lunettes»? Une «moustache»? Ces détails sont importants chez beaucoup de passereaux.

Barres alaires

Les ailes portent-elles ou non des barres? Leur présence ou leur absence est importante dans l'identification des parulines, des viréos et des moucherolles. Les barres alaires peuvent être simples ou doubles, nettes ou obscures.

Motifs des ailes

Les motifs des ailes des canards (les trois exemples illustrés), des limicoles et d'autres oiseaux aquatiques sont très importants. Remarquez si les ailes portent une tache (1), ou une bande (2); si elles sont d'une seule couleur (3) ou si leur extrémité est d'un noir contrastant (Oie des neiges, etc.).

Mentions d'oiseaux rares: Il y a cinquante ans, avant l'apparition des guides de terrain, la plupart des ornithologues n'auraient pas accepté la mention d'une espèce rare, à moins qu'elle n'ait été attestée par l'oiseau abattu lui-même. Aujourd'hui, il est difficile d'obtenir un permis de capture à moins d'être ornithologue professionnel ou étudiant en voie de le devenir. En outre, les oiseaux rares peuvent se présenter dans les parcs et les refuges, ou en d'autres endroits où il est interdit d'utiliser une arme à feu. Cependant, il n'y a pas de raison de ne pas se fier à notre sens de l'observation de plus en plus averti.

Pour valider l'observation visuelle d'un oiseau très rare ou exceptionnel — une nouvelle espèce pour la province par exemple — la règle veut qu'au moins deux observateurs compétents aient vu l'oiseau et qu'ils aient des notes détaillées à son sujet. Un appareil-photo de 35 mm équipé d'un téléobjectif de 400 mm est de plus en plus utilisé pour étayer de telles observations. Les espèces rares qui se prennent à l'occasion dans les filets des bagueurs d'oiseaux peuvent être photographiées tenues en main. Un appareil muni d'un objectif de 50 mm convient parfaitement à cette fin, et peut être utilisé avec ou sans éclairage stroboscopique.

Devant des oiseaux de certaines espèces ou en certains plumages, même un expert refusera de se prononcer. C'est d'ailleurs la marque d'un expert que de mettre à l'occasion des points d'interrogation après certains noms d'une liste: Épervier sp.?, *Empidonax* sp.?, bécasseau sp.? jeune Goéland deThayer? N'ayez pas honte de ne pas pouvoir nommer *tous* les oiseaux que vous voyez. Allan Phillips a démontré de façon convaincante dans *American Birds* que presque tous les Bécasseaux semipalmés signalés si abondamment sur la côte sud-est des États-Unis en hiver sont en fait des Bécasseaux d'Alaska. Il est à peu près impossible d'identifier correctement nombre d'individus de ces deux espèces à moins de les avoir en main, ou d'entendre leur cri distinctif.

TOPOGRAPHIE DE L'OISEAU

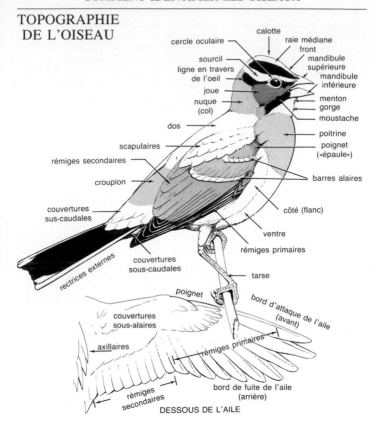

Autres termes employés dans le texte:

Exceptionnel: signalé moins d'une quinzaine de fois dans l'aire du guide: très éloigné de son aire de répartition (cf. pp. 290-301). À l'échelle d'un État ou d'une province, 1 ou 2 mentions; pourrait ne jamais se revoir.
Inusité: très peu de mentions; pourrait se rencontrer à nouveau parce que l'aire de répartition n'est pas très éloignée.

Abréviations:

	E : est	Am. : Amérique
	N : nord	g. : golfe
♀ : femelle	O : ouest	l. : lac
♂ : mâle	S : sud	☐1 : numéro de la carte de répartition

Les oiseaux

de l'est de l'Amérique du Nord

■ **HUARTS** (PLONGEONS): **Famille des Gaviidés.** Grands oiseaux nageurs au bec fort et pointu; plongent de la surface ou se laissent couler. Courent sur l'eau à l'envol. Plus lents en vol que la plupart des canards; dos voûté, cou tombant; tel un gouvernail, les grands pieds dépassent la courte queue. Sexes semblables. Voir les grèbes (corps plus court, cou plus mince) et les cormorans (cou plus mince, queue plus longue). **Nourriture:** Petits poissons, crustacés, autres organismes aquatiques. **Aire:** N de l'hémisphère N. **Espèces:** Monde, 4; Est, 4.

HUART À COLLIER *Gavia immer* (70-90 cm) ⬜ 1
(Plongeon imbrin) Common Loon
Gros et long, nage à demi-submergé; bec fort et pointu. *Été:* Noter le *dos en damier* et le collier blanc incomplet. *Hiver:* Dessus sombre, dessous blanchâtre. Noter le bec *droit et fort.*
Espèces semblables: Voir 1) les autres huarts; 2) les cormorans.
Voix: L'été, plaintes étrangement modulées, rire hystérique chevrotant; la nuit, un *ha-ou-ou* en trémolo. En vol, un *kwouk* aboyé. En général, les huarts sont muets l'hiver.
Aire: Alaska, Canada, N des États-Unis, Groenland, Islande. L'hiver, surtout les côtes, jusqu'au N du Mexique, l'O de l'Europe. **Habitat:** Lacs forestiers, étangs de toundra (été); eaux côtières.

HUART À BEC BLANC *Gavia adamsii* (83-95 cm)
Yellow-billed Loon
Semblable au Huart à collier, mais le bec est *ivoire,* nettement retroussé, droit dessus et angulaire dessous. L'hiver, *tache sombre à l'oreille. Attention:* L'hiver, le bec du Huart à collier est parfois pâle à la base, mais *l'arête supérieure* est toujours *sombre.*
Aire: Arctique, au N des zones boisées, du N de l'U.R.S.S. au N-O du Canada, Hiverne sur les côtes du Pacifique: N de l'Asie, S-E de l'Alaska, C.-B. Chevauche l'aire du Huart à collier au N et à l'O de la baie d'Hudson. Exceptionnel sur la côte atlantique. **Habitat:** Lacs de toundra (été), eaux côtières.

HUART À GORGE ROUSSE *Gavia stellata* (63 cm) ⬜ 2
(Plongeon catmarin) Red-throated Loon
Le bec effilé, nettement *retroussé,* est caractéristique. *Été:* Noter la tête grise, le dos uniforme, la tache *rousse* à la gorge. *Hiver:* Semblable au Huart à collier mais plus petit et plus élancé; dos et tête plus pâles, moins contrastés; profil plus sinueux.
Espèces semblables: 1) Huart à collier; plus gros avec un bec *droit* plus massif. 2) Huart arctique; bec mince et *droit.*
Voix: Muet d'habitude. Dans l'Arctique, plaintes discordantes de plus en plus graves; caquetage de canard; *kwouk* répété.
Aire: Arctique, circumpolaire. Hiverne sur les côtes, jusqu'en Méditerranée, en Inde, au N-O du Mexique. **Habitat:** Lacs de toundra (été), baies, estuaires, océan.

HUART DU PACIFIQUE *Gavia pacifica* (65 cm) ⬜ 3
Pacific Loon
Plus petit que le Huart à collier, avec un bec droit et mince. *Été:* Calotte et nuque *gris pâle.* Dos en damier, divisé en quatre zones. *Hiver:* Bec mince, *droit* (non retroussé).
Espèce semblable: H. à gorge rousse, l'hiver; plus pâle, bec relevé.
Voix: *Kwaow* grave et aboyé. Plaintes discordantes de plus en plus aiguës.
Aire: E de la Sibérie; N-O de l'Am. du N. Hiverne sur les deux côtes du Pacifique. **Habitat:** Lacs de toundra (été), océan.

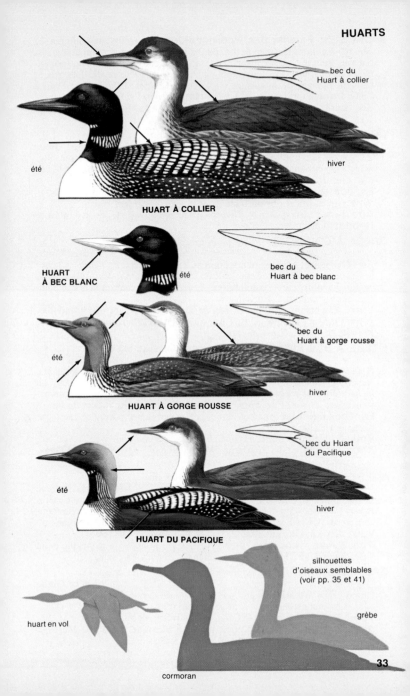

HUARTS

bec du Huart à collier

été

hiver

HUART À COLLIER

HUART À BEC BLANC

été

bec du Huart à bec blanc

été

bec du Huart à gorge rousse

hiver

HUART À GORGE ROUSSE

été

bec du Huart du Pacifique

hiver

HUART DU PACIFIQUE

silhouettes d'oiseaux semblables (voir pp. 35 et 41)

grèbe

huart en vol

cormoran

33

- **GRÈBES: Famille des Podicipédidés.** Plongeurs aux allures de canard, à cou mince, tête petite, doigts lobés et queue peu apparente; ils ont tous (sauf le G. à bec bigarré) une tache blanche à l'aile et un bec pointu. Sexes semblables. Les jeunes ont généralement la tête rayée. Les grèbes peuvent plonger de la surface ou se laisser couler. Courent sur l'eau à l'envol: vol laborieux, cou tombant. **Nourriture:** Petits poissons, crustacés, têtards, insectes. **Aire:** Mondiale. **Espèces:** Monde, 20; Est, 5 (+ 1 exceptionnelle).

GRÈBE CORNU *Podiceps auritus* (30-38 cm) ⬚ 4
(Grèbe esclavon) Horned Grebe
Été: Noter la combinaison des *oreillettes,* et du *cou marron. Hiver:* Plumage noir et blanc contrasté. Noter la calotte noire, bien nette, et le bec mince et droit.
Espèce semblable: Dans la Prairie, voir le Grèbe à cou noir.
Voix: En nidification, un trille grinçant; *kirra* strident répété.
Aire: N de l'hémisphère N. Hiverne jusqu'au S des É.-U. et de l'Eurasie.
Habitat: Lacs, étangs, côtes.

GRÈBE À COU NOIR *Podiceps nigricollis* (30-35 cm) ⬚ 5
Eared Grebe
Été: Tête noire, *huppée,* plumes dorées à l'oreille, cou *noir (marron* chez le Grèbe cornu). *Hiver:* Semblable au Grèbe cornu; cou plus mince, *gris;* bec un peu plus relevé; calotte floue. Joues grises encadrant la gorge blanche, *tache blanche à l'oreille.*
Voix: Aux étangs où il niche, *pou-îp* ou *krrîîp* rappelant une grenouille.
Aire: Eurasie, Afrique, O de l'Am. du N. **Habitat:** Étangs et lacs de la Prairie; en hiver, baies, océan.

GRÈBE À BEC BIGARRÉ *Podilymbus podiceps* (33 cm) ⬚ 6
Pied-billed Grebe
Noter le bec de poule, fort, différent de celui des autres grèbes, et le dessous du croupion blanc et ouateux. Pas de tache blanche à l'aile. *Été:* La *tache noire à la gorge* et le *cercle noir* autour du bec blanchâtre sont caractéristiques. *Hiver:* Plus brun, *sans* tache à la gorge *ni* autour du bec.
Espèces semblables: Les autres grèbes ont le bec pointu et une tache blanche à l'aile.
Voix: Rappelle le coulicou, *couc-couc-cou-cou-cou-cou-coup'-coup'* etc.
Aire: Du S du Can. à l'Argentine. Migrateur dans le N. **Habitat:** Étangs, lacs, marais; en hiver, baie marines.

GRÈBE JOUGRIS *Podiceps grisegena* (45 cm) ⬚ 7
Red-necked Grebe
Le plus grand grèbe de l'Est. *Été:* Long cou *roux, joues pâles,* calotte noire. *Hiver:* Grisâtre (cou compris); *croissant blanc* sur le côté de la tête (souvent absent chez les jeunes). En vol, double tache blanche à l'aile.
Voix: Kik-kik-kik, etc., rapide; notes plaintives et stridentes.
Aire: Eurasie, N de l'Am. du N. Hiverne jusqu'au N de l'Afrique et au S des États-Unis. **Habitat:** Lacs, étangs; l'hiver, eau salée.

GRÈBE ÉLÉGANT *Aechmophorus occidentalis* (63 cm) ⬚ 8
Western Grebe
Grand grèbe ardoisé et blanc, avec un *cou de cygne.* Bec très fin, *jaune pâle.* Les jeunes en duvet sont gris, sans raie.
Voix: *Kirik-kirik-kirik-rik-rik-rik,* etc., strident et roulé.
Aire: O de l'Am. du N. Hiverne jusqu'au Mexique. **Habitat:** Mares et lacs bordés de roseaux; en hiver, baies, océan.

GRÈBES

pied lobé
de grèbe

silhouette de
grèbe en vol

bec

hiver

s été

GRÈBE CORNU

été

bec

hiver

GRÈBE À COU NOIR

hiver

juvénile

été

jeune en
duvet

GRÈBE À BEC BIGARRÉ

été

hiver

jeune

GRÈBE JOUGRIS

Noter les deux
motifs
de la tête

foulque

poule-d'eau

parade

autres oiseaux
semblables (voir p. 65)

GRÈBE ÉLÉGANT

35

■ PINGOUINS, GUILLEMOTS, etc.: Famille des Alcidés. Oiseaux de mer noir et blanc, qui ressemblent aux manchots et les remplacent dans l'hémisphère N. Plongeurs accomplis, ils battent des ailes sous l'eau comme les manchots et se déplacent dans l'air grâce à des battements d'ailes rapides et bourdonnants. Ils ont tendance à tourner souvent en vol, et étendent les pieds pour freiner en se posant. À l'eau, ils se distinguent des canards par leur cou court et leur bec pointu, trapu, ou aplati latéralement. Sexes semblables. La plupart des espèces nichent en colonies denses sur des îles rocheuses, où les individus se tiennent dressés. Oiseaux du large, on les voit rarement en eau douce; ils descendent à la latitude du N des É.-U. en automne ou en hiver. On peut les voir de la côte par gros temps. **Nourriture:** Poissons, crustacés, mollusques, algues. **Aire:** Atlantique N, Pacifique N, océan Arctique. **Espèces:** Monde, 22; Est, 6 (+ 2 exceptionnelles et 1 disparue).

PETIT PINGOUIN *Alca torda* (40-45 cm) | 9 |

Razorbill

Taille d'un petit canard. Dessus noir et dessous blanc; caractérisé par une tête assez massive, un cou épais, un *bec comprimé latéralement,* traversé d'une ligne blanche au milieu. Sur l'eau, la *queue pointue et dressée* est souvent caractéristique.
Espèce semblable: Le jeune peut ressembler à la Marmette de Brünnich à cause de son bec plus petit que celui de l'adulte et dépourvu de ligne blanche. Ce bec, massif et arrondi, reste pourtant caractéristique du pingouin.
Voix: Faible sifflement roulé; *hé-al* guttural.
Aire: Les deux côtes de l'Atlantique N; niche de l'Arctique au Maine et aux îles Britanniques. **Habitat:** Niche sur des falaises maritimes; haute mer.

MARMETTE DE BRÜNNICH *Uria lomvia* (43-48 cm) | 10 |
(Guillemot de Brünnich)   Thick-billed Murre

Ressemble à la Marmette de Troïl, mais un peu plus grosse et plus noire; bec plus épais avec une *ligne blanchâtre* à la commissure. Noter aussi la pointe plus aiguë que fait le blanc sur la gorge. L'hiver, le noir de la calotte s'étend *sous l'oeil*; pas de ligne noire sur la joue; la marque blanche au bec est moins évidente.
Voix: Très semblable à celle de la Marmette de Troïl.
Aire: Mers froides de l'hémisphère N. **Habitat:** Niche sur des falaises maritimes; haute mer.

MARMETTE DE TROÏL *Uria aalge* (40-43 cm) | 11 |
(Guillemot de Troïl)   Common Murre

Taille d'un petit canard, avec un bec *effilé.* *Été:* Tête, dos et ailes brun foncé; dessous et bordure arrière de l'aile blancs. *Forme «bridée»:* Certains spécimens ont un mince cercle oculaire blanc prolongé par une ligne vers l'arrière. *Hiver:* Semblable, mais la gorge et les joues sont blanches. Une *marque noire* va de l'oeil à la joue. Les marmettes s'attroupent sur l'eau et volent en file. Nichent en colonies très serrées.
Voix: Grognements gutturaux, *ârrr* ou *ârra.*
Aire: N du Pacifique N, Atlantique N. **Habitat:** Niche sur des falaises maritimes; océan.

ALCIDÉS

jeune

été

PETIT PINGOUIN hiver

hiver

MARMETTE DE BRÜNNICH

été

hiver

MARMETTE DE TROÏL

forme
«bridée»

été

été

MARMETTE DE BRÜNNICH

été

PETIT PINGOUIN

été

1844

GRAND
PINGOUIN
disparu

37

MERGULE NAIN *Alle alle* (19-23 cm)
Dovekie

Le plus petit Alcidé (gros comme un étourneau); il est rondelet et semble dépourvu de cou. Les troupes volent en formation serrée, comme les étourneaux. Le motif contrasté des Alcidés, *noir dessus, blanc dessous,* allié à la *petite taille et au bec très court,* le distinguent à coup sûr. C'est de loin notre plus petit oiseau de mer en hiver.

Espèces semblables: Les jeunes des autres Alcidés sont vraiment plus grands (la taille est trompeuse en mer); tous ont un *bec plus gros.*

Voix: Babillage aigu. Bruyant sur les lieux de nidification.

Aire: Niche sur les côtes du Groenland, dans le N de l'Islande, au Spitsberg, etc. Hiverne en mer jusqu'en Méditerranée, et dans le N-O de l'Atlantique, de la limite de la banquise au New-Jersey, occasionnellement jusqu'en Floride. Exceptionnellement déporté dans l'intérieur des terres par les tempêtes de novembre. **Habitat:** Marin; haute mer.

GUILLEMOT À MIROIR *Cepphus grylle* (30-35 cm) ☐ 12
Black Guillemot

Noter la grande *tache blanche (miroir) à l'aile. Été:* Petit oiseau *noir* ressemblant à un canard; miroir *blanc*, pieds rouge vif et bec pointu. L'intérieur du bec est *rouge orangé. Hiver:* Clair, avec le dessous blanc et le dos barré. Ailes noires avec le même miroir blanc qu'en été. *Jeune:* Dessus plus foncé que l'adulte en hiver; le miroir est moucheté et plus sombre.

Espèces semblables: Aucun autre Alcidé de l'Atlantique n'a de miroir blanc (certaines espèces ont l'arrière de l'aile bordé d'un peu de blanc). La Macreuse à ailes blanches a une tache blanche située à l'arrière de l'aile; elle est bien plus grosse et assez noire en hiver, alors que le Guillemot à miroir est en général blanchâtre.

Voix: *Piiiii* nasal ou sifflé; très aigu.

Aire: Portion atlantique de l'Arctique, au S jusqu'en Nouv.-Angleterre et aux îles Britanniques. **Habitat:** Eaux côtières; niche en petits groupes ou isolément dans des trous ou sous les rochers des îles et des côtes rocheuses. Moins pélagique que les autres Alcidés.

MACAREUX MOINE *Fratercula arctica* (30 cm) ☐ 13
Atlantic Puffin

Le *bec triangulaire et coloré* est le trait le plus frappant du petit «perroquet de mer». En l'air, c'est un oiseau trapu, au cou court, à la tête massive, et au vol bourdonnant. Aile sans ligne blanche. *Été:* Dessus noir, dessous blanc, joues *gris pâle;* bec triangulaire, à large bordure *rouge.* Pattes orange vif. *Hiver:* Joues plus grises, bec plus petit et plus jaune; l'oiseau garde son allure caractéristique. *Jeune:* Bec beaucoup plus petit, noirâtre, mais aux deux mandibules nettement courbées. Le profil trapu et les joues grises sont néanmoins caractéristiques.

Espèce semblable: On peut confondre le jeune macareux et le jeune pingouin. Noter les joues grises et le dessous de l'aile tout noir du premier.

Voix: Silencieux d'habitude. Sur les lieux de nidification, un râlement grave, *â-ou* ou *ârr.*

Aire: Atlantique N, du S du Groenland et de l'Islande jusqu'en Nouv.-Angleterre et aux îles Britanniques. **Habitat:** Eaux côtières et haute mer. Niche en colonies dans des terriers ou entre les rochers, dans des îles en mer.

ALCIDÉS

hiver

été

MERGULE NAIN

hiver

été

été

GUILLEMOT À MIROIR

hiver

été

jeune

été

MACAREUX MOINE

hiver

adultes
en été

GUILLEMOT
À MIROIR

été

MERGULE
NAIN

été

MACAREUX
MOINE

39

■ **CORMORANS: Famille des Phalacrocoracidés.** Grands oiseaux aquatiques noirs; se tiennent souvent à la verticale sur des rochers ou des piliers, le cou en «S», les ailes parfois ouvertes. Peau de la face et du menton des adultes parfois vivement colorée, de même que les yeux (souvent verts). Bec mince, crochu à l'extrémité. Sexes semblables. Les troupes volent en file ou en «V» comme les oies (mais en silence). Nagent enfoncés dans l'eau comme les huarts, mais le bec relevé. **Nourriture:** Poissons, crustacés. **Aire:** Presque mondiale. **Espèces:** Monde, 30; Est, 3.

CORMORAN À AIGRETTES *Phalacrocorax auritus* (83 cm) ⬚14
Double-crested Cormorant
Voir l'introduction de la famille. Seul cormoran répandu dans l'E de l'Am. du N; présent à la fois sur les côtes et dans l'intérieur.
Voix: Silencieux, sauf pour des grognements dans les colonies de nidification.
Aire: Presque toute l'Am. du N, hiverne jusqu'au Belize. **Habitat:** Côtes, estuaires, lacs, rivières.

GRAND CORMORAN *Phalacrocorax carbo* (93 cm) ⬚15
Great Cormorant
Plus gros que le C. à aigrettes; noter le bec *plus fort*, la peau du menton *jaune pâle* (et non orangée), bordée de *blanc sur la gorge*. En plumage nuptial, une *tache blanche* orne les flancs. Le jeune a le *ventre plus blanc* que la plupart des jeunes C. à aigrettes (qui ont généralement la poitrine pâle et le ventre foncé).
Aire: Atlantique N, Eurasie, Afrique, Australie, etc. **Habitat:** Niche sur les falaises maritimes; strictement côtier.

CORMORAN OLIVÂTRE *Phalacrocorax olivaceus* (63 cm)
Olivaceous Cormorant
Semblable au C. à aigrettes, mais plus petit. Noter la peau du menton plus terne (moins orange) et, en été, la bande blanche derrière le menton. De très près, on voit que les plumes du dos et des épaules sont pointues et non arrondies. En plumage nuptial, plumes filamenteuses blanches au cou.
Aire: Du g. du Mexique à l'Argentine. Côte du Texas et S-O de la Louisiane (paroisse de Cameron): s'égare plus à l'E en Louisiane. **Habitat:** Zone intertidale, lacs près de la côte.

■ **ANHINGAS: Famille des Anhingidés.** Les caractères de la famille sont présentés sous la rubrique de l'unique espèce des É.-U. **Nourriture:** Poissons, petits animaux aquatiques. **Aire:** Amérique, Afrique, Inde, Asie du S-E, Australie. **Espèces:** Monde, 4 (ou 1); Est, 1.

ANHINGA D'AMÉRIQUE *Anhinga anhinga* (85 cm) ⬚16
Anhinga
Ressemble à un cormoran, mais le cou est *plus sinueux,* le bec *plus pointu* et la queue beaucoup *plus longue.* Noter la grande tache *argentée* à l'aile. *Le mâle* a le corps noir; *la femelle* a le cou et la poitrine chamois; *le jeune* est brunâtre. Bat des ailes et plane en alternance, le cou allongé et la longue queue étalée. Tournoie souvent haut comme un rapace. Se perche comme un cormoran, les ailes souvent ouvertes. Peut nager submergé, avec seulement la tête hors de l'eau.
Aire: Du S-E des É.-U. à l'Argentine. **Habitat:** Marais à taxodiers, rizières, rivières, étangs.

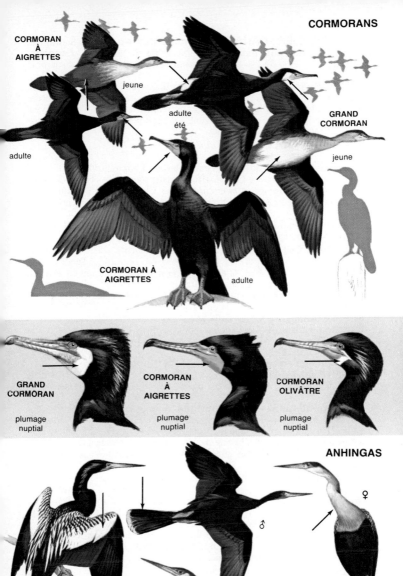

CORMORANS

CORMORAN À AIGRETTES

jeune

adulte été

GRAND CORMORAN

jeune

adulte

CORMORAN À AIGRETTES

adulte

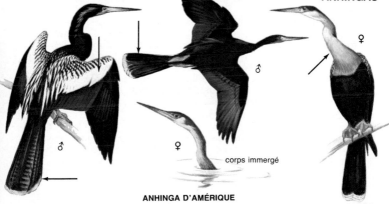

GRAND CORMORAN

plumage nuptial

CORMORAN À AIGRETTES

plumage nuptial

CORMORAN OLIVÂTRE

plumage nuptial

ANHINGAS

♂

♂

♀

♀

corps immergé

ANHINGA D'AMÉRIQUE

41

■ **CYGNES, OIES, CANARDS: Famille des Anatidés.** Sauvagine; les sous-familles sont traitées séparément. **Aire:** Mondiale. **Espèces:** Monde, 145; Est, 39 (+ 15 exceptionnelles, 1 introduite, 1 disparue).

● **CYGNES: Sous-famille des Cygninés.** Oiseaux nageurs tout blancs; plus grands que les oies, au cou plus long. Les jeunes sont teintés de brun. Sexes semblables. Migrent en formation linéaire ou en «V». Peuvent s'immerger la tête, le cou, ou l'avant du corps pour se nourrir. **Nourriture:** Plantes aquatiques, graines.

CYGNE TUBERCULÉ *Cygnus olor* (150 cm) [17]

Mute Swan

Cygne gardé en captivité dans les parcs, aujourd'hui naturalisé; en expansion. Plus gracieux que le Cygne siffleur, nage souvent le cou en «S»; ailes arquées. *Le bec orange et tuberculé* pointe vers le bas. Les jeunes sont ternes et leur bec rosâtre est noir à la base. Les ailes «chantent» quand l'oiseau *vole*.
Aire: Eurasie; introduit dans le N-E des É.-U. et ailleurs. **Habitat:** Étangs d'eau douce ou salée; lagunes et baies marines.

CYGNE SIFFLEUR *Cygnus columbianus* (133 cm) [18]

Tundra Swan

Envergure d'environ 2 m. C'est le cygne indigène commun en Am. du N. Ses troupes migrent en longues lignes et s'entendent souvent de très loin. Les ailes *toutes blanches* et le cou très long sont caractéristiques des cygnes. Le bec *noir* du C. siffleur a souvent une petite tache jaune à la base. Le jeune est terne, avec le bec rosé.
Espèce semblable: Le Cygne trompette, du N-O, est plus gros et a la voix plus grave. Au Minnesota, des cygnes trompettes captifs ont produit des jeunes qui volent librement.
Voix: Un doux roucoulement aigu: *wou-ho, wou-wou, wou-ho.*
Aire: N de l'hémisphère N. Hiverne sur les côtes E et O aux É.-U. **Habitat:** Toundra (été), lacs, fleuves, baies, estuaires, champs inondés.

● **OIES: Sous-famille des Ansérinés.** Grands oiseaux, au corps plus massif et au cou plus long que les canards; bec épais à la base. Bruyants en vol; certaines espèces volent en file ou en «V». Sexes semblables. Plus terrestres que les canards, broutent au sol (sauf la Bernache cravant). Grégaires. **Nourriture:** Herbes, graines, plantes aquatiques; la Bernache cravant préfère la zostère.

OIE DES NEIGES *Chen caerulescens* (63-95 cm) [19]

Snow Goose

(forme blanche) Corps *blanc* et *primaires noires*. Présente souvent des taches rouille à la tête. Bec et pattes roses. Le jeune est gris pâle et a un bec sombre.
Voix: *Whouk* ou *houk* résonnant, nasal et fort, émis en choeur.
Aire: N-E de la Sibérie, Arctique nord-am. Hiverne jusqu'au Japon, au N du Mexique et aux États du g. du Mex. **Habitat:** Toundra (été), marais, champs de céréales, étangs, baies.

OIES DE ROSS *Chen rossii* (58 cm)

Ross' Goose

Oie des neiges en miniature. Bec nettement plus court, sombre et verruqueux à la base, sans lamelles noires exposées. Les deux espèces s'hybrident. **Aire:** N-O du Canada; hiverne en Californie. Confinée dans l'est au N-O de la baie d'Hudson. L'hiver, quelques-unes atteignent le Texas et la Louisiane par la Prairie.

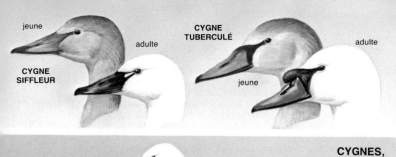

jeune

CYGNE SIFFLEUR

adulte

CYGNE TUBERCULÉ

jeune

adulte

CYGNES, OIES

adulte

adulte

CYGNE TUBERCULÉ

jeune

adulte   CYGNE SIFFLEUR

OIE DE ROSS

jeune

adulte

OIE DES NEIGES
forme blanche

DE ROSS

OIE DES NEIGES

intermédiaire entre
es formes blanche et sombre

forme blanche

DES NEIGES

43

OIE DES NEIGES *Chen caerulescens* (63-75 cm) 〔19〕
Snow Goose
(forme sombre) Forme sombre, *à tête blanche*, de l'Oie des neiges; elle s'associe généralement à la forme blanche. Les formes intermédiaires sont fréquentes (voir planche précédente, p. 43).
Espèce semblable: Le jeune est sombre, comme la jeune Oie rieuse, mais son bec ct ses pattes sont *foncés;* ailes plus pâles, bleutées.
Aire: Niche dans l'E de l'Arctique nord-am., surtout dans les parties S et E de l'aire de l'Oie des neiges. Migre à travers la Prairie, jusqu'au g. du Mexique. **Habitat:** Le même que l'Oie des neiges «blanche».

OIE RIEUSE *Anser albifrons* (75 cm) 〔20〕
Greater White-fronted Goose
Aucune autre oie de l'Est n'a les pattes *jaunes ou orange.* Oie *grise,* à bec *rose,* à *tache blanche autour du bec,* et à *barres noires* irrégulières sur le ventre. La race du Groenland a le bec *jaune. Jeune:* sombre, avec un bec pâle et des pattes jaunes ou orange; n'a pas les autres traits de l'adulte.
Voix: *Kah-lah-a-louk* sonore et aigu, émis en choeur.
Aire: Arctique; circumpolaire; hiverne jusqu'au Mexique, aux États du g. du Mexique, au N de l'Afrique et en Inde. **Habitat:** Marais, steppes, champs, lacs, baies, toundra (été).

BERNACHE DU CANADA *Branta canadensis* (63-108 cm) 〔21〕
Canada Goose
L'oie la plus répandue en Amérique du N. Noter la tête et le cou noirs contrastant vivement avec la poitrine pâle et la *mentonnière blanche.* Les troupes voyagent en formations en «V» et annoncent leur approche par des cris. Taille très différente d'une race à l'autre.
Voix: Un aboiement ou criaillement musical et sourd: *ka-rônk* ou *ka-lônnk.*
Aire: De l'Alaska, du Canada et du N des É.-U. au Mexique. **Habitat:** Lacs, étangs, baies, marais, champs.

BERNACHE CRAVANT *Branta bernicla* (55-65 cm) 〔22〕
Brant
Petite oie à cou noir, presque de la taille du colvert. Arrière du corps blanc, évident lorsqu'elle bascule, et marque blanche au cou (absente chez les jeunes). Voyage en grandes formations irrégulières.
Espèce semblable: La poitrine de la Bernache du Canada est claire au-dessus de la ligne de flottaison (celle de la B. cravant est noire *jusqu'à l'eau*). La Bernache du Canada a une grande tache blanche à la face. La B. cravant est beaucoup plus côtière.
Voix: *Cr-r-r-rouk* ou *kourr-ônk, krrr-ônk* guttural.
Aire: Littoral arctique du N de l'Eurasie et de l'Am. **Habitat:** Surtout eau salée, estuaires; toundra (été).

BERNACHE NONNETTE *Branta leucopsis* (65 cm)
Barnacle Goose
Semblable à la B. cravant (flancs blancs, poitrine noire jusqu'à la ligne de flottaison), mais noter la *tache blanche entourant l'oeil.* Motif en écailles très net sur le dos.
Aire: Niche dans le N-E du Groenland, au Spitsberg et dans le N-O de la Sibérie. **Est:** Visiteur exceptionnel ou inusité sur le littoral N-E de l'Am. du N. Certains oiseaux observés pourraient s'être échappés de captivité.

OIES

jeune

adulte

OIE DES NEIGES
forme sombre

adulte

jeune

adulte

OIE RIEUSE

adulte

race *hutchinsii*

race *parvipes*

race *canadensis*

BERNACHE DU CANADA

BERNACHE NONNETTE

BERNACHE CRAVANT

OIES ET CYGNES EN VOL

Beaucoup d'**oies** et de **cygnes** volent en file ou en «V».

Texte et
planche en
couleurs

BERNACHE DU CANADA * *Branta canadensis*   pp. 44, 45
Poitrine claire, tête et cou noirs, mentonnière blanche.

BERNACHE CRAVANT *Branta bernicla*   pp. 44, 45
Petite; poitrine noire, tête et cou noirs.

OIE RIEUSE *Anser albifrons*   pp. 44, 45
Adulte: Cou gris, taches noires au ventre.
Jeune: Sombre, bec clair, pattes claires.

OIE DES NEIGES *Chen caerulescens* (forme blanche)   pp. 42, 43
Adulte: Blanc avec les primaires noires.

OIE DES NEIGES *Chen caerulescens* (forme sombre)   pp. 44, 45
Adulte: Corps sombre, tête blanche.
Jeune: Sombre; bec et pattes sombres.

CYGNE SIFFLEUR *Cygnus columbianus*   pp. 42, 43
Très long cou; plumage entièrement blanc.

* Les chasseurs appellent la Bernache du Canada «outarde».

OIES, CYGNES

BERNACHE
DU CANADA

dessous

dessus

BERNACHE CRAVANT

adulte

jeune

OIE RIEUSE

jeune

OIE DES
NEIGES

forme
sombre

adulte

OIE
DES NEIGES

CYGNE
SIFFLEUR

OIE DES NEIGES

forme blanche

forme sombre

adulte

47

- **DENDROCYGNES: Sous-famille des Dendrocygninés.**

DENDROCYGNE FAUVE *Dendrocygna bicolor* (45-53 cm)
Fulvous Whistling-Duck
Longues pattes, allure d'oie. Noter le corps *fauve*, le dos sombre et la *ligne pâle sur le côté*. Vole le cou légèrement abaissé et les pattes traînantes, révélant le dessous *noir* des ailes et la *bande blanche* au croupion.
Voix: Cri sifflé, *ka-whî-ô*. **Aire:** Du S des É.-U. à l'Am. centrale: aussi en Am. du S, Asie du S, Afrique de l'E. Côtes du Texas et de Louisiane. A envahi récemment le S de la côte atlantique; a niché localement de la Flor. à la Car. du N. Inusité (en troupes) au N jusqu'en Nouv.-Angleterre et Maritimes. **Habitat:** Marais, surtout côtiers.

- **CANARDS BARBOTEURS: Sous-famille des Anatinés.** Barbotent dans les ruisseaux et les étangs; se nourrissent à la surface de l'eau, sous l'eau en s'immergeant l'avant du corps, et parfois au sol. S'envolent directement à la verticale. La plupart des espèces ont un miroir iridescent sur l'arrière de l'aile. Sexes dissemblables; tard en été, les mâles prennent un plumage terne, dit d'«éclipse». **Nourriture:** Plantes aquatiques, graines, herbes, petits organismes aquatiques, insectes.

CANARD NOIR *Anas rubripes* (53-63 cm) $\boxed{23}$
American Black Duck
En vol, le Canard noir est *très sombre*, à l'exception du *blanc éclatant sous les ailes*. Brun sombre, tête plus pâle et, à l'aile, miroir d'un violet métallique; pattes rouges ou brunes. Sexes semblables.
Voix: Le mâle a un croassement grave: la femelle cancane comme un colvert de basse-cour. **Aire:** N-E de l'Am. du N. Hiverne jusqu'au g. du Mexique. **Habitat:** Marais, étangs, rivières, lacs, estuaires, baies.

CANARD BRUN *Anas fulvigula* (50 cm) $\boxed{24}$
Mottled Duck
Version brun pâle ou fauve du Canard noir. Tête fauve, *gorge chamois, sans rayure* et bec jaune sans marque.
Aire: De la Floride à la côte du Texas. **Habitat:** Marais.

CANARD CHIPEAU *Anas strepera* (48-58 cm) $\boxed{25}$
Gadwall
Mâle: Gris à croupion noir, avec un *miroir blanc* à l'arrière de l'aile et une tache roux terne à l'avant. À la nage, les taches de l'aile peuvent être cachées; noter alors l'arrière du corps noir. Ventre blanc, pattes jaunes, bec sombre. *Femelle:* Brun moucheté; *miroir blanc,* pattes jaunes, du jaune au bec.
Voix: Le mâle émet un *bik* grave et un cri sifflé. La femelle cancane fort. **Aire:** N de l'Am. du N et de l'Eurasie. Hiverne jusqu'au Mexique, en Afrique et en Inde. **Habitat:** Lacs, étangs, marais.

CANARD COLVERT *Anas platyrhynchos* (50-70 cm) $\boxed{26}$
Mallard
Mâle: La *tête d'un vert luisant,* sans huppe, et le *collier blanc* le caractérisent. Grisâtre, avec la poitrine marron et la queue blanche; bec jaunâtre, pattes orange, miroir bleu. *Femelle:* Brun moucheté; *queue blanchâtre.* Taches orange au bec, pattes orange. En vol, barre blanche *de chaque côté* du miroir bleu.
Voix: Mâle, un *yîb kouèk* grave; la femelle cancane fort. **Aire:** N de l'hémisphère N. Hiverne jusqu'au Mexique, en Afrique du N, en Inde. **Habitat:** Marais, marécages boisés, champs de céréales, étangs, rivières, lacs, baies.

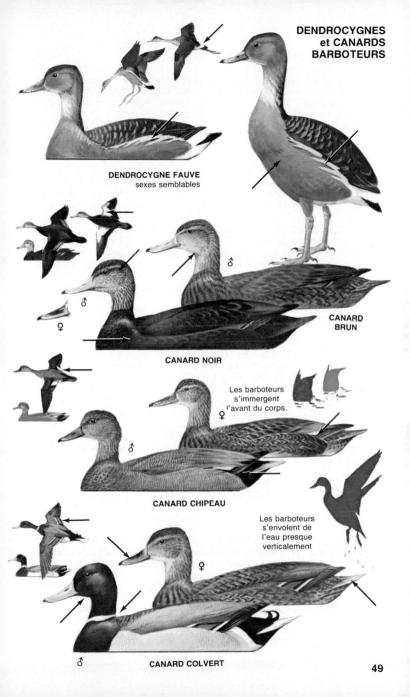

DENDROCYGNES et CANARDS BARBOTEURS

DENDROCYGNE FAUVE
sexes semblables

CANARD BRUN

♂
♀

CANARD NOIR

Les barboteurs s'immergent l'avant du corps.

♀
♂

CANARD CHIPEAU

Les barboteurs s'envolent de l'eau presque verticalement

♀
♂

CANARD COLVERT

CANARD PILET *Anas acuta* (65-75 cm)
Northern Pintail

Mâle: Canard élancé, à cou effilé, poitrine blanche et longue *queue pointue.* Une *pointe blanche* très visible monte sur le côté de la tête. *Femelle:* Brun moucheté; noter la queue assez pointue, le cou effilé, le bec gris. En vol, *bordure claire* à l'arrière du miroir brun.
Espèces semblables: Voir 1) Le C. colvert femelle; 2) le C. siffleur d'Am. femelle: 3) le C. chipeau femelle. Voir aussi 4) le C. kakawi (qui n'est pas un canard barboteur).
Voix: Le mâle siffle sur deux notes, *prrip, prrip,* et râle comme une sarcelle. La femelle émet un *couac* grave.
Aire: N de l'hémisphère N. Hiverne jusqu'au N de l'Am. du S, en Afrique et en Inde. **Habitat:** Marais, steppes, étangs, lacs, eau salée.

CANARD SIFFLEUR D'AMÉRIQUE *Anas americana* (48-58 cm) 28
American Wigeon

En vol, le C. siffleur se reconnaît à la *large plaque blanche sur l'avant de l'aile.* (La plaque bleue de l'avant de l'aile du C. souchet ou de la Sarcelle à ailes bleues peut paraître blanchâtre). Flotte haut sur l'eau, picorant à la surface comme un foulque. Broute souvent au sol. *Mâle:* Brunâtre, *éclatante couronne blanche;* tête grise, avec une tache vert foncé. *Femelle:* Brune, avec la tête et le cou gris; ventre et avant de l'aile blanchâtres.
Espèces semblables: La femelle est facile à confondre avec celles 1) du C. chipeau, et 2) du C. pilet; retenir la plaque blanchâtre sur l'avant de l'aile, le bec bleuté et la tête grise contrastante. 3) Voir le C. siffleur d'Europe.
Voix: Mâle, *whî whî whîou* sifflé; femelle, *coua-ac.*
Aire: Alaska, O du Canada, N des É.-U. Hiverne jusqu'en Am. centrale et aux Antilles. **Habitat:** Marais, lacs, baies, champs.

CANARD SIFFLEUR D'EUROPE *Anas penelope* (45-50 cm)
Eurasian Wigeon

Mâle: Tête *rouille,* calotte chamois. Canard siffleur *gris,* avec une poitrine vieux rose. *Femelle:* Très semblable au C. siffleur d'Amérique femelle, mais la tête est teintée de rouille (non de gris). En main, les axillaires, ou «aisselles» sombres (et non blanches) sont le critère le plus sûr.
Espèces semblables: Voir 1) le C. siffleur d'Amérique; 2) le Morillon à tête rouge.
Voix: Mâle, un sifflement, *whî-ou;* femelle, *peurrr* ou *couac.*
Aire: Niche en Eurasie et en Islande. Dans l'est, visiteur rare, qu'on voit surtout près des côtes en automne et en hiver, et dans l'intérieur au printemps.

CANARD BRANCHU *Aix sponsa* (43-51 cm) 29
Wood Duck

Vivement coloré; se perche souvent dans les arbres. En vol, le ventre blanc contraste avec la poitrine et les ailes sombres. Noter aussi la longue queue carrée et sombre, le cou court, et l'angle aigu lequel le bec pointe vers le bas. *Mâle:* L'étrange motif facial, la huppe tombante et le plumage irisé le distinguent à coup sûr. *Femelle:* Couleurs ternes; noter la tête sombre et huppée ainsi que la *tache blanche à l'oeil.*
Voix: Mâle, *whou-îk* inquiet et fort, *djiii* de pinson, montant; femelle, *crrik, crrik.*
Aire: S du Canada, N-O et E des É.-U., Cuba. Hiverne jusqu'au Mexique et à Cuba. **Habitat:** Marais boisés, rivières, étangs.

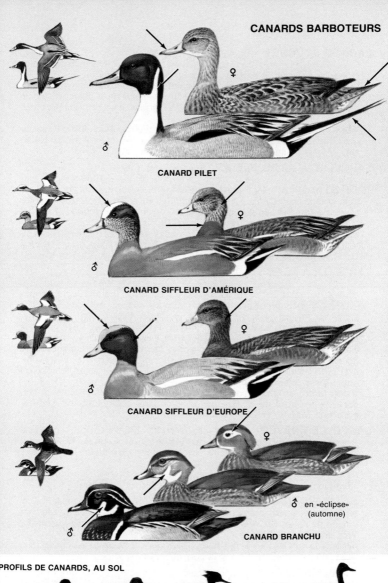

CANARDS BARBOTEURS

♀

♂

CANARD PILET

♂

♀

CANARD SIFFLEUR D'AMÉRIQUE

♂

♀

CANARD SIFFLEUR D'EUROPE

♀

♂ en «éclipse» (automne)

♂

CANARD BRANCHU

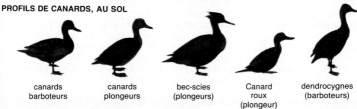

PROFILS DE CANARDS, AU SOL

| canards barboteurs | canards plongeurs | bec-scies (plongeurs) | Canard roux (plongeur) | dendrocygnes (barboteurs) |

51

CANARD SOUCHET *Anas clypeata* (43-50 cm) $\boxed{30}$
Northern Shoveler
Noter le *bec en cuillère*. Petit canard; en vol, à cause du long bec, les ailes semblent placées loin en arrière. Nage enfoncé, le bec pointant vers l'eau. *Mâle:* Beaucoup de noir et de blanc; ventre et flancs rous; plaque bleu pâle à l'avant de l'aile; pattes orange. *Femelle:* Brune, gros bec, plaque bleue à l'aile; pattes orange.
Voix: Mâle, *touk, touk, touk* grave; femelle, faible *couac*. **Aire:** Répandu dans l'hémisphère N. Hiverne jusqu'en Am. centrale et en Afrique. **Habitat:** Marais d'eau douce, étangs, baies marines aussi l'hiver.

SARCELLE À AILES BLEUES *Anas discors* (38-40 cm) $\boxed{31}$
Blue-winged Teal
Canard barboteur «demi-portion». *Mâle:* Noter le *croissant facial blanc* et la grande plaque *bleu pastel* à l'*avant de l'aile*. Le mâle garde son plumage d'éclipse tard en saison et peut alors ressembler à la femelle. *Femelle:* Brune, tachetée; plaque bleue à l'avant de l'aile.
Espèces semblables: Voir 1) S. à ailes vertes; 2) Canard souchet.
Voix: Mâle, piaille; femelle, faible *couac*. **Aire:** Du Canada au S des É.-U. Hiverne jusqu'en Am. du S. **Habitat:** Étangs d'eau douce, marais.

SARCELLE À AILES VERTES *Anas crecca carolinensis* (35 cm) $\boxed{32}$
Green-winged Teal
En vol, les sarcelles se reconnaissent à leur petite taille et leurs troupes serrées. Si elles n'ont pas de tache claire à l'aile, ce sont des S. à ailes vertes (le miroir est *vert foncé et irisé*). *Mâle:* Petit canard trapu, gris, à la tête brune (au soleil, on voit la tache verte). À l'eau, *ligne verticale blanche* devant l'aile. *Femelle:* Tout petit canard tacheté, à miroir vert.
Espèce semblable: La Sarcelle à ailes bleues (mâle ou femelle) a une plaque bleu pâle à l'aile. En vol, la S. à ailes bleues mâle a le ventre sombre; la S. à ailes vertes, le ventre blanc. La S. à ailes bleues femelle est plus grosse et a le bec plus long.
Voix: Mâle, sifflement court, cri plaintif de rainette; femelle, *couac* net.
Aire: N de l'Am. du N. Hiverne jusqu'en Am. centrale et aux Antilles.
Habitat: Marais, rivières, baies.

SARCELLE D'HIVER *Anas crecca (crecca)* (33-39 cm) Teal
Appartient à la même espèce que la Sarcelle à ailes vertes. *Mâle:* Noter la ligne blanche longitudinale sur les scapulaires. *Femelle:* Impossible à distinguer de la S. à ailes vertes femelle.
Aire: Islande, N de l'Europe, Asie, Aléoutiennes. Visiteur rare sur la côte atlantique de l'Am. du N, dans les étangs ou sur le littoral.

SARCELLE CANNELLE *Anas cyanoptera* (38-43 cm) Cinnamon Teal
Mâle: Petit canard *marron foncé* ayant une grande plaque bleu pastel sur l'avant de l'aile. En vol, ressemble à la Sarcelle à ailes bleues. *Femelle:* Très semblable à la S. à ailes bleues femelle.
Aire: S-O du Canada, O des É.-U., Mexique: Am. du S, Atteint parfois la Prairie; exceptionnelle sur la côte atlantique.

CANARD MUSQUÉ *Cairina moschata* (♂ : 80 cm; ♀ : 63 cm) Muscovy
Originaire d'Amérique tropicale (du Mexique à l'Argentine). Canard noir, lourdaud, ayant l'allure d'une oie et une grande tache blanche dessus et dessous l'aile. *Mâle: Face nue, rouge et verruqueuse. Femelle:* Plus terne, parfois sans excroissances faciales. Le Canard musqué domestique (C. de Barbarie) peut être blanc, noir, ou tacheté. Les oiseaux échappés de captivité redeviennent souvent plus ou moins sauvages.

CANARDS BARBOTEURS

♀

♂

CANARD SOUCHET

♂   ♀

SARCELLE À AILES BLEUES

♂   ♀

SARCELLE À AILES VERTES

♂

SARCELLE D'HIVER

♂

SARCELLE CANNELLE

forme
ancestrale

variété
domestique

CANARD MUSQUÉ
(s'échappe souvent
de captivité)

53

- **CANARDS PLONGEURS: Sous-famille des Aythyinés.** Ces canards vivent en mer, dans les estuaires, sur les fleuves et les grands plans d'eau, mais plusieurs espèces nichent dans les marais. Tous plongent (ce que les canards barboteurs font rarement) et courent sur l'eau à l'envol. Les pattes sont placées loin à l'arrière. Le doigt arrière possède un lobe palmé, absent chez les barboteurs. Sexes dissemblables. **Nourriture:** Petits animaux et plantes aquatiques. Les espèces marines mangent des mollusques et des crustacés.

MACREUSE À AILES BLANCHES *Melanitta fusca* (53 cm) [33]
(Macreuse brune)   White-winged Scoter
Les macreuses sont de gros canards plutôt noirâtres, présents sur toute la côte; ils volent en files. La M. à ailes blanches est la plus grosse des 3 espèces. Sur l'eau, la tache blanche de l'aile est souvent cachée (attendre que l'oiseau batte de l'aile ou s'envole). *Mâle:* Noir, avec une virgule blanche près de l'oeil; bec orange, avec une excroissance noire à la base. *Femelle:* fuligineuse, avec une tache blanche à l'aile et 2 marques faciales pâles (parfois obscurcies; plus prononcées chez le jeune).
Espèces semblables: Voir 1) la Macreuse à front blanc et 2) la Macreuse à bec jaune.
Voix: En vol, série de 6 à 8 tintements de cloche graves (Kortright), attribués aux ailes.
Aire: N de l'hémisphère N. Hiverne sur les 2 côtes aux É.-U. **Habitat:** Grands plans d'eau, estuaires, eau salée.

MACREUSE À FRONT BLANC *Melanitta perspicillata* (48 cm) [34]
                                                          Surf Scoter
Mâle: Noir, avec 1 ou 2 *plaques blanches* sur la calotte et la nuque. Bec orange, noir et blanc. *Femelle:* Brun sombre; 2 taches claires sur le côté de la tête (parfois obscurcies; plus évidentes chez le jeune).
Espèce semblable: La M. à ailes blanches femelle a un motif semblable à la tête, mais elle a une tache blanche à l'aile visible surtout quand elle bat de l'aile.
Voix: Silencieuse en général. Croassement grave; grognements.
Aire: Alaska, N du Canada. Hiverne jusqu'au S des É-U. (sur les 2 côtes).
Habitat: Ressac, estuaires, grands plans d'eau; l'été, lacs de l'Arctique, toundra.

MACREUSE À BEC JAUNE *Melanitta nigra* (46 cm)   [35]
(Macreuse noire)   Black Scoter
Mâle: Plumage entièrement noir. L'excroissance jaune-orange vif du bec est caractéristique. En vol, les deux tons sous l'aile sont plus nets que chez les autres macreuses. *Femelle:* Très sombre; *joues claires* contrastant avec la *calotte sombre.*
Espèces semblables: 1) La foulque est noirâtre, mais elle a le bec blanc et une tache blanche sous la queue. 2) Certaines jeunes Macreuses à front blanc mâles, sans tache à la tête, paraissent toutes noires; chercher alors le rond noir à la base du bec. 3) Les femelles et les jeunes des 2 autres espèces de macreuses ont des taches claires sur le côté de la tête. 4) La Macreuse à bec jaune femelle peut ressembler au Canard roux l'hiver (p. 60).
Voix: Mâle, roucoulement mélodieux; femelle, grognements.
Aire: Alaska, N-E du Canada, Islande, N de l'Eurasie. Hiverne jusqu'au S des É.-U., en Méditerranée. **Habitat:** Côtes, toundra côtière (l'été).

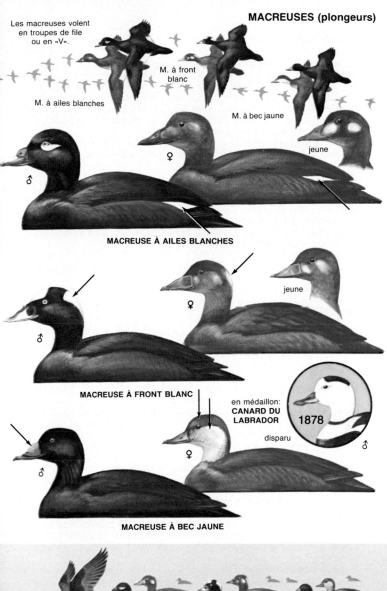

MACREUSES (plongeurs)

Les macreuses volent en troupes de file ou en «V».

M. à front blanc

M. à ailes blanches

M. à bec jaune

jeune

♀

♂

MACREUSE À AILES BLANCHES

♂

♀

jeune

MACREUSE À FRONT BLANC

en médaillon:
CANARD DU LABRADOR

1878

disparu

♂

♀

♂

MACREUSE À BEC JAUNE

Les canards plongeurs se tiennent en groupes sur l'eau et courent à la surface pour s'envoler.

CANARD KAKAWI *Clangula hyemalis* (♂ : 53 cm; ♀ : 40 cm) `36`
(Harelde)   Oldsquaw
Le seul canard marin ayant à la fois beaucoup de *blanc sur le corps et des ailes uniformément sombres*. Vole en troupes irrégulières et compactes. *Mâle en hiver:* Longue queue pointue, motif noir et blanc, poitrine sombre. *Femelle en hiver:* Ailes sombres, face blanche, tache sombre à la joue. *Mâle en été:* Sombre, avec les flancs et le ventre blancs. Noter la tache blanche à l'oeil. *Femelle en été:* Semblable mais plus foncée.
Voix: Bavard; un *ah-ah-wè* musical.
Aire: Arctique, circumpolaire. Atteint en hiver le S des É.-U., l'Europe centrale, l'Asie centrale. **Habitat:** Mer, grands plans d'eau; l'été, étangs et lacs de toundra.

CANARD ARLEQUIN *Histrionicus histrionicus* (45 cm)   `37`
                                                        Harlequin Duck
Sombre et bariolé. *Mâle:* Petit canard ardoisé ayant les flancs marron et de curieuses taches blanches. En vol, il a la silhouette ramassée du garrot, mais apparaît uniformément sombre. *Femelle:* Obscure, avec 3 ronds blancs sur le côté de la tête; pas de tache à l'aile.
Espèces semblables: 1) Le Petit Garrot femelle a une tache blanche à l'aile, et une seule marque faciale. 2) Voir les macreuses femelles (plus grosses, au bec plus gros).
Voix: Mâle, grincement, aussi, *gwa gwa gwa;* femelle, *îk-îk-îk-îk.*
Aire: N-E de l'Asie, Alaska, Canada, O des É.-U., Groenland, Islande.
Habitat: Torrents de montagne (été); côtes rocheuses (hiver).

EIDER À TÊTE GRISE *Somateria spectabilis* (53-60 cm)   `38`
                                                          King Eider
Mâle: Canard marin trapu; sur l'eau, l'avant apparaît blanc et l'arrière noir, un peu comme chez le Goéland à manteau noir. Noter le *tubercule orange du bec.* Les ailes ont de grandes plaques blanches. *Femelle:* Trapue; d'un brun riche, fortement barrée. Noter le profil facial (illustré). *Jeune mâle:* Sombre, avec poitrine claire et tête brun foncé.
Espèce semblable: 1) L'Eider à duvet mâle a le dos *blanc.* 2) L'Eider à duvet femelle a le front fuyant, un lobe frontal plus long et plus plat.
Voix: Mâle en pariade, murmures graves; femelle, croassements.
Aire: Régions arctiques, hémisphère N. **Habitat:** Côtes, océan.

EIDER À DUVET *Somateria mollissima* (58-68 cm)   `39`
                                                         Common Eider
Se tient près des hauts-fonds, en mer. Gros canard, au cou assez fort. Vol lent et bas, les oiseaux généralement en file. *Mâle:* Notre seul canard au *ventre noir et au dos blanc.* Avant de l'aile blanc; tête blanche, à calotte noire et nuque verdâtre. *Femelle:* Grosse, brune, *très barrée;* front fuyant. *Jeune mâle:* D'abord brun grisâtre, puis sombre avec un collier blanc; la tête ou la poitrine peuvent devenir brun chocolat; le blanc apparaît irrégulièrement.
Espèces semblables: 1) L'Eider à tête grise mâle a le dos *noir:* la femelle a un profil facial différent, tel qu'illustré. 2) Les macreuses femelles sont plus foncées et n'ont pas le dos barré des eiders femelles.
Voix: Mâle, *aw-ouu-ouur* plaintif; femelle, *kor-r-r* guttural.
Aire: N de l'hémisphère N. **Habitat:** Côtes rocheuses, hauts-fonds; l'été, également îles et toundra.

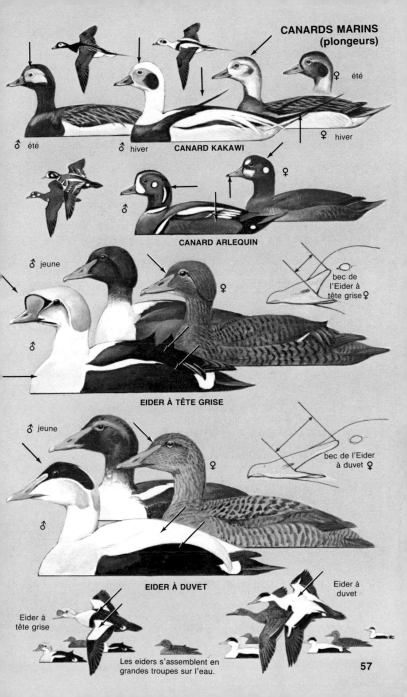

CANARDS MARINS (plongeurs)

♂ été
♂ hiver
CANARD KAKAWI
♀ été
♀ hiver

♂
♀
CANARD ARLEQUIN

♂ jeune
♀
bec de l'Eider à tête grise ♀
♂
EIDER À TÊTE GRISE

♂ jeune
♀
bec de l'Eider à duvet ♀
♂
EIDER À DUVET

Eider à tête grise

Eider à duvet

Les eiders s'assemblent en grandes troupes sur l'eau.

57

MORILLON À DOS BLANC   *Aythya valisineria*   (50-60 cm)   40
                                                                  Canvasback
Noter le *front fuyant* (chez les deux sexes). Les troupes voyagent en files
ou en «V». *Mâle:* Semble très blanc, sauf pour la tête et le cou *marron*,
la poitrine noire, et le long bec *noirâtre. Femelle:* Grisâtre, la tête et le
cou présentant une faible teinte rouille.
Voix: Mâle, croassement grave, grognements; femelle, *couac.*
Aire: Alaska, O du Canada, N-O des É.-U. Hiverne jusqu'au Mexique,
aux côtes de l'Atlantique et du g. du Mexique. **Habitat:** Marais d'eau douce
(été), lacs, estuaires, eau salée.

MORILLON À TÊTE ROUGE   *Aythya americana*   (45-58 cm)   41
                                                                  Redhead
Mâle: Gris, avec la poitrine noire et la *tête rousse, arrondie;* bec bleuté,
à bout noir. *Femelle:* Brunâtre; noter la *tache claire diffuse* près du bec.
Les deux sexes ont une bande *grise* à l'aile.
Espèces semblables: 1) Le Morillon à dos blanc mâle est beaucoup
plus blanc, a le front fuyant et le bec noir. 2) Voir le Morillon à collier
femelle.
Voix: Mâle miaulement rauque, ronronnement; femelle, *scouac.*
Aire: O du Canada, O et centre-N des É.-U. Hiverne jusqu'au Mexique
et aux Antilles. **Habitat:** Marais d'eau douce (été), lacs, estuaires, eau salée.

MORILLON À COLLIER   *Aythya collaris*   (38-45 cm)   42
                                                                  Ring-necked Duck
Mâle: Morillon à *dos noir.* Noter la *marque verticale blanche* devant l'aile;
bec à anneau blanc. En vol, large bande *grise* (et non blanche) à l'aile.
Femelle: Silhouette de Petit Morillon femelle, mais marque faciale claire
indistincte, oeil sombre cerclé de blanc, et *anneau au bec.* La bande alaire
est *grise.*
Espèce semblable: Le Fuligule morillon (*A. fuligula*) est exceptionnel
dans l'E des É.-U.: le mâle a une mince *huppe, des flancs blancs et une
bande alaire blanche* (voir p. 296).
Aire: Canada, N des É.-U. Hiverne jusqu'au Panama. **Habitat:** Lacs forestiers, étangs; l'hiver, également rivières et eau salée.

PETIT MORILLON   *Aythya affinis*   (38-45 cm)   43
                                                                  Lesser Scaup
Le Grand et le Petit Morillon sont nos seuls canards dont l'arrière de l'aile
présente une large bande blanche. *Mâle:* Sur l'eau, blanc au centre et noir
aux deux bouts. Bec *bleuté:* tête à reflets *violacés.* Flancs et dos finement
barrés. *Femelle:* Brun foncé, avec un masque blanc net près du bec.
Espèce semblable: Voir le Grand Morillon.
Voix: *Couac* ou *scôp* sonore, ronronnements; mâle, sifflement grave.
Aire: Alaska, O du Canada. Hiverne jusqu'au N de l'Am. du S. **Habitat:**
Étangs marécageux (été), lacs, estuaires, eau salée.

GRAND MORILLON   *Aythya marila*   (40-50 cm)   44
(Fuligule milouinan)   Greater Scaup
Très semblable au Petit Morillon, mais le mâle est plus blanc; tête moins
huppée, plus aplatie, avec des reflets *verdâtres* plutôt que *violacés.* Plus
gros onglet noir au bec (visible seulement de près). La *bande alaire du
Grand Morillon est plus longue* et s'étend aux primaires.
Aire: Alaska, Canada, N de l'Eurasie. Atteint en hiver le Mexique, la Méditerranée, l'Inde. **Habitat:** Lacs, rivières, estuaires, eau salée, étangs de
toundra (été).

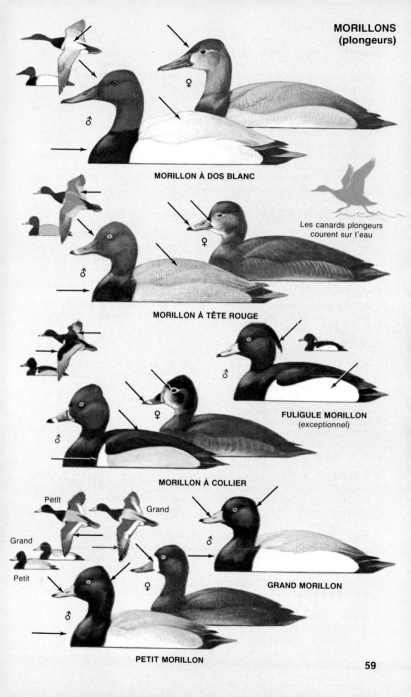

MORILLONS
(plongeurs)

MORILLON À DOS BLANC

Les canards plongeurs courent sur l'eau

MORILLON À TÊTE ROUGE

FULIGULE MORILLON
(exceptionnel)

♂

MORILLON À COLLIER

♀

♂

Petit

Grand

Grand

Petit

♀

GRAND MORILLON

♂

PETIT MORILLON

59

GARROT À OEIL D'OR *Bucephala clangula* (50 cm) <u>45</u>
Common Goldeneye

Mâle: Gros *rond blanc* devant l'oeil. Apparaît blanc, sauf pour le dos noir et la tête ronde à reflets verts (noire à distance). En vol, cou court; les ailes produisent un sifflement et arborent une grande plaque blanche. *Femelle:* Grise, avec un collier blanc et une tête brun foncé; l'aile porte un carré blanc (visible même sur l'aile fermée).

Espèces semblables: Voir 1) Le Garrot de Barrow; 2) les morillons (poitrine noire chez les mâles); 3) le Grand Bec-Scie mâle (profil long et bas).

Voix: Le mâle en pariade émet deux notes nasales rappelant le *pî-ik* de l'Engoulevent d'Amérique; femelle, *couac* sonore.

Aire: N de l'hémisphère N. Hiverne jusqu'au g. du Mexique et au S de l'Eurasie. **Habitat:** Lacs forestiers, cours d'eau; l'hiver, également estuaires, côtes.

GARROT DE BARROW *Bucephala islandica* (53 cm) <u>46</u>
(Garrot d'Islande) Barrow's Goldeneye

Mâle: Noter le *croissant blanc* devant l'oeil. Semblable au Garrot à oeil d'or, mais plus noir sur le dessus: tête à reflets *violets* (et non verts); nuque plus «gonflée». *Femelle:* Très semblable au G. à oeil d'or femelle; bec plus court et épais, front plus abrupt. Au printemps, le bec peut devenir tout *jaune* (souvent un bon critère).

Voix: Mâle en pariade, miaulement; femelle, *couac* rauque.

Aire: Alaska, Canada, N-O des É.-U., S-O du Groenland, Islande. **Habitat:** Lacs forestiers, étangs de castor; l'hiver, côtes et, occasionnellement, rivières.

PETIT GARROT *Bucephala albeola* (33-38 cm) <u>47</u>
Bufflehead

Petit canard. *Mâle:* Surtout blanc, avec le dos noir; tête ronde à *gros bonnet blanc.* En vol, grande plaque blanche à l'aile. *Femelle:* Sombre et trapue; *tache blanche à la joue,* petit bec, tache blanche à l'aile.

Espèces semblables: 1) Voir le Bec-scie couronné (bec pointu). 2) Voir le Canard roux en hiver.

Voix: Mâle, note roulée et rauque; femelle, *couac* sonore.

Aire: Alaska, Canada. Hiverne jusqu'au Mexique et à la côte du g. du Mexique. **Habitat:** Lacs, étangs, rivières; l'hiver, eau salée.

• **ÉRISMATURES: Sous-famille des Oxyurinés.** Canards petits et ramassés, incapables de marcher; queue rigide à 18 ou 20 plumes. Sexes dissemblables; **Nourriture:** Insectes, organismes et plantes aquatiques.

CANARD ROUX *Oxyura jamaicensis* (38-40 cm) <u>48</u>
Ruddy Duck

Petit, rondelet; noter la *joue blanche,* la calotte foncée. Queue souvent dressée à la verticale. Vol bourdonnant. Incapable de marcher. *Mâle en été:* Roux, joue blanche, calotte noire, gros bec bleu. *Mâle en hiver:* Gris; *joue blanche,* bec gris ou bleu terne. *Femelle:* Semblable au mâle en hiver, mais la joue est traversée d'une ligne sombre.

Espèce semblable: Voir le Canard masqué (Espèces exceptionnelles p. 299).

Voix: Mâle en pariade, *tchik-ik-ik-ik-k-k-kwrrr.*

Aire: Du Canada au N de l'Am. du S (par endroits). **Habitat:** Marais d'eau douce, étangs, lacs; en hiver, baies marines.

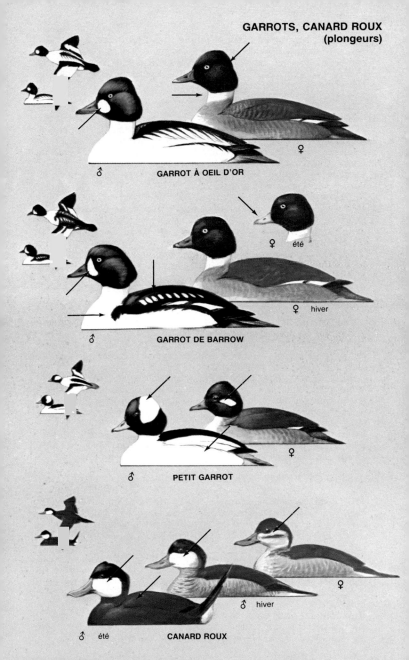

GARROTS, CANARD ROUX
(plongeurs)

♂   ♀

GARROT À OEIL D'OR

♀ été

♂   ♀ hiver

GARROT DE BARROW

♂   ♀

PETIT GARROT

♂ été   ♂ hiver   ♀

CANARD ROUX

- **BEC-SCIES (Harles): Sous-famille des Merginés.** Canards piscivores plongeurs au bec pointu et aux mandibules à dents de scie. La plupart des espèces ont une huppe et un corps long et fuyant. En vol, le bec, le cou et le corps sont sur un axe horizontal. Sexes dissemblables. **Nourriture:** Petits poissons surtout.

GRAND BEC-SCIE *Mergus merganser* (55-68 cm) ⬜ 49
(Harle bièvre) Common Merganser
Mâle: Long corps blanchâtre, dos noir, tête vert bouteille. Bec et pattes rouges; poitrine teintée de saumon pâle. *Femelle:* Grise, avec la tête rousse et huppée, la poitrine blanche et un grand carré blanc à l'aile. Bec et pattes rouges. Ces bec-scies volent en file en suivant les méandres des cours d'eau. La blancheur du mâle et le profil de bec-scie (bec, cou, tête et corps à l'horizontale) caractérisent l'espèce.
Espèces semblables: 1) Voir le Bec-scie à poitrine rousse femelle. 2) Les garrots mâles, plus trapus, ont une tache faciale blanche, un cou plus court et une tête ronde. 3) La tête rousse des bec-scies femelles rappelle celle des Morillons à dos blanc et à tête rouge mâles, mais ceux-ci ont la poitrine noire et n'ont pas de huppe.
Voix: Mâle, croassements graves, détachés; femelle, *karrr* guttural.
Aire: N de l'hémisphère N. Hiverne jusqu'au Mexique, en Afrique du N, en Chine du S. **Habitat:** Lacs forestiers, étangs, rivières; l'hiver, lacs, rivières, rarement en eau salée.

BEC-SCIE À POITRINE ROUSSE *Mergus serrator* (50-65 cm) ⬜ 50
(Harle huppé) Red-breasted Merganser
Mâle: Cou fin; tête noire, à reflets verts et à *huppe bien nette;* poitrine rousse à la ligne de flottaison, séparée de la tête par un *large collier blanc;* bec et pattes rouges. *Femelle:* Grise; tête rousse et huppée, grande tache blanche à l'aile, bec et pattes rouges.
Espèce semblable: Le Grand Bec-scie mâle est plus blanc, sans collier ni bande pectorale; il n'a pas de huppe. Chez le Grand Bec-scie femelle, le blanc du menton et de la poitrine *se détache nettement* (chez le B. à poitrine rousse, le roux de la tête est plus pâle et *dégradé* sur la gorge et le cou).
Voix: Généralement silencieux. Croassement rauque; femelle, *karrr.*
Aire: N de l'hémisphère N. Hiverne jusqu'au Mexique et au g. du Mex., en Afrique du N, en Chine du S. **Habitat:** Lacs; en hiver, estuaires, mer.

BEC-SCIE COURONNÉ *Lophodytes cucullatus* (40-48 cm) ⬜ 51
Hooded Merganser
Mâle: Noter la *huppe blanche* qui s'ouvre parfois en *éventail.* Poitrine blanche, avec deux barres de chaque côté. Tache blanche à l'aile; flancs bruns.
Femelle: Bec pointu et profil de bec-scie; la petite taille, la *couleur sombre de tout le corps (bec et poitrine compris)* caractérisent l'espèce. Noter la *huppe rousse* et lâche.
Espèces semblables: 1) Le Petit Garrot mâle: plus trapu, flancs *blancs.* Voir aussi le Petit Garrot femelle. 2) Les autres bec-scies femelles sont plus gros, *plus gris,* ils ont la tête rousse et le bec rouge. 3) En vol, la tache blanche à l'aile et le profil distinguent la femelle de celle du Canard branchu.
Voix: Grognements ou croassements graves.
Aire: S-E de l'Alaska, Canada, N des É.-U. Hiverne jusqu'au N du Mexique et au g. du Mex. **Habitat:** Lacs forestiers, étangs, rivières.

BEC-SCIES
(plongeurs)

En vol, les bec-scies ont le bec la tête, le corps et la queue sur le même axe horizontal.

mandibules caractéristiques du bec-scie

♂

♀

GRAND BEC-SCIE

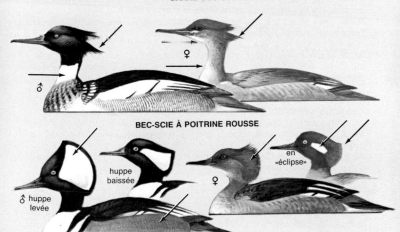

♂

♀

BEC-SCIE À POITRINE ROUSSE

♂ huppe levée

huppe baissée

♀

en «éclipse»

BEC-SCIE COURONNÉ

Grand B.-s.   B.-s. à poitrine rousse   B.-s. couronné

63

■ **NAGEURS RESSEMBLANT AUX CANARDS** (FOULQUES, POULES-D'EAU): **Famille des Rallidés** (en partie). Les foulques et les poules-d'eau appartiennent à la famille des râles (voir p. 112). Les râles ressemblent aux poules, sont furtifs et parcourent les marais sur leurs longues pattes, tandis que les foulques et les poules-d'eau ressemblent superficiellement aux canards, sauf pour leur tête plus petite, leur plaque frontale et leur bec de poule. Elles sont le plus souvent à la nage, mais vont également se nourrir sur les rives des étangs et dans l'herbe.

FOULQUE D'AMÉRIQUE *Fulica americana* (33-40 cm) ⬜ 52
American Coot
Oiseau ardoisé, à allure de canard; tête et cou noirs, *bec blanc* et double tache blanche sous la queue. Grands pieds aux doigts lobés (voir illustration). Grégaire. À la nage, il hoche la tête d'avant en arrière (comme la poule-d'eau). Se nourrit en surface, mais plonge également. Court sur l'eau à l'envol. Vol laborieux, les grandes pattes dépassant la courte queue; mince bordure blanche à l'arrière de l'aile. *Jeune:* Plus pâle, avec un bec plus terne. Le jeune en duvet a la tête et les épaules *rouge orangé.*
Espèces semblables: Les poules-d'eau sont plus petites et ont le bec rouge (à bout jaune). Les foulques ressemblent plus aux canards que les poules-d'eau, et s'assemblent plus en eau libre. Voir la Foulque à cachet (p. 298).
Voix: *kouk-kouk-kouk-kouk* âpre; *kakakakakaka;* etc.; aussi un *ka-ha, ha-ha* plus retenu; divers caquètements et croassements.
Aire: Du Canada à l'Équateur. **Habitat:** Étangs, lacs, marais; l'hiver, également champs, étangs de parcs, eau salée.

POULE-D'EAU *Gallinula chloropus* (33 cm) ⬜ 53
Common Moorhen
Bec court, rouge; *plaque frontale rouge,* et bande blanche sur les flancs. En marchant, elle fait voir ses sous-caudales blanches; hoche la tête en nageant.
Espèces semblables: 1) La Foulque d'Amérique est plus robuste, le cou plus court, le dos gris et le bec blanc. 2) Voir la Gallinule violacée.
Voix: *Kr-r-rouk* rauque, répété; *koûp* de grenouille: aussi, *kîk-kîk-kîk,* et caquetage plaintif et fort.
Aire: Du S du Canada à l'Argentine; Eurasie, Afrique. **Habitat:** Marais d'eau douce, roselières.

GALLINULE VIOLACÉE *Porphyrula martinica* (33 cm) ⬜ 54
Purple Gallinule
Très colorée; nage, marche dans l'eau et grimpe aux buissons. Taille de la Poule-d'eau, mais la tête et les dessous sont *violet sombre* et le dos vert bronzé. Plaque frontale *bleu pâle;* bec rouge, à bout jaune. Pattes *jaunes,* évidentes en vol. *Jeune:* brunâtre, foncé dessus, pâle dessous, *sans raie sur le côté;* bec foncé.
Espèces semblables: 1) La Poule-d'eau a une plaque frontale *rouge,* des pattes verdâtres, une raie blanche sur le côté: la jeune Poule-d'eau a aussi la raie blanchâtre sur le côté. 2) La jeune Foulque d'Amérique a un bec pâle; la tache blanche sous la queue est divisée par du noir.
Voix: Caquetage de poule, *kik, kik, kik,* émis en vol; aussi des notes gutturales.
Aire: Du S des É.-U. au N de l'Argentine. Hiverne surtout au S des É.-U. **Habitat:** Marais d'eau douce, étangs.

NAGEURS RESSEMBLANT AUX CANARDS

Les foulques courent sur l'eau à l'envol.

pied lobé de la foulque

jeune

adulte

poussin de la foulque

adulte

FOULQUE D'AMÉRIQUE

poussin de la Poule-d'eau

jeune

adulte

POULE-D'EAU

POULE-D'EAU

jeune

adulte

GALLINULE VIOLACÉE

GALLINULE VIOLACÉE

jeune

adulte

65

CANARDS BARBOTEURS EN VOL

Note: Les mâles sont caractérisés dans le texte. Les femelles sont assez semblables.

Texte et planche en couleurs

CANARD PILET *Anas acuta*   **pp. 50, 51**
Dessous: Queue longue et pointue, poitrine blanche, cou mince.
Dessus: Queue longue et pointue, raie sur le cou, bordure blanche à l'arrière de l'aile.

CANARD BRANCHU *Aix sponsa*   **pp. 50, 51**
Dessous: Ventre blanc, ailes sombres, longue queue carrée.
Dessus: Trapu; longue queue foncée, aile sombre à bordure blanche.

CANARD SIFFLEUR D'AMÉRIQUE *Anas americana*   **pp. 50, 51**
Dessous: Ventre blanc, queue pointue foncée.
Dessus: Grande plaque blanche à l'épaule.

CANARD SOUCHET *Anas clypeata*   **pp. 52, 53**
Dessous: Ventre sombre, poitrine blanche, bec en cuillère.
Dessus: Grande plaque bleutée à l'épaule, bec en cuillère.

CANARD CHIPEAU *Anas strepera*   **pp. 48, 49**
Dessous: Ventre blanc, carré blanc à l'arrière de l'aile (miroir).
Dessus: Tache blanche à l'arrière de l'aile (miroir).

SARCELLE À AILES VERTES *Anas crecca*   **pp. 52, 53**
Dessous: Petite taille; ventre clair, tête sombre.
Dessus: Petite, aile sombre, miroir vert.

SARCELLE À AILES BLEUES *Anas discors*   **pp. 52, 53**
Dessous: Petite taille; ventre sombre.
Dessus: Petite: grande plaque bleutée à l'épaule.

Dessin de l'aile d'un **canard barboteur** montrant le miroir irisé.

CANARDS BARBOTEURS EN VOL

dessous

CANARD PILET

CANARD BRANCHU

CANARD SIFFLEUR D'AMÉRIQUE

CANARD SOUCHET

CANARD CHIPEAU

SARCELLE À AILES VERTES

SARCELLE À AILES BLEUES

dessus

CANARD PILET

CANARD BRANCHU

CANARD SIFFLEUR D'AMÉRIQUE

CANARD SOUCHET

CANARD CHIPEAU

SARCELLE À AILES VERTES

SARCELLE À AILES BLEUES

67

CANARDS BARBOTEURS ET BEC-SCIES EN VOL

Note: Les mâles sont caractérisés dans le texte. Les bec-scies ont un profil distinctif en vol: le bec, la tête, le cou, le corps et la queue sont sur le même axe horizontal.

Texte et planche en couleurs

CANARD COLVERT *Anas platyrhynchos*   **pp. 48, 49**
Dessous: Poitrine sombre, ventre clair, collier blanc.
Dessus: Tête sombre, collier, miroir bordé de deux lignes blanches.

CANARD NOIR *Anas rubripes*   **pp. 48, 49**
Dessous: Corps sombre, couvertures blanches sous l'aile.
Dessus: Corps sombre, tête plus pâle.

DENDROCYGNE FAUVE *Dendrocygna bicolor*   **pp. 48, 49**
Dessous: Fauve, avec des couvertures noirâtres sous l'aile.
Dessus: Aile sombre et sans motif, arc blanc au croupion.

GRAND BEC-SCIE *Mergus merganser*   **pp. 62, 63**
Dessous: Profil de bec-scie, tête noire, corps blanc, couvertures blanches sous l'aile.
Dessus: Profil de bec-scie; poitrine blanche, grandes taches à l'aile.

BEC-SCIE À POITRINE ROUSSE *Mergus serrator*   **pp. 62, 63**
Dessous: Profil de bec-scie; bande pectorale sombre.
Dessus: Profil de bec-scie; poitrine sombre, grandes taches à l'aile.

BEC-SCIE COURONNÉ *Lophodytes cucullatus*   **pp. 62, 63**
Dessous: Profil de bec-scie; couvertures sombres sous l'aile.
Dessus: Profil de bec-scie; petites taches à l'aile.

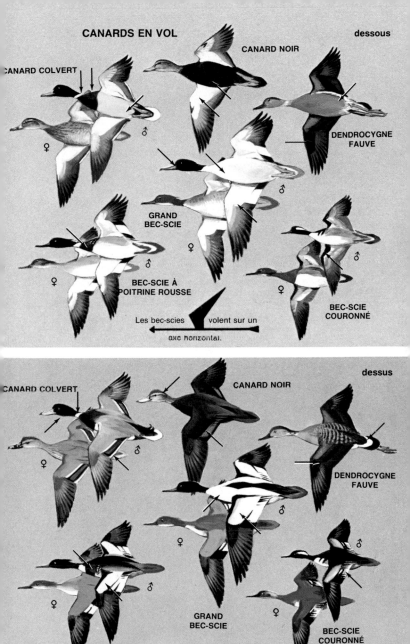

CANARDS EN VOL

dessous

CANARD NOIR

CANARD COLVERT

DENDROCYGNE
FAUVE

♂

♀

GRAND
BEC-SCIE

♂

♀

♂

♀

BEC-SCIE À
POITRINE ROUSSE

BEC-SCIE
COURONNÉ

Les bec-scies ← volent sur un
axe horizontal.

dessus

CANARD COLVERT

CANARD NOIR

♂

♀

DENDROCYGNE
FAUVE

♂

♀

♂

♀

BEC-SCIE
À POITRINE ROUSSE

GRAND
BEC-SCIE

BEC-SCIE
COURONNÉ

69

CANARDS DE MER EN VOL

Note: Seuls les mâles sont caractérisés dans le texte.

* Les deux eiders sont souvent appelés «moyacs» par les chasseurs.

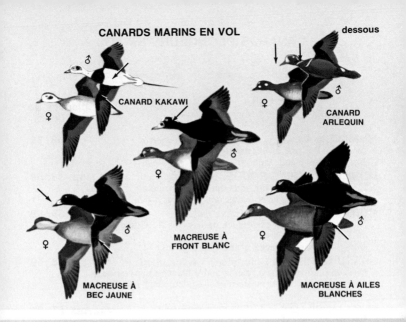

CANARDS MARINS EN VOL

dessous

CANARD KAKAWI

CANARD ARLEQUIN

♂

♀

♂

MACREUSE À FRONT BLANC

MACREUSE À BEC JAUNE

MACREUSE À AILES BLANCHES

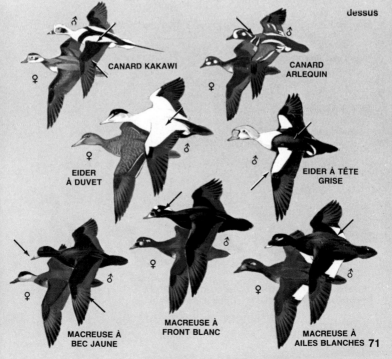

dessus

CANARD KAKAWI

♂

♀

CANARD ARLEQUIN

♂

♂

♀

EIDER À DUVET

♂

♂

EIDER À TÊTE GRISE

♀

♂

MACREUSE À BEC JAUNE

MACREUSE À FRONT BLANC

MACREUSE À AILES BLANCHES 71

CANARDS PLONGEURS EN VOL

Note: Seuls les mâles sont caractérisés dans le texte. Les cinq premiers ont la poitrine noire.

Texte et planche en couleurs

MORILLON À DOS BLANC *Aythya valisineria*   **pp. 58, 59**
Dessous: Poitrine noire, front fuyant.
Dessus: Dos blanc, front fuyant.

MORILLON À TÊTE ROUGE *Aythya americana*   **pp. 58, 59**
Dessous: Poitrine noire, tête rousse et arrondie.
Dessus: Dos gris, large bande alaire grise.

MORILLON À COLLIER *Aythya collaris*   **pp. 58, 59**
Dessous: Difficile à distinguer de dessous du Grand ou du Petit Morillon.
Dessus: Dos noir, large bande alaire grise.

GRAND MORILLON («bluebill»*) *Aythya marila*   **pp. 58, 59**
Dessous: Poitrine noire, bande alaire blanche translucide.
Dessus: Large bande alaire blanche (s'étendant sur les primaires).

PETIT MORILLON («bluebill»*) *Aythya affinis*   **pp. 58, 59**
Dessus: Bande alaire plus courte que celle du Grand Morillon.

GARROT À OEIL D'OR («siffleur»*) *Bucephala clangula*   **pp. 60, 61**
Dessous: Couvertures alaires noirâtres, tache blanche à l'aile.
Dessus: Grand carré blanc à l'aile, cou court, tête noire.

CANARD ROUX *Oxyura jamaicensis*   **pp. 60, 61**
Dessous: Trapu; face blanche, poitrine sombre.
Dessus: Petit, sombre, avec les joues blanches.

PETIT GARROT *Bucephala albeola*   **pp. 60, 61**
Dessous: Ressemble au Garrot à oeil d'or, en plus petit; noter la tache à la tête.
Dessus: Petit; grande plaque à l'aile, tache blanche à la tête.

* Les noms entre parenthèses sont souvent employés par les chasseurs.

canards barboteurs   **canards plongeurs**   **bec-scies** (plongeurs)   **Canard roux** (plongeur)   **dendrocygnes** (barboteurs)

PROFIL DE CANARDS AU SOL

CANARDS PLONGEURS EN VOL

dessous

MORILLON À DOS BLANC

♀ ♂

MORILLON À TÊTE ROUGE

♂

♂

♀

MORILLON À COLLIER

GRAND MORILLON

♀ ♂

GARROT À OEIL D'OR

♀ ♂

♂

CANARD ROUX

♂

♀

PETIT GARROT

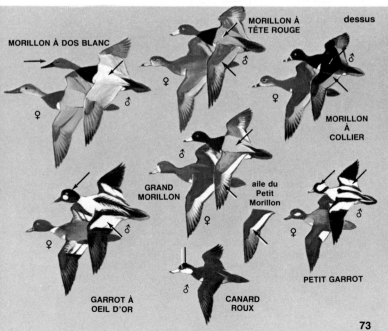

dessus

MORILLON À DOS BLANC

♀ ♂

MORILLON À TÊTE ROUGE

♂

♀

♂

♀

MORILLON À COLLIER

GRAND MORILLON

♂

♀

aile du Petit Morillon

♂

♀

PETIT GARROT

GARROT À OEIL D'OR

♀ ♂

♂

CANARD ROUX

73

■ **PUFFINS: Famille des Procélariidés.** Oiseaux pélagiques ressemblant aux goélands, qui rasent les vagues en vol plané, les ailes raides. Bec avec narines externes tubulaires. Aile plus étroite que celle des goélands, queue plus petite. Sexes semblables. Bruyants de nuit dans leurs lointains terrains de nidification; généralement silencieux en mer. **Nourriture:** Poissons, calmars, crustacés, déchets de navires. **Aire:** Tous les océans. **Espèces:** Monde, 56; Est, 7 (+ 4 ou 5 exceptionnelles).

PUFFIN CENDRÉ *Calonectris diomedea* (53 cm) 　　　　| 55 |
Cory's Shearwater

Semblable au Puffin majeur, mais plus gros et plus pâle. Le *gris* de la tête *se fond* au blanc de la gorge, alors que le P. majeur a une calotte sombre. Le bec du P. cendré est *jaune* (noir chez le P. majeur). Le blanc au croupion est distinctif ou absent. Pas de tache au ventre.
Aire: Niche aux Açores, aux Canaries, dans d'autres îles de l'Atlantique et en Méditerranée. Erre jusqu'aux côtes des É.-U. en été. **Habitat:** Haute mer.

PUFFIN MAJEUR *Puffinus gravis* (48 cm) 　　　　　　| 56 |
Greater Shearwater

L'oiseau de mer aux allures de goéland, sombre dessus et blanc dessous, qui plane au ras des vagues, les ailes raides, est probablement un P. majeur ou un P. cendré. Le P. majeur a une *calotte sombre* délimitée par une bande claire sur la nuque. Noter aussi la *tache blanche au croupion,* généralement indistincte ou absente chez le P. cendré, ainsi que la tache sombre au ventre.
Aire: Niche surtout à l'île Tristan da Cunha, dans l'Atlantique S. Vagabonde en mer vers le N jusqu'au S du Groenland et en Islande, de mai à octobre. **Habitat:** Haute mer, loin au large.

PUFFIN FULIGINEUX *Puffinus griseus* (43 cm) 　　　　| 57 |
Sooty Shearwater

Oiseau de mer, de la taille d'une grosse mouette, et qui paraît entièrement sombre à distance; rase les vagues, porté par ses ailes étroites tenues bien raides. Noter les *couvertures blanchâtres* sous l'aile.
Espèces semblables: Voir les labbes foncés (du blanc sur les primaires), p. 83. **Aire:** Niche en Nouv.-Zélande, en Am. australe; vient dans l'Atlantique N et le Pacifique N en été. **Habitat:** Haute mer.

PUFFIN DES ANGLAIS *Puffinus puffinus* (33 cm)
Manx Shearwater

Petit puffin *noir et blanc* deux fois moins massif que le Puffin majeur; *aucun blanc* à la base de la queue. La calotte sombre s'étend sous l'oeil. Le vol plané bondissant est distinctif.
Aire: Niche dans les îles au large de l'Europe. A niché à Terre-Neuve, au Massachusetts. En augmentation. Régulier en mer, de Terre-Neuve à la Virginie; inusité en Floride.

PUFFIN D'AUDUBON *Puffinus lherminieri* (30 cm)
Audubon's Shearwater

Très petit puffin à dos sombre, semblable au P. des Anglais, mais au battement d'ailes plus rapide, souvent sans grande amplitude. Ailes *plus courtes,* queue *plus longue.* Montre *plus de noir* sous la queue.
Espèce semblable: Voir aussi le Puffin obscur (p. 292). **Aire:** Niche aux Bermudes, aux Antilles, aux îles du Cap Vert, aux Galapagos, etc. Erre dans l'Atlantique et le g. du Mexique, au large des côtes du S-E des É.-U.; régulier vers le N jusqu'en Car. du N; rarement jusqu'en Nouv.-Angleterre.

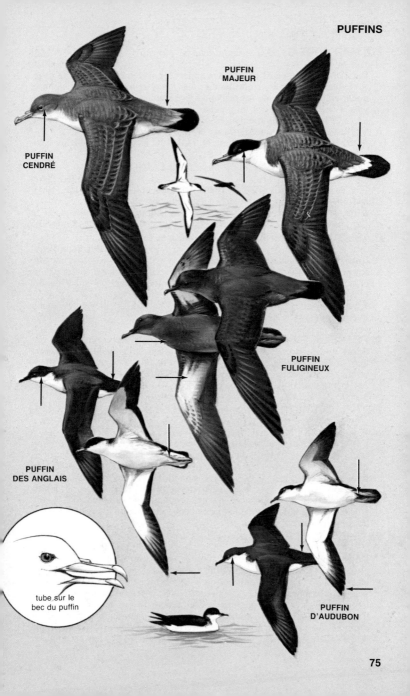

PUFFINS

PUFFIN MAJEUR

PUFFIN CENDRÉ

PUFFIN FULIGINEUX

PUFFIN DES ANGLAIS

tube sur le bec du puffin

PUFFIN D'AUDUBON

FULMAR BORÉAL *Fulmarus glacialis* (45 cm) $\boxed{58}$
(Pétrel fulmar)   Northern Fulmar
   Plus robuste qu'un puffin, il plane en mer, les ailes bien rigides; à la nage,
   flotte haut. Cou épais, front bombé, *bec jaune et fort,* gros oeil sombre,
   queue courte. Les primaires peuvent arborer une *tache claire.* Pattes bleutées. *Forme foncée:* Gris fuligineux, primaires plus sombres, bec jaunâtre. Les individus intermédiaires sont fréquents.
   Voix: Grognement rauque, *âg-âg-âg-arrr,* ou *ik-ik-ik-ik-ik.*
   Aire: Mers du N de l'hémisphère N. **Habitat:** Haute mer; niche en colonies sur les falaises maritimes.

DIABLOTIN ERRANT *Pterodroma hasitata* (40 cm)
                                                  Black-capped Petrel
   Légèrement plus gros que le Puffin d'Audubon et le P. des Anglais. Noter
   le front blanc, le *col blanc* et la tache blanche au croupion.
   Aire: Antilles. Probablement régulier dans le Gulf Stream, au N jusqu'en
   Car. du N, au moins. Exceptionnel dans les terres après des tempêtes.

DIABLOTIN DES BERMUDES *Pterodroma cahow* (38 cm)
                                                      Bermuda Petrel
   Confiné aux Bermudes. Un des oiseaux de mer les plus rares du monde.
   Rappelle le Puffin d'Audubon et le P. des Anglais, mais noter le *front blanc*
   et la *tache pâle au croupion.* Diffère du Diablotin errant par son croupion
   plus gris et l'absence de col blanc.
   Aire: Attesté seulement dans certains îlots au N-E des Bermudes (quelques couples); viennent à terre la nuit.

■ **PÉTRELS: Famille des Hydrobatidés.** Petits oiseaux sombres qui vol-
tigent au-dessus de l'océan. Comme les puffins et les diablotins, nichent
dans des îles en mer, revenant à leur terrier de nuit. Les narines sont dans
un tube soudé au bec. Sexes semblables. **Nourriture:** Plancton, crustacés, petits poissons. **Aire:** Tous les océans (sauf l'Arctique). **Espèces:**
Monde 21; Est, 2, (+ 3 ou 4 exceptionnelles).

PÉTREL OCÉANITE *Oceanites oceanicus* (18 cm) $\boxed{59}$
                                                 Wilson's Storm-Petrel
   Plus petit que l'hirondelle noire; fuligineux, avec une tache plus pâle à
   l'aile, et une *bande blanche* très évidente *au croupion; rectrices de longueur égale.* Les pattes, à palmure jaune, peuvent dépasser le bout de la
   queue. Rase les vagues comme une hirondelle, voletant sur place tout en
   pataugeant sur l'eau. Voir l'espèce suivante.
   Aire: Niche dans l'Antarctique; de passage dans l'hémisphère N. **Habitat:** Haute mer. Suit souvent les navires (contrairement au Pétrel cul-blanc).
   On peut l'attirer en lançant du poisson haché, du suif, du blé soufflé trempé
   dans de l'huile de poisson, etc.

PÉTREL CUL-BLANC *Oceanodroma leucorhoa (20 cm)* $\boxed{60}$
                                                   Leach's Storm-Petrel
Noter la *queue fourchue.* Semblable par ailleurs au Pétrel océanite, mais
plus brun; ailes plus longues, plus angulaires. Vole de façon erratique,
changeant de vitesse et de direction (comme l'Engoulevent d'Amérique).
Seul pétrel nicheur de l'O de l'Atlantique N, il se voit moins souvent au
large que le précédent. Ne suit pas les navires.
   Voix: De nuit, en vol autour des colonies, hululements discordants et
rythmés. Aux terriers, longs trilles doux. **Aire:** Atlantique N, Pacifique
N. **Habitat:** Haute mer; niche en colonies dans le sol des îles océaniques.

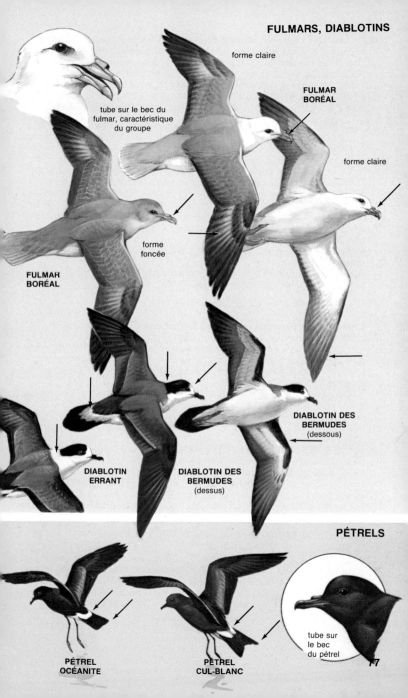

FULMARS, DIABLOTINS

forme claire

tube sur le bec du
fulmar, caractéristique
du groupe

**FULMAR
BORÉAL**

forme claire

forme
foncée

**FULMAR
BORÉAL**

**DIABLOTIN DES
BERMUDES**
(dessous)

**DIABLOTIN
ERRANT**

**DIABLOTIN DES
BERMUDES**
(dessus)

PÉTRELS

**PÉTREL
OCÉANITE**

**PÉTREL
CUL-BLANC**

tube sur
le bec
du pétrel

■ **PÉLICANS: Famille des Pélécanidés.** Très gros oiseaux aquatiques, à long bec plat et à grande poche gulaire (aplatie lorsque dégonflée). Long cou, corps robuste. Les troupes volent en ligne, alternant les planés avec plusieurs battements d'aile. En vol, la tête est ramenée sur les épaules, le bec reposant sur la poitrine. Les pélicans flottent haut sur l'eau. **Nourriture:** Poissons surtout, crustacés. **Aire:** Am. du N et du S, Afrique, S-E de l'Europe, S de l'Asie, Inde, Australie. **Espèces:** Monde, 6; Est, 2.

PÉLICAN BLANC D'AMÉRIQUE *Pelecanus erythrorhynchos* [62]
(155 cm)   American White Pelican
Énorme oiseau blanc (2,4 à 2,9 m d'envergure) avec des primaires noires et un gros bec orange. En période nuptiale, l'arête du bec porte un «aileron». Le jeune a le bec sombre. Ne plonge pas du haut des airs comme le Pélican brun, mais ramasse les poissons en nageant. Les troupes volent en files et tournoient souvent haut dans les courants d'air ascendants.
Espèces semblables: 1) Les cygnes n'ont pas de noir à l'aile. 2) Le Tantale d'Amérique et 3) la Grue blanche d'Amérique volent le cou étendu, leurs longues pattes étirées. 4) L'Oie des neiges, bruyante, est beaucoup plus petite et a un petit bec.
Voix: Dans les colonies, grognement grave. Les jeunes émettent des gémissements grognés.
Aire: O et centre de l'Am. du N, hiverne jusqu'au S-E des É.-U. **Habitat:** Lacs, marais, eau salée, plages.

PÉLICAN BRUN *Pelecanus occidentalis* (125 cm) [62]
Brown Pelican
Oiseau de mer imposant (envergure 2 m), *sombre*; l'adulte a beaucoup de *blanc* sur la tête et le cou. Le jeune a la tête sombre, le dessous blanchâtre. La taille, le profil et le vol (quelques battements et un plané) sont ceux d'un pélican; la couleur foncée et l'habitude de *plonger tête première* caractérisent l'espèce. Ces pélicans volent en file au ras de l'eau, l'effleurant presque de leurs ailes.
Voix: Adultes généralement silencieux, émettant parfois un croassement grave. Les nouveau-nés émettent des plaintes.
Aire: Côtier; du S des É.-U. au N et à l'O de l'Am. du S. **Habitat:** Lagunes, plages, mer. Se perche sur les piliers et les bateaux.

■ **FRÉGATES: Famille des Frégatidés.** Oiseaux sombres des mers tropicales, aux ailes extrêmement longues (rapport envergure/poids supérieur à tout autre oiseau). Bec long et crochu; queue très fourchue. Ne nagent normalement pas. **Nourriture:** Poissons, méduses, calmars, jeunes oiseaux. Proies prises au vol à la surface de l'eau, trouvées mortes, ou subtilisées à d'autres oiseaux de mer. **Aire:** Toutes les mers tropicales. **Espèces:** Monde, 5; Est, 1 (+ 1 exceptionnelle).

FRÉGATE SUPERBE *Fregata magnificens* (95-103 cm) [63]
Magnificent Frigatebird
Gros oiseau de mer noir (envergure 2,1-2,4 m), aux ailes angulaires extrêmement longues et à queue en ciseaux (souvent fermée en pointe). Plane avec très grande aisance. Bec long et crochu. *Mâle:* Tout noir, avec un sac gulaire rouge (gonflé en pariade). *Femelle:* Poitrine blanche, tête sombre. *Jeune:* Tête et poitrine blanches.
Voix: Muet en mer. Gargouillis durant la pariade.
Aire: G. du Mexique, Atlantique tropical, E du Pacifique. **Habitat:** Îles et côtes marines.

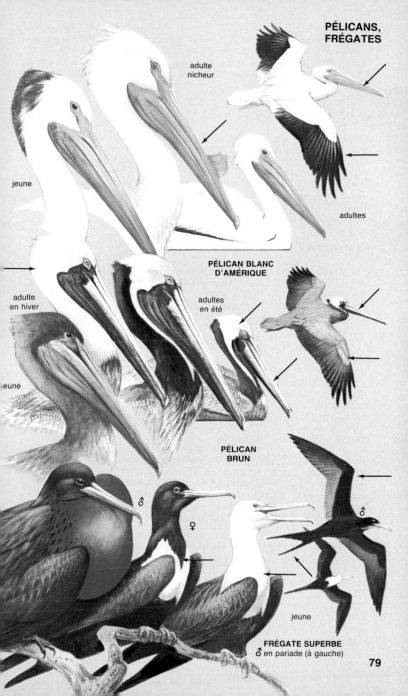

PÉLICANS,
FRÉGATES

adulte
nicheur

jeune

adultes

adulte
en hiver

PÉLICAN BLANC
D'AMÉRIQUE

eune

adultes
en été

PÉLICAN
BRUN

♂

♀

jeune

FRÉGATE SUPERBE
♂ en pariade (à gauche)

79

■ **FOUS: Famille des Sulidés.** Oiseaux de mer à grand bec effilé, à queue pointue et au corps en fuseau. Plus gros, et à cou plus long, que la plupart des goélands. Sexes semblables. Plongent du haut des airs pour pêcher. **Nourriture:** Poissons, calmars. **Aire:** Mers froides ou tropicales. **Espèces:** Monde, 9; Est, 3 (+ 1 exceptionnelle).

FOU DE BASSAN   *Sula bassanus*   (95 cm) | 64 |

Northern Gannet

Oiseau de mer, blanc, de la taille d'une oie, avec les ailes *noires à l'extrémité.* Vole au-dessus de la mer et pêche en plongeant tête première. Beaucoup plus gros que le Goéland argenté; *queue pointue,* cou plus long, bec plus gros (souvent pointé vers l'eau). Le jeune est sombre, mais noter le corps en fuseau. Presque adulte, le jeune peut être tacheté de noir et blanc. **Voix:** Dans les colonies, aboiement grave, *ârrâh.* **Aire:** Atlantique N. **Habitat:** Océanique; loin au large. Niche en colonies sur des falaises maritimes.

FOU MASQUÉ   *Sula dactylatra*   (68 cm)

Masked Booby

Fou blanc, plus petit que le Fou de Bassan, ayant la queue et *tout l'arrière de l'aile noirs. Jeune:* Sombre, avec une *tache blanchâtre* sur le haut du dos et le croupion. **Aire:** Mers tropicales. Occasionnel dans le g. du Mexique (sur les bouées, les derricks) et au S de la Floride (fréquent aux Dry Tortugas).

FOU BRUN   *Sula leucogaster*   (70-75 cm)

Brown Booby

Brun sombre, le *ventre blanc contrastant nettement* avec la poitrine foncée. Bec et pattes jaunâtres. *Jeune:* Brun dessus, plus pâle dessous: pattes *jaunâtres.* **Espèce semblable:** Le jeune Fou de Bassan n'a pas de contraste net sur la poitrine; les pattes sont *sombres* (et non jaunâtres). **Aire:** Mers tropicales. Occasionnel en mer dans le g. du Mexique et en Floride (surtout aux Dry Tortugas). Exceptionnel jusqu'au Mass.

■ **PAILLE-EN-QUEUE: Famille des Phaétontidés.** Quoiqu'ils ne leur soient pas apparentés, les paille-en-queue ressemblent à de grosses sternes; bec plus fort, légèrement courbé; deux plumes *médianes* très allongées à la queue. Comme les sternes, ils plongent tête première. Sexes semblables. **Nourriture:** Calmars, crustacés. **Aire:** Toutes les mers tropicales. **Espèces:** Monde, 3; Est, 1 (+ 1 exceptionnelle).

PETIT PAILLE-EN-QUEUE   *Phaethon lepturus*
(80 cm, incl. queue de 40 cm)   White-tailed Tropicbird
Les paille-en-queue ont, en mer, le vol puissant et rapide du pigeon. Noter les *2 rectrices médianes très longues.* Le bec va du jaune au rouge orangé. Les jeunes n'ont pas de longues rectrices; bec jaune. **Voix:** Cri rauque de sterne. Aussi, *tik-èt, tik-èt.* **Aire:** Toutes les mers tropicales. Niche aux Bermudes. Vu à l'occasion dans le Gulf Stream plus au S et dans les Keys de Floride. Inusité sur la côte N du g. du Mexique et jusqu'en Nouv.-Écosse après des tempêtes.

FOUS,
PAILLE-EN-QUEUE

adultes

FOU DE
BASSAN

en transition

1ère année

plongeon

FOU
MASQUÉ

adultes

jeune

FOU
BRUN

adulte

adultes

dessous

jeune

dessus

jeune

adulte

PETIT
PAILLE-EN-QUEUE

81

■ **LABBES: Famille des Stercorariidés.** Oiseaux de mer sombres, aux allures de rapaces et au bec légèrement crochu; harcèlent mouettes et sternes, les forçant à rendre leurs proies. Formes claire, foncée ou intermédiaire. Tous ont *un peu de blanc* sur les primaires. Les *Stercorarius* adultes ont 2 rectrices médianes allongées; quant aux jeunes, on peut tenter de les identifier par leur taille relative. Les *Catharacta* n'ont pas de longues rectrices. Sexes semblables. **Nourriture:** Dans l'Arctique, lemmings, oeufs, jeunes oiseaux. En mer, proies volées à d'autres oiseaux ou prises à l'eau.
Aire: Tous les océans; nichent dans les régions sub-polaires. **Espèces:** Monde, 5; Est, 5.

GRAND LABBE *Catharacta skua* (53-60 cm)
Great Skua
Tache blanche voyante à l'aile. Presque de la taille du Goéland argenté, mais plus trapu. Brun foncé, avec dessous rouille et queue courte, un peu cunéiforme. Vol puissant et rapide; harcèle les autres oiseaux de mer.
Espèces semblables: Les *Stercorarius* foncés n'ont pas toujours de longues rectrices. Les ailes du Grand Labbe sont plus larges, très différentes de celles d'un faucon; le blanc de l'aile est plus voyant.
Aire: Niche par endroits dans les mers boréales et australes, notamment dans l'E de l'Atlantique N. Fréquent en mer au large des Maritimes et de la Nouv.-Angleterre. Des labbes de cette espèce ou de la suivante se rencontrent jusqu'en Car. du N.

LABBE ANTARCTIQUE *Catharacta maccormicki* (53 cm)
South Polar Skua
Très semblable au Grand Labbe; bec et pattes plus courts. La forme «blonde» a la tête et le dessous beaucoup plus pâles que le Grand Labbe. La forme foncée n'a pas les mouchetures rouille éparses du Grand Labbe.
Aire: Antarctique. Erre jusqu'au Groenland dans l'Atlantique N. Les *Catharacta* vus l'été pourraient fort bien appartenir à cette espèce.

LABBE PARASITE *Stercorarius parasiticus* (45 cm) | 65 |
Parasitic Jaeger
Allure de faucon; poursuit mouettes et sternes. Chez l'adulte, les plumes pointues dépassent la queue de 1 à 9 cm. Comme les autres labbes, arbore du blanc à l'aile. C'est le labbe vu le plus souvent de la côte.
Aire: Arctique, circumpolaire. Hiverne en mer, de la latitude du S des É.-U. à celle de la Terre de Feu. **Habitat:** Haute mer, baies, grands lacs (rarement); toundra (été).

LABBE POMARIN *Stercorarius pomarinus* (55 cm) | 66 |
Pomarine Jaeger
Noter les rectrices *larges et tordues* dépassant la queue de 5 à 20 cm. Plus grand et plus massif que les autres *Stercorarius,* souvent très barré dessous, avec une large bande pectorale, et plus de blanc sur les primaires. Le jeune n'a pas les longues plumes caudales, mais il est plus gros que les autres jeunes *Stercorarius,* et a le bec plus fort.
Aire: Arctique, circumpolaire. Hiverne en mer, du S des É.-U. jusque dans l'hémisphère S. **Habitat:** Haute mer, eaux côtières; toundra (été).

LABBE À LONGUE QUEUE *Stercorarius longicaudus* | 67 |
(51-58 cm)   Long-tailed Jaeger
Les longues rectrices de l'adulte peuvent dépasser la queue de 25 cm (en général de 7 à 15 cm). Dessous beaucoup plus blanc que le Labbe parasite: pas de bande pectorale. La calotte noire est bien démarquée du dos gris pâle. Bec court: pattes gris-bleu (noires chez le L. parasite).
Aire: Arctique, circumpolaire. Hiverne en mer dans l'hémisphère S. **Habitat:** Haute mer, toundra (été).

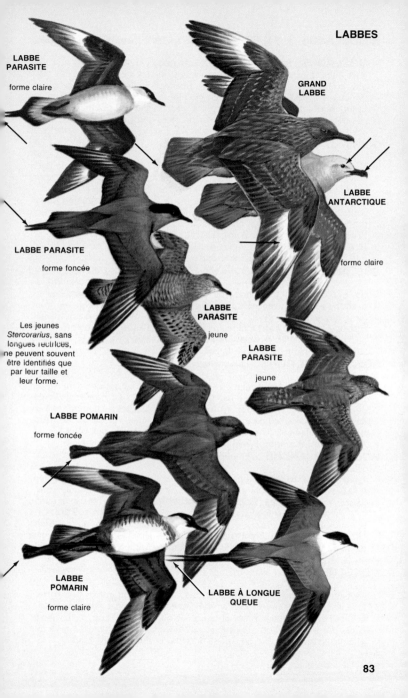

LABBES

LABBE PARASITE

forme claire

GRAND LABBE

LABBE ANTARCTIQUE

LABBE PARASITE

forme foncée

LABBE PARASITE

jeune

forme claire

Les jeunes *Stercorarius*, sans longues rectrices, ne peuvent souvent être identifiés que par leur taille et leur forme.

LABBE PARASITE

jeune

LABBE POMARIN

forme foncée

LABBE POMARIN

forme claire

LABBE À LONGUE QUEUE

■ **GOÉLANDS** (p. 84) **ET STERNES** (p. 94): **Famille des Laridés.**

● **GOÉLANDS: Sous-famille des Larinés.** Oiseaux nageurs aux longues ailes et au vol élégant. Plus robustes que les sternes, avec des ailes plus larges et des pattes plus longues. Bec légèrement crochu. Queue carrée ou arrondie (les sternes ont en général la queue fourchue). Plongent rarement (les sternes font du sur-place, et plongent tête première). **Nourriture:** Omnivores; organismes marins; nourriture animale ou végétale, déchets, charogne. **Espèces:** Monde, 45; Est, 17 (+ 3 exceptionnelles).

GOÉLAND BOURGMESTRE *Larus hyperboreus* (65-80 cm) ⬛ 68
Glaucous Gull

Noter l'extrémité «givrée» des ailes. Gros goéland blanchâtre, de la taille du G. à manteau noir. Les adultes ont un manteau gris pâle et des *primaires blanches, sans marque. Jeune:* Voir pp. 90, 91.
Espèce semblable: Le G. arctique de la taille du G. argenté ou plus petit; bec plus petit, tête plus ronde, ailes plus longues et plus étroites en proportion. L'adulte a un étroit cercle rouge, difficile à voir, autour de l'oeil (*jaune* chez le G. bourgmestre). **Aire:** Arctique; circumpolaire. Hiverne jusqu'aux É.-U., en G.-Bretagne, en Chine du N. **Habitat:** Surtout les côtes, mais aussi l'intérieur.

GOÉLAND ARCTIQUE *Larus glaucoides glaucoides* (58-65 cm) ⬛ 69
Iceland Gull

(race groenlandaise) Goéland pâle, presque de la taille du Goéland argenté. L'adulte a un manteau gris clair et des *primaires blanchâtres, ou blanc pur, sans marque sombre. Jeune:* Voir pp. 90, 91. Voir la race américaine.
Espèce semblable: Le Goéland bourgmestre a un bec plus fort. **Aire:** Niche au Groenland. Hiverne jusque dans l'E du Canada et des É.-U. **Habitat:** Côtier, moins fréquent dans l'intérieur des terres.

GOÉLAND ARCTIQUE *Larus glaucoides kumlieni* ⬛ 69
Iceland Gull

(race américaine) Cette race du Goéland arctique, qui niche dans l'E de l'Arctique canadien, diffère par ses *marques grises ou sombres,* d'étendue variable, près de l'extrémité des primaires blanches (et non noires avec des points blancs, comme chez le Goéland argenté). **Espèce semblable:** Le Goéland de Thayer a un manteau plus sombre, des yeux foncés. **Aire:** E de l'Arctique canadien; hiverne jusqu'au N-E des É.-U.

MOUETTE BLANCHE *Pagophila eburnea* (38-43 cm)
(Goéland sénateur)   Ivory Gull

La seule mouette *toute blanche* à pattes *noires.* De la taille d'un pigeon; longues ailes, vol rappelant celui de la sterne. Bec noir, à extrémité jaune. *Jeune:* Voir pp. 92, 93. **Espèces semblables:** Les Goélands 1) arctique et 2) bourgmestre sont plus gros, avec des pattes couleur chair. **Voix:** Cris perçants de sterne: *kîîîr,* etc. **Aire:** Haut-Arctique; circumpolaire. Niche par endroits dans l'archipel arctique canadien. Hiverne depuis la banquise jusqu'au g. du St-Laurent. Inusitée en Nouv.-Angleterre, exceptionnelle au N.-J. et dans les Grands Lacs.

MOUETTE ROSÉE *Rhodostethia rosea* (31-35 cm)
Ross' Gull

Mouette rare des zones de glace de mer. *Été:* Noter la *queue cunéiforme,* la poitrine rosée, le *mince collier noir,* les couvertures gris-bleu sous l'aile. *Hiver:* Perd la couleur rosée et le collier noir. *Jeune:* Voir p. 92. **Aire:** Niche surtout en Sibérie. Visiteuse rare dans l'Arctique canadien, où elle a niché. Exceptionnelle au Massachusetts, et aux Grands Lacs.

MOUETTES ET
GOÉLANDS CLAIRS
adultes

GOÉLAND
BOURGMESTRE

GOÉLAND
ARCTIQUE

râce américaine

râce
groenlandaise

MOUETTE
BLANCHE

MOUETTE
ROSÉE

hiver

plumage nuptial

GOÉLAND ARGENTÉ   *Larus argentatus*   (58-65 cm)   70
Herring Gull
Le plus commun des goélands côtiers. *Adulte:* Goéland à manteau gris et à *pattes de couleur chair.* Bout des ailes noir, marqué de points blancs; bec jaune et fort, avec une tache rouge. *Jeune:* Voir p. 90.
Voix: *Aillâk... aillâh... aillâh-illâk* ou *yuk-yuk-yuk-yuk-yukl-yukl* fort. Miaulements. Cri d'alarme, *gâh-gâh-gâh.* **Aire:** N de l'hémisphère N. **Habitat:** Côtes, estuaires, lacs, champs cultivés, dépotoirs.

GOÉLAND DE THAYER   *Larus thayeri*   (58-63 cm)   70
Thayer's Gull
Très semblable au Goéland argenté, et le remplaçant dans l'Arctique canadien. L'adulte a des yeux dans *les tons de brun* (et non jaunes), un mince cercle oculaire rouge (et non jaune), du gris ardoise (et non du noir) sur les primaires, un manteau légèrement plus foncé, des pattes *plus roses.*
Aire: Arctique canadien. Hiverne sur la côte du Pacifique.

GOÉLAND À BEC CERCLÉ   *Larus delawarensis*   (48 cm)   71
Ring-billed Gull
Adulte: Semblable au Goéland argenté mais plus petit et plus gracieux en vol. Noter le *cercle noir* autour du bec, et les pattes *jaunâtres ou verdâtre clair.* Beaucoup de noir *sous* les primaires. *Jeune:* Voir pp. 90, 91.
Espèce semblable: Le Goéland argenté adulte a les pattes couleur chair.
Voix: Notes plus aigües que celles du Goéland argenté.
Aire: Canada, N des É.-U. Hiverne jusqu'au Mexique et à Cuba. **Habitat:** Lacs, côtes, dépotoirs, champs labourés.

GOÉLAND DE CALIFORNIE   *Larus californicus*   (50-58 cm)
California Gull
Adulte: Ressemble au Goéland à bec cerclé, qui est plus petit (tous deux ont les pattes vert jaunâtre); manteau plus foncé, *oeil sombre,* et *tache rouge et noir* sur la mandibule inférieure (et non un cercle noir). Arbore plus de blanc sur le bout des ailes. *Jeune:* Voir pp. 90, 91.
Aire: O de l'Am. du N; hiverne du S de la C.-B. au Guatemala. Niche jusqu'au centre du Nord-Dakota. Exceptionnel plus à l'E.

MOUETTE TRIDACTYLE   *Rissa tridactyla*   (43 cm)   72
Black-legged Kittiwake
Mouette marine très gracieuse. Chez les adultes, l'extrémité noire des ailes est *coupée droit,* comme si elle avait été plongée dans l'encre. Petit bec jaune pâle, sans marque. Pattes *noires. Jeune:* Voir p. 92.
Voix: Dans les colonies, *kaka-ouîk* ou *kîtti-waak* rauque.
Aire: Mers froides de l'hémisphère N. Hiverne jusqu'aux côtes des É.-U., de la Méditerranée, du Japon.

GOÉLAND À MANTEAU NOIR   *Larus marinus*   (70-78 cm)   73
(Goéland marin)   Great Black-backed Gull
Plus gros que le Goéland argenté. *Adulte:* Caractéristique; dos et ailes noirs; dessous blanc neige. *Jeune:* Voir pp. 90, 91. **Espèce semblable:** Voir le Goéland brun (inusité). **Voix:** Un *kîow* ou *âohk* rude et grave. **Aire:** Surtout les côtes N de l'Atlantique N, hivernant jusqu'aux États du centre de la côte atlantique et en Méditerranée. **Habitat:** Côtes et estuaires surtout; moins commun sur les grands plans d'eau douce.

GOÉLAND BRUN   *Larus fuscus*   (58 cm)
Lesser Black-backed Gull
Semblable au Goéland à manteau noir mais plus petit (taille du Goéland argenté). Se distingue à ses pattes *jaunes* (et non couleur chair).
Aire: N de l'Europe, hivernant jusqu'en Méditerranée. Nombreuses mentions récentes depuis l'E du Canada jusque dans le S de la Floride.

GOÉLANDS
adultes

GOÉLAND DE
THAYER

GOÉLAND
ARGENTÉ

GOÉLAND
ARGENTÉ

GOÉLAND À BEC
CERCLÉ

GOÉLAND DE
CALIFORNIE

MOUETTE
TRIDACTYLE

GOÉLAND À
MANTEAU NOIR

L'hiver, les goélands illustrés
ici peuvent avoir des ombres
ou des rayures sombres sur
la calotte et le cou.

GOÉLAND À MANTEAU NOIR

GOÉLAND BRUN

87

MOUETTE À TÊTE NOIRE *Larus atricilla* (40-43 cm) $\boxed{74}$

(Mouette atricille) Laughing Gull

Mouette côtière dont le *manteau sombre se fond dans l'extrémité noire des ailes*. Bordure blanche à l'arrière de l'aile. Tête noire en été, blanc ombré en hiver. *Jeune:* Voir p. 92.

Voix: Un rire strident, *ha-ha-ha-ha-ha-hâ-hâ-hâ,* etc.

Aire: Côtes, de la Nouv.-Écosse au Venezuela; par endroits, dans le S-E de la Californie et l'O du Mexique. Hiverne dans le S des É.-U. et plus au S. **Habitat:** Marais côtiers, lagunes, quais, plages, mer.

MOUETTE DE FRANKLIN *Larus pipixcan* (35-38 cm) $\boxed{74}$

Franklin's Gull

Noter la *bande blanche* séparant le noir et le gris *de l'aile*. L'été, la poitrine a une teinte rosée, la tête est noire. L'automne, tête blanche, joues et nuque sombres. *Jeune:* Voir pp. 92, 93.

Voix: *Kouk-kouk-kouk* perçant; miaulements et rires également.

Aire: Niche dans l'O du Canada, le N-O et le centre-N des É.-U. Hiverne sur le Pacifique, du Guatemala au Chili. **Habitat:** Steppes, marais, lacs; l'hiver, côtes et mer.

MOUETTE DE SABINE *Xema sabini* (35 cm) $\boxed{75}$

Sabine's Gull

Notre seule mouette à *queue nettement fourchue*. Noter les primaires externes noires et le *triangle blanc sur l'aile*. Bec noir à *extrémité jaune,* pattes noires. Capuchon ardoisé l'été. *Jeune:* Voir p. 92.

Aire: Arctique; circumpolaire. Hiverne dans le Pacifique jusqu'au Pérou; par endroits dans l'Atlantique. **Habitat:** Toundra (été); mer.

MOUETTE RIEUSE *Larus ridibundus* (35-38 cm)

Black-headed Gull

Par son motif, semblable à la Mouette de Bonaparte, avec laquelle elle se tient; légèrement plus grosse. L'adulte a la tête *brune* (et non noire) l'été. Perd son capuchon en hiver. Bec *rouge foncé,* et non noir; *noirâtre sous les primaires. Jeune:* Voir p. 92.

Aire: Eurasie, Islande. De plus en plus fréquente ces dernières années sur la côte atlantique, surtout dans les Maritimes; moins fréquente dans le S des É.-U. et dans les Grands Lacs. A niché à Terre-Neuve.

MOUETTE DE BONAPARTE *Larus philadelphia* (33 cm) $\boxed{76}$

Bonaparte's Gull

Petite mouette aux allures de sterne. Noter la *longue pointe blanche* au bout de l'aile. Capuchon noir l'été: pattes rouges, petit bec noir. L'hiver, l'adulte a la tête blanche et un *point noir à l'oreille. Jeune:* Voir pp. 92, 93.

Voix: *Tchîr* ou *tchèrr,* nasal. Quelques notes de sterne.

Aire: Alaska, O et centre du Canada. Hiverne du N des É.-U. au Mexique et à Cuba. **Habitat:** Côtes, lacs; tourbières (été).

MOUETTE PYGMÉE *Larus minutus* (28 cm)

Little Gull

La plus petite mouette. Noter *l'aile arrondie, noirâtre dessous* et sans noir dessus. Capuchon noir l'été, *calotte* noirâtre l'hiver. Pattes rouges. Bec rouge foncé et poitrine rosée, l'été; bec noir l'hiver. *Jeune:* Voir p. 92.

Aire: Eurasie; hiverne jusqu'en Méditerranée. Rare mais régulière dans les Grands Lacs et sur la côte. A niché en Ontario, au Michigan, au Wisconsin. **Habitat:** Lacs, côtes; avec la M. de Bonaparte.

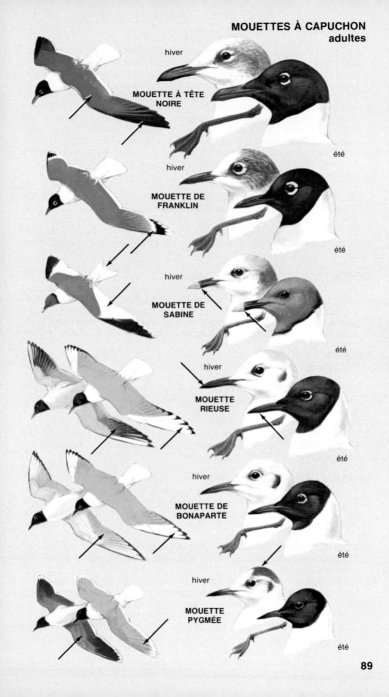

MOUETTES À CAPUCHON
adultes

hiver

MOUETTE À TÊTE NOIRE

été

hiver

MOUETTE DE FRANKLIN

été

hiver

MOUETTE DE SABINE

été

hiver

MOUETTE RIEUSE

été

hiver

MOUETTE DE BONAPARTE

été

hiver

MOUETTE PYGMÉE

été

89

JEUNES GOÉLANDS

Les jeunes Laridés sont plus difficiles à identifier que les adultes. Leur plumage est généralement foncé la première année et plus pâle la deuxième; les goélands n'atteignent parfois la maturité complète qu'à la troisième ou la quatrième année. La couleur des pattes et du bec de la plupart des jeunes n'est pas aussi caractéristique de l'espèce que chez les adultes. Noter surtout la livrée et la taille. Les plumages les plus typiques sont illustrés ci-contre; on peut rencontrer des plumages intermédiaires. Ne pas tenter d'identifier *tous* les jeunes goélands. Des facteurs comme le stade de la mue, l'usure des plumes, l'âge, la variation individuelle, et même à l'occasion l'albinisme ou l'hybridisme, font que l'identité de certains oiseaux demeure une énigme pour l'expert, à moins que ce dernier n'ait le spécimen en main.

GOÉLAND BOURGMESTRE *Larus hyperboreus* **Adulte pp. 84, 85**
Premier hiver: Reconnaissable à sa grande taille (celle du G. à manteau noir), à sa coloration fauve clair, et à ses *primaires givrées,* un peu plus pâles que le reste de l'aile. Bec pâle, de *couleur chair,* à l'extrémité sombre. **Deuxième année:** Entièrement blanchâtre ou très pâle. Le manteau gris clair apparaît plus tard, à l'âge adulte.

GOÉLAND ARCTIQUE *Larus glaucoides* **Adulte pp. 84, 85**
Séquence des plumages comme celle du G. bourgmestre, mais l'oiseau est plus petit (taille du G. argenté), a un bec plus petit et des ailes proportionnellement plus longues (dépassant la queue, au sol). Vol plus léger. La première année, le bec du Goéland arctique est presque entièrement sombre (couleur chair et extrémité sombre chez le bourgmestre).

GOÉLAND ARGENTÉ *Larus argentatus* **Adulte pp. 86, 87**
Premier hiver: Brun relativement uniforme; c'est le goéland sombre commun. Aucun autre jeune goéland n'est aussi uniformément foncé. **Deuxième et troisième hiver:** Plus pâle. Tête et dessous plus blancs; plumes de la queue à extrémité sombre, contrastant avec le croupion blanc. Le manteau gris apparaît peu avant la maturité.

GOÉLAND DE CALIFORNIE *Larus californicus* **Adulte pp. 86, 87**
Premier hiver: Aussi *sombre* que le Goéland argenté au premier hiver, mais avec un *bec bicolore* plus court.

GOÉLAND À MANTEAU NOIR *Larus marinus* **Adulte pp. 86, 87**
Le jeune est plus gros et moins brun que le G. argenté de première année. Le manteau est déjà esquissé et contraste avec la tête, la queue et le dessous plus pâles. L'oiseau peut ressembler aux phases tardives du jeune G. argenté, mais le dos est plus sombre, et la tête et le bec sont plus gros.

GOÉLAND À BEC CERCLÉ *Larus delawarensis* **Adulte pp. 86, 87**
Le jeune peut être confondu avec le G. argenté de deuxième ou de troisième hiver, qui semble aussi avoir un cercle au bout de son bec plus long. La queue du G. argenté est terminée par une *large* bande mal définie. Chez le G. à bec cerclé, la bande sub-terminale est plus étroite (environ 3 cm de large) et généralement (mais pas toujours) bien nette. La couleur des pattes n'est habituellement pas utile, car de nombreux jeunes G. à bec cerclé ont les pattes de couleur chair ou gris-chair, guère différentes de celles du jeune G. argenté.

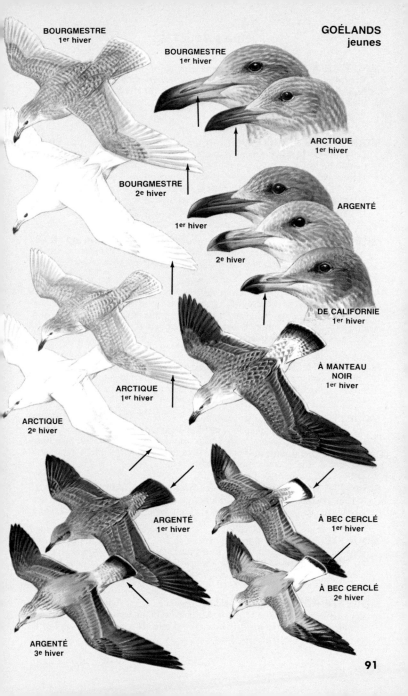

GOÉLANDS
jeunes

BOURGMESTRE
1er hiver

BOURGMESTRE
1er hiver

ARCTIQUE
1er hiver

BOURGMESTRE
2e hiver

1er hiver

ARGENTÉ

2e hiver

ARCTIQUE
1er hiver

DE CALIFORNIE
1er hiver

À MANTEAU
NOIR
1er hiver

ARCTIQUE
2e hiver

ARGENTÉ
1er hiver

À BEC CERCLÉ
1er hiver

À BEC CERCLÉ
2e hiver

ARGENTÉ
3e hiver

91

JEUNES MOUETTES

MOUETTE À TÊTE NOIRE   *Larus atricilla*   **Adulte pp. 88, 89**
Première année: Très *foncée*, avec le *croupion blanc* et une *bordure blanche* à l'arrière de l'aile sombre. **Deuxième hiver:** Plus pâle ou plus blanche sur la poitrine et le front; difficile à distinguer de la jeune M. de Franklin (voir ci-dessous).

MOUETTE DE FRANKLIN   *Larus pipixcan*   **Adulte pp. 88, 89**
Le jeune de premier hiver ressemble beaucoup à la M. à tête noire de deuxième hiver, mais son bec et son corps sont plus petits. Se distingue surtout par sa *joue plus sombre* et son *capuchon plus net*. Les aires diffèrent: M. de Franklin dans l'intérieur, M. à tête noire sur la côte. Enfin, la M. à tête noire de première année se distingue aisément de la M. de Franklin à sa poïtrine et son front bruns.

MOUETTE TRIDACTYLE   *Rissa tridactyla*   **Adulte pp. 86, 87**
Noter le *bandeau sombre sur la nuque,* les primaires externes noires, et la barre sombre à travers l'aile. La queue peut paraître encochée.

MOUETTE DE SABINE   *Xema sabini*   **Adulte pp. 88, 89**
Dos brun-grisâtre foncé et *ailes à triangles caractéristiques* comme chez l'adulte. Noter aussi la queue *fourchue.* La jeune M. tridactyle s'en distingue par son col sombre, la barre diagonale sur son aile, et l'extrémité à peine concave de sa queue.

MOUETTE DE BONAPARTE   *Larus philadelphia* **Adulte pp. 88, 89**
Petite mouette aux allures de sterne. Noter la tache à la joue, l'étroite bande noire à la queue, et le motif noir et blanc des primaires externes.

MOUETTE RIEUSE   *Larus ridibundus*   **Adulte pp. 88, 89**
Par son plumage, semblable à la M. de Bonaparte avec laquelle elle se tient, mais plus grosse et ressemblant moins à une sterne; bec plus long, ocre à la base et noir au bout. Dessous de l'aile semblable à celui de la M. rieuse adulte, mais moins sombre.

MOUETTE BLANCHE   *Pagophila eburnea*   **Adulte pp. 84, 85**
Mouette blanche aux allures de sterne, ayant la face tachée de gris, le dessus *maculé de quelques points noirs,* et une ligne noire à l'arrière de l'aile.

MOUETTE PYGMÉE   *Larus minutus*   **Adulte pp. 88, 89**
Plus petite que la jeune M. de Bonaparte, aux ailes plus rondes, portant un *«M» noir plus net* (formé par les primaires externes et la bande diagonale noire). Noter surtout la *calotte foncée*.

MOUETTE ROSÉE   *Rhodostethia rosea*   **Adulte pp. 84, 85**
Par sa livrée, semblable à la jeune M. tridactyle, mais noter la queue *cunéiforme*, et les couvertures gris-bleu sous l'aile. N'a pas le col sombre de la jeune M. tridactyle.

MOUETTES
jeunes

1er hiver

2e hiver

1er hiver

2e hiver

À TÊTE NOIRE

À TÊTE NOIRE

DE FRANKLIN

1er hiver

1er hiver

DE FRANKLIN

DE FRANKLIN

DE SABINE

TRIDACTYLE

DE BONAPARTE

RIEUSE

BLANCHE

PYGMÉE

ROSÉE

- **STERNES: Sous-famille des Sterninés.** Oiseaux aquatiques gracieux, plus élancés que les goélands, et à queue généralement fourchue. Bec très pointu, souvent incliné vers l'eau en vol. La plupart des sternes sont blanchâtres et ont une calotte noire; l'hiver, le noir du front est remplacé par du blanc. Sexes semblables. Les sternes volent souvent sur place et pêchent en plongeant tête première. Se posent rarement sur l'eau, contrairement aux goélands. **Nourriture:** Petits poissons, organismes marins, gros insectes. **Aire:** Presque mondiale. **Espèces:** Monde, 42; Est, 14 (+ 2 exceptionnelles).

STERNE HANSEL   *Sterna nilotica*   (35 cm)   `77`
Gull-billed Tern

Noter le bec *noir, presque aussi fort que celui d'un goéland.* Plus robuste et plus pâle que la S. pierregarin; queue beaucoup moins fourchue: pattes *noires.* L'hiver, la tête est presque blanche. Le jeune ressemble à une mouette à queue fourchue. Chasse souvent les insectes au-dessus des terres.
Voix: *Za-za-za,* rauque; aussi, *ké-ouèk, ké-ouèk.*
Aire: Niche en colonies isolées, puis se disperse très loin. **Habitat:** Marais côtiers, champs, littoral.

STERNE CAUGEK   *Sterna sandvicensis*   (40-45 cm)   `78`
Sandwich Tern

Un peu plus grande que la S. pierregarin. Noter le *long bec noir* à extrémité *jaune* (souvent plus sombre chez les jeunes). Acquiert le front blanc durant la période nuptiale; huppe de plumes allongées à l'arrière de la calotte. Pattes noires.
Espèces semblables: Voir la Sterne hansel (bec noir et fort).
Voix: *Kirr-ik* âpre (plus aigu que le *ké-ouèk* de la S. hansel).
Aire: Côtes du S-E des É.-U., îles Britanniques, Europe. Hiverne jusqu'en Am. du S et en Afrique. **Habitat:** Eaux côtières, jetées, plages. Aime la compagnie de la Sterne royale.

STERNE ROYALE   *Sterna maxima*   (45-53 cm)   `79`
Royal Tern

Grande sterne, plus élancée que la S. caspienne, à gros bec *orange* (celui de la S. caspienne est plus rouge). Queue très fourchue. Quoique certains individus arborent une calotte complète au printemps, la Sterne royale a généralement beaucoup de blanc sur le front, les plumes noires formant une huppe.
Voix: *Kîr,* plus aigu que le cri de la S. caspienne; aussi, *kâak* ou *kak.*
Aire: Côtes du S-E des É.-U., du N-O du Mexique, des Antilles, de l'O de l'Afrique. Hiverne du S des É.-U. à l'Argentine; O de l'Afrique. **Habitat:** Eaux côtières, plages.

STERNE CASPIENNE   *Sterna caspia*   (48-58 cm)   `80`
Caspian Tern

La grande taille (presque celle du Goéland argenté) et le gros bec rouge distinguent la S. caspienne de toutes les autres sternes sauf de la S. royale. La S. caspienne habite l'intérieur des terres (contrairement à la S. royale); elle a la queue plus courte et le bec plus fort, *rouge* plutôt qu'orange. La S. royale est plus élancée, plus *huppée* et a généralement un front *blanc pur* (en plumage comparable, la S. caspienne a un front obscurci et rayé). La S. caspienne a beaucoup plus de noir sur le dessous des primaires.
Voix: *Krâa-oû* ou *kârr* rauque et grave; aussi des *kak* répétés.
Aire: Niche en colonies, puis se disperse très loin. **Habitat:** Grands plans d'eau, eaux côtières, plages.

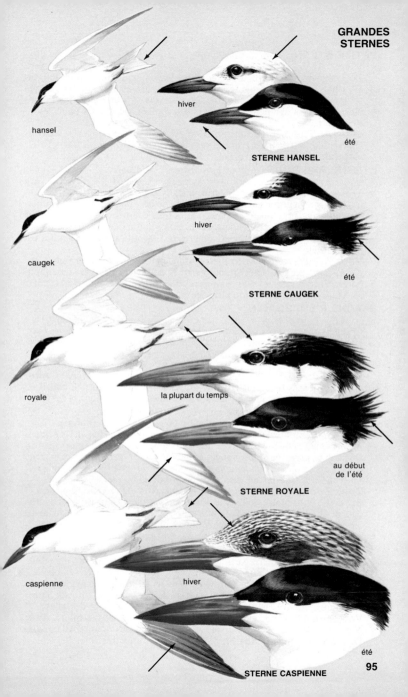

GRANDES STERNES

hansel

hiver

été

STERNE HANSEL

caugek

hiver

été

STERNE CAUGEK

royale

la plupart du temps

au début
de l'été

STERNE ROYALE

caspienne

hiver

été

STERNE CASPIENNE

95

PETITE STERNE   *Sterna antillarum*   (23 cm)   81
Least Tern
Très petite sterne claire, à bec et pattes *jaunes,* et à front blanc. Bat des ailes plus rapidement que les autres sternes. *Jeune:* Bec sombre; nuque sombre; bord avant de l'aile très foncé dessus. À l'automne, les Petites Sternes de tout âge peuvent avoir le bec sombre, mais leurs pattes montrent du jaune.
Voix: *Kit* répété et perçant; *zrî-îk* ou *zîk* grinçant: également, *kitti-kitti-kitti* rapide. **Aire:** Eaux tropicales et tempérées. Hiverne au S des É.-U. **Habitat:** Eaux côtières, plages; fleuves.

STERNE ARCTIQUE   *Sterna paradisaea*   (35-43 cm)   82
Arctic Tern
Très semblable à la S. pierregarin, mais *plus grise; joues blanches* contrastant avec la gorge et la poitrine grises. Le bec, plus court, est habituellement *rouge sang* jusqu'au bout. Pattes plus courtes. De dessous, noter l'aspect *translucide* des primaires et la *mince* bordure noire. À l'automne, le bec et les pattes deviennent sombres et l'identification des adultes est plus difficile.
Voix: *Kî-yah,* comme la S. pierregarin, mais moins roulé et plus aigu. *Kîr-kîr* aigu plus caractéristique. **Aire:** N de l'hémisphère N; circumpolaire. Hiverne dans les mers sub-antarctiques. **Habitat:** Haute mer, côtes rocheuses, îles; lacs de toundra (été).

STERNE PIERREGARIN   *Sterna hirundo*   (33-40 cm)   83
Common Tern
Gracieux oiseau aux allures de mouette, *à calotte noire* et à *queue fourchue. Été:* Blanche, manteau gris pâle, calotte noire; bec rouge-orangé, à bout noir; pattes rouge-orangé. *Hiver, et jeune:* Calotte noire incomplète; bec noirâtre.
Voix: *Kî-arr* étiré (descendant); aussi, *kik-kik-kik; kirri-kirri* rapide. **Aire:** L'hémisphère N tempéré. Hiverne jusque dans l'hémisphère S. **Habitat:** Lacs, mer, lagunes, plages; niche en colonies sur les plages et les îlots.

STERNE DE FORSTER   *Sterna forsteri*   (35-38 cm)   84
Forster's Tern
Extrémité des ailes givrée. Se distingue de la S. pierregarin par les primaires plus claires que le reste de l'aile (plus foncées chez la S. pierregarin). Queue plus grise; bec plus orangé. L'automne et l'hiver, l'adulte et la jeune S. de Forster ont un *bandeau noir sur l'oeil et l'oreille* (pas sur la nuque). Le jeune n'a pas l'avant de l'aile sombre de la S. pierregarin.
Voix: *Za-a-ap* rauque et nasal, *kiârr* nasal. **Aire:** De l'O du Canada, l'O des É.-U. et le centre de la côte atlantique jusqu'au Tamaulipas. Hiverne du S des É.-U. au Guatemala. **Habitat:** Niche dans les marais (d'eau douce ou côtiers); lacs, lagunes, plages, mer.

STERNE DE DOUGALL   *Sterna dougallii*   (35-43 cm)   85
Roseate Tern
Ressemble à la S. pierregarin mais plus pâle dessus et à queue plus fourchue. D'ordinaire, son *bec noir* la distingue des autres sternes semblables, qui ont toutes le bec rougeâtre (sauf l'hiver). Durant l'incubation, la S. de Dougall peut avoir du rouge à la base du bec; se fier alors aux autres caractères. Au sol, la queue dépasse de beaucoup le bout des ailes.
Voix: *Ka-a-ak* de crécelle; *tchou-ick* ou *tchivi* doux et dissyllabique. **Aire:** Niche en colonies, puis se disperse sur les côtes des océans Atlantique, Pacifique et Indien. **Habitat:** Côtes; lagunes, estuaires, mer.

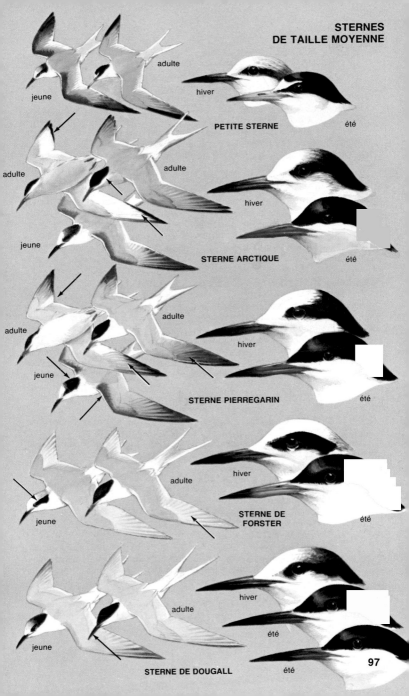

STERNES
DE TAILLE MOYENNE

jeune

adulte

hiver

été

PETITE STERNE

adulte

adulte

jeune

hiver

été

STERNE ARCTIQUE

adulte

jeune

hiver

été

STERNE PIERREGARIN

adulte

jeune

hiver

**STERNE DE
FORSTER**

été

adulte

jeune

hiver

été

été

STERNE DE DOUGALL

97

GUIFETTE NOIRE *Chlidonias niger* (23-25 cm) `86`

Black Tern

Notre seule sterne *au corps noir*. *Plumage nuptial:* Tête et dessus noirs; dos, ailes et queue gris foncé. Au milieu de l'été, les oiseaux en mue sont bigarrés; une bonne partie du noir est alors remplacée par du blanc. Noter la tête bicolore et la tache sur le côté de la poitrine. Jeune semblable. **Voix:** *Kik, kîk,* ou *kli* perçant. **Aire:** Am. du N tempérée, Eurasie. Hiverne surtout en Am. du S, en Afrique. **Habitat:** Marais d'eau douce, lacs; en migration, eaux côtières.

NODDI NIAIS *Anous stolidus* (38 cm)

Brown Noddy

Sterne brun noirâtre, à calotte blanchâtre. La *queue cunéiforme* a une légère encoche. Le jeune n'a du blanc que sur le front.
Espèce semblable: Le Noddi noir (*A. minutus*) se rencontre parfois en compagnie des Noddis niais aux Dry Tortugas. Il est plus petit (30 cm), plus noir, et a une calotte plus blanche.
Voix: *Karrrrk* ou *arrrrôk* déchirant. *Aille-ak* perçant. **Aire:** Mers tropicales. Niche aux Dry Tortugas, au large de la Floride. Comme la Sterne fuligineuse, les ouragans tropicaux l'amènent parfois sur la côte plus loin au N.

STERNE FULIGINEUSE *Sterna fuscata* (38-43 cm)

Sooty Tern

Sterne bicolore caractéristique, *noire dessus et blanche dessous*. Joues et front blancs; bec et pattes noirs. *Jeune:* Brun foncé; dos moucheté de blanc; queue fourchue.
Voix: *Ouéda-wék* ou *ouacki-wac* nasal. **Aire:** Répandue dans les mers tropicales. Grosse colonie aux Dry Tortugas, au large des Keys de Floride. A niché en Louisiane. Les ouragans l'amènent sur la côte plus loin au N.

STERNE À COLLIER *Sterna anaethetus* (35 cm)

Bridled Tern

Sterne antillaise à rechercher après les ouragans. Ressemble à la S. fuligineuse, mais son dos est plus gris; noter le large *col blanchâtre* séparant le dos de la calotte noire; la tache blanche du front se prolonge *derrière l'oeil* (s'arrête *à* l'oeil chez la S. fuligineuse).
Aire: Mers tropicales. Les tempêtes tropicales l'ont amenée sur la côte jusqu'au Massachusetts au N. Fréquente sans doute le Gulf Stream jusqu'en Car. du N.

■ **BEC-EN-CISEAUX: Famille des Rynchopidés.** Oiseaux élancés, à pattes courtes, apparentés aux Laridés. Bec en ciseaux, rouge; longue mandibule inférieure. **Nourriture:** Petits poissons, crustacés. **Aire:** Côtes, fleuves des pays chauds. **Espèces:** Monde, 3; Est, 1.

BEC-EN-CISEAUX NOIR *Rynchops niger* (40-50 cm) `87`

Black Skimmer

Noter le bec en ciseaux, asymétrique. Dessus noir et dessous blanc; plus élancé qu'un goéland, ailes extrêmement longues. Le bec rouge vif (noir au bout) est long et comprimé latéralement; la mandibule inférieure dépasse d'un tiers la supérieure. Jeune brunâtre, moucheté, à bec plus petit. Écume les eaux côtières, le bec ouvert et la mandibule inférieure à l'eau.
Voix: Jappements courts et doux. Aussi, *kôp, kôp.* **Aire:** Du Mass. au S de l'Am. du S. Hiverne sur les côtes du S-E des É.-U. et plus au S. **Habitat:** Plages, lagunes, eaux côtières; aussi les lacs intérieurs en Floride.

STERNES SOMBRES,
BEC-EN-CISEAUX

hiver

en mue

GUIFETTE
NOIRE

plumage nuptial

NODDI
NIAIS

NODDI
NOIR

STERNE
FULIGINEUSE

jeune

adulte

STERNE À
COLLIER

STERNE
FULIGINEUSE

jeune

adulte

BEC-EN-CISEAUX
NOIR

adulte

adulte

99

■ **HÉRONS, BUTORS: Famille des Ardéidés.** Échassiers de grande et moyenne taille, à long cou et à long bec pointu. Tiennent le cou dressé ou replié sur les épaules. En vol, cou replié en «S» et pattes traînantes. Certaines espèces portent des aigrettes à la pariade. Sexes semblables. **Nourriture:** Poissons, grenouilles, écrevisses, autres organismes aquatiques; souris, insectes. **Aire:** Mondiale, sauf les régions froides, certains déserts et certaines îles. **Espèces:** Monde, 59; Est, 12 (+ 1 exceptionnelle).

GRAND HÉRON *Ardea herodias* (en partie) (105-130 cm) ☐ 88 ☐
Great Blue Heron
(forme bleue) Long oiseau gris pouvant mesurer 1,20 m de haut, souvent appelé «grue», à tort. Les longues pattes, le long cou, le bec long et pointu, ainsi que le cou replié en vol sont caractéristiques des hérons. La grande taille, la couleur gris-bleu et le blanc sur la tête (de l'adulte) caractérisent l'espèce.
Espèce semblable: Voir la Grue du Canada (pp. 106, 107).
Voix: Croassements rauques et graves: *frahnk, frahnk, frahnk.*
Aire: Du S du Canada au Mexique. Hiverne jusqu'au N de l'Am. du S.
Habitat: Marais, rivages, vasières.

GRAND HÉRON *Ardea herodias* (en partie)
(forme intermédiaire) Keys de Floride. Comme le Grand Héron (bleu), mais la tête est blanche, *sans aigrettes noires.* Il s'agit sans doute d'une forme intermédiaire entre la forme bleue et la forme blanche (p. 103) du Grand Héron.

AIGRETTE BLEUE *Egretta caerulea* (60 cm) ☐ 89 ☐
Little Blue Heron
Aigrette élancée, de taille moyenne. *Adulte:* Corps ardoisé, cou brunâtre sombre, pattes sombres. *Jeune:* Tout blanc; pattes *olive terne;* bec bleuté pâle, noir au bout. En plumage de transition, bigarré de blanc et de gris foncé. Voir pp. 102, 103.
Espèce semblable: La jeune Aigrette neigeuse peut avoir l'arrière des pattes jaunâtre, mais son bec est tout noir.
Aire: De l'E des É.-U. au Pérou et à l'Argentine. **Habitat:** Marais, marécages, boisés, rizières, étangs, rivages.

AIGRETTE TRICOLORE *Egretta tricolor* (65 cm) ☐ 90 ☐
Tricolored Heron
Noter le *ventre blanc* contrastant, caractère clé de cette aigrette sombre et élancée. Croupion *blanc.*
Aire: De l'E des É.-U. au Brésil. **Habitat:** Marais: marécages boisés, cours d'eau, rivages.

AIGRETTE ROUSSÂTRE *Egretta rufescens* (73 cm) ☐ 91 ☐
Reddish Egret
Noter toujours le bec *de couleur chair,* à bout noir. Deux formes de coloration: 1) gris neutre, à tête et cou rouille; 2) *blanche* à pattes *bleues* (illustrée en p. 103). Plumes effilochées, surtout au cou. Pour chasser, avance en titubant, sans coordination.
Espèces semblables: 1) La forme grise ressemble à l'Aigrette bleue, adulte, qui est plus sombre et a la base du bec *bleu pâle.* 2) La forme blanche rappelle le Grande Aigrette, mais a les pattes bleutées (et non noires).
Aire: G. du Mexique, Antilles, Mexique. **Habitat:** Vasières, marais côtiers, rivages, lagunes.

AIGRETTES ET HÉRONS SOMBRES

Les hérons volent le cou replié

Le cou du héron peut être étiré ou replié.

jeune

adulte

GRAND HÉRON

adulte

forme intermédiaire

adulte

AIGRETTE BLEUE
(le jeune est blanc, p. 103)

adulte

AIGRETTE TRICOLORE

AIGRETTE ROUSSÂTRE

Aigrette roussâtre chassant

forme sombre (forme blanche, p. 103)

101

GRANDE AIGRETTE *Casmerodius albus* (95 cm) | 92 |

Great Egret

Grand héron blanc, élancé et majestueux, au *bec jaune* (orange à la pariade). Pattes et pieds *noirs*. En plumage nuptial, les aigrettes du dos sont *droites* et dépassent la queue. Chasse à l'affût, le cou étendu, penché en avant, dans une pose attentive, très différente de celle de l'A. neigeuse.
Espèce semblable: L'Aigrette neigeuse a le bec *noir,* les pieds *jaunes.*
Voix: Croassement grave et rauque, ainsi que des *couk, couk, couk.*
Aire: Des É.-U. au S de l'Am. du S; régions chaudes de l'Ancien Monde.
Habitat: Marais, étangs, rivages, vasières.

AIGRETTE NEIGEUSE *Egretta thula* (50-68 cm) | 93 |

Snowy Egret

Noter les *«pantoufles dorées»*. Héron blanc assez petit, *à mince bec noir,* pattes noires et *pieds jaunes.* En plumage nuptial, *aigrettes retroussées* sur le dos. Tache jaune devant l'oeil (rouge à la pariade). Se nourrit en courant çà et là, agitant l'eau de ses pattes pour déloger les proies.
Espèces semblables: 1) Grande Aigrette (bec jaune); 2) Héron garde-boeufs (bec jaune); 3) jeune Aigrette bleue (bec bleuté).
Voix: Croassement grave; dans les colonies, un *woula-woula-woula* bafouillé.
Aire: Du N des É.-U. à l'Argentine. **Habitat:** Marais, marécages boisés, étangs, rivages, vasières.

AIGRETTE BLEUE *Egretta caerulea* Little Blue Heron
Jeune: Bec *bleuté,* pattes verdâtre terne. Voir p. 100.

HÉRON GARDE-BOEUFS *Bubulcus ibis* (50 cm) | 94 |

Cattle Egret

Un peu plus petit, plus trapu et au cou plus large que l'Aigrette neigeuse. À la pariade, plaques *chamois* sur la calotte, la poitrine et le dos (mais semble blanchâtre à distance); autrement, peu ou pas de chamois. Bec *jaune* (rose-orange à la pariade). Pattes rose-corail (pariade); jaunes, verdâtres, ou sombres (jeunes).
Espèces semblables: 1) Aigrette neigeuse (bec *noir*); 2) jeune Aigrette bleue (bec *bleuté*); 3) Grande Aigrette (plus grande).
Aire: S de l'Eurasie, Afrique; nouvellement arrivé en Am. du S, en Am. du N, en Australie. Introduit à Hawaï. **Habitat:** Fermes, marais, talus routiers (en Floride); s'associe au bétail.

AIGRETTE ROUSSÂTRE *Egretta rufescens* Reddish Egret
Forme blanche: Noter le bec *rose chair,* les pattes bleutées. Voir p. 100.

GRAND HÉRON *Ardea herodias occidentalis* (125 cm) | 95 |

Great Blue Heron

(forme blanche) Notre plus grand héron blanc et celui dont l'aire est la plus réduite. Tout blanc; son bec jaune et ses *pattes jaunâtres* le différencient à coup sûr de la Grande Aigrette, plus petite et à pattes noirâtres. Anciennement traité comme une espèce distincte: maintenant considéré comme une forme blanche du Grand Héron (p. 100), dont il a la stature.
Aire: S de la Floride, Cuba, côtes du Yucatan. **Habitat:** Îlots de mangrove, baies côtières, récifs calcaires, vasières.

AIGRETTES ET HÉRONS BLANCS

GRANDE AIGRETTE

AIGRETTE NEIGEUSE

jeune

AIGRETTE BLEUE
(adulte, p. 101)

HÉRON GARDE-BOEUFS

jeune

plumage nuptial

AIGRETTE ROUSSÂTRE

forme blanche

(forme sombre, p. 101)

GRAND HÉRON
(forme blanche, propre au S de la Floride)

BIHOREAU À COURONNE NOIRE *Nycticorax nycticorax* ⟨96⟩
(Héron bihoreau) (58-70 cm) Black-crowned Night-Heron
Trapu, bec épais et pattes courtes. Habituellement vu au repos, le cou rentré; nocturne, il s'envole au crépuscule pour aller se nourrir. *Adulte:* Noter le *dos noirâtre et la calotte noire* contrastant avec le dessous gris clair, ou blanchâtre, et les ailes grises. Oeil rouge; pattes jaunâtres ou jaune-vert (roses à la pariade). À la pariade, arbore deux longues plumes blanches à la tête. *Jeune:* Brun, *tacheté* et rayé de blanc et chamois.
Espèces semblables: Voir 1) le Butor d'Amérique; 2) le jeune Bihoreau violacé.
Voix: *Couok!* ou *couark!* terne. Entendu surtout au crépuscule.
Aire: Du S du Canada à l'Argentine; Eurasie, Afrique, îles du Pacifique.
Habitat: Marais, rivages; juche dans les arbres.

BIHOREAU VIOLACÉ *Nyctanassa violacea* (55-70 cm) ⟨97⟩
Yellow-crowned Night-Heron
Héron *gris,* trapu; tête noire, *une tache à la joue et la calotte blanchâtres.*
Jeune: Très semblable au jeune B. à couronne noire, mais plus sombre, *plus finement moucheté.* Bec plus fort, pattes *plus longues,* plus jaunes.
En vol, tout le pied dépasse la queue.
Voix: *Couark,* plus aigu que celui du B. à couronne noire.
Aire: De l'E des É.-U. au N et à l'E de l'Am. du S. **Habitat:** Marécages de taxodiers, bayous, marais, cours d'eau.

HÉRON VERT *Butorides striatus* (40-55 cm) ⟨98⟩
Green-backed Heron
Petit héron sombre, ressemblant en vol à une corneille (mais bat des ailes en les arquant). En alerte, il étire le cou, hérisse la huppe et agite la queue. Les pattes, relativement *courtes,* sont *jaune verdâtre* ou *orange* (à la pariade). Dos bleuté, cou marron foncé. Le jeune a le cou rayé.
Voix: Série de *kouck; skiou* ou *skiouk* forts.
Aire: Du N-O des É.-U. et du S-E du Canada jusqu'au N de l'Am. du S. **Habitat:** Lacs, étangs, marais, marécages boisés, rives de cours d'eau.

PETIT BUTOR *Ixobrychus exilis* (28-35 cm) ⟨99⟩
Least Bittern
Très petit, grêle et furtif; monte sur les roseaux. Noter la grande *tache chamois à l'aile* (absente chez les râles). Il existe aussi une forme de coloration marron, très rare.
Voix: Le chant, *cou-cou-cou,* sourd et grave, s'entend dans les marais.
Aire: Depuis le S-E du Canada et les É.-U. jusqu'en Am. du S. **Habitat:** Étangs d'eau douce, roselières; difficile à faire voler.

BUTOR D'AMÉRIQUE *Botaurus lentiginosus* (58 cm) ⟨100⟩
American Bittern
Héron brun et trapu; taille d'un jeune bihoreau, mais d'un brun plus chaud. En vol, l'extrémité de l'aile est plus *noirâtre* et le bec tenu plus horizontalement. Au repos, reste souvent figé, le bec pointé en l'air. *Raie noire* sur le cou.
Voix: Bruit de pompe, *oung-ka' chounk, oung-ka' chounk, oung-ka' chounk,* etc., lent et grave. *Kok-kok-kok* en s'enfuyant.
Aire: Du Canada au g. du Mexique; hiverne jusqu'au Panama. **Habitat:** Marais, roselières des lacs. Se perche rarement dans les arbres.

BIHOREAUX, BUTORS, HÉRON VERT

adulte **BIHOREAU À COURONNE NOIRE** jeune

adulte **BIHOREAU VIOLACÉ** jeune

forme typique

forme foncée (rare)

PETIT BUTOR

jeune adulte **HÉRON VERT**

BUTOR D'AMÉRIQUE

105

■ **TANTALES: Famille des Ciconiidés.** Grands oiseaux aux allures de héron, à longues pattes et à long bec (droit, retroussé ou courbé); certains ont la tête nue. Sexes semblables. Marchent d'un pas lent. Vol franc; pattes et cou tendus. **Nourriture:** Grenouilles, crustacés, lézards, rongeurs. **Aire:** S des É.-U., Am. centrale, Am. du S, Afrique, Eurasie, Inde, Australie. **Espèces:** Monde, 17; Est, 1.

TANTALE D'AMÉRIQUE   *Mycteria americana*   (85-118 cm)   `101`
Wood Stork

Très grand (envergure 1,60 m); blanc, *tête nue et sombre, beaucoup de noir* à l'aile, queue noire. Bec long, *épais et courbé*. Le jeune a le bec jaune. Se nourrit en marchant, tête baissée. En vol, les battements d'ailes alternent avec les planés. Tournoie souvent très haut, dans les courants d'air ascendants.
Espèce semblable: Le Pélican blanc d'Amérique, qui tournoie aussi dans les courants ascendants, a un motif semblable à l'aile.
Voix: Croassement rauque; généralement silencieux.
Aire: Du S des É.-U. à l'Argentine. **Habitat:** Marécages de taxodiers (colonies de nidification); marais, étangs, lagunes.

■ **GRUES: Famille des Gruidés.** Oiseaux majestueux, plus robustes que les hérons, à *face souvent nue et rouge*. Noter le croupion *panaché*. Cou étendu en vol; migrent en «V» ou en file, comme les oies. Le Grand Héron est parfois appelé «grue» à tort. **Nourriture:** Les grues sont omnivores. **Aire:** Presque mondiale, sauf l'Am. centrale, l'Am. du S et l'Océanie. **Espèces:** Monde; 14; Est, 2 (+ 1 exceptionnelle).

GRUE BLANCHE D'AMÉRIQUE   *Grus americana*   (125 cm)
Whooping Crane

Le plus grand oiseau d'Am. du N et l'un des plus rares. Envergure de 2,25 m. Grande grue *blanche à face rouge*. Rémiges primaires *noires*. Les jeunes sont teintés de rouille, surtout à la tête.
Espèces semblables: 1) Le Tantale d'Amérique a la tête sombre et plus de noir à l'aile; 2) les aigrettes et 3) les cygnes n'ont pas de noir à l'aile. Voir aussi 4) le Pélican blanc d'Am., p. 78, et 5) l'Oie des neiges, p. 42.
Voix: *Kèr-lou! kèr-li-ou!* claironnant et perçant.
Aire: Niche dans le N de l'Alberta (parc de Wood Buffalo); migre à travers la Prairie (par le Nebraska) jusqu'à la côte du Texas (Aransas). **Habitat:** Tourbières (été): étangs de la Prairie, marais.

GRUE DU CANADA   *Grus canadensis*   (100-120 cm)   `102`
Sandhill Crane

Envergure, 1,80-2,10 m. Noter la *calotte rouge et nue,* le croupion panaché. Oiseau gris à long cou et longues pattes, souvent teinté de rouille. Le jeune est assez brun. En vol, le cou est tendu et le battement d'ailes marqué d'un vif mouvement vers le haut.
Espèce semblable: Le Grand Héron (p. 100) est parfois appelé «grue», à tort.
Voix: *Garoou-a-a-a* roulé et perçant; répété.
Aire: N-E de la Sibérie, Am. du N, Cuba. Hiverne jusqu'au Mexique. **Habitat:** Steppes, champs, marais, toundra (été).

Ci-dessous:
à gauche, l'Ibis blanc
à droite, le Tantale d'Amérique.

adulte

**TANTALE
D'AMÉRIQUE**

jeune

Les tantales, les ibis
et les grues volent
le cou allongé.

adulte

jeune

**GRUE BLANCHE
D'AMÉRIQUE**

adulte

jeune

**GRUE DU
CANADA**

■ **COURLANS: Famille des Aramidés.** Famille monotypique caractérisée dans la description de sa seule espèce. **Nourriture:** Surtout de gros escargots d'eau douce; quelques insectes et grenouilles. **Aire:** S-E des É.-U., Antilles, du S du Mexique à l'Argentine. **Espèces:** Monde, 1; Est, 1.

COURLAN *Aramus guarauna* (70 cm) | 103 |

Limpkin

Grand échassier de marécage, moucheté, un peu plus gros que les ibis, auxquels il ressemble par ses longues pattes et son *bec arqué;* cependant, aucun ibis n'est brun avec des *taches et des raies blanches.* Vole comme une grue (rejet sec des ailes vers le haut).

Espèces semblables: Jeunes ibis, bihoreaux, Butor d'Amérique.

Voix: Plainte retentissante, *kri-ow, kra-ow,* etc., etc., répétée, surtout la nuit et par temps couvert.

Aire: S-E des É.-U., Antilles, du S du Mexique à l'Argentine. **Habitat:** Marécages d'eau douce, marais peuplés de gros escargots.

■ **IBIS ET SPATULES: Famille des Threskiornithidés.** Les ibis sont des échassiers à longues pattes, comme les hérons, avec un bec effilé et *arqué;* les spatules ont le bec spatulé. Tous volent en file ou en «V», le cou *allongé,* contrairement aux hérons. **Nourriture:** Petits crustacés, petits poissons, insectes, etc. **Aire:** Régions tropicales ou tempérées chaudes. **Espèces:** Monde, 28; Est, 4 (+ 1 introduite).

IBIS FALCINELLE *Plegadis falcinellus* (55-63 cm) | 104 |

Glossy Ibis

Échassier de marais, de taille moyenne, *marron pourpré, sombre et lustré,* à long bec *arqué;* de loin, on dirait un gros courlis noir. Ces ibis volent en file, le cou allongé, des planés alternant avec des battements d'ailes plus rapides que ceux des hérons.

Voix: *Ka-onk* guttural, répété, *krouk-krouk* grave.

Aire: E des É.-U., Antilles, S de l'Eurasie, Afrique, Australie, etc. **Habitat:** Marais, rizières, marécages boisés.

IBIS À FACE BLANCHE *Plegadis chihi* (55-63 cm) | 104 |

White-faced Ibis

Très semblable à l'I. falcinelle, mais l'été, *les pattes et les lorums* sont *rougeâtres* et une *ligne blanche* court à la base du bec. L'I. falcinelle a parfois une fine ligne blanchâtre, mais elle ne va pas *derrière l'oeil ni sous le menton.* Ce trait disparaît l'hiver.

Aire: De l'O des É.-U. à l'Argentine. **Est:** Du S de la Louisiane au S du Texas; occasionnel en Floride. **Habitat:** Comme l'Ibis falcinelle.

IBIS BLANC *Eudocimus albus* (55-68 cm) | 105 |

White Ibis

Noter la *face rouge,* le long *bec rouge arqué* et la petite tache noire au bout des ailes. Le jeune est sombre; noter le *ventre et le croupion blancs,* le bec rouge, arqué. Le cou est allongé en vol; les groupes forment des files, planant et battant des ailes; tournoient souvent.

Espèces semblables: 1) Le Tantale d'Amérique est plus gros, a bien plus de noir (comparaison p. 107). 2) Le jeune Ibis falcinelle paraît uniformément foncé. 3) Si ce n'était du bec, le jeune pourrait être pris pour une Aigrette tricolore.

Aire: Du S-E des É.-U. au N de l'Am. du S. **Habitat:** Marais d'eau salée, saumâtre ou douce, rizières, mangroves.

COURLAN,
IBIS

Face des deux
ibis sombres,
à la pariade.

IBIS À
FACE
BLANCHE

IBIS
FALCINELLE

COURLAN

IBIS
FALCINELLE
adulte

IBIS
FALCINELLE
jeune

IBIS
BLANC
adulte

IBIS BLANC
jeune

109

IBIS ROUGE   *Eudocimus ruber*   (55-63 cm)

Scarlet Ibis

Ibis *écarlate;* même taille, aspect et motif (aile à bout noir) que l'Ibis blanc. **Aire:** N de l'Am. du S. Exceptionnel dans les États du g. du Mexique. Les individus rosés peuvent provenir de zoos (décoloration fréquente en captivité). Récemment, des jeunes nés d'oeufs placés dans des nids d'Ibis blancs, à Miami, ont atteint l'âge adulte. Cette expérience a ensuite donné lieu à de l'hybridation.

SPATULE ROSÉE   *Ajaia ajaja*   (80 cm) | 106 |

Roseate Spoonbill

Échassier *rose vif,* à long bec plat et spatulé. L'adulte a le corps *rose,* avec un éclat rouge-sang sur l'aile, et la queue orange; la tête est nue et gris-verdâtre. Le jeune est blanchâtre et devient rosé avec l'âge. Les spatules se nourrissent en promenant rapidement leur bec d'un côté et de l'autre. En vol, le cou est tendu comme chez les ibis; l'oiseau plane souvent entre les séries de coups d'ailes. **Voix:** Au nid, croassement grave. **Aire:** Du S des É.-U. au Chili et à l'Argentine. **Habitat:** Marais côtiers, lagunes, vasières; niche dans les îlots de mangrove.

■ **FLAMANTS: Famille des Phoenicoptéridés.** Échassiers à pattes et cou très longs, qui ont un plumage allant du blanc rosâtre au vermillon. Bec épais, fortement busqué, garni de lamelles pour filtrer la nourriture. **Nourriture:** Petits mollusques, crustacés, algues bleues, diatomées. **Aire:** Antilles, Yucatan, Galapagos, Am. du S, Afrique, S de l'Eurasie, Inde. **Espèces:** Monde, 6; Est, 1.

FLAMANT ROSE   *Phoenicopterus ruber*   (113 cm)

Greater Flamingo

Échassier très svelte, rose vermeil, aussi grand que le Grand Héron mais bien plus gracile. Noter le bec fortement coudé, en «nez» busqué. Se nourrit la tête ou le bec immergé. En vol, arbore beaucoup de noir aux ailes; le très long cou tombe un peu à l'avant comme les longues pattes à l'arrière: on peut avoir l'impression que l'oiseau vole à reculons. Les individus pâles et délavés peuvent provenir de zoos car ils pâlissent souvent en captivité. Le jeune est bien plus clair que l'adulte. **Voix:** Cris d'oie, caquetages; *ar-honk,* etc. **Aire:** Antilles, Yucatan, Galapagos, S de l'Eurasie, Afrique. Occasionnel sur les côtes de la Floride, exceptionnel ailleurs. Il est difficile de dire si les oiseaux égarés sont vraiment sauvages ou échappés. Ils originent peut-être de Hialeah Race Track, de Bok Sanctuary ou de Busch Gardens, etc. **Habitat:** Lacs salés, marais salants.

IBIS ROUGE

adulte

SPATULE ROSÉE

jeune

adulte

FLAMANT ROSE

adulte

111

■ RÂLES, POULES-D'EAU ET FOULQUES: Famille des Rallidés.

Échassiers de marais aux mœurs discrètes et à la voix mystérieuse, plus souvent entendus que vus, les râles ont la forme trapue d'une poule. Vol bref et hésitant, pattes pendantes. Les poules-d'eau et les foulques nagent; se distinguent des canards par la petite tête, la plaque frontale et le bec de poule. Elles sont traitées à part aux pp. 64, 65 (têtes illustrées aussi à la p. 115). Les sexes sont semblables chez tous nos Rallidés. **Nourriture:** Plantes aquatiques, graines, bourgeons, insectes, grenouilles, crustacés, mollusques. **Aire:** Partout sauf dans les régions polaires. **Espèces:** Monde, 132; Est, 9 (+ 5 exceptionnelles).

RÂLE DE VIRGINIE   *Rallus limicola*   (23 cm)   107
Virginia Rail

Petit râle roux à joues grises; barres noires aux flancs et long bec rougeâtre un peu arqué. Le seul petit râle de la taille d'une sturnelle, à long bec *effilé*. En fin d'été, les jeunes entièrement développés arborent beaucoup de noir.
Voix: *Ouak-ouak-ouak,* etc. descendant; aussi, *quiddik, quiddik,* etc.; divers grognements et cris secs.
Aire: Du S du Canada au S de l'Am. du S. Hiverne surtout dans le S des É.-U. et plus au sud. **Habitat:** Surtout les marais d'eau douce ou saumâtre; en hiver, les marais côtiers également.

RÂLE ÉLÉGANT   *Rallus elegans*   (38-48 cm)   108
King Rail

Gros râle roux à long bec grêle; deux fois la taille du R. de Virginie, ou à peu près celle d'une petite poule. Semblable au R. gris, mais plus roux; préfère les marais d'eau douce.
Espèces semblables: 1) Le R. de Virginie est deux fois plus petit et a les joues gris ardoise. 2) Voir le R. gris (plus gris).
Voix: Grognement grave: *bop-bop, bop-bop-bop,* etc. ou *tchok-tchok-tchok* (plus grave que chez le R. de Virginie, ne descend pas).
Aire: E des É.-U., Cuba, Mexique (rarement). Les populations du N migrent. **Habitat:** Marais d'eau douce ou saumâtre, rizières, marécages boisés; parfois les marais côtiers, en hiver.

RÂLE GRIS   *Rallus longirostris*   (35-40 cm)   109
Clapper Rail

Gros râle gris-brun, des marais côtiers. Aspect d'une poule, pattes fortes, bec long et un peu arqué, flancs barrés et tache blanche sous la queue courte (d'habitude relevée ou agitée). Nage parfois.
Espèce semblable: Le R. élégant préfère les marais d'eau douce (parfois saumâtre); généralement plus gros, il a les raies du dos et des flancs plus foncées, les ailes *brun roux* et la poitrine cannelle, mais certains R. gris montrent des tons fauves aussi chauds. Le R. gris a les *joues plus grises*. En fait, là où ils habitent des marais adjacents, leur hybridation occasionnelle amène à croire qu'il s'agit peut-être de races de la même espèce.
Voix: *Kik-kik-kik-kik,* etc. bruyant, ou *tcha-tcha-tcha,* etc.
Aire: Des côtes de l'E des É.-U. et de la Californie jusque dans le N de l'Am. du S. **Habitat:** Marais d'eau salée, rarement d'eau saumâtre; localement dans les mangroves.

jeune

**RÂLE DE
VIRGINIE**

adulte

**RÂLE
ÉLÉGANT**

poussin

RÂLE GRIS

Courlan
pour comparaison

113

RÂLE DE CAROLINE *Porzana carolina* (20-24 cm) 110
Sora

Noter le *court* bec *jaune*. L'adulte est un petit râle dodu gris-brun, à *face et gorge noires*. La courte queue relevée laisse voir des sous-caudales blanches ou chamois. Jeune: brun chamois, sans tache noire à la gorge. **Espèces semblables:** Le jeune peut être pris pour le R. jaune, plus petit et plus rare. Voir le R. de Virginie (bec effilé). **Voix:** Hennissement descendant. Au printemps, *keûr-oui* plaintif et sifflé. Réagit à un caillou lancé dans le marais par un *kîk* perçant. **Aire:** Canada; O, centre-N et N-E des É.-U. Hiverne du S des É.-U. au Pérou. **Habitat:** Marais d'eau douce, prés humides; marais côtiers également, en hiver.

RÂLE DE GENÊTS *Crex crex* (23-25 cm)
Corn Crake

Visiteur européen exceptionnel; environ 15 mentions, assez anciennes. Râle des champs, au bec court, comme le R. de Caroline mais plus gros, *chamois jaunâtre,* à ailes *rousses* voyantes.

RÂLE NOIR *Laterallus jamaicensis* (13-15 cm) 111
Black Rail

Minuscule râle noirâtre, à petit bec *noir;* taille d'un moineau à queue courte. Nuque marron foncé. Très difficile à entrevoir. **Espèces semblables:** *Attention:* Tous les jeunes râles en duvet sont noir luisant (mais sans barres sur les flancs). **Voix:** Le mâle, la nuit, *kiki-dou* ou *kiki-krrr.* **Aire:** N-E et centre des É.-U., centre de la Californie et localement plus au sud, jusqu'aux Antilles, Chili. **Habitat:** Marais littoraux, salicornes (sur la côte), marais herbeux et champs fauchés (dans l'intérieur).

RÂLE JAUNE *Coturnicops noveboracensis* (18 cm) 112
Yellow Rail

Noter la *tache blanche de l'aile* (en vol). Petit râle chamois; on dirait un poussin d'une semaine. Bec très court, verdâtre. Dos rayé et carrelé de chamois et noir. Comportement de souris; difficile à faire lever. **Espèce semblable:** Le jeune du R. de Caroline est plus gros, a le dessous moins chamois, n'a pas la tache à l'aile. Noter le motif très différent du dos. **Voix:** Cris secs, répétés la nuit, souvent en longues séries: *tic-tic, tic-tic-tic, tic-tic, tic-tic-tic,* etc. (par 2 et 3). **Aire:** Surtout le Canada, le N des É.-U. Hiverne dans le S des É.-U. **Habitat:** Marais herbeux d'eau douce, prés; aussi les champs de céréales, l'hiver, rarement les marais d'eau salée.

FOULQUE D'AMÉRIQUE *Fulica americana*   American Coot
Bec blanc. Voir pp. 64, 65.

POULE-D'EAU *Gallinula chloropus*   Common Moorhen
Plaque frontale rouge, bec rouge. Voir pp. 64, 65.

GALLINULE VIOLACÉE *Porphyrula martinica*   Purple Gallinule
Plaque frontale bleu pâle, bec rouge. Voir pp. 64, 65.

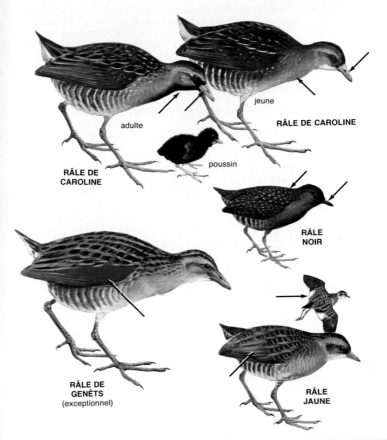

RÂLES À BEC COURT

adulte

jeune

poussin

RÂLE DE CAROLINE

**RÂLE DE
CAROLINE**

**RÂLE
NOIR**

**RÂLE DE
GENÊTS**
(exceptionnel)

**RÂLE
JAUNE**

RALLIDÉS NAGEURS

**FOULQUE
D'AMÉRIQUE**

POULE-D'EAU

**GALLINULE
VIOLACÉE**

(espèces traitées aux pp. 64-65)

■ **HUÎTRIERS: Famille des Haematopodidés.** Grands limicoles à long bec rouge, comprimé latéralement, biseauté au bout. Sexes semblables. **Nourriture:** Mollusques, crabes, vers marins. **Aire:** Répandus sur les côtes, par tout le Monde; dans l'intérieur, par endroits, en Europe et en Asie. **Espèces:** Monde, 6; Est, 1.

HUÎTRIER D'AMÉRIQUE *Haematopus palliatus* (43-53 cm) 113

American Oystercatcher

Gros limicole bruyant, trapu, à tête noire, dos sombre, ventre blanc et à grandes taches blanches aux ailes et à la queue. Le trait saillant est le *gros bec rouge, droit,* comprimé latéralement. Pattes rose chair.

Espèce semblable: Voir le Bec-en-ciseaux noir, pp. 98, 99.
Voix: *Ouîp!* ou *klîp!* retentissant; *pic, pic, pic* sonore.
Aire: Du Mass. à l'Argentine et au Chili. **Habitat:** Plages côtières, estrans.

■ **AVOCETTES ET ÉCHASSES: Famille des Récurvirostridés.** Limicoles sveltes, à pattes très longues et bec très mince (retroussé chez les avocettes). Sexes semblabes. **Nourriture:** Insectes, crustacés, autres organismes aquatiques. **Aire:** É.-U., Am. centrale et du S, Afrique, S de l'Eurasie, Océanie. **Espèces:** Monde, 7; Est, 2.

ÉCHASSE D'AMÉRIQUE *Himantopus mexicanus* (33-43 cm) 114

Black-necked Stilt

Grand limicole très gracile; dessus noir, dessous blanc. Noter les *pattes rouges, ridiculement longues,* le bec en aiguille. En vol, montre des ailes *toutes noires* qui contrastent avec le croupion, la queue et le dessous blancs.
Voix: *Kjip, kjip, kjip* perçant, répété avec excitation.
Aire: De l'O et du S-O des É.-U. jusqu'au Pérou. Hiverne surtout au S des É.-U.
Habitat: Marais herbeux, vasières, étangs, lacs peu profonds (d'eau douce ou salée).

AVOCETTE D'AMÉRIQUE *Recurvirostra americana* (40-50 cm) 115

American Avocet

Grand limicole svelte, à bec très mince et retroussé, un peu comme celui des barges. Ces traits et le motif noir et blanc contrastant en font un oiseau unique. La tête et le cou sont cannelle en plumage nuptial, gris clair en hiver. Les avocettes se nourrissent en fauchant la surface de l'eau de leur bec.
Voix: *Ouîk* ou *klît* perçant, répété avec excitation.
Aire: Niche dans le S-O du Canada, l'O des É.-U. Hiverne du S des É.-U. au Guatemala. **Habitat:** Plages, vasières, lacs peu profonds, étangs de la Prairie.

HUÎTRIER, ÉCHASSE, AVOCETTE

HUÎTRIER D'AMÉRIQUE

ÉCHASSE D'AMÉRIQUE

été

hiver

AVOCETTE D'AMÉRIQUE

■ **PLUVIERS: Famille des Charadriidés.** Limicoles trapus, à cou large, grands yeux, et bec court ressemblant à celui du pigeon. Les cris aident à l'identification. À la différence de beaucoup d'autres limicoles, font de petites courses et des arrêts brefs. Sexes semblables. *Note:* Le Tournepierre à collier, représenté ici, faisait auparavant partie de cette famille; on le range maintenant parmi les Scolopacidés (p. 126). **Nourriture:** Petits organismes marins, insectes, un peu de matière végétale. **Aire:** Presque mondiale. **Espèces:** Monde, 63; Est, 8 (+ 4 exceptionnelles).

PLUVIER ARGENTÉ *Pluvialis squatarola* (26-34 cm) 116
Black-bellied Plover
Gros pluvier: en plumage nuptial, *poitrine noire* et dos clair, moucheté. En plumage d'hiver, le jeune et l'adulte sont gris et se distinguent par la forme trapue, le profil voûté et le bec de pigeon. En vol, *axillaires* (aisselles) toujours *noires,* queue et croupion toujours blancs.
Espèce semblable: Le P. doré d'Amérique est plus brun, n'a pas de motif blanc aux ailes ni à la queue; ses axillaires ne sont pas noires.
Voix: Sifflement plaintif et doux: *tlî-ou-î* ou *oui-eûr-î* (note médiane plus basse).
Aire: L'Arctique; circumpolaire. Hiverne des côtes des É.-U. et du S de l'Eurasie à l'hémisphère S. **Habitat:** Vasières, marais, plages; toundra (l'été).

PLUVIER DORÉ D'AMÉRIQUE *Pluvialis dominica* (24-28 cm) 117
Lesser Golden-Plover
Taille du P. kildir. Adulte en plumage nuptial: sombre, le dessus *pointillé d'or,* le dessous noir; une *large bande blanche* court au-dessus des yeux et descend sur le côté du cou et de la poirine. Jeunes et adultes en plumage d'hiver: bruns, le dessus plus sombre que le dessous; caractérisés en vol par l'*absence de motif.*
Espèce semblable: Le P. argenté est plus gros; dessus plus clair, avec *bande alaire, sous-caudales et croupion blancs: ses axillaires* (aisselles) *noires* sont caractéristiques.
Voix: *Couidoul* sifflé ou *coui-i-a* (tombant à la fin).
Aire: Sibérie, Arctique américain. Hiverne en Am. du S, dans le S de l'Asie, d'Hawaï à l'Australie. **Habitat:** Steppes, champs, vasières, rivages; toundra (l'été).

TOURNEPIERRE À COLLIER *Arenaria interpres* (20-25 cm) 118
Ruddy Turnstone
Noter le plumage bariolé. Limicole trapu, robuste, à *pattes orange.* En plumage nuptial, le dos roux et le curieux motif de la face et de la poitrine en font un oiseau unique, encore plus frappant en vol. Jeunes et adultes en plumage d'hiver sont ternes, mais gardent suffisamment du motif de base pour être identifiables.
Voix: *Tok-a-tok* ou *kot-a-kot,* à notes détachées: *kiouk* aussi.
Aire: Arctique, sub-arctique; circumpolaire. Hiverne des côtes des É.-U. et du S de l'Eurasie à l'hémisphère S. **Habitat:** Plages, vasières, jetées, côtes rocheuses; toundra (l'été).

PLUVIERS, TOURNEPIERRE

hiver

hiver

PLUVIER
ARGENTÉ

PLUVIER
ARGENTÉ

été

hiver

hiver

hiver

PLUVIER
DORÉ
D'AMÉRIQUE

PLUVIER
DORÉ
D'AMÉRIQUE

été

été

hiver

TOURNEPIERRE
À COLLIER

119

PLUVIER SEMIPALMÉ *Charadrius semipalmatus* (16-19 cm) [119]
Semipalmated Plover
Petit pluvier dodu, à dos brun, deux fois plus petit que le P. kildir; *un seul collier*. Bec jaune foncé à bout noir, ou tout noir (l'hiver). Pattes orangées ou jaunes.
Espèce semblable: Le P. siffleur est clair, de la couleur du sable sec (le P. semipalmé est plus sombre, comme le sable humide).
Voix: *Tchi-oui* ou *tou-li,* plaintif, doux et montant.
Aire: Arctique américain. Hiverne jusqu'en Am. du S. **Habitat:** Rivages, estrans.

GRAND GRAVELOT *Charadrius hiaticula* (19 cm)
Common Ringed Plover
Très semblable au P. semipalmé, le remplaçant au Groenland et dans le N-E de l'archipel arctique. Migre vers l'Europe. Se distingue, en main, par l'absence de palmure entre les doigts médians et internes. Le collier peut être un peu plus large.

PLUVIER SIFFLEUR *Charadrius melodus* (15-19 cm) [120]
Piping Plover
Plumage blafard, de la couleur du sable sec. Collier complet ou non. Pattes jaunes; bec jaune à bout noir. L'hiver, bec et pattes sombres.
Voix: Sifflement plaintif; *pîp-lo* (note initiale plus aigüe).
Aire: Du S du Canada au N-E et au centre des É.-U. **Habitat:** Plages de sable, estrans.

GRAVELOT À COLLIER INTERROMPU *Charadrius alexandrinus* [121]
(16 cm) Snowy Plover
Pluvier pâle de la côte du golfe du Mexique. Semblable au P. siffleur mais avec un *fin bec noir,* des *pattes noirâtres* et une *tache sombre à l'oreille.*
Espèce semblable: Les juvéniles et les adultes du P. siffleur en plumage d'hiver peuvent avoir le bec et les pattes sombres, mais ont le *croupion blanc* et n'ont ni collier noir, ni la tache sombre à l'oreille.
Voix: Sifflement mélodieux: *pi-oui-ah* ou *o-oui-ah.*
Aire: Du S des É.-U. à l'Am. du S, Eurasie, Afrique, Australie. **Habitat:** Plages, plaines sablonneuses.

PLUVIER DE WILSON *Charadrius wilsonia* (18-20 cm) [122]
Wilson's Plover
Plus gros que le P. semipalmé avec un collier plus large et un *gros bec noir,* bien plus long. Pattes de couleur chair grisâtre.
Voix: *Ouit!* ou *ouît!,* sifflé et énergique.
Aire: Du New Jersey au N de l'Am. du S. **Habitat:** Plages, estrans, îles sablonneuses.

PLUVIER KILDIR *Charadrius vociferus* (23-28 cm) [123]
Killdeer
Bruyant; le pluvier nicheur commun des terres agricoles. Noter le *double* collier noir (le poussin n'en a qu'un). Révèle, en vol, un *croupion roux orangé,* une queue assez longue et une bande blanche sur l'aile.
Voix: Criard; *kill-dîâ* fort, insistant, répété; *dî-î* plaintif (montant); *dî-dî-dî,* etc. Aussi, un trille grave.
Aire: Du Canada au centre du Mex., Antilles, côtes du Pérou. Les populations du N migrent. **Habitat:** Champs, aérodromes, pelouses, berges, rivages.

GRAND GRAVELOT

PLUVIERS À COLLIER

PLUVIER SEMIPALMÉ

été

hiver

PLUVIER SIFFLEUR

forme à collier entier

été

hiver

jeune

♀

♂

été

GRAVELOT À COLLIER INTERROMPU

PLUVIER DE WILSON

♀

♂

PLUVIER KILDIR

poussin

TÊTES

Pluvier siffleur

Grand Gravelot

Pluvier de Wilson

Gravelot à collier interrompu

Pluvier semipalmé

Pluvier kildir

121

PLUVIERS ET TOURNEPIERRE EN VOL

Les cris émis en vol sont caractéristiques.

Texte et planche en couleurs

PLUVIER SIFFLEUR *Charadrius melodus*   **pp. 120, 121**
Couleur du sable sec; tache noire à la queue, *croupion blan-châtre.*
Cri, sifflement plaintif: *Pîp-lo* (note initiale plus haute).

GRAVELOT À COLLIER INTERROMPU   **pp. 120, 121**
Charadrius alexandrinus
Couleur du sable sec; queue à centre sombre et côtés blancs; *le croupion n'est pas blanc.*
Cri, sifflement mélodieux: *Pi-oui-ah* ou *o-oui-ah.*

PLUVIER SEMIPALMÉ *Charadrius semipalmatus*   **pp. 120, 121**
Couleur du sable humide; queue sombre bordée de blanc.
Cri: *Tchi-oui* ou *tou-li* plaintif, lié et montant.

PLUVIER DE WILSON *Charadrius wilsonia*   **pp. 120, 121**
Motif comme celui du P. semipalmé; plus gros; *gros bec.*
Cri différent: *Ouit!* ou *ouît!,* sifflé et énergique.

PLUVIER KILDIR *Charadrius vociferus*   **pp. 120, 121**
Croupion roux orangé, queue assez longue.
Criard; *kill-dîâ* ou *kill-dîr* sonore; *dî-dî-dî,* etc.

PLUVIER ARGENTÉ *Pluvialis squatarola*   **pp. 118, 119**
Au printemps: Dessous noir, sous-caudales *blanches.*
Motif du dessus comme à l'automne.
À l'automne: Axillaires (aisselles) *noires,* du blanc dans les ailes et la queue.
Cri, sifflement plaintif et doux: *Oui-eûr-î.*

PLUVIER DORÉ D'AMÉRIQUE *Pluvialis dominica*   **pp. 118, 119**
Au printemps: Dessous noir, sous-caudales *noires.*
Motif du dessus comme à l'automne.
À l'automne: Absence de motif dessus et dessous; dessous de l'aile plus gris que chez le P. argenté; *les axillaires ne sont pas noires.*
Cri: *Couidoul* ou *coui,* sifflé et dur.

TOURNEPIERRE À COLLIER *Arenaria interpres*   **pp. 118, 119**
Motif bariolé.
Cri: *Kit-a-kik* ou *kot-a-kot* gloussé et grave.

PLUVIERS, TOURNEPIERRE
en vol

PLUVIER
SIFFLEUR

GRAVELOT À COLLIER
INTERROMPU

PLUVIER
KILDIR

PLUVIER
SEMIPALMÉ

PLUVIER DE
WILSON

hiver

hiver

PLUVIER
ARGENTÉ

été

PLUVIER
ARGENTÉ

hiver

hiver

PLUVIER
DORÉ
D'AMÉRIQUE

hiver

été

PLUVIER
DORÉ
D'AMÉRIQUE

été

PLUVIER
DORÉ
D'AMÉRIQUE

TOURNEPIERRE
À COLLIER

■ **BÉCASSEAUX, CHEVALIERS, etc.: Famille des Scolopacidés.**
Limicoles de taille variable, à bec plus mince que celui des pluviers. Sexes semblables, sauf chez les phalaropes (nageurs autrefois rangés dans une famille distincte). **Nourriture:** Insectes, crustacés, mollusques, vers, etc. **Aire:** Monde entier. **Espèces:** Monde, 80; Est, 33 (+ 14 exceptionnelles).

BÉCASSE D'AMÉRIQUE *Scolopax minor* (28 cm) 124
American Woodcock
Oiseau brun, rondelet, presque sans cou, de la couleur des feuilles mortes, avec de larges barres sur la tête. Sensiblement plus petit que la Gélinotte huppée. Bec très long et grands yeux ronds. Levé d'habitude dans les fourrés; ses courtes ailes *arrondies* produisent un sifflement.
Voix: Le printemps, au crépuscule, le mâle lance un *bîzp* nasillard (évoquant l'Engoulevent d'Amérique); en vol, trille mécanique (produit par les ailes) lorsque l'oiseau monte, devenant un pétillement à la descente.
Aire: Du S-E du Canada au g. du Mexique. Hiverne dans le S-E des É.-U. **Habitat:** Fourrés et bois humides, marais broussailleux. Parade nocturne au-dessus des champs buissonneux.

BÉCASSINE DES MARAIS *Gallinago gallinago* (28 cm) 125
Common Snipe
Noter le *bec très long*. Échassier de marais qui demeure tapi; brun, *tête rayée, raies chamois sur le dos*. S'envole en poussant un *skép* grinçant et *zigzague,* laissant voir une *courte queue orangée.*
Voix: *Skép* grinçant. Chant: *Tchip-a, tchip-a, tchip-a,* etc., cadencé. En parade aérienne: *houhouhouhouhouhouhou* vibrant.
Aire: N de l'Am. du N, N de l'Eurasie. Hiverne jusqu'au Brésil et jusqu'au centre de l'Afrique. **Habitat:** Marais, tourbières, prés humides.

BÉCASSEAU ROUX *Limnodromus griseus* (26-30 cm) 126
Short-billed Dowitcher
Oiseau des grandes *vasières,* ressemblant à une bécassine. Noter le très long bec et le *long triangle blanc* au dos. Poitrine roux vif l'été, grise l'automne. Se nourrit avec des mouvements de machine à coudre.
Voix: *Tiou-tiou-tiou* à notes détachées; même ton que le Petit Chevalier.
Aire: S de l'Alaska, Canada. Hiverne du S des É.-U. au Brésil. **Habitat:** Vasières, marais côtiers, berges des étangs.

BÉCASSEAU À LONG BEC *Limnodromus scolopaceus* (28-31 cm)
Long-billed Dowitcher
Les longueurs de bec des limnodromes se chevauchent, mais les individus à très long bec (7,5 cm) de cette espèce sont faciles à distinguer. En plumage nuptial, côtés de la poitrine *barrés* et non mouchetés, dessous *rougeâtre jusqu'au bas du ventre*. L'automne, la voix est le meilleur critère.
Voix: *Kîk* grêle, parfois doublé ou triplé.
Aire: Du N-E de la Sibérie au N-O du Canada. Hiverne du S des É.-U. au Guatemala. **Est:** Migrateur; préfère les eaux douces. L'hiver, même aire dans le S des É.-U. que le B. roux; arrive plus tard.

BÉCASSEAU MAUBÈCHE *Calidris canutus* (25-28 cm) 127
Red Knot
Trapu, avec un bec assez court; bien plus gros que le B. sanderling. *Au printemps:* Poitrine *rouge brique pâle. À l'automne:* Limicole replet, d'aspect délavé; bec court, croupion clair, pattes verdâtres. De près, noter le *motif en écailles, créé par le liséré blanc des plumes.*
Voix: *Knout* bas; aussi, *touit-ouit* ou *ouah-quoit* grave et doux.
Aire: Arctique; circumpolaire. Hiverne jusque dans l'hémisphère S. **Habitat:** Estrans, rivages; toundra (l'été).

LIMICOLES

BÉCASSE
D'AMÉRIQUE

BÉCASSINE
DES MARAIS

hiver

hiver

BÉCASSEAU
ROUX
DOWITCHER

été

été

BÉCASSEAU
À LONG
BEC

hiver

hiver

été

BÉCASSEAU MAUBÈCHE

BARGE HUDSONIENNE *Limosa haemastica* (33-40 cm) 128
Hudsonian Godwit
Noter le motif en vol. La grande taille et le bec droit (ou *un peu retroussé*) de ce limicole annoncent une barge: la queue noire à *large bande blanche* caractérise cette espèce. Le dessous de l'aile est *noirâtre*. Au printemps, la poitrine est rougeâtre chez le mâle, plus terne chez la femelle; en automne les deux ont le dos gris, la poitrine claire.
Voix: *Ta-ouit!*, plus aigu que chez la B. marbrée.
Aire: Surtout l'Arctique canadien; hiverne en Am. du S. **Habitat:** Plages, mares de la Prairie; toundra (l'été).

BARGE MARBRÉE *Limosa fedoa* (40-50 cm) 129
Marbled Godwit
Les barges sont de gros limicoles à bec très long, droit ou un peu *retroussé*. Le plumage d'un riche *chamois-brun*, tacheté, caractérise cette espèce. Les couvertures sous-alaires sont *cannelle*.
Espèce semblable: La B. hudsonienne a du blanc sur les ailes et la queue.
Voix: *Keûr-ouit!* expressif; *raddica, raddica,* aussi.
Aire: N de la Prairie. Hiverne du S des É.-U. au N de l'Am. du S. **Habitat:** Steppes, mares, rivages; estrans.

COURLIS À LONG BEC *Numenius americanus* (50-65 cm) 130
Long-billed Curlew
Noter le *très long bec en faucille* (10-21 cm). Bien plus gros que le Courlis corlieu, plus chamois; n'a pas de raies nettes sur la tête. *Couvertures sous-alaires cannelle.* Le bec du jeune peut être à peine plus long que celui du C. corlieu.
Voix: *Keûr-lî* fort (avec inflexion montante); *klî-lî-lî-lî* rapide, sifflé. «Chant», trille doux: *keûrliiiiiiiiou.*
Aire: S-O du Canada, O des É.-U. Hiverne du S des É.-U. au Guatemala.
Habitat: Steppes, hauts plateaux. Aussi, terres cultivées, estrans, plages et marais côtiers, l'hiver.

COURLIS ESQUIMAU *Numenius borealis* (30-35 cm)
Eskimo Curlew
Bien plus petit que le C. corlieu. Bec plus court (4-6,5 cm), plus fin, *à peine arqué.* Dessus plus bigarré que le C. corlieu, chamois vif tacheté de noir, comme chez le C. à long bec. Couvertures sous-alaires *chamois orangé.* Pattes ardoisées. Rémiges primaires non barrées.
Voix: Cri diversement décrit: *tî-dî-dî* ou *tî-dî,* répété, ou une note évoquant celle de la Sterne pierregarin.
Aire: Presque disparu. Autrefois l'Arctique américain, hivernant dans le S de l'Am. du S. Passait sur la côte E l'automne, à travers la Prairie au printemps. Observations récentes dans plusieurs États.

COURLIS CORLIEU *Numenius phaeopus* (38-48 cm) 131
Whimbrel
Gros limicole gris-brun, à long bec *arqué.* Plus gris que le C. à long bec; bec plus court (6,8-10 cm), *calotte rayée.* Les Courlis corlieux volent en file.
Voix: 5-7 sifflements brefs: *pu-pu-pu-pu-pu-pu.*
Aire: Arctique; circumpolaire. Hiverne jusque dans le S de l'Am. du S.
Habitat: Rivages, vasières, marais, steppes; toundra.

BARGES,
COURLIS

été

hiver

BARGE
HUDSONIENNE

hiver

été

BARGE
MARBRÉE

COURLIS
À LONG
BEC

COURLIS ESQUIMAU

COURLIS CORLIEU

127

CHEVALIER SEMIPALMÉ   *Catoptrophorus semipalmatus*   (35-43 cm)   132
Willet

En vol, noter le motif noir et blanc frappant, des ailes. Au sol, les ailes fermées, ce gros limicole est terne; dessus gris et dessous un peu barré l'été, dessous uni l'automne et l'hiver; pattes gris-bleu.

Espèce semblable: Posé, plus trapu que le Grand Chevalier; en diffère par le plumage plus gris, le bec plus fort, les pattes sombres.

Voix: *Pill-ouill-ouillett* mélodieux, répété en pariade; *ké-i* fort (2ᵉ note plus grave). Aussi, *kip-kip-kip,* etc. répété rapidement. En vol, *houî, ouî, ouî.*

Aire: Du S du Canada au g. du Mexique, Antilles. Hiverne du S des É-U. au Brésil. **Habitat:** Marais, prés humides, vasières, plages.

GRAND CHEVALIER   *Tringa melanoleuca*   (35 cm)   133
Greater Yellowlegs

Noter les *pattes jaune vif* (comme chez le Petit Chevalier, mais aux articulations plus fortes). Limicole svelte, gris; dos carrelé en gris, noir et blanc. En vol, *croupion et queue blanchâtres,* les *ailes* sans bande paraissant *sombres.* Bec long, à peine retroussé.

Espèce semblable: Voir le Petit Chevalier.

Voix: Sifflement trisyllabique; *Kiou-kiou-kiou,* ou *dirr! dirr! dirr!*

Aire: Alaska, Canada. Hiverne des É-U. à la Terre de Feu. **Habitat:** Marais, vasières, cours d'eau, étangs; l'été, tourbières boisées.

PETIT CHEVALIER   *Tringa flavipes*   (25-28 cm)   134
Lesser Yellowlegs

Comme le Grand Chevalier, mais nettement plus petit. Son bec plus court et plus grêle est bien droit; celui du Grand Chevalier paraît souvent un peu retroussé. Se distingue facilement par la voix.

Espèce semblables: 1) Le Bécasseau à échasses et 2) le Phalarope de Wilson ont un motif similaire en vol. 3) Voir aussi le C. solitaire.

Voix: *Piou* ou *piou-piou* (1 ou 2 notes), plus grave, moins sonore que le *kiou-kiou-kiou* clair et trisyllabique du Grand Chevalier.

Aire: Alaska, Canada. Hiverne du S des É-U. à l'Argentine. **Habitat:** Marais, vasières, rivages, étangs; l'été, forêts boréales claires.

CHEVALIER SOLITAIRE   *Tringa solitaria*   (20-23 cm)   135
Solitary Sandpiper

Noter les ailes sombres et les *côtés blancs de la queue* (avec barres noires nettes). Limicole à dos sombre, dessous blanchâtre et *cercle oculaire clair.*

Espèces semblables: 1) Le Petit Chevalier a les pattes jaunes (pas verdâtres), le croupion blanc (pas foncé). 2) Le C. branlequeue (p.132) se trémousse plus et les battements de ses ailes, marquées d'une bande blanche, sont de faible amplitude; plus puissants, ceux du C. solitaire tiennent de l'hirondelle.

Voix: *Pît* ou *pît-ouît-ouît!* (plus aigu que chez le C. branlequeue).

Aire: Alaska, Canada. Hiverne du g. du Mexique à l'Argentine. **Habitat:** Rives, étangs, marais boisés, marais d'eau douce.

BÉCASSEAU À ÉCHASSES   *Calidris himantopus*   Voir p.132
L'hiver: Longues pattes jaune verdâtre, croupion blanc, sourcil clair.

PHALAROPE DE WILSON   *Phalaropus tricolor*   Voir p.136
L'hiver: Bec très fin, dessous bien blanc, pattes jaune terne.

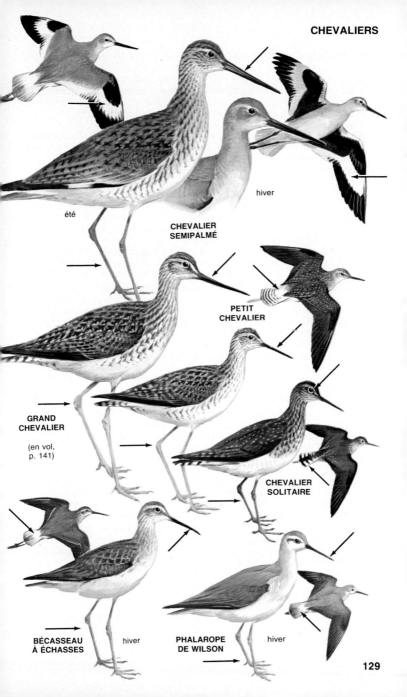

CHEVALIERS

hiver

été

CHEVALIER SEMIPALMÉ

PETIT CHEVALIER

GRAND CHEVALIER

(en vol, p. 141)

CHEVALIER SOLITAIRE

BÉCASSEAU À ÉCHASSES   hiver

PHALAROPE DE WILSON   hiver

BÉCASSEAU SANDERLING *Calidris alba* (18-20 cm) [136]
Sanderling

Noter la *bande alaire blanche* bien nette. Bécasseau dodu, des plages littorales, qui poursuit inlassablement le ressac, comme un jouet mécanique. *En été:* Tête, dos et poitrine roux vif. *En hiver:* Le plus pâle des bécasseaux; dessous blanc neige, dessus gris clair, *épaules noires*.
Voix: Le *touik* ou *kouit,* bref est distinctif.
Aire: Arctique; circumpolaire. Hiverne du S des É.-U., de l'Angleterre et de la Chine à l'hémisphère S. **Habitat:** Plages côtières, estrans, rives des lacs; toundra pierreuse (l'été).

BÉCASSEAU ROUSSÂTRE *Tryngites subruficollis* (19 cm)
Buff-breasted Sandpiper

Aucun autre petit limicole n'a le *dessous entièrement chamois* uni (sous-caudales incluses). Petit échassier peu farouche, à port dressé, bec court, cercle oculaire clair et pattes jaunâtres. Au vol ou en parade, le chamois tranche sur le blanc du dessous des ailes (marbrées à l'extrémité).
Voix: Trille bas: *pr-r-rît. Tik* perçant.
Aire: O de l'Arctique américain. Hiverne en Argentine. Migre par la Prairie; des individus atteignent la côte atlantique, l'automne. **Habitat:** Steppes et prés à herbe courte; parties hautes de la toundra (l'été).

MAUBÈCHE DES CHAMPS *Bartramia longicauda* (29 cm) [137]
Upland Sandpiper

Limicole brun, à tête de pigeon, plus grand que le Pluvier kildir. Le bec court, la *petite tête,* l'oeil bien découpé, le cou mince et la *longue queue* aident à l'identifier. Souvent perché sur un poteau de clôture: en se posant, garde les ailes relevées un instant.
Voix: Sifflement doux, souvent émis la nuit: *kip-ip-ip-ip.* Chant: sifflements étranges et éthérés, *houlîîîîî̧, houilou…* (note finale prolongée).
Aire: Surtout le Canada; le N des É.-U. Hiverne dans la Pampa argentine. **Habitat:** Steppes, prés, champs.

BÉCASSEAU À POITRINE CENDRÉE *Calidris melanotos* [138]
(20-23 cm) Pectoral Sandpiper

Noter les raies serrées de la poitrine, formant une bavette *bien délimitée.* Taille moyenne (variable); cou plus long que chez les petits bécasseaux (p. 134). Dos sombre, *rayé* de blanc, comme chez la bécassine; bande alaire peu nette, ou absente; sommet de la tête rouille. Pattes et bec vert jaunâtre terne.
Voix: *Krik, krik,* ou *trrip-trrip* nasillard. **Aire:** N-E de la Sibérie, Arctique américain. Hiverne en Am. du S. **Habitat:** En migration, mares de la Prairie, rivages boueux, marais d'eau douce ou salée; toundra (l'été).

BÉCASSEAU COMBATTANT *Philomachus pugnax*
(♂ : 30 cm; ♀ :23 cm) Ruff

Mâle en été: Unique; *aigrettes* et *collerette* érectiles, noires, brunes, rousses, chamois, blanches ou barrées, en combinaisons diverses. Pattes vertes, jaunes, orangées, ou couleur chair. Bec également variable (rouge, jaune, brun ou noirâtre). *Mâle en hiver:* Plutôt terne, dos brun d'aspect écailleux, poitrine chamois cendré, sans raie. Noter le *port dressé* et (en vol) la *tache blanche ovale* sur chaque côté de la queue sombre. *Femelle:* Comme le mâle en plumage d'hiver, mais plus petite.
Voix: Cri en vol: *tou-i* ou *tiou-houit,* grave. **Aire:** N de l'Eurasie; hiverne dans le S de l'Eurasie, en Afrique. Visiteur rare en Am. du N. Vu chaque année, plus souvent en automne qu'au printemps dans le N-E.

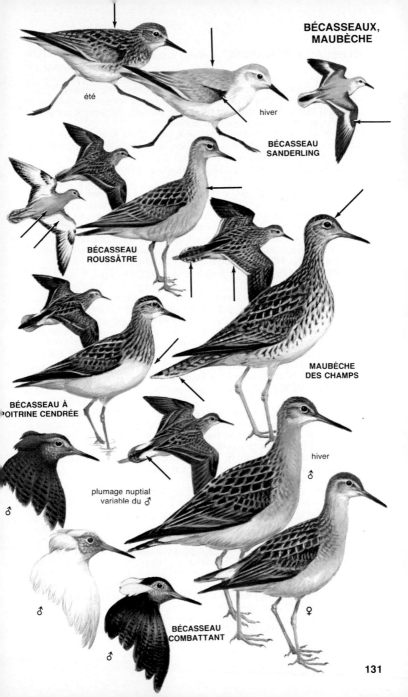

BÉCASSEAUX, MAUBÈCHE

été

hiver

BÉCASSEAU SANDERLING

BÉCASSEAU ROUSSÂTRE

MAUBÈCHE DES CHAMPS

BÉCASSEAU À POITRINE CENDRÉE

plumage nuptial variable du ♂

hiver

♂

♂

♂

♂

♀

BÉCASSEAU COMBATTANT

131

BÉCASSEAU À ÉCHASSES *Calidris himantopus* (20 cm) [139]
Stilt Sandpiper
Au printemps, dessous fortement *barré transversalement*. Noter la *tache rouille à l'oreille*. En automne, comme le Petit Chevalier: dessus gris, dessous blanc, ailes sombres et *croupion blanc;* noter les *pattes verdâtres* et le *sourcil blanc*. Bec effilé, un peu arqué au bout. Se nourrit comme le B. roux (mouvements de machine à coudre).
Voix: *Wou;* rappelle le Petit Chevalier, plus grave et plus rauque.
Aire: Arctique américain. Hiverne en Am. du S. **Habitat:** Mares peu profondes, vasières, marais: toundra (l'été).

BÉCASSEAU COCORLI *Calidris ferruginea* (18-23 cm)
Curlew Sandpiper
Noter le *bec* mince et *arqué*, le *croupion blanc*. *Au printemps:* Tête et dessous rouge brique. *En automne:* Comme le B. variable, mais à pattes plus longues, poitrine moins rayée et bec *un peu arqué sur toute sa longueur;* la différence principale est le *croupion blanc*.
Voix: *Tchirrip* doux, moins grinçant que le cri du B. variable.
Aire: E de l'Arctique asiatique. Migre en Afrique. Visiteur rare dans l'E de l'Am. du N. **Habitat:** Comme le B. variable.

BÉCASSEAU VARIABLE *Calidris alpina* (20-23 cm) [140]
Dunlin
Un peu plus gros que le B. sanderling; bec fort, assez long et un peu *arqué au bout. En été:* Dos roux, *tache noire au ventre. En hiver:* Dessus gris-brun uni et poitrine délavée de gris (pas blanc pur, comme chez le B. sanderling). Noter le bout arqué du bec. Port voûté, lorsqu'il se nourrit.
Voix: *Tchîzp* ou *trîzp*, âpre et nasillard.
Aire: Arctique; circumpolaire. Hiverne des côtes des É.-U. et du S de l'Eurasie au Mexique, au N de l'Afrique et à l'Inde. **Habitat:** Estrans, plages, mares boueuses; toundra humide (l'été).

BÉCASSEAU VIOLET *Calidris maritima* (20-23 cm) [141]
Purple Sandpiper
Les bécasseaux trapus et sombres vus l'hiver sur les rochers, les jetées et les brise-lames des côtes septentrionales appartiennent généralement à cette espèce. La coloration de junco, ardoisé à ventre blanc, est un bon indice. De près, noter les courtes pattes jaunes, la base jaunâtre du bec et le cercle oculaire blanc. En été, plus brun et fortement rayé. Voir le B. variable en plumage d'hiver (pattes et bec noirs).
Voix: *Ouît-ouit* ou *twit*, grave.
Aire: E de l'Arctique américain, N-O de l'Eurasie; hiverne sur les rives de l'Atlantique-N. **Habitat:** Jetées et rochers battus par les vagues.

CHEVALIER BRANLEQUEUE *Actitis macularia* (19 cm) [142]
Spotted Sandpiper
Le limicole nicheur le plus commun sur les rives des lacs et des cours d'eau. Se balance à chaque pas comme s'il perdait l'équilibre. En été, noter les *taches rondes de la poitrine*. En automne et en hiver: dessous uni, dessus brun-olive et sourcils blancs; la tache sombre bordant une pointe blanche devant l'épaule est un bon indice. Le vol est distinctif: le battement d'ailes *très court* fait paraître l'oiseau empesé et lui donne un profil arqué.
Voix: *Pît,* ou *pît-ouît* clair, ou *pî-huit-huit-huit-huit.*
Aire: Alaska, Canada et centre-N des É.-U. Hiverne du S des É.-U. au N de l'Argentine. **Habitat:** Rives caillouteuses, en eau douce; aussi les côtes, en hiver.

BÉCASSEAUX,
CHEVALIER
BRANLEQUEUE

hiver

été

BÉCASSEAU
À ÉCHASSES

hiver

été

BÉCASSEAU
COCORLI

hiver

été

BÉCASSEAU
VARIABLE

hiver

été

BÉCASSEAU
VIOLET

hiver

été

CHEVALIER
BRANLEQUEUE

133

BÉCASSEAU MINUSCULE *Calidris minutilla* (13-16 cm) 143
Least Sandpiper
La plupart des petits bécasseaux, de la taille du moineau, se ressemblent par leur livrée rayée. Le B. minuscule se reconnaît à sa taille plus petite, son plumage *plus brun,* ses pattes *jaunâtres ou verdâtres* (pas noirâtres), son *bec plus mince* et sa poitrine plus rayée.
Voix: *Krî-ît* ténu, avec voyelle plus haute que chez le B. semipalmé.
Aire: Alaska, Canada. Hiverne du S des É.-U. au Brésil. **Habitat:** Vasières, marais herbeux, mares, rivages.

BÉCASSEAU SEMIPALMÉ *Calidris pusilla* (14-16 cm) 144
Semipalmated Sandpiper
En migration, le plus abondant des petits bécasseaux. Bec *plus fort* que le B. minuscule; un peu plus gros et plus gris dessus; pattes généralement *noirâtres.*
Espèce semblable: Souvent confondu avec le B. d'Alaska.
Voix: *Tchit* ou *tchéh* (sans la voyelle haute du B. minuscule et du B. d'Alaska). **Aire:** Arctique américain. Hiverne surtout dans le N de l'Am. du S. **Habitat:** Plages, vasières; toundra (l'été).

BÉCASSEAU D'ALASKA *Calidris mauri* (15-18 cm) 145
Western Sandpiper
Très semblable au B. semipalmé; parfois un peu plus gros. La femelle adulte typique a un bec nettement plus épais à la base, plus long et un peu arqué au bout. L'été, l'adulte a le dessus de la tête et le dos plus roux (une trace de roux peut persister sur les scapulaires l'automne, produisant un contraste). L'hiver, peut-être le plus clair du groupe; les mâles au bec court ne se distinguent des B. semipalmés que par la voix. Hiverne aux É.-U., contrairement au Bécasseau semipalmé.
Voix: *Djît* ou *tchîp* ténu, différent du *tchit* doux du B. semipalmé.
Aire: Alaska; hiverne du S des É.-U. au Pérou. **Habitat:** Rivages, plages, vasières.

BÉCASSEAU DE BAIRD *Calidris bairdii* (18-19 cm) 146
Baird's Sandpiper
Plus gros que les deux précédents, d'*aspect* plus *élancé* (les ailes dépassent la queue de 1 cm), plus brun et à poitrine plus chamois. On dirait un gros B. minuscule à pattes noires. Le dos du jeune a un aspect assez *écailleux.*
Espèces semblables: 1) Le B. roussâtre est chamois de la gorge aux sous-caudales et a les pattes *jaunâtres* (pas noirâtres). Voir aussi 2) le B. sanderling, l'été, et 3) le B. à poitrine cendrée.
Voix: *Krîp* ou *krî;* trille roulé.
Aire: N-E de la Sibérie et Arctique américain. Hiverne dans l'O et le S de l'Am. du S. **Habitat:** Mares, rives des étangs, vasières, rivages.

BÉCASSEAU À CROUPION BLANC *Calidris fuscicollis* 147
(18-20 cm) White-rumped Sandpiper
Plus gros que le B. semipalmé, plus petit que le B. à poitrine cendrée. Le seul *petit* bécasseau à *croupion* entièrement *blanc,* remarquable en vol. Bien roux au printemps, plus gris que les petits bécasseaux, l'automne. Au repos, les ailes dépassent la queue: les flancs *rayés sous l'aile* sont un bon indice.
Voix: *Djît* de souris, comme le bruit de deux silex frottés.
Aire: Arctique américain. Hiverne dans le S de l'Am. du S. **Habitat:** Prés, rivages, vasières; toundra (l'été).

PETITS BÉCASSEAUX

hiver   été

BÉCASSEAU
MINUSCULE

hiver   été

BÉCASSEAU
SEMIPALMÉ

hiver   été

BÉCASSEAU
D'ALASKA

hiver   été

BÉCASSEAU
DE BAIRD

hiver   été

BÉCASSEAU À
CROUPION
BLANC

Bécasseau
minuscule

Bécasseau
semipalmé

BECS

Bécasseau
d'Alaska

- **PHALAROPES.** Ces limicoles à doigts lobés marchent et nagent avec aisance. Tournent souvent sur l'eau comme des toupies, happant plancton, invertébrés marins, crevettes, larves de moustiques et insectes dans l'eau troublée. Les femelles sont plus grosses et plus colorées que les mâles. Deux des 3 espèces sont circumpolaires et hivernent en mer; l'autre niche dans la Prairie et hiverne en Am. du S.

PHALAROPE DE WILSON *Phalaropus tricolor* (23 cm) 148

Wilson's Phalarope

Ce phalarope élégant a les ailes sombres (sans bande) et le croupion blanc. La femelle en plumage nuptial est unique: large bandeau noir à la tête et au cou, *virant au marron.* Le mâle est plus terne; il a un soupçon de cannelle sur les côtés du cou et une tache blanche à la nuque. *L'automne:* Rappelle le Petit Chevalier (ailes sombres, croupion blanc), mais dessous plus blanc sans raies, bec *en aiguille,* pattes verdâtres ou jaune paille (pas jaune citron).
Espèces semblables: Les autres phalaropes ont des bandes alaires.
Voix: *Weûrk* nasillard; aussi, *tchèk, tchèk, tchèk.*
Aire: S-O du Canada, O des É.-U. Hiverne dans le S de l'Am. du S. **Habitat:** Étangs de la Prairie, marais d'eau douce, mares, rivages, vasières; marais côtiers également, en migration.

PHALAROPE HYPERBORÉEN *Phalaropus lobatus* (18-20 cm) 149

(Phalarope à bec étroit)   Red-necked Phalarope

En mer, un oiseau ressemblant au B. sanderling est très probablement un phalarope. Cette espèce est la plus commune en mer et la plus fréquente dans les terres. La femelle en plumage nuptial a le dessus gris, *du roux au cou* et la gorge blanche. Le mâle est plus brun, mais le motif est semblable. L'hiver, chez les deux sexes, le dessus est gris (fortement rayé) et le dessous blanc; noter le bandeau sombre, typique des phalaropes, et le bec noir et fin.
Voix: *Kit* ou *ouit* perçant, comme le cri du B. sanderling.
Aire: Circumboréal. Hiverne en mer jusque dans l'hémisphère S. **Habitat:** Océans, baies, lacs, étangs; toundra (l'été).

PHALAROPE ROUX *Phalaropus fulicaria* (20-23 cm) 150

(Phalarope à bec large)   Red Phalarope

Le port en mer (flotte haut comme une mouette) annonce un phalarope; le *dessous rouge brique* et la *face blanche* du plumage nuptial caractérisent cette espèce. Le mâle est plus terne que la femelle. En automne et en hiver, dessus gris et dessous blanc: on dirait un B. sanderling avec un *bandeau sombre.*
Espèce semblable: En automne, le P. hyperboréen est plus sombre, a le dos fortement rayé, la calotte plus noire, une bande alaire plus contrastante et le bec plus fin. Le bec plus épais du P. roux peut être (rarement) jaunâtre à la base en automne.
Voix: Semblable au *ouit,* ou *prip,* du P. hyperboréen.
Aire: Arctique; circumpolaire. Aire d'hivernage mal connue; de l'Atlantique N à l'hémisphère S. **Habitat:** Plus strictement pélagique que le P. hyperboréen. L'été, en toundra.

PHALAROPES

hiver

hiver

été

PHALAROPE DE WILSON

été

hiver

été

PHALAROPE HYPERBORÉEN

été

hiver

hiver

PHALAROPE ROUX

été

hiver

été

doigts lobés
du phalarope

137

GRANDS LIMICOLES EN VOL

Se familiariser avec les cris assez distinctifs émis en vol.

Texte et
planche en
couleurs

BARGE HUDSONIENNE *Limosa haemastica* **pp. 126, 127**
Bec retroussé, bande alaire blanche, queue noire et blanche.
Dessous: Couvertures alaires noirâtres.
Cri en vol: Ta-ouit! Plus aigu que chez la B. marbrée.

CHEVALIER SEMIPALMÉ *Catoptrophorus semipalmatus* **pp. 128, 129**
Motif de l'aile contrasté: noir, gris et blanc
Dessous: Motif encore plus frappant.
Cri en vol: Houî-ouî-ouî sifflé.

BARGE MARBRÉE *Limosa fedoa* **pp. 126, 127**
Long bec retroussé, corps chamois.
Dessous: Couvertures alaires cannelle.
Cri en vol: Keûr-ouit! accentué.

COURLIS CORLIEU *Numenius phaeopus* **pp. 126, 127**
Bec arqué, corps gris-brun, raies sur la tête.
Dessous: Plus gris que le C. à long bec, sans couvertures
alaires cannelle.
Cri en vol: 5-7 sifflements brefs et rapides, *pu-pu-pu-pu-pu-pu.*

COURLIS À LONG BEC *Numenius americanus* **pp. 126, 127**
Très long bec en faucille; tête sans raies.
Dessous: Couvertures alaires cannelle vif.
Cri en vol: Kli-li-li-li sifflé, rapide.

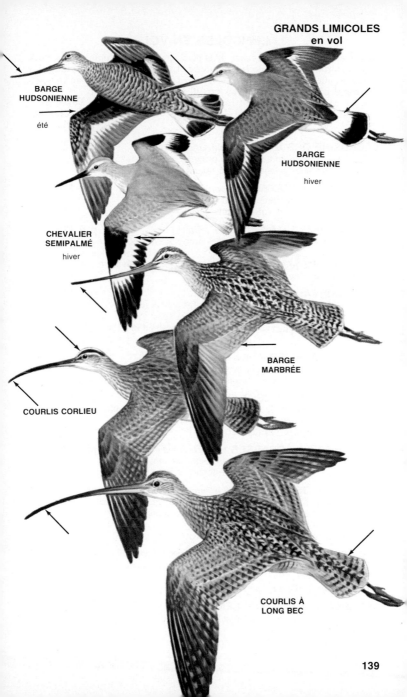

**GRANDS LIMICOLES
en vol**

BARGE
HUDSONIENNE

été

BARGE
HUDSONIENNE

hiver

CHEVALIER
SEMIPALMÉ

hiver

BARGE
MARBRÉE

COURLIS CORLIEU

COURLIS À
LONG BEC

139

LIMICOLES EN VOL

On présente ces limicoles et ceux de la planche suivante en noir et blanc pour faire ressortir les motifs de leur plumage. La plupart des espèces illustrées ici ont les ailes unies, sans bande centrale. Toutes sont illustrées en couleurs aux pages précédentes. Noter les cris distinctifs émis en vol.

Texte et planche en couleurs

BÉCASSINE DES MARAIS *Gallinago gallinago*　　**pp. 124, 125**
Bec long, ailes pointues, queue orangée, vol en zigzag.
Cri en vol: Skép grinçant, lancé quand on la lève.

BÉCASSE D'AMÉRIQUE *Scolopax minor*　　**pp. 124, 125**
Bec long, ailes arrondies, formes rondes.
Les ailes sifflent en vol. «Chant» aérien, la nuit.

CHEVALIER SOLITAIRE *Tringa solitaria*　　**pp. 128, 129**
Ailes sombres sans marque, barres noires sur les côtés de la queue.
Cri en vol: Pît ou *pît-ouît-ouît!*, plus aigu que le Chevalier branlequeue.

PETIT CHEVALIER *Tringa flavipes*　　**pp. 128, 129**
Semblable au Grand Chevalier, mais plus petit et le bec plus petit. Distingué par le cri à 1 ou 2 notes (pas 3).
Cri en vol: Piou ou *piou-piou*, plus doux que le Grand Chevalier.

GRAND CHEVALIER *Tringa melanoleuca*　　**pp. 128, 129**
Ailes sombres, sans marque, croupion et queue blanchâtres.
Cri en vol: Sifflement énergique à 3 notes: *kiou-kiou-kiou!*

PHALAROPE DE WILSON *Phalaropus tricolor*　　**pp. 128, 136**
L'automne: Rappelle le Petit Chevalier, mais plus petit, plus blanc, avec un bec en aiguille.
Cri en vol: Weûrk nasillard et grave.

BÉCASSEAU À ÉCHASSES *Calidris himantopus*　　**pp. 128, 132**
Rappelle le Petit Chevalier, mais les pattes sont verdâtres.
Cri en vol: Un *wou* plus bas que le cri du Petit Chevalier.

MAUBÈCHE DES CHAMPS *Bartramia longicauda*　　**pp. 130, 131**
Brune, petite tête, longue queue; bordure blanche à l'arrière de l'aile. Vole souvent du bout des ailes, comme le Chevalier branlequeue.
Cri en vol: Kip-ip-ip-ip sifflé et doux.

BÉCASSEAU ROUSSÂTRE *Tryngites subruficollis*　　**pp. 130, 131**
Dessous tout chamois, contrastant avec les couvertures sous-alaires blanches.
Cri en vol: Trille bas, *pr-r-r-rît.*

BÉCASSEAU À POITRINE CENDRÉE *Calidris melanotos*　**pp. 130, 131**
Comme un B. minuscule dont la taille aurait doublé. Bande alaire faible ou absente.
Cri en vol: Krik, krik ténu.

LIMICOLES
en vol

BÉCASSINE
DES MARAIS

BÉCASSE
D'AMÉRIQUE

CHEVALIER
SOLITAIRE

GRAND
CHEVALIER

PETIT
CHEVALIER

PHALAROPE
DE WILSON

hiver

BÉCASSEAU
À
ÉCHASSES

hiver

MAUBÈCHE
DES CHAMPS

BÉCASSEAU
ROUSSÂTRE

BÉCASSEAU
À POITRINE
CENDRÉE

141

LIMICOLES EN VOL

La plupart de ces espèces ont une bande alaire claire. Retenir les cris.

**Texte et
planche en
couleurs**

LIMNODROMES *Limnodromus spp.*   **pp. 126, 127**
Bec de bécassine et long triangle blanc au bas du dos.
Cri en vol: Bécasseau roux (*L. griseus*), *tiou-tiou-tiou* à notes détachées; Bécasseau à long bec (*L. scolopaceus*), *kîk*, parfois doublé ou triplé.

BÉCASSEAU VARIABLE *Calidris alpina*   **pp. 132, 133**
En automne: Gris-brun, plus gros que les petits bécasseaux (p. 135),
plus sombre que le B. sanderling.
Cri en vol: Tchîzp ou *trîzp* nasillard et grinçant.

BÉCASSEAU MAUBÈCHE *Calidris canutus*   **pp. 124, 125**
En automne: Gris délavé, croupion clair.
Cri en vol: Knout grave.

BÉCASSEAU VIOLET *Calidris maritima*   **pp. 132, 133**
Ardoisé; fréquente les rochers, les jetées, etc.
Cri en vol: Ouît-ouit ou *twit* grave.

BÉCASSEAU À CROUPION BLANC *Calidris fuscicollis*   **pp. 134, 135**
Le seul petit bécasseau à avoir le croupion blanc.
Cri en vol: Cri aigu de souris, *djît.*

BÉCASSEAU COCORLI *Calidris ferruginea*   **pp. 132, 133**
En automne: Rappelle le B. variable, mais le croupion est blanc.

BÉCASSEAU COMBATTANT *Philomachus pugnax*   **pp. 130, 131**
Tache blanche ovale, de chaque côté de la queue sombre.

CHEVALIER BRANLEQUEUE *Actitis macularia*   **pp. 132, 133**
Les coups d'ailes très courts lui donnent un air empesé, un profil arqué.
Cri en vol: Pît ou *pît-ouît* clair.

BÉCASSEAU SANDERLING *Calidris alba*   **pp. 130, 131**
Le petit bécasseau à la bande alaire la plus contrastante.
Cri en vol: Twick ou *kwit* bref.

PHALAROPE ROUX *Phalaropus fulicaria*   **pp. 136, 137**
En automne: Plus clair que le P. hyperboréen; bec plus épais.

PHALAROPE HYPERBORÉEN *Phalaropus lobatus*   **pp. 136, 137**
En automne: Marin; comme le B. sanderling, mais à bande alaire plus courte.
Cri en vol (les deux phalaropes): *Ouit* perçant.

BÉCASSEAU MINUSCULE *Calidris minutilla*   **pp. 134, 135**
Très petit, brun; bande alaire mal définie.
Cri en vol: Krî-ît ténu.

BÉCASSEAU SEMIPALMÉ *Calidris pusilla*   **pp. 134, 135**
Plus gros, plus gris que le B. minuscule; se distingue à sa voix.
Cri en vol: Tchet doux (sans la voyelle haute du B. minuscule).

BÉCASSEAU D'ALASKA *Calidris mauri* (non illustré)   **pp. 134, 135**
Se distingue en vol du B. semipalmé par la voix seulement.
Cri en vol: Djît ou *tchîp* ténu.

BÉCASSEAU DE BAIRD *Calidris bairdii*   **pp. 134, 135**
Plus gros que les deux précédents. Taille du B. à croupion blanc; croupion sombre.
Cri en vol: Krîp ou *krî.*

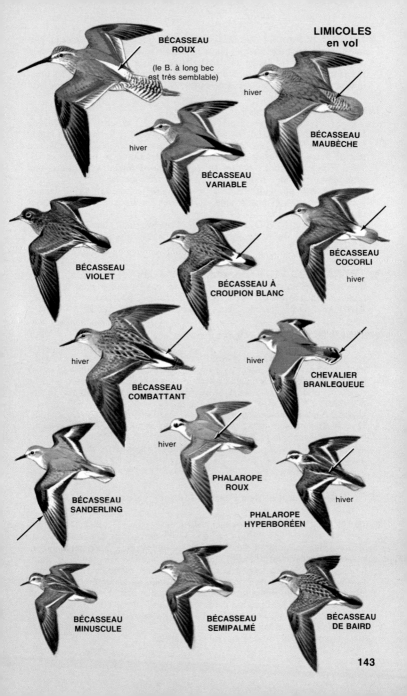

LIMICOLES en vol

BÉCASSEAU ROUX
(le B. à long bec est très semblable)

hiver

BÉCASSEAU MAUBÈCHE

hiver

BÉCASSEAU VARIABLE

BÉCASSEAU VIOLET

BÉCASSEAU À CROUPION BLANC

BÉCASSEAU COCORLI

hiver

hiver

BÉCASSEAU COMBATTANT

hiver

CHEVALIER BRANLEQUEUE

BÉCASSEAU SANDERLING

hiver

PHALAROPE ROUX

hiver

PHALAROPE HYPERBORÉEN

BÉCASSEAU MINUSCULE

BÉCASSEAU SEMIPALMÉ

BÉCASSEAU DE BAIRD

143

■ **DINDONS: Famille des Méléagrididés.** Très gros gallinacés au plumage irisé et à la tête nue; en parade, le mâle se pavane la queue en éventail; la femelle est plus petite. **Nourriture:** Baies, glands, noix, graines, insectes. **Aire:** De l'E et du S des É.-U. au Guatemala. Domestiqués presque partout dans le monde. **Espèces:** Monde, 2; Est, 1.

DINDON SAUVAGE *Meleagris gallopavo* 151
(♂ : 120 cm; ♀ : 90 cm) Wild Turkey
Comme un dindon de basse-cour, mais plus svelte et le bout de la queue *roux* (et non blanc). Tête nue, bleuâtre; caroncules rouges que le mâle en parade avive, en plus de faire la roue. Plumes du corps bronzées et irisées, rémiges barrées, «barbe» sur la poitrine. Femelle: plus petite, tête plus petite, plumage moins irisé, barbe peu fréquente.
Voix: Le mâle glougloute comme le dindon de basse-cour. Cri d'alarme: *pit!* ou *pot-pot!* Appel en groupe: *kiow-kiow*. La dinde lance des gloussements à ses poussins.
Aire: De l'E et du S-O des É.-U. au N du Mexique. Introduit ailleurs.
Habitat: Bois, forêts de montagne, marécages boisés.

■ **TÉTRAS, GÉLINOTTES, etc.: Famille des Tétraonidés.** Oiseaux terrestres semblables à la poule, plus gros que les colins, sans la longue queue de faisan. **Nourriture:** Insectes, graines, bourgeons, baies, etc. **Aire:** Am. du N, Europe, Asie. **Espèces:** Monde, 18; Est, 7

GÉLINOTTE HUPPÉE *Bonasa umbellus* (40-48 cm) 152
Ruffed Grouse
Noter la queue en éventail à large *bande noire* près du bout. Gros gallinacé des bois broussailleux, qu'on découvre rarement avant son envol bruyant qui fait sursauter. Deux formes existent: oiseaux *brun-roux*, à queue rousse, et oiseaux *gris-brun*, à queue grise. La forme rousse est plus répandue dans le S de l'aire, la grise dans le N.
Voix: Le tambourinage du mâle évoque un moteur qui démarre au loin. Des coups sourds, d'abord espacés, se rapprochent en un vrombissement: *bop…bop…bop…bop..bop.bop.op.r-rrrrrr.*
Aire: Alaska, Canada, N des É.-U. **Habitat:** Strates basses des forêts décidues et mixtes.

■ **FAISANS: Famille des Phasianidés** (en partie). Voir p. 148.

FAISAN DE CHASSE *Phasianus colchicus* 153
(♂ : 75-90 cm; ♀ : 53-63 cm) Ring-necked Pheasant
Gros gallinacé à longue queue pointue et ondoyante. Court rapidement; vol vigoureux (envol bruyant). Le mâle, au plumage très coloré et irisé, a des caroncules écarlates à la face et un *collier blanc* (parfois absent). La femelle, tachetée de brun, a la *queue pointue,* modérément *longue.*
Voix: Le chant du mâle, un double cri rauque et fort, *kôrk-kok,* est suivi d'un bruissement bref produit par les ailes. Levé, il émet des croassements durs. Juché, il répète un cri dissyllabique, *kottok-kottok,* etc.
Aire: Eurasie. Introduit et répandu en Am. du N et ailleurs. **Habitat:** Fermes, champs, lisières de marais, broussailles.

GALLINACÉS

parade

♂

♂

♀

DINDON SAUVAGE

♂

GÉLINOTTE HUPPÉE

forme grise

forme rousse

♂

♂

parade

♂

♀

♀

♂

FAISAN DE CHASSE

145

TÉTRAS DU CANADA *Dendragapus canadensis* (38-43 cm) 154
Spruce Grouse
Il faut rechercher ce gallinacé sombre, et *très peu farouche* dans l'épaisse forêt boréale. Mâle: *poitrine noire* bien délimitée, flancs barrés de blanc et *bout* de la queue *roux;* une caroncule rouge au-dessus de l'oeil est visible de près. Femelle: brun-rouille foncé, densément barrée; queue courte et sombre à bout rouille.
Aire: Alaska, Canada, N des É.-U. **Habitat:** Forêts de conifères, tourbières, talles de bleuets, etc.

GÉLINOTTE À QUEUE FINE *Tympanuchus phasianellus* 155
(38-50 cm) Sharp-tailed Grouse
Noter la *courte queue pointue,* dont les côtés *blancs* se voient en vol. Gallinacé brun pâle et moucheté, habitant les fourrés de la Prairie. Le mâle en parade gonfle des sacs *pourprés.*
Espèces semblables: 1) La femelle du Faisan de chasse (p. 144) a la queue *longue* et pointue. 2) Les poules-des-prairies ont la queue *courte, sombre et arrondie.* 3) La G. huppée a la queue *en éventail.*
Voix: *Cac-cac-cac,* etc. caqueté. Cri de parade: *coûte* ou *cou-ou,* avec bruissements d'ailes et piétinements.
Aire: Alaska, Canada, N-O et centre-N des É.-U. **Habitat:** Steppes, bosquets broussailleux, fourrés clairs, orées des bois, abattis, ravins, brûlis en forêt de conifères, etc.

GRANDE POULE-DES-PRAIRIES *Tympanuchus cupido* (43-45 cm) 156
Greater Prairie-Chicken
Noter la courte *queue sombre et arrondie* (noire chez le mâle, barrée chez la femelle). Gallinacé brun, de la Prairie, fortement barré. Les mâles paradent ensemble, gonflant leurs sacs orangés et dressant, comme des cornes, les plumes noires du cou.
Espèces semblables: 1) La femelle du Faisan de chasse (p. 144) a une longue queue pointue. 2) La Gélinotte à queue fine a la queue blanchâtre. 3) La Gélinotte huppée (p. 144) vit dans les bois et a la queue en éventail. 4) Voir la Petite Poule-des-Prairies.
Voix: En parade, le mâle émet un *ou-lou-wou* creux, évoquant le bruit de l'air soufflé au goulot d'une bouteille.
Aire: De la Prairie canadienne (très rare aujourd'hui) à la côte du Texas. **Habitat:** Steppes à herbe longue (aujourd'hui très restreintes).

PETITE POULE-DES-PRAIRIES *Tympanuchus pallidicinctus* (40 cm)
Lesser Prairie-Chicken
Gallinacé clair de la Prairie, identifié surtout à son aire (voir plus bas). Les sacs du mâle sont pourpre terne, ou couleur prune (pas orangés comme chez l'espèce précédente).
Voix: Le ronflement de la parade n'est pas aussi fort ni aussi roulant que chez l'espèce précédente. Les deux espèces gloussent et caquètent.
Aire: Réside localement dans le S-E du Colorado, l'E du Nouveau-Mexique, le N du Texas et, dans notre région, dans l'extrême N du Kansas et de l'Oklahoma, juste à l'O de l'aire de l'espèce précédente indiquée sur la Carte 156. **Habitat:** Dunes couvertes d'armoises, de pâturins et de bosquets de chênes.

TÉTRAONIDÉS

TÉTRAS
DU CANADA

♀

♂

GÉLINOTTE À
QUEUE
FINE

♂ parade

♂

♂ parade

♂

GRANDE
POULE-DES-PRAIRIES

♂ parade

♂

PETITE
POULE-DES-PRAIRIES

147

LAGOPÈDE DES SAULES *Lagopus lagopus* (40 cm) 157

Willow Ptarmigan

Petits gallinacés de l'Arctique, nos deux lagopèdes se ressemblent: bruns à ailes blanches en été, et blancs à queue noire en hiver. En été, le Lagopède des saules est souvent d'un marron plus intense que le L. des rochers. **Espèce semblable:** Certaines races du L. des rochers sont franchement grises et finement barrées. Le bec est plus petit, plus fin. L'hiver, la plupart des L. des rochers ont une *raie noire* entre l'oeil et le bec. Les habitats diffèrent, le L. des rochers préférant les terrains plus élevés et plus dénudés.

Voix: Cris sourds et rauques: *go-hâte, go-hâte.* Le mâle émet un appel saccadé: *kwow, kwow, tôbacco, tôbacco,* etc. ou *ké-bek, ké-bek.*

Aire: Arctique; circumpolaire. **Habitat:** Toundra, saules nains, tourbières; vallées abritées en hiver.

LAGOPÈDE DES ROCHERS *Lagopus mutus* (33 cm) 158

(Lagopède alpin)

Rock Ptarmigan

Voir le Lagopède des saules (ci-dessus).

Aire: Régions arctiques et alpines de l'hémisphère N. **Habitat:** Au-delà de la limite des arbres, en montagne (plus bas l'hiver); toundra côtière dénudée.

■ **PERDRIX, COLINS, etc.: Famille des Phasianidés** (en partie). Voir p.144. Les perdrix et les colins sont généralement plus petits que les gélinottes. Les faisans sont de la taille d'une poule, avec une longue queue traînante. Sexes semblables ou dissemblables. **Nourriture:** Insectes, graines, bourgeons, baies. **Aire:** Presque mondiale. **Espèces:** Monde, 165; Est, 2 (+ 2 introduites avec succès: d'autres introductions ont échoué).

PERDRIX GRISE *Perdix perdix* (30-35 cm) 159

Gray Partridge

En vol, noter la *queue courte et rousse.* Oiseau rondelet, gris et brun, plus gros que le Colin de Virginie, face rouille, barres marron sur les flancs et «U» sombre sur le ventre.

Espèce semblable: La Perdrix choukar (*Alectoris chukar*), originaire elle aussi de l'Ancien-Monde, a été introduite avec succès dans l'Ouest, mais sans succès dans le Nord-Est. Voir p. 302.

Voix: *Kar-ouit, kar-ouit,* rauque. Caquetage à l'envol. **Aire:** Eurasie; introduite en Am. du N. **Habitat:** Terres cultivées, champs de céréales.

COLIN DE VIRGINIE *Colinus virginianus* (21-26 cm) 160

Northern Bobwhite

Petit gallinacé rondelet, de la taille d'une sturnelle, roussâtre, à queue courte et, sombre. La gorge et le sourcil sont blancs et voyants chez le mâle, chamois chez la femelle.

Espèce semblable: La Gélinotte huppée est plus grosse et a la queue en éventail. **Voix:** *Bob-wait!* net, sifflé, ou *pour-bob-whoit!* En compagnie: *ka-loil-kî?,* auquel répond *woil-kî!* **Aire:** Du centre et de l'E des É.-U. au Guatemala. **Habitat:** Fermes, lieux découverts avec broussailles, bords de routes, orées des bois.

COLIN ÉCAILLÉ *Callipepla squamata* (25-30 cm)

Scaled Quail

Colin gris des terres arides du S-O, au plumage d'aspect écailleux, avec une houppe blanche à la tête. S-O du Kansas et de l'Oklahoma. Seule la tête est illustrée.

LAGOPÈDES

♀ été

♂ été

hiver

LAGOPÈDE DES SAULES

♀ été

♂ été

hiver

LAGOPÈDE DES ROCHERS

PERDRIX, COLINS

PERDRIX GRISE

sexes semblables

COLIN ÉCAILLÉ

COLIN DE VIRGINIE

♂

♀

149

■ **BUSES, AIGLES, etc.: Famille des Accipitridés.** Rapaces diurnes, à serres et bec crochus. Les sous-familles sont présentées séparément. Persécutés et méconnus, ils tiennent pourtant une position écologique importante. **Aire:** Presque mondiale. **Espèces:** Monde, 208; Est, 18 (+ 5 exceptionnelles).

● **MILANS: Sous-familles des Élaninés et des Milvinés.** Rapaces gracieux du S. Avec leurs ailes pointues, les espèces des É.-U. (sauf le Milan des marais) ont une allure de faucon. **Nourriture:** Gros insectes, reptiles, rongeurs. Le Milan des marais mange des escargots.

MILAN À QUEUE FOURCHUE *Elanoides forficatus* (60 cm) ⬛161⬛
American Swallow-tailed Kite
Par sa forme et son vol gracieux, on dirait une gigantesque Hirondelle des granges. Noter le dessus noir, la tête et le dessous bien blancs, la longue queue mobile et *très fourchue*.
Voix: *Î-î-î* ou *pî-pî-pî*, vif et aigu.
Aire: S-E des É.-U. et Am. tropicale. Absent des É.-U. l'hiver. **Habitat:** Bois riverains marécageux.

MILAN DU MISSISSIPPI *Ictinia mississippiensis* (35 cm) ⬛162⬛
Mississippi Kite
Comme un gracieux faucon gris. Corps sombre dessus, plus clair dessous; tête *gris très pâle;* queue et dessous des ailes noirâtres. Le seul oiseau à forme de faucon qui a une queue noire, sans barres. Montre, en vol, une *zone claire* sur l'arrière de l'aile (qu'on ne voit pas d'en dessous). Le jeune a le dessous fortement rayé et la queue barrée.
Voix: *Fî-fiou* (G. M. Sutton); *kî-î* clair.
Aire: Surtout le S des É.-U. Hiverne en Am. centrale et dans le N de l'Am. du S. **Habitat:** Rives boisées, bosquets.

ÉLANION BLANC *Elanus caeruleus* (38-43 cm)
Black-shouldered Kite
Ce milan blanchâtre, à l'allure de faucon, a les ailes longues et pointues et une *longue queue blanche.* Tournoie et plane comme un petit goéland; *vole souvent sur place. Adulte:* Gris pâle; tête, queue et dessous blancs; *grande zone noire* sur l'avant de l'aile. *Jeune:* Semblable, mais la poitrine est rouille, le dos brun, et la queue claire porte une fine barre noire près du bout.
Aire: S-E de l'Asie, Afrique, S-O de l'Europe; de la Californie et du S du Texas au Chili et à l'Argentine. Étend son aire en Am. du N. Visite parfois le S-E des É.-U. **Habitat:** Bosquets clairs, vallées, marais.

MILAN DES MARAIS *Rostrhamus sociabilis* (43-48 cm) ⬛162⬛
Snail Kite
Rappelle le busard, quelle que soit la distance, mais ne plane pas comme lui, en balançant le corps; vole de façon plus lâche, la tête penchée, à la recherche d'escargots. *Mâle:* Tout noir, sauf une large bande blanche à la base de la queue; pattes *rouges. Femelle:* Raies fortes sur fond chamois, sourcil blanc, queue noire à large bande blanche.
Voix: *Kor-î-î-a, kor-î-î-a* caqueté.
Aire: De la Floride, des Antilles et du Mexique à l'Argentine. **Habitat:** Marais d'eau douce peuplés d'escargots (*Pomacea*).

Représentés en vol, p. 171.

MILANS, ÉLANION

MILAN À QUEUE FOURCHUE

MILAN DU MISSISSIPPI

adulte

jeune

adulte

jeune

ÉLANION BLANC

jeune

adulte

adulte

jeune

MILAN DES MARAIS

♀

♂

♂

151

• **ÉPERVIERS: Sous-famille des Accipitrinés.** Rapaces forestiers à longue queue et courtes ailes arrondies. Font généralement plusieurs battements rapides et un plané. Sexes semblables; femelles plus grosses. **Nourriture:** Surtout des oiseaux; aussi, de petits mammifères.

ÉPERVIER BRUN *Accipiter striatus* (25-35 cm) 163
Sharp-shinned Hawk

Petit rapace forestier à corps svelte, queue longue, *ailes courtes et arrondies*. Vol: plusieurs battements rapides et un plané. L'adulte a le dos foncé, la poitrine barrée de roux. La queue fermée du mâle est *légèrement encochée* ou *carrée* (étalée, elle peut paraître arrondie). Jeune plus brun, rayé dessous.
Espèce semblable: La femelle de l'É. de Cooper est nettement plus grosse et la queue *bien arrondie;* cependant, la taille et la forme de la queue peuvent être si semblables chez le mâle de l'É. de Cooper et la femelle de l'É. brun que de nombreux individus ne peuvent être identifiés à coup sûr sur le terrain. Voir *American Birds,* mai 1979.
Voix: Comme chez l'É. de Cooper, mais plus stridente; *kik, kik, kik* aigu.
Aire: De la limite des arbres, au Canada jusqu'aux États du g. du Mexique; hiverne dans le N des É.-U. et plus au sud. **Habitat:** Forêts, bosquets.

ÉPERVIER DE COOPER *Accipiter cooperii* (35-50 cm) 164
Cooper's Hawk

Rapace à ailes courtes et queue longue, très semblable à l'É. brun mais plus gros; les femelles sont en moyenne presque aussi grandes que la corneille. Même fermée, la queue de la femelle est *bien arrondie,* celle du mâle un peu moins.
Voix: Au nid, *kèk, kèk, kèk* rapide; évoque le Pic flamboyant.
Aire: Du S du Canada au N du Mexique. **Habitat:** Forêts claires, bosquets riverains.

AUTOUR DES PALOMBES *Accipiter gentilis* (50-65 cm) 165
Northern Goshawk

Adulte: Gros rapace à queue assez longue et ailes arrondies. Calotte et joues noirâtres, *sourcil blanc.* Dessous gris pâle, finement barré; dos plus clair et plus gris que chez les éperviers. *Jeune:* Comme celui de l'É. de Cooper; d'habitude plus gros; noter le sourcil clair et les raies en zigzag de la queue.
Voix: *Kak, kak, kak* ou *kok, kok, kok,* plus sonore que chez l'É. de Cooper.
Aire: Eurasie, N de l'Am. du N. **Habitat:** Forêts boréales et mixtes; bois de feuillus aussi, en hiver.

• **BUSARDS: Sous-famille des Circinés.** Rapaces sveltes à queue longue et à ailes fines. Vol bas, mou, glissé, les ailes en «V» très ouvert. Sexes dissemblables. Chassent en terrain découvert.

BUSARD SAINT-MARTIN *Circus cyaneus* (44-60 cm) 166
Northern Harrier

Noter le *croupion blanc* de ce rapace svelte. *Mâle* gris clair; *femelle* rayée de brun; *jeune* roux foncé dessous. Plane et se balance allègrement, en rase-mottes, les ailes un peu relevées, rappelant en silhouette l'Urubu à tête rouge. Chez le mâle clair, le bout des ailes paraît «trempé dans l'encre».
Voix: Un faible sifflement nasillard: *pî, pî, pî.*
Aire: De l'Alaska et du Canada au S des É.-U.; N de l'Eurasie. Hiverne jusque dans le N de l'Am. du S et le N de l'Afrique. **Habitat:** Marais, champs, etc.

ÉPERVIERS,
BUSARD

jeune

adulte

Les éperviers et
l'autour ont une
petite tête, de courtes
ailes arrondies et
une longue queue.

ÉPERVIER BRUN

ÉPERVIER
DE COOPER

jeune

jeune

AUTOUR DES
PALOMBES

jeune

adulte

Busard
Saint-Martin

jeune

♂

♀

BUSARD
SAINT-MARTIN

153

- **BUSES: Sous-famille des Butéoninés** (en partie). Gros rapaces trapus, à ailes larges et à large queue arrondie. Tournoient souvent haut dans le ciel. Plumage très variable; sexes semblables; femelles plus grosses. Les jeunes sont généralement *rayés* dessous. Formes sombres fréquentes. **Nourriture:** Rongeurs, lapins; parfois des petits oiseaux, reptiles et criquets.

BUSE À QUEUE ROUSSE *Buteo jamaicensis* (en partie) | 167 |
(48-63 cm) Red-tailed Hawk

Quand ce rapace à ailes larges et à queue arrondie tournoie en planant, on peut voir le *roux* du dessus de la queue (chez l'adulte). La queue est claire dessous mais peut laisser transparaître un peu de roux. Le jeune a la queue gris foncé, avec ou sans barres. Le dessous des individus typiques est «zoné» (poitrine blanche, large bande formée de raies sur le ventre). Le plumage varie beaucoup dans l'O où l'on peut rencontrer la race claire *kriderii*, la race noirâtre *harlani*, ainsi que divers oiseaux mélaniques ou roux.
Voix: Plainte perçante: *Kîîîr-r-r* (descendant).
Aire: De l'Alaska et du Canada au Panama. **Habitat:** Lieux découverts, bois, bosquets, montagnes, plaines.

BUSE À QUEUE ROUSSE *Buteo jamaicensis kriderii*
(race de Krider) Race ou forme claire, de l'Ouest, à queue blanche parfois teintée de roux pâle.
Aire: La Prairie du S du Canada et du N des É.-U. Hiverne jusqu'au Texas et à la Louisiane.

BUSE À QUEUE ROUSSE *Buteo jamaicensis harlani*
(race de Harlan) Race noirâtre, variable; considérée comme une espèce distincte par certains. La queue n'est jamais toute rousse, mais blanc sale, mâchurée *en long* et terminée par une bande sombre, donnant *l'illusion d'un croupion blanc;* il y a généralement un soupçon de roux sur la queue. Très semblable aux autres formes sombres de la B. à queue rousse.
Aire: E de l'Alaska et N-O du Canada. Hiverne jusqu'au Texas et en Louisiane.

BUSE DE SWAINSON *Buteo swainsoni* (48-55 cm) | 168 |
Swainson's Hawk

Buse de la Prairie; proportionnée comme la B. à queue rousse, mais aux ailes un peu plus pointues. Plane les ailes légèrement relevées. L'adulte typique a une *bande pectorale sombre.* En dessous, les couvertures alaires chamois contrastent avec les rémiges *sombres.* Dessus de la queue gris, virant souvent au blanc à la base. Il existe des individus trompeurs, foncés ou à poitrine claire; noter les rémiges sombres.
Voix: Sifflement plaintif et perçant: *kriiiiiiir.*
Aire: Du N-O de l'Am. du Nau N du Mexique; hiverne jusqu'en Argentine. **Habitat:** Plaines, pâturages, collines dénudées, arbres épars.

BUSE ROUILLEUSE *Buteo regalis* (58-63 cm)
Ferruginous Hawk

Grosse buse de la Prairie, *rousse dessus* et blanchâtre dessous, à *queue blanchâtre ou roux pâle* et à tache claire sur l'aile. Tête souvent assez blanche. D'en dessous, l'adulte typique montre un «V» sombre formé par les pattes rousses.
Aire: S-O du Canada et O des É.-U. Hiverne dans le S-O des É.-U. et le N du Mexique. Niche dans la Prairie, à l'E jusqu'au 100ᵉ méridien. S'égare parfois jusqu'au Mississippi.

BUSES

jeune

Représentées en vol, pp. 165, 169.

Les buses sont trapues et ont une queue large.

adulte

BUSE À QUEUE ROUSSE
(races typiques)

BUSE À QUEUE ROUSSE
(race de Harlan)

BUSE À
QUEUE ROUSSE
(race de Krider)

jeune

BUSE DE
SWAINSON

forme
sombre

forme
claire

BUSE ROUILLEUSE

155

BUSE PATTUE *Buteo lagopus* (48-60 cm) 169
Rough-legged Hawk

Cette grosse buse *vole souvent sur place* en terrain découvert. Plus grosse que la plupart des buses, les ailes et la queue un peu plus longues. Les individus typiques ont le *ventre sombre ou taché* et une *tache noire* sous le poignet. Queue blanche *avec une ou plusieurs larges bandes noires* au bout. Chez la forme sombre, il n'y a pas autant de blanc sur la queue, mais il y en a beaucoup sous les rémiges.
Espèces semblables: 1) Le Busard Saint-Martin (croupion blanc) a les ailes et la queue plus fines. Voir 2) l'Aigle royal et 3) la B. à queue rousse.
Aire: Arctique, circumpolaire. Hiverne jusque dans le S des É.-U. et le centre de l'Eurasie. **Habitat:** Escarpements de la toundra, côtes arctiques; en hiver, champs, plaines et marais.

BUSE À ÉPAULETTES *Buteo lineatus* (43-60 cm) 170
Red-shouldered Hawk

Adulte: La queue et les ailes larges annoncent une buse; les larges bandes sombres sur les deux faces de la queue caractérisent l'espèce. L'adulte a des *épaulettes rousses* (pas toujours visibles d'en dessous) et le dessous rouge brique. Noter aussi en vol la zone translucide ou «fenêtre» à la base des primaires. *Jeune:* Rayé; reconnu à ses proportions, aux barres de la queue et, en vol, à la fenêtre dans l'aile.
Espèces semblables: 1) L'adulte de la Petite Buse a les sous-alaires plus claires et les barres blanches de la queue plus larges. Voir la jeune Petite Buse, ainsi que 2) la B. à queue rousse et 3) l'Épervier de Cooper (profil différent).
Voix: *Ki-yeûr* perçant, dissyllabique (descendant).
Aire: S-E du Canada, E des É.-U., Californie, Mexique. **Habitat:** Bois, rivières en forêt, forêts marécageuses.

PETITE BUSE *Buteo platypterus* (35-48 cm) 171
Broad-winged Hawk

Petite buse trapue, de la taille d'une corneille. Noter les bandes noires et blanches, *de largeur presque égale,* de la queue de l'adulte. Couvertures sous-alaires blanches. *Jeune:* Bandes plus nombreuses et moins de blanc dans la queue. En migration, ces buses planent souvent en groupe.
Espèce semblable: La jeune B. à épaulettes est semblable à la jeune Petite Buse, mais cette dernière est plus trapue et a la queue et les ailes plus courtes; le dessous des ailes est généralement plus blanc.
Voix: *Ti-piiiiii* très aigu, en diminuendo.
Aire: Du S du Canada au g. du Mexique. Hiverne surtout en Am. centrale et en Am. du S. **Habitat:** Forêts, bosquets.

BUSE À QUEUE COURTE *Buteo brachyurus* (43 cm) 172
Short-tailed Hawk

Petite buse noire, ou noir et blanc, de la taille d'une corneille. Deux formes: 1) corps noir et couvertures sous-alaires noires; 2) dessus noir, dessous blanc et couvertures sous-alaires blanches. Aucune autre buse de Floride n'a le dessous tout noir ou tout blanc.
Aire: Floride; du Mexique au Chili, au N de l'Argentine et à la Bolivie.
Habitat: Pinèdes, orées des bois, marais à taxodiers, mangroves.

BUSES

forme sombre

forme claire

Représentées en vol, pp. 165, 169.

jeune

BUSE PATTUE

jeune

adulte

BUSE À ÉPAULETTES

race claire
du S de
la Floride

jeune

jeune

adulte

jeune

adulte

PETITE BUSE

jeune
de
forme
claire

forme sombre

adulte de
forme claire

forme claire

forme sombre

BUSE À QUEUE COURTE

- **AIGLES ET PYGARGUES: Sous-famille des Butéoninés** (en partie). Apparentés aux buses, ces oiseaux s'en distinguent par leur taille bien plus grande et leurs ailes proportionnellement plus longues. Bec énorme, presque aussi long que la tête. **Nourriture:** L'aigle mange surtout des lièvres et de gros rongeurs; le pygargue, surtout des poissons morts ou mourants.

PYGARGUE À TÊTE BLANCHE *Haliaeetus leucocephalus* 173
(75-108 cm) Bald Eagle
Emblème des É.-U. L'adulte, à *tête blanche* et à *queue blanche,* s'identifie instantanément. Bec jaune et fort. Le jeune a le bec, la tête, le corps et la queue sombres; beaucoup de blanc dans les couvertures sous-alaires et souvent sur la poitrine (voir le dessous en p. 167). Envergure: 2-2,5 m.
Espèce semblable: Voir l'Aigle royal.
Voix: Caquètement aigre et grinçant: *Klik-kik-ik-ik-ik,* ou *kak-kak-kak* plus grave.
Aire: De l'Alaska et du Canada au S des É.-U. **Habitat:** Côtes, rivières, lacs; les montagnes aussi, en migration.

AIGLE ROYAL *Aquila chrysaetos* (75-100 cm) 174
Golden Eagle
Majestueux, l'Aigle royal plane les ailes à plat, avec des battements occasionnels. Sa taille plus grande et ses ailes plus longues (envergure de plus de 2 m) le distinguent des grosses buses. *Adulte:* Dessous entièrement sombre, ou tache claire à la base de la queue légèrement barrée. La nuque est *teintée de doré. Jeune:* plus facile à identifier que l'adulte, par la *tache blanche à la base des primaires* et la queue blanche à large bande sombre au bout.
Espèces semblables: 1) D'habitude, le jeune pygargue a du blanc sur les couvertures sous-alaires et souvent «sur le corps; la queue peut être marbrée de blanc à la base, mais sans bande nette. 2) La Buse pattue (forme sombre) est plus petite et a plus de blanc sous les ailes.
Voix: Rarement entendu; glapissement aboyé: *kia;* cris sifflés.
Aire: Surtout les régions montagneuses de l'hémisphère N. **Habitat:** Montagnes, escarpements, avant-monts, plaines, lieux découverts.

- **BALBUZARDS: Sous-famille des Pandioninés.** L'unique espèce de cette famille est un grand rapace qui plonge sur les poissons pattes premières. Sexes semblables. **Aire:** Tous les continents sauf l'Antarctique.
Espèces: Monde, 1; Est, 1.

BALBUZARD *Pandion haliaetus* (36-61 cm) 175
Osprey
Notre seul rapace plongeur. Grande taille (envergure 1,3-1,8 m); dessus noirâtre et dessous blanc. Tête en partie blanche, rappelant celle du pygargue, mais traversée par un *large bandeau noir.* Les ailes, souvent coudées en vol, ont une tache noire sous le «poignet». Vole sur place et plonge, pattes tendues, pour attraper les poissons.
Voix: Sifflements perçants et contrariés, en série: *tchîp, tchîp* ou *youk, youk,* etc. Au nid, *tchîrîk!* affolé.
Aire: Presque mondiale. **Habitat:** Rivières, lacs, côtes.

PYGARGUE, AIGLE

Représentés
en vol, p. 167.

PYGARGUE À
TÊTE BLANCHE

adulte

PYGARGUE À
TÊTE BLANCHE

jeune

AIGLE
ROYAL

adulte

AIGLE
ROYAL

jeune

BALBUZARD

vol sur place

BALBUZARD

adulte

159

■ **URUBUS: Famille des Cathartidés.** Gros rapaces ressemblant aux aigles, qui tournoient souvent haut dans le ciel. La tête nue est relativement plus petite que celle des buses et des aigles. Correspondent écologiquement aux vautours de l'Ancien-Monde. Sexes semblables. **Nourriture:** Charogne. **Aire:** Du S du Canada au cap Horn. **Espèces:** Monde, 7; Est, 2.

URUBU À TÊTE ROUGE *Cathartes aura* (65-80 cm) ☐176

Turkey Vulture

Presque de la taille de l'aigle (envergure: 1,8 m). D'en dessous, noter les grandes ailes noirâtres en deux tons (rémiges plus claires). Plane les ailes un peu relevées (en «V» très ouvert); tangue et roule comme s'il était déséquilibré. De près, la petite *tête rouge* et nue de l'adulte se voit bien; le jeune a la tête noirâtre.
Espèces semblables: 1) Voir l'Urubu noir. 2) L'aigle et le pygargue ont la tête plus grosse et la queue plus courte; ils planent les ailes à plat. **Aire:** Du S du Canada au cap Horn. Les populations du N migrent. **Habitat:** Généralement vu soit en train de planer, soit posé dans un arbre mort, sur un poteau, sur une charogne, ou au sol.

URUBU NOIR *Coragyps atratus* (58-68 cm) ☐177

Black Vulture

On reconnaît facilement ce gros charognard noir à sa queue courte et carrée, qui dépasse à peine le bord arrière des ailes, et à la zone blanchâtre au bout de l'aile. Pattes plus longues et plus claires que chez l'Urubu à tête rouge. Noter les battements d'ailes rapides et laborieux, alternant avec des planés courts. Envergure: moins de 1,5 m.
Espèce semblable: L'Urubu à tête rouge a la queue plus longue, bat moins des ailes et plane davantage. L'Urubu noir est plus noir, a la queue courte, les ailes moins longues et plus larges. *Attention:* Le jeune Urubu à tête rouge a la tête noire.
Aire: De l'Ohio et la Pennsylvanie au N du Chili et de l'Argentine. **Habitat:** Comme l'Urubu à tête rouge, mais évite les hautes montagnes.

CONDOR ROYAL *Sarcoramphus papa* (80 cm)

King Vulture

Charognard blanchâtre, à rémiges noires et à tête et cou vivement colorés. Résidant rare de l'Am. tropicale. Signalé par John et William Bartram en Floride, sur la rivière St. Johns en 1765-66; n'a jamais été vu depuis aux É.-U.

■ **CARACARAS ET FAUCONS: Famille des Falconidés.**

● **CARACARAS: Sous-famille des Caracarinés.** Grands rapaces à pattes longues et face nue. Sexes semblables. **Nourriture:** L'unique espèce des É.-U. est surtout charognarde. **Aire:** Du S des É.-U. à la Terre de Feu; Falkland. **Espèces:** Monde, 10; Est, 1.

CARACARA HUPPÉ *Polyborus plancus* (50-63 cm) ☐178

Crested Caracara

Gros rapace sombre, à longues pattes et long cou, qui se nourrit souvent avec les urubus: la *huppe noire* et la *face rouge* sont caractéristiques. En vol, le dessous présente des zones claires et sombres juxtaposées; poitrine blanche, ventre noir, queue blanche à extrémité sombre; noter la combinaison *poitrine blanche* et tache alaires *claires*. Le jeune est plus brun et rayé sur la poitrine. **Aire:** Du S-O des É.-U. et de la Floride à l'Am. du S. **Habitat:** Prés, pâturages.

adulte

jeune

**URUBU À
TÊTE ROUGE**

adulte

**URUBU
NOIR**

jeune

adulte

**CARACARA
HUPPÉ**

en vignette, Condor royal
(anciennement en Floride)

- **FAUCONS: Sous-famille des Falconinés.** Les faucons sont des rapaces aérodynamiques aux ailes pointues et à la queue assez longue, comme les milans. **Nourriture:** Oiseaux, rongeurs, insectes. **Aire:** Presque mondiale. **Espèces:** Monde, 52; Est, 5 (+ 1 exceptionnelle).

CRÉCERELLE D'AMÉRIQUE *Falco sparverius* (23-30 cm) 179
American Kestrel
Faucon de la taille d'un geai et à l'allure d'hirondelle. Aucun autre *petit* rapace n'a *la queue ou le dos roux.* Le mâle a les ailes bleu-gris. Les deux sexes ont un motif facial noir et blanc. Chasse en *volant sur place* avec des battements d'ailes rapides, comme le martin-pêcheur. Se perche assez droit, hochant la queue à l'occasion.
Espèces semblables: 1) L'Épervier brun a les ailes arrondies. Lui et 2) le Faucon émerillon ont la queue et le dos gris ou bruns.
Voix: *Gli gli gli* ou *killi killi killi* rapide et aigu. **Aire:** Majeure partie de l'Am. du N et du S. **Habitat:** Lieux découverts, terres cultivées, villes, orées des bois, arbres morts, fils.

FAUCON ÉMERILLON *Falco columbarius* (25-34 cm) 180
Merlin
Petit faucon trapu, de la taille d'un geai; Faucon pèlerin en miniature. *Mâle:* Dessus gris-bleu, queue grise à larges bandes noires. *Femelle et jeune:* Brun foncé, la queue barrée. L'adulte et le jeune ont le dessous fortement rayé. **Espèces semblables:** 1) L'Épervier brun a les ailes arrondies. 2) La Crécerelle d'Amérique a la queue et le dos roux.
Aire: N. de l'hémisphère N. Hiverne jusque dans le N de l'Am. du S et le N de l'Afrique. **Habitat:** Forêts conifériennes claires; en migration, avant-monts, marais et lieux découverts, également.

FAUCON DES PRAIRIES *Falco mexicanus* (43 cm)
Prairie Falcon
Comme un Faucon pèlerin, mais brun blond et à *favoris plus fins.* En vol, montre une *tache noirâtre* aux aisselles (voir p. 171).
Espèce semblable: Le F. pèlerin a des favoris plus larges et le dos ardoisé. **Aire:** Du S-O du Canada et de l'O des É.-U. au S du Mexique. S'égare occasionnellement à l'est du 100ᵉ méridien, dans les États de la Prairie. Exceptionnel à l'est du Mississippi (oiseaux de fauconnerie échappés?).

FAUCON PÈLERIN *Falco peregrinus* (38-50 cm) 181
Peregrine Falcon
Noter les gros favoris noirs. C'est un faucon par ses ailes pointues, sa queue étroite, ses battements d'ailes rapides rappelant ceux du pigeon. La taille, près de celle de la corneille, et le motif facial contrastant caractérisent cette espèce. L'adulte a le dos ardoisé, le dessous barré et tacheté. Le jeune est brun, fortement rayé. **Voix:** Au nid, *oui-tchiou* répété; *kik kik kik kik* rapide.
Aire: Presque mondiale. **Habitat:** Lieux découverts surtout (de la montagne à la côte); autrefois, même dans les villes. Espèce menacée.

FAUCON GERFAUT *Falco rusticolus* (50-63 cm) 182
Gyrfalcon
Très gros faucon de l'Arctique, plus gros et plus massif que le F. pèlerin; queue un peu plus large. Les battements d'aile lents sont trompeurs. De couleur plus uniforme que le F. pèlerin. Dans l'Arctique, on rencontre des oiseaux noirs, gris ou blancs; il s'agit de formes de coloration et non de races.
Espèce semblable: Le F. pèlerin a une livrée plus contrastée, un capuchon sombre et de larges favoris noirs; plus svelte; queue plus étroite. **Aire:** Arctique; circumpolaire. **Habitat:** Toundra, côtes, montagnes dénudées.

FAUCONS

Représentés
en vol, p. 171.

Les faucons
ont de longues
ailes pointues
et une longue queue.

♀ ♂

**CRÉCERELLE
D'AMÉRIQUE**

♀ ♂

♂

Faucon
émerillon

Faucon
pèlerin

**FAUCON
ÉMERILLON**

jeune

adulte

**FAUCON DES
PRAIRIES**

**FAUCON
PÈLERIN**

forme
grise

forme
sombre

forme
blanche

**FAUCON
GERFAUT**

163

BUSES ET BUSARD EN VOL

Les oiseaux de la planche ci-contre sont surtout des adultes

Les **buses** sont trapues, ont les ailes larges ainsi que la queue large et arrondie. Elles planent et tournoient haut dans le ciel.

Texte et planche en couleurs

BUSE À QUEUE ROUSSE *Buteo jamaicensis*　　　**pp. 154, 155**
Poitrine claire, ventre rayé.
Queue à peine barrée ou pas du tout.

BUSE À ÉPAULETTES *Buteo lineatus*　　　**pp. 156, 157**
Queue barrée (les barres blanches sont étroites)
«Fenêtre» translucide à l'aile (trait non infaillible).

BUSE DE SWAINSON *Buteo swainsoni*　　　**pp. 154, 155**
Poitrine sombre, couvertures sous-alaires claires, rémiges sombres.

PETITE BUSE *Buteo platypterus*　　　**pp. 156, 157**
Adulte: Barres larges à la queue (les barres blanches sont larges); couvertures sous-alaires blanchâtres.
Jeune: Barres étroites à la queue; couvertures sous-alaires blanchâtres.

BUSE À QUEUE COURTE *Buteo brachyurus*　　　**pp. 156, 157**
Forme claire: Couvertures sous-alaires et ventre bien blancs.
(La seule buse de Floride ayant ce plumage).

BUSE PATTUE *Buteo lagopus*　　　**pp. 156, 157**
Forme claire: Ventre sombre, poignets noirs.
Queue blanchâtre avec une ou plusieurs bandes sombres.

BUSE ROUILLEUSE *Buteo regalis*　　　**pp. 154, 155**
Queue blanche ou roux clair; «V» foncé formé par les pattes rousses.

Le **busard** est svelte, a de longues ailes arrondies et une longue queue. Il vole bas, les ailes un peu relevées, comme les urubus.

BUSARD SAINT-MARTIN *Circus cyaneus*　　　**pp. 152, 153**
Mâle: Svelte, pâle, le bout des ailes noir.
Femelle: Profil de busard; brune; rayée et barrée.

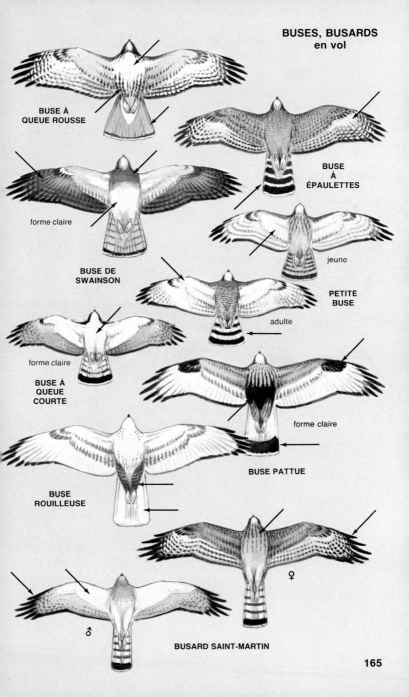

BUSES, BUSARDS
en vol

BUSE À
QUEUE ROUSSE

BUSE
À
ÉPAULETTES

forme claire

BUSE DE
SWAINSON

jeune

PETITE
BUSE

adulte

forme claire

BUSE À
QUEUE
COURTE

forme claire

BUSE PATTUE

BUSE
ROUILLEUSE

♀

♂

BUSARD SAINT-MARTIN

165

Texte et
planche en
couleurs

PYGARGUE À TÊTE BLANCHE
Haliaeetus leucocephalus   **pp. 158, 159**
  Adulte: Tête et queue blanches.
  Jeune: Du blanc dans les couvertures sous-alaires.

AIGLE ROYAL *Aquila chrysaetos*   **pp. 158, 159**
  Adulte: Presque uniformément sombre; couvertures sous-
  alaires sombres.
  Jeune: Queue annelée; tache blanche à la base des rémiges
  primaires.

BALBUZARD *Pandion haliaetus*   **pp. 158, 159**
  Ventre bien blanc, poignets noirs.

Là où on rencontre à la fois le **pygargue**,
l'**Urubu à tête rouge** et le **balbuzard,**
on peut les distinguer de très loin par leur
façon de planer. Le pygargue garde les
ailes droites, l'urubu les relève en angle et
le balbuzard les coude souvent.

PYGARGUE, AIGLE, BALBUZARD en vol

PYGARGUE À TÊTE BLANCHE adulte

PYGARGUE À TÊTE BLANCHE jeune

AIGLE ROYAL adulte

AIGLE ROYAL jeune

BALBUZARD

167

RAPACES SOMBRES, EN VOL

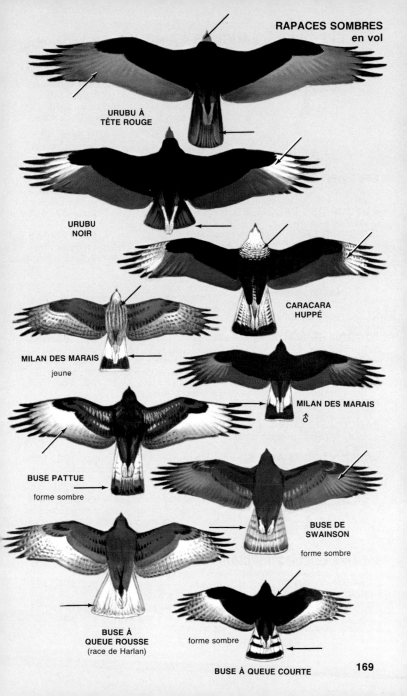

RAPACES SOMBRES
en vol

URUBU À
TÊTE ROUGE

URUBU
NOIR

CARACARA
HUPPÉ

MILAN DES MARAIS

jeune

MILAN DES MARAIS
♂

BUSE PATTUE

forme sombre

BUSE DE
SWAINSON

forme sombre

BUSE À
QUEUE ROUSSE
(race de Harlan)

forme sombre

BUSE À QUEUE COURTE

169

ÉPERVIERS, FAUCONS ET MILANS EN VOL

Les éperviers (chasseurs d'oiseaux) ont de courtes *ailes arrondies* et une longue queue. En vol, plusieurs battements rapides alternent avec un plané court. Les femelles sont plus grosses que les mâles. Les jeunes (non illustrés) ont la poitrine rayée.

Texte et planche en couleurs

ÉPERVIER DE COOPER *Accipiter cooperii* **pp. 152, 153**
Dessous roux. Presque de la taille d'une corneille. Queue de la femelle *bien arrondie,* même quand elle est fermée; celle du mâle, un peu moins.
AUTOUR DES PALOMBES *Accipiter gentilis* **pp. 152, 153**
Adulte: Plus gros qu'une corneille; ventre *gris clair.*
ÉPERVIER BRUN *Accipiter striatus* **pp. 152, 153**
Petit, à peine plus gros qu'un geai. Queue fermée du mâle, *carrée ou encochée;* celle de la femelle, un peu moins. Une queue ouverte peut paraître plus arrondie.

Les **faucons** ont de longues ailes *pointues;* battements d'ailes puissants et rapides.

FAUCON GERFAUT *Falco rusticolus* **pp. 162, 163**
Forme noire: Dessous plus noir que chez le F. pèlerin.
Forme grise: Plumage plus uniforme que chez le F. pèlerin.
Forme blanche (non illustrée): Blanc comme le Harfang des neiges.
CRÉCERELLE D'AMÉRIQUE *Falco sparverius* **pp. 162, 163**
Petite; queue rousse à bout sombre ou à barres sombres.
FAUCON ÉMERILLON *Falco columbarius* **pp. 162, 163**
Petit; sombre; queue grise, barrée.
FAUCON PÈLERIN *Falco peregrinus* **pp. 162, 163**
Profil typique; presque de la taille d'une corneille; marques faciales contrastées.
FAUCON DES PRAIRIES *Falco mexicanus* **pp. 162, 163**
Taille du F. pèlerin; plus clair; noter la tache noire aux aisselles.

Les **milans** (sauf le M. des marais) ont la forme des faucons mais, contrairement à eux, ils planent allègrement et n'ont pas un vol puissant. Tous sont méridionaux.

MILAN À QUEUE FOURCHUE *Elanoides forficatus* **pp. 150, 151**
Couvertures alaires et corps blancs; queue noire très fourchue.
ÉLANION BLANC *Elanus caeruleus* **pp. 150, 151**
Profil de faucon; corps blanc, queue blanchâtre.
MILAN DU MISSISSIPPI *Ictinia mississippiensis* **pp. 150, 151**
Profil de faucon. *Adulte:* Queue noire, ailes noirâtres, corps gris.
Jeune: Poitrine rayée; queue barrée, carrée ou encochée.

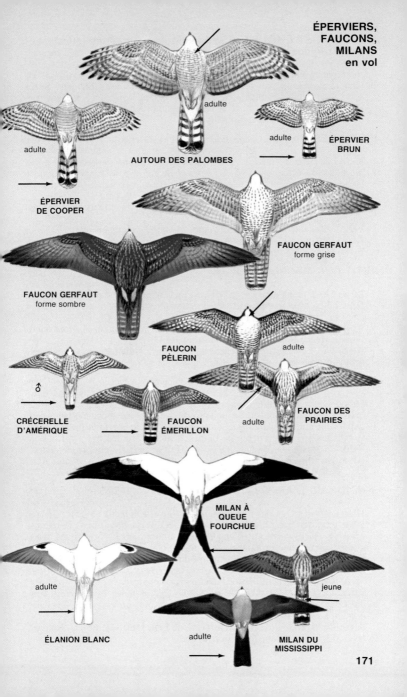

ÉPERVIERS,
FAUCONS,
MILANS
en vol

adulte

AUTOUR DES PALOMBES

adulte

adulte
ÉPERVIER
BRUN

ÉPERVIER
DE COOPER

FAUCON GERFAUT
forme grise

FAUCON GERFAUT
forme sombre

FAUCON
PÈLERIN

adulte

♂

CRÉCERELLE
D'AMÉRIQUE

FAUCON
ÉMERILLON

adulte

FAUCON DES
PRAIRIES

MILAN À
QUEUE
FOURCHUE

adulte

jeune

ÉLANION BLANC

adulte

MILAN DU
MISSISSIPPI

171

■ **HIBOUX ET CHOUETTES: Famille des Tytonidés (effraies) et des Strigidés.** Rapaces surtout nocturnes; tête grosse, la face formant un disque, les yeux dirigés vers l'avant. Bec et griffes crochus, pattes généralement emplumées (doigt externe réversible). Vol silencieux, papillonnant. Les hiboux ont des aigrettes, les chouettes n'en ont pas. Sexes semblables; femelles plus grosses. **Nourriture:** Rongeurs, oiseaux, reptiles, poissons, gros insectes. **Aire:** Presque mondiale. **Espèce:** Monde, 134; Est, 12 (+ 1 exceptionnelle).

HIBOU DES MARAIS *Asio flammeus* (33-43 cm) $\boxed{183}$
Short-eared Owl
Hibou de lieux découverts, chassant souvent le jour. Se reconnaît à son plumage brun chamois rayé et à son vol inégal et paresseux. De grandes taches alaires chamois et une tache noire sous le «poignet» sont visibles en vol. Le *disque facial sombre* rehausse les yeux jaunes.
Espèce semblable: L'Effraie des clochers a la face blanche et simiesque, et les yeux *sombres*.
Voix: Aboiement éternué énergique; *kî-yaou!, ouau!* ou *ouaou!*
Aire: Presque mondiale. En Am. du N, niche de l'Arctique au centre des É.-U. et hiverne jusqu'au Mexique. **Habitat:** Prés, marais, dunes, toundra.

PETIT-DUC MACULÉ *Otus asio* (18-25 cm) $\boxed{184}$
Eastern Screech-Owl
Le seul *petit* hibou dans l'Est. Deux formes: une rousse et une grise. Aucun autre hibou n'est aussi roux. Les aigrettes ne sont pas toujours apparentes chez le jeune.
Voix: Hennissement ou gémissement lugubre, chevrotant et descendant. Parfois des hululements de même tonalité.
Aire: Du S du Canada au centre du Mexique. **Habitat:** Bois, bosquets, arbres d'ombrage.

HIBOU MOYEN-DUC *Asio otus* (33-40 cm) $\boxed{185}$
Long-eared Owl
Hibou svelte de la taille d'une corneille. Souvent découvert «figé» contre le tronc d'un arbre touffu. Se juche souvent en groupe. Beaucoup plus petit que le Grand-duc d'Amérique. Dessous rayé *sur la longueur* (et non barré sur la largeur). Aigrettes plus rapprochées et érectiles.
Voix: Gémissement grave, *hououou*. Geignement de chat également.
Aire: Du Canada au S-O et au centre-S des É.-U., Eurasie, N de l'Afrique. **Habitat:** Forêts, fourrés, bosquets de conifères.

GRAND-DUC D'AMÉRIQUE *Bubo virginianus* (45-63 cm) $\boxed{186}$
Great Horned Owl
Hibou *énorme*. Dessous fortement *barré; bavette blanche* voyante. En vol, aussi gros que nos plus grosses buses; semble sans cou mais la tête est massive. Races variées au Canada: très sombre dans les Maritimes, presque aussi pâle que le harfang dans les Territoires du N-O.
Espèce semblable: Le H. moyen-duc est bien plus petit (de la taille de la corneille en vol); son ventre est rayé longitudinalement plutôt que barré transversalement. Pas de bavette blanche; aigrettes plus rapprochées.
Voix: De 3 à 8 hululements résonnants. Chez le mâle, 4 ou 5: *Hou, hou-ou, hou, hou*. Ceux (6 à 8) de la femelle sont plus graves; *Hou, hou-hou-hou, hou-ou, hou-ou*.
Aire: De la limite des arbres à la Terre de Feu. **Habitat:** Forêts, fourrés, rives des cours d'eau, lieux découverts.

forme
rousse

HIBOU DES MARAIS

**PETIT-DUC
MACULÉ**

forme
grise

**HIBOU
MOYEN-DUC**

race subarctique claire

GRAND-DUC D'AMÉRIQUE

race nominale

CHOUETTE RAYÉE *Strix varia* (43-60 cm) | 187 |
Barred Owl

Grosse chouette forestière gris-brun à très grosse tête. Noter les grands yeux *bruns* larmoyants et le dessin: poitrine barrée *sur la largeur* et ventre rayé *sur la longueur.* Dos moucheté de blanc.
Espèce semblable: Seule l'Effraie des clochers a aussi les yeux bruns.
Voix: Hululements plus énergiques que ceux du Grand-duc d'Amérique, moins caverneux, ressemblant parfois à des aboiements. Souvent en 2 groupes de 4: *houhou-houhou, houhou-houhouhâou.* Le *hâou* final est distinctif.
Aire: Du Canada au Honduras. **Habitat:** Forêts, bois inondés.

EFFRAIE DES CLOCHERS *Tyto alba* (35-50 cm) | 188 |
Common Barn-Owl

Notre seule chouette à *face blanche en forme de coeur.* Pattes longues et cagneuses, plumage clair, *yeux sombres.* En vol, la grosse tête et le vol léger et papillonnant annoncent une chouette; le dessous crème ou blanchâtre uni (fantomatique la nuit) et le dessus ambré ou rouille caractérisent l'espèce.
Espèce semblable: Le Hibou des marais est rayé, a la face et le dessous plus sombres, les yeux jaunes et les pattes plus courtes; son habitat est différent.
Voix: Chuintement grinçant et criard, *kschh* ou *chiiich.*
Aire: Presque toutes les régions tropicales ou tempérées; en Amérique, du Canada à la Terre de Feu. **Habitat:** Bois, bosquets, fermes, granges, villages, falaises.

CHOUETTE LAPONE *Strix nebulosa* (60-83 cm) | 189 |
Great Gray Owl

Le plus grand strigidé de l'Am. du N; gris-brun, le dessous fortement rayé *sur la longueur.* La tête est ronde, sans aigrettes; le *disque facial,* relativement très grand et *fortement ligné,* rapetisse les yeux jaunes. Noter la *tache noire au menton* bordée par les *moustaches blanches.* La queue est particulièrement longue (30 cm). Chasse souvent le jour; très peu farouche.
Espèce semblable: La C. rayée est bien plus petite, plus brune; yeux *bruns* (pas jaunes), disque facial plus petit, queue plus courte.
Voix: *Hou-hou-hou* grave et retentissant. Des *hou* graves répétés aussi.
Aire: Forêt boréale de l'hémisphère N; rare. **Habitat:** Épaisses forêts de conifères et tourbières et prés voisins.

HARFANG DES NEIGES *Nyctea scandiaca* (50-68 cm) | 190 |
Snowy Owl

Grosse chouette *blanche,* mouchetée ou barrée. Tête ronde et yeux *jaunes.* Certains individus sont entièrement blancs ou presque. Diurne. Se perche au sol, sur les poteaux, les tas de fumier, les granges, etc.
Espèces semblables: 1) L'Effraie des clochers n'a que le dessous blanchâtre et ses yeux sont bruns. 2) Chez les Strigidés, tous les juvéniles en duvet sont blanchâtres. 3) Voir la forme blanche du Faucon gerfaut.
Voix: Habituellement silencieux. Quand il niche, il émet en vol un *kraoou-aoou* fort et répété; *rik* répété aussi.
Aire: Arctique; circumpolaire. Fait irruption de façon cyclique jusqu'aux É.-U. en hiver. **Habitat:** Champs, marais, rivages, dunes: en été, la toundra.

CHOUETTE RAYÉE

EFFRAIE DES CLOCHERS

CHOUETTE LAPONE

HARFANG DES NEIGES

175

NYCTALE BORÉALE   *Aegolius funereus*   (23-35 cm)
(Chouette de Tengmalm)   Boreal Owl
   Petite chouette à tête plate. Très peu farouche. Semblable à la Petite Nyctale, mais un peu plus grosse: disque facial blanc grisâtre, *bordé de noir;* bec *jaunâtre;* front *fortement pointillé* de blanc. *Juvénile:* Semblable à celui de la Petite Nyctale mais plus sombre; sourcils gris ou blanc sale; le ventre, qui n'est pas ocre, porte des taches obscures.
   Espèces semblables: 1) La Petite Nyctale est plus petite. L'adulte a le bec foncé, de fines raies blanches au front (non des points) et un disque facial sans bordure noire. 2) La Chouette épervière, plus grosse et plus grise, a la *queue longue* et le *dessous barré.*
   Voix: Tintements doux et aigus comme l'eau qui dégoutte: *lou-lou-lou-lou-lou-lou,* etc. répété inlassablement.
   Aire: Forêt boréale de l'hémisphère N. **Habitat:** Forêts de conifères ou mixtes, tourbières.

PETITE NYCTALE   *Aegolius acadicus*   (18-21 cm)
                                                    Northern Saw-whet Owl
   Chouette très peu farouche, plus petite que le Petit-duc maculé. Dessous marqué de raies brunes, larges et floues. Juvénile en été: brun chocolat, le ventre *ocre;* d'épais sourcils blancs forment un triangle au front.
   Espèce semblable: La N. boréale est un peu plus grosse, a la face bordée de noir et le bec jaunâtre.
   Voix: Sifflements doux répétés inlassablement, souvent de 100 à 130 fois par minute: *tou, tou, tou, tou, tou, tou,* etc.
   Aire: Du S-E de l'Alaska et du S du Canada au centre du Mexique. **Habitat:** Forêts, conifères, bosquets.

CHOUETTE DES TERRIERS   *Athene cunicularia*   (23-28 cm)
                                                                Burrowing Owl
   Petite chouette de lieux découverts, souvent vue le jour dressée sur un poteau ou au sol. Noter les *pattes* particulièrement *longues.* À peu près de la taille du Petit-duc maculé; barrée et mouchetée, bavette blanche, tête ronde, queue courte. Lorsqu'elle est inquiète, elle se baisse et s'incline nerveusement.
   Voix: *Couik-couik-couik* rapide, caqueté. La nuit, *co-hou* doux, plus aigu que le *cou* de la Tourterelle triste.
   Aire: Du S-O du Canada à l'Argentine; Floride. Les populations du N migrent. **Habitat:** Prés, steppes, terres cultivées, aérodromes.

CHOUETTE ÉPERVIÈRE   *Surnia ulula*   (36-44 cm)
                                                       Northern Hawk-Owl
   Chouette diurne de taille moyenne (plus petite qu'une corneille) qui a l'allure d'un épervier; *longue queue arrondie et dessous entièrement barré.* Ne se tient pas aussi dressée que les autres strigidés; se perche souvent à la cime d'un arbre et hoche la queue comme la crécerelle. Comme la pie-grièche, elle vole bas et remonte brusquement se percher. Noter les larges favoris noirs encadrant la face pâle.
   Voix: *Kikikiki* caqueté, évoquant plus un faucon qu'une chouette: *illi-illi-illi-illi* de crécerelle; cri aigre également.
   Aire: Forêt boréale de l'hémisphère N. **Habitat:** Forêts de conifères, fourrés de bouleaux, mélèzes, tourbières.

PETITES CHOUETTES

NYCTALE BORÉALE

PETITE
NYCTALE
juvénile

PETITE
NYCTALE
adulte

CHOUETTE ÉPERVIÈRE

CHOUETTE DES TERRIERS

177

■ **PERROQUETS, PERRUCHES: Famille des Psittacidés.** Oiseaux
trapus, à cou court et à bec crochu et fort. Pieds zygodactyles (2 doigts
devant, 2 derrière). Bruyants et vivement colorés. **Aire:** Presque tout
l'hémisphère S; aussi, les régions tropicales et subtropicales de l'hémisphère N. **Espèces:** Monde, 317; Est, une seule endémique, la **CONURE
DE CAROLINE,** *Conuropsis carolinensis,* (Carolina Parakeet), maintenant disparue (signalée pour la dernière fois en 1920, en Floride). Plusieurs espèces exotiques ont été relâchées ou se sont échappées, surtout
près de Miami et de New-York. Deux au moins, le Toui à ailes jaunes
et la Perruche ondulée, nichent et se sont bien acclimatés en Floride. Une
autre espèce, la Conure veuve, n'y réussira probablement pas. Au moins
une vingtaine d'autres espèces ont été vues en liberté.

TOUI À AILES JAUNES *Brotogeris versicolorus* (23 cm)   Canary-winged Parakeet
(Am. du S) Tache jaune et blanc à l'aile. Acclimaté dans la région de Miami
(centaines). Quelques-uns ailleurs, jusqu'au N.-Y. et au Mass.

CONURE VEUVE *Myiopsitta monachus* (29 cm)   Monk Parakeet
(Argentine) Poitrine gris pâle, bande chamois au ventre. A tenté de nicher
dans plusieurs États, du Mass. à la Flor., à l'O jusqu'en Okl., mais ne
s'acclimatera probablement pas.

PERRUCHE ONDULÉE *Melopsittacus undulatus* (18 cm) Budgerigar
(Australie) Dos d'aspect écailleux. Généralement verte; certains spécimens
bleus, jaunes ou blancs.
Des milliers vivent sur la côte O de Floride.
Des individus échappés sont vus ailleurs, vers le nord, jusqu'en Nouv. Angl.

1. **AMAZONE À TÊTE JAUNE** *Amazona ochrocephala* (35 cm)
Yellow-Headed Parrot (Am. tropicale) Vue à l'occasion.
2. **CONURE NANDAY** *Nandayus nenday* (30 cm)
Black-hooded Parakeet (Am. du S) Tête et bec noirs.
N.-Y., S de l'Ont. (grande troupe).
3. **PERRUCHE À TÊTE ROSE** *Psittacula roseata* (30 cm)
Blossom-headed Parakeet (Himalaya) Tête rosée, queue fine. Observée à N.-Y. et au Vermont.
4. **PERRUCHE À COLLIER** *Psittacula krameri* (40 cm)
Rose-ringed Parakeet (Inde) Mince collier noir et rouge, queue fine. Signalée
au Mass., au Conn., dans N.-Y. (troupes), et jusqu'en Flor. (troupes).
5. **INSÉPARABLE MASQUÉ** *Agapornis personata* (15 cm)
Masked Lovebird (Afr. orientale) Petit, trapu; tête noire, poitrine jaune; N.-Y.
6. **CONURE MAÎTRESSE** *Aratinga chloroptera* (31 cm)
Hispaniolan Parakeet (Hispaniola) Verte, avec du rouge sous le rebord de l'aile;
anneau oculaire blanc. Signalée à Miami avec des Touis à ailes jaunes.
7. **CONURE VERTE** *Aratinga holochlora* (25-30 cm)
Green Parakeet (Mexique) Entièrement verte. Flor.
8. **AMAZONE À JOUES VERTES** *Amazona viridigenalis* (30 cm)
Red-crowned Parrot (Mexique) Calotte rouge. Fréquente dans le S-E de la
Flor. (Elle y a niché).
9. **CONURE À FRONT ROUGE** *Aratinga canicularis* (23 cm)
Orange-fronted Parakeet (Mexique) Front orangé, poitrine olive, bleu à l'aile.
Flor., Penn., N.-J., N.-Y. etc.
10. **TOUI À MENTON D'OR** *Brotogeris jugularis* (18 cm)
Orange-chinned Parakeet (Am. centrale) Petit; tache orangée au menton, couvertures jaunes sous l'aile.
11. **CALOPSITTE** *Nymphicus hollandicus* (30-33 cm)
Cockatiel (Australie) Grise; huppée; plaque blanche à l'aile, joue orangée.

PERROQUETS
(échappés)

CONURE DE CAROLINE
(autrefois endémique,
aujourd'hui disparue)

**TOUI À
AILES JAUNES**

**CONURE
VEUVE**

PERRUCHE ONDULÉE
Il y a aussi des individus
jaunes ou bleus.

ÉCHAPPÉS À L'OCCASION

1

2

3

4

5

6

7

8

9

10

11

■ **PIGEONS, TOURTERELLES ET COLOMBES: Famille des Columbidés.** Oiseaux dodus et rapides à petite tête; voix basse, roucoulante. Deux types: 1) à queue en éventail (Pigeon biset) et 2) à queue arrondie ou pointue, plus petit, brunâtre (Tourterelle triste). Sexes semblables. **Nourriture:** Graines, fruits, insectes. **Aire:** Presque toutes les régions tropicales et tempérées. **Espèces:** Monde, 289; Est, 4 (+ 5 exceptionnelles, 3 introduites, 1 disparue).

TOURTERELLE TRISTE *Zenaida macroura* (30 cm) | 195 |
Mourning Dove

La colombe sauvage la plus répandue. Brune, plus petite et plus svelte que le Pigeon biset. Noter la *queue pointue* bordée de blanc.
Voix: *Cou-ah-cou, cou, cou* creux et mélancolique. De loin, on entend surtout les trois dernières notes. **Aire:** Du S-E de l'Alaska et du S du Canada au Panama. **Habitat:** Fermes, villages, bois clairs, broussailles, bords de route, champs.

COLOMBE À QUEUE NOIRE *Columbina passerina* (16 cm) | 196 |
Common Ground-Dove

Colombe minuscule, *à peine plus grosse qu'un moineau.* Noter la *courte queue noire* et les ailes arrondies remarquablement *rousses* en vol. Hoche la tête en marchant. Pattes jaunes.
Voix: *Wou-ou, wou-ou,* etc. répété avec monotonie. Peut sembler monosyllabique: *wou* montant. **Aire:** Du S des É.-U. au Costa-Rica; N de l'Am. du S. **Habitat:** Fermes, vergers, orées des bois, bords de route.

COLOMBE INCA *Columbina inca* (19 cm)
Inca Dove

Très petite colombe svelte d'aspect *écailleux; primaires rousses.* Diffère de la précédente par sa queue *relativement longue,* carrée et *bordée de blanc.* **Aire:** Du S-O des É.-U. au N-O du Costa-Rica. A déjà niché à Key West (Flor.). Inusitée en Louisiane. **Habitat:** Villes, parcs, fermes.

TOURTERELLE À AILES BLANCHES
Zenaida asiatica (28-29 cm)   White-winged Dove

Grande tache blanche à l'aile. Queue arrondie à coins blancs. **Aire:** Du S-O des É.-U. au Pérou. Acclimatée dans le S de la Floride (introduite). Hiverne en petit nombre sur la côte du g. du Mexique; a niché en Louisiane. Exceptionnelle dans le N des É.-U.

PIGEON À COURONNE BLANCHE *Columba leucocephala* (33 cm)
White-crowned Pigeon

Pigeon trapu, manifestement sauvage; taille et forme du P. biset. *Complètement sombre* sauf pour la *coiffe blanc pur.* **Voix:** Cri grave: *ouof, ouof, ouo, co-wou* (Maynard), évoquant un hibou. **Aire:** Antilles, S de la Floride (surtout en été); localement au Belize. **Habitat:** Palétuviers, îles boisées.

TOURTERELLE RIEUSE *Streptopelia risoria* (30 cm)
Ringed Turtle-Dove

Très pâle, beige. Noter la *fine barre noire sur la nuque.* **Aire:** D'origine inconnue: très répandue à l'état domestique. Acclimatée dans plusieurs villes de Floride. **Habitat:** Parcs urbains.

PIGEON BISET *Columba livia* (33 cm)
Rock Dove

Les individus typiques sont gris; ils ont le croupion *blanchâtre, deux barres alaires noires* et la queue large à bout sombre. Les oiseaux d'élevage ont des couleurs variées.
Voix: *Co-rou-cou,* roucoulement doux bien connu des citadins. **Aire:** Originaire de l'Ancien-Monde; élevé partout. Se maintient à l'état sauvage dans les villes et près des fermes, des falaises et des ponts.

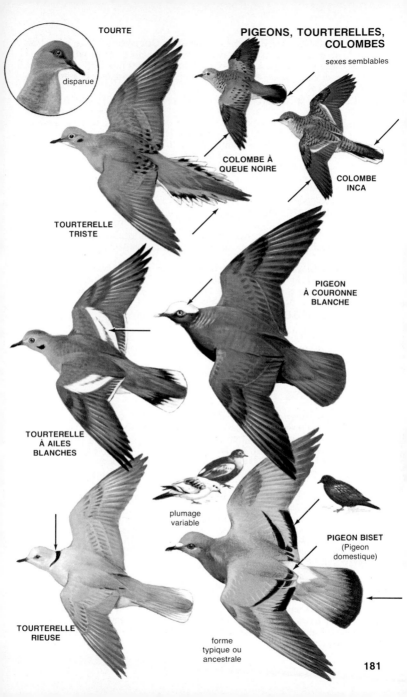

TOURTE

PIGEONS, TOURTERELLES, COLOMBES

disparue

sexes semblables

COLOMBE À
QUEUE NOIRE

COLOMBE
INCA

TOURTERELLE
TRISTE

PIGEON
À COURONNE
BLANCHE

TOURTERELLE
À AILES
BLANCHES

plumage
variable

PIGEON BISET
(Pigeon
domestique)

TOURTERELLE
RIEUSE

forme
typique ou
ancestrale

181

■ **COULICOUS, ANIS, etc.: Famille des Cuculidés.** Oiseaux sveltes à longue queue: pieds zygodactyles. Sexes semblables. **Nourriture:** Chenilles, autres insectes. Les géocoucous mangent des reptiles; les anis, des graines et des fruits. **Aire:** Régions chaudes et tempérées. **Espèces:** Monde, 128; Est, 6.

COULICOU À BEC JAUNE *Coccyzus americanus* (28-33 cm) [197]
Yellow-billed Cuckoo

L'aspect svelte et sinueux, le dos brun et la poitrine bien blanche annoncent un coulicou; le *roux* dans les ailes, les *grandes* taches *blanches* au bout des rectrices (plus apparentes vues d'en dessous) et la mandibule *jaune* du bec un peu arqué caractérisent cette espèce.

Voix: *Ka-ka-ka-ka-ka-ka-ka-ka-ka-ka-ka-ka-kaou-kaou-kaoulp-kaoulp-kaoulp-kaoulp* rapide, guttural (notes finales détachées). **Aire:** Du S du Canada au Mexique; Antilles. Hiverne jusqu'en Argentine. **Habitat:** Bois, fourrés, vergers, fermes.

COULICOU À BEC NOIR *Coccyzus erythropthalmus* (28-30 cm) [198]
Black-billed Cuckoo

Semblable au précédent, mais à bec noir; anneau oculaire étroit et *rouge* (chez l'adulte). Pas de roux dans les ailes, petites taches blanches dans la queue.

Voix: *Coucoucou, coucoucou, coucoucou,* etc., rapide et rythmé. Le groupe rythmé (de 3 ou 4 notes) est distinctif. Peut chanter la nuit. **Aire:** S du Canada, centre et N-E des É.-U. Hiverne dans le N de l'Am du S. **Habitat:** Orées des bois, bosquets, fourrés.

COULICOU MASQUÉ *Coccyzus minor* (30 cm) [199]
Mangrove Cuckoo

Semblable au C. à bec jaune (les deux se rencontrent dans le S de la Floride), mais le ventre est *ocre pâle;* pas de roux dans les ailes. Noter les *auriculaires noires.*

Aire: Du S de la Floride au N du Brésil; Antilles. **Habitat:** En Floride, mangroves.

ANI À BEC LISSE *Crotophaga ani* (31 cm) [390]
Smooth-billed Ani

Oiseau noir charbon à queue apparemment désarticulée; ailes courtes et bec énorme *fortement courbé* (lui donnant un profil de macareux). Vole sans vigueur, alternant battements et planés. De la taille d'un geai.

Voix: Sifflement plaintif. *Ké-lik* grognon. **Aire:** Du S de la Floride et des Antilles à l'Argentine. **Habitat:** Lisières broussailleuses, fourrés.

ANI À BEC CANNELÉ *Crotophaga sulcirostris* (33 cm)
Groove-billed Ani

Très semblable au précédent, mais avec 3 rainures à la mandibule supérieure et *sans la bosse* à la base du bec.

Voix: *Oui-o* ou *ti-ho* répété, la première note montante. **Aire:** De la côte du g. du Mexique à l'Argentine. Étend son aire vers l'est; niche maintenant sur la côte de la Louisiane; inusité en Floride sur la côte du g. du Mexique. Exceptionnel plus au nord jusqu'aux Grands Lacs.

GRAND GÉOCOUCOU *Geococcyx californianus* (50-60 cm) [199]
Greater Roadrunner

Coucou coureur (les traces montrent 2 doigts dirigés vers l'avant, 2 vers l'arrière). Gros, svelte et rayé, la queue longue et bordée de blanc, la tête ébouriffée et les pattes longues. L'aile déployée présente un croissant blanc. **Voix:** 6 à 8 *cou* graves et descendants; évoquent un pigeon. **Aire:** Du S-O des É.-U. au centre du Mexique. **Habitat:** Lieux secs découverts avec broussailles éparses.

COULICOUS, etc.

sexes semblables

COULICOU À
BEC JAUNE

adulte

COULICOU À
BEC NOIR

jeune

COULICOU
MASQUÉ

adulte

ANI À
BEC CANNELÉ

ANI
À BEC
LISSE

GRAND GÉOCOUCOU

183

■ **ENGOULEVENTS: Famille des Caprimulgidés.** Oiseaux nocturnes à queue ample, grands yeux, bec minuscule, grande bouche bordée de vibrisses et pattes très courtes. Le jour, se reposent à l'horizontale sur une branche ou au sol, camouflés par leur coloration de feuilles mortes. Les cris émis la nuit sont le meilleur critère d'identification. L'Engoulevent d'Amérique est atypique: il chasse souvent le jour. **Nourriture:** Insectes nocturnes. **Aire:** Presque toutes les zones continentales tropicales et tempérées. **Espèces:** Monde, 67; Est, 5 (+ 1 exceptionnelle).

ENGOULEVENT D'AMÉRIQUE *Chordeiles minor* (24 cm) 200

Common Nighthawk

Oiseau gris-brun, à ailes élancées, vu souvent haut dans le ciel; vole avec des battements aisés, passant souvent à des battements rapides et irréguliers. Noter la *large bande blanche* traversant l'aile pointue. Le mâle a la gorge blanche, la queue encochée et traversée d'une barre blanche. Surtout nocturne mais chasse aussi le jour.
Espèces semblables: 1) L'Engoulevent de Gundlach (*C. gundlachii*) se rencontre dans les Keys de Floride; voix: 4 notes sèches, *piti-pit-pit* ou *killi-kadik*. 2) L'Engoulevent minime (*C. acutipennis*) du S-O des É.-U. est inusité en Louisiane et en Floride, exceptionnel en Ontario.
Voix: *Pîînt* ou *pî-ik* nasillard. En parade aérienne, le mâle plonge et remonte brusquement en un vrombissement sourd produit par les ailes.
Aire: Du Canada au Panama. Hiverne en Am. du S. **Habitat:** Varié: lieux découverts, montagnes, pinèdes claires; vu souvent dans le ciel des villes. Se pose sur le sol, les poteaux et les toits.

ENGOULEVENT BOIS-POURRI *Caprimulgus vociferus* (24 cm) 201

Whip-poor-will

La voix nocturne de la forêt. Quand on le fait s'envoler de jour, cet oiseau aux ailes *arrondies* volète comme un gros papillon nocturne foncé. Le mâle a de grandes taches blanches à la queue; elles sont plutôt chamois chez la femelle.
Voix: *Bois-pourri, bois-pourri* roulé et répété de façon inlassable; première et dernière notes accentuées.
Aire: Du centre et de l'E du Canada au Honduras. Hiverne du S-E des É.-U. au Honduras. **Habitat:** Forêts.

ENGOULEVENT DE CAROLINE *Caprimulgus carolinensis* (30 cm) 202

Chuck-will's-widow

Semblable au précédent, plus gros, bien plus chamois; gorge *brune* (pas noirâtre). Se reconnaît à sa taille, au plumage plus brun, aux taches blanches plus réduites de la queue du mâle; vérifier aussi la voix et l'aire.
Voix: *Tchok-ouill'-ouid'-ô* (moins vigoureux que le chant de l'E. bois-pourri); 4 notes, mais la première est souvent inaudible.
Aire: S-E des É.-U. Hiverne jusqu'en Colombie. **Habitat:** Pinèdes, bois riverains, bosquets.

ENGOULEVENT DE NUTTALL *Phalaenoptilus nutallii* (18-20 cm) 203

Common Poorwill

Reconnu surtout à son chant nocturne dans les collines arides. Plus petit que l'E. d'Amérique, les ailes plus arrondies (sans bande blanche), la queue courte et plutôt carrée à coins blancs.
Voix: *Pour-ouill* ou *pour-yillip* sonore, répété la nuit.
Aire: Du S-E de la Colombie-Britannique au centre du Mexique. Hiverne dans le S-O des É.-U. et plus au sud. **Habitat:** Collines arides, maquis.

ENGOULEVENTS

aile de
l'ENGOULEVENT
MINIME

♀

ENGOULEVENT
D'AMÉRIQUE

♂

ENGOULEVENT
D'AMÉRIQUE

♂

ENGOULEVENT
BOIS-POURRI

♂

ENGOULEVENT BOIS-POURRI

♂

ENGOULEVENT
DE NUTTALL

♂

ENGOULEVENT
DE CAROLINE

♂

ENGOULEVENT
DE CAROLINE

♂

185

■ **COLIBRIS: Famille des Trochilidés.** Les oiseaux les plus petits. Plumage généralement irisé; bec en aiguille pour aspirer le nectar. La plupart des mâles adultes arborent des plumes rutilantes à la gorge. En vol, les ailes battent si vite qu'on les voit à peine. Les colibris se nourrissent en volant sur place; ils sont querelleurs. **Nourriture:** Nectar (les fleurs rouges sont préférées); pucerons, autres petits insectes, araignées. **Aire:** Amérique; la plupart sous les tropiques. **Espèces:** Monde, 319: Est, 2 (+ 6 exceptionnelles).

COLIBRI À GORGE RUBIS   *Archilochus colubris*   (8-9 cm)   204
Ruby-throated Hummingbird

Le mâle a la *gorge* d'un *rouge rutilant;* dos vert irisé, queue fourchue. La femelle n'a pas la gorge rouge; sa queue tachetée de blanc est plutôt arrondie.
Espèce semblable: C'est le seul colibri dans l'Est, mais le C. roux peut se rendre occasionnellement sur la côte du g. du Mexique en fin d'automne et en hiver. Les gros sphynx (Sphingidés) peuvent être pris pour des colibris mais ils butinent rarement avant le crépuscule.
Voix: Le mâle en parade aérienne parcourt comme un pendule un arc allongé, bourdonnant à chaque passage. Cris aigus et perçants.
Aire: Du S du Canada au g. du Mexique. Hiverne au Mexique et en Am. centrale. **Habitat:** Fleurs, jardins, orées des bois.

COLIBRI ROUX   *Selasphorus rufus*   (9 cm)
Rufous Hummingbird

Mâle: Le seul colibri à *dos roux* en Am. du N. Dessus roux vif, gorge rouge orangé. *Femelle:* Dos vert; *base de la queue et flancs roux* ternes.
Aire: Niche dans le N-O de l'Am. du N; hiverne au Mexique. Migre à l'ouest des Rocheuses au printemps, par les Rocheuses en automne. Visiteur rare mais régulier de novembre à avril sur la côte du g. du Mexique, en Louis. et en Flor. Inusité ou exceptionnel dans l'E des É.-U. **Habitat:** En Louis., préfère les hibiscus et les sauges à floraison tardive.

■ **MARTINS-PÊCHEURS: Famille des Alcédinidés.** Oiseaux solitaires à grosse tête, bec de héron et petits pieds syndactyles (2 doigts partiellement soudés). Les espèces américaines sont piscivores et plongent tête première d'un perchoir ou du ciel, après avoir volé sur place. **Nourriture:** Poissons surtout; des espèces mangent des insectes, des reptiles. **Aire:** Presque mondiale. **Espèces:** Monde, 87; Est, 1.

MARTIN-PÊCHEUR D'AMÉRIQUE   *Ceryle alcyon*   (33 cm)   205
Belted Kingfisher

Volant sur place, prêt à plonger, ou avançant à coups d'ailes inégaux (comme s'il passait les vitesses) en crépitant au passage, cet oiseau est facile à identifier. Perché, c'est un oiseau à grosse tête et gros bec, plus gros qu'un merle, bleu grisâtre dessus, avec une épaisse huppe en désordre et une large bande grise à la poitrine. La femelle a une seconde bande pectorale rousse.
Voix: Bruit fort et sec de crécelle.
Aire: De l'Alaska et du Canada au S des É.-U. Hiverne jusqu'au Panama.
Habitat: Cours d'eau, lacs, côtes; niche dans un terrier creusé dans les berges.

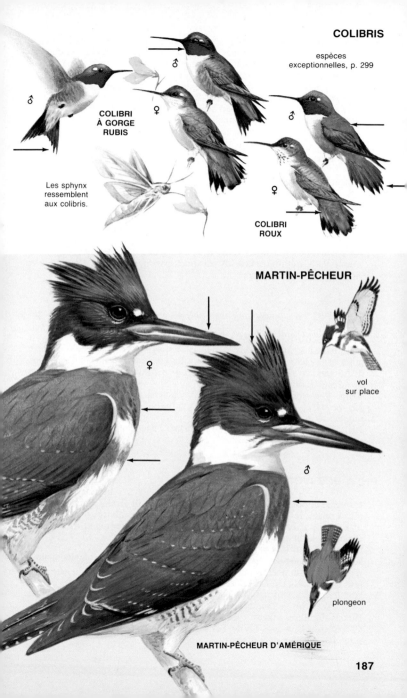

COLIBRIS

espèces
exceptionnelles, p. 299

COLIBRI
À GORGE
RUBIS

♂

♀

♂

♀

Les sphynx
ressemblent
aux colibris.

COLIBRI
ROUX

MARTIN-PÊCHEUR

♀

vol
sur place

♂

plongeon

MARTIN-PÊCHEUR D'AMÉRIQUE

187

■ **PICS: Famille des Picidés.** Ces oiseaux au bec fort et pointu pour creuser le bois grimpent aux troncs en s'appuyant sur leur queue raide et épineuse. Pieds zygodactyles forts et langue très longue. Vol généralement onduleux. La plupart des mâles ont du rouge sur la tête. **Nourriture:** Insectes lignicoles; fourmis, insectes volants, baies, glands ou sève (certaines espèces). **Aire:** Surtout les forêts du Monde, mais absent de l'Océanie, de Madagascar et de la plupart des îles océaniques. **Espèces:** Monde, 210; Est, 11 (+ 2 exceptionnelles).

PIC À TÊTE ROUGE *Melanerpes erythrocephalus* (21-24 cm) $\boxed{206}$

Red-headed Woodpecker

Notre seul pic à tête *toute* rouge (d'autres n'ont qu'une tache rouge). Dos *noir uni,* croupion blanc. Grand rectangle blanc voyant à l'aile (faisant paraître le bas du dos blanc quand l'oiseau est posé). Sexes semblables. Le jeune a la tête sombre; on le reconnaît à la grande tache blanche à l'aile. **Voix:** *Kouir* ou *kouîah* fort, plus fort et plus aigu que le *tcheurr* du P. à ventre roux. **Aire:** Du S du Canada (à l'E des Rocheuses) au g. du Mexique. Les populations du N migrent. **Habitat:** Bosquets, vergers, arbres d'ombrage en ville, grands arbres épars.

GRAND PIC *Dryocopus pileatus* (40-49 cm) $\boxed{207}$

Pileated Woodpecker

Pic spectaculaire, noir, *grand comme une corneille, à huppe* rouge vif. La femelle a le front noirâtre et n'a pas de rouge à la moustache. La grande taille et les battements profonds des ailes, découvrant du blanc dessous, distinguent ce pic en vol. Les grands trous *ovales* ou *oblongs* creusés dans les arbres indiquent sa présence. **Voix:** Ressemble à celle du P. flamboyant mais plus forte, entrecoupée: *kik-kik-kikkik—kik-kik,* etc. Un autre cri précipité, plus retentissant, peut monter ou descendre un peu. **Aire:** Du Canada au S des É.-U. **Habitat:** Forêts âgées, de conifères, de feuillus ou mixtes.

PIC À BEC IVOIRE *Campephilus principalis* (50 cm)

Ivory-billed Woodpecker

L'oiseau le plus rare d'Am. du N se distingue du Grand Pic par la taille plus grande, le bec blanc ivoire, les grandes taches alaires blanches, *visibles quand il est posé,* et les ailes marquées différemment dessous. La femelle a la huppe *noire.* **Espèce semblable:** Voir le Grand Pic. **Voix:** Différente de celle du Grand Pic; une seule note forte claironnante, répétée constamment quand l'oiseau est en quête de nourriture — *kent* nasillard et aigu évoquant chez certaines personnes le cri d'une sittelle géante. Audubon l'écrivait *péit,* comme la haute note faussée d'une clarinette. **Aire:** Autrefois, les forêts alluviales vierges du S des É.-U. Présence signalée ces dernières années (demandant vérification) en Floride, Louisiane, Caroline du N et dans l'E du Texas (Big Thicket). À deux pas de l'extinction, s'il n'a pas déjà disparu.

PICS

jeune

PIC À
TÊTE ROUGE

sexes semblables

adulte

♀

♂

dessous

GRAND PIC

♀

dessous

♂

dessus

PIC À BEC
IVOIRE

presque disparu

189

PIC FLAMBOYANT *Colaptes auratus* (en partie) (30-35 cm) ☐208☐

Northern Flicker

(forme dorée) Noter le *croupion blanc* voyant, visible quand l'oiseau vole.
Ce trait et le *dos brun* caractérisent l'espèce. Vol très onduleux; vu d'en
dessous, le *jaune doré* du dessous des ailes et de la queue «clignote». Col-
lier noir et nuque rouge, visibles de près. Le mâle a la moustache noire.
Ce pic sautille maladroitement au sol, en quête de fourmis.
Voix: *Ouik ouik, ouik ouik ouik,* etc, fort. Cris: *kli-yeûr* fort et *flik-a, flik-
a,* etc. grinçant.
Aire: De la limite des arbres en Alaska et au Canada au g. du Mexique;
Cuba. Les populations du N migrent. **Habitat:** Forêts claires, petits bois,
bosquets, fermes, jardins, lieux semi-découverts.

PIC FLAMBOYANT *Colaptes auratus* (en partie) (30-35 cm)

Northern Flicker

(forme rosée) Semblable à la forme dorée, mais le dessous des ailes et de
la queue est *rose saumon.* La tache rouge à la nuque est absente chez les
deux sexes. Le mâle a la moustache *rouge* (pas noire). Là où leurs aires
se chevauchent (limite ouest de la Prairie), les individus hybrides et les
intermédiaires sont fréquents. Ils peuvent avoir le dessous des ailes orangé
ou une combinaison de caractères.
Aire: Du S-E de l'Alaska et du S-O du Canada au Guatemala. Des pics
de cette forme, généralement des hybrides, peuvent migrer à la partie ouest
de notre territoire.

PIC À VENTRE ROUX *Melanerpes carolinus* (23-26 cm) ☐209☐

Red-bellied Woodpecker

Pic à *dos zébré, calotte rouge* et croupion blanc. Le rouge coiffe la tête
et la nuque chez le mâle, la nuque seulement chez la femelle. Le juvénile
a aussi le dos zébré mais sa tête est toute brune.
Voix: *Kouirr, tcheurr* ou *tchâ; tchiv, tchiv* aussi. Également, une série
de notes étouffées évoquant le P. flamboyant.
Aire: Des Grands Lacs et du S de la Nouv.-Angl. au g. du Mexique. **Habitat:** Bois, bosquets, vergers, banlieues.

PIC À FACE BLANCHE *Picoides borealis* (21 cm) ☐210☐

Red-cockaded Woodpecker

Dos zébré et *calotte noire.* La *joue blanche* est un caractère voyant. Le
mâle porte un minuscule point rouge à l'oreille, difficile à voir.
Voix: *Sripp* ou *zhilp* dur et âpre (évoque les cris de jeunes étourneaux en
bande). Parfois un *tsik* plus aigu.
Aire: S-E des É.-U. **Habitat:** Pinèdes claires.

PIC MACULÉ *Sphyrapicus varius* (20-23 cm) ☐211☐

Yellow-bellied Sapsucker

Noter la longue tache blanche à l'aile et le front rouge. La gorge du mâle
est rouge, celle de la femelle est blanche. Le jeune est brun mais porte
la tache blanche caractéristique à l'aile. Ce pic creuse des petits trous bien
alignés dans les troncs pour s'y nourrir de sève.
Voix: Miaulement nasillard ou grincement: *tchiair,* lié et descendant. Tambourinage distinctif sur le territoire de reproduction: plusieurs coups rapides suivis de plusieurs coups espacés et rythmés.
Aire: S du Canada, centre-N et N-E des É.-U. Hiverne du centre-S des
É.-U. à l'Am. centrale et aux Antilles. **Habitat:** Forêts, bosquets de trembles; également, vergers et autres arbres en hiver.

forme
dorée

forme rosée

♂

forme rosée

forme
dorée

♂

♀

**PIC
FLAMBOYANT**

formo dorée

♀

jeune

♂

**PIC À
VENTRE ROUX**

♂

**PIC À FACE
BLANCHE**

jeune

♂

PIC MACULÉ

191

PIC MINEUR *Picoides pubescens* (16 cm) $\boxed{212}$
Downy Woodpecker
Noter le dos *blanc* et le *petit* bec. À part ce dernier caractère, cet oiseau affairé est un Pic chevelu en modèle réduit.
Espèce semblable: Plus grand, le P. chevelu a un bec plus gros.
Voix: Hennissement précipité, descendant. Cri: *pik* terne, pas aussi perçant que le *pîîk* du P. chevelu.
Aire: De l'Alaska et du Canada au S des É.-U. **Habitat:** Forêts, petits bois, bosquets riverains, vergers, arbres d'ombrage.

PIC CHEVELU *Picoides villosus* (24 cm) $\boxed{213}$
Hairy Woodpecker
Noter le dos *blanc* et le bec *fort*. D'autres pics ont le croupion blanc ou des barres blanches au dos, mais le P. mineur et le P. chevelu sont les seuls à avoir le *dos blanc*. Ils sont quasi identiquement carrelés et tachetés de noir et de blanc, le *mâle* ayant une petite tache rouge à l'arrière de la tête, la *femelle* en étant dépourvue. Le Pic chevelu est comme un gros Pic mineur, mais dont le bec est proportionnellement bien plus long.
Espèce semblable: De près on voit souvent des taches sur les rectrices externes du P. mineur; son petit bec demeure le caractère le plus fiable.
Voix: Crépitement de martin-pêcheur, les notes étant plus serrées que chez le P. mineur. Cri: *pîîk* perçant (*pik* chez le P. mineur).
Aire: De l'Alaska et du Canada au Panama. **Habitat:** Forêts, bosquets riverains, arbres d'ombrage.

PIC TRIDACTYLE *Picoides tridactylus* (20-24 cm) $\boxed{214}$
Three-toed Woodpecker
En temps normal, les seuls pics qui ont la calotte *jaune* sont les mâles de cette espèce et de la suivante. Les deux ont les *flancs barrés*. Les barres du dos distinguent cette espèce. Sans la calotte jaune, la femelle ressemble à un Pic mineur ou à un P. chevelu, mais les *flancs* sont *barrés*.
Espèces semblables: 1) Le P. à dos noir a le dos tout *noir*. 2) Exceptionnellement, un jeune aberrant du P. chevelu a la calotte orangée ou jaunâtre, mais il n'a pas les flancs barrés et a plus de blanc à la face.
Voix: Cris semblables à ceux du Pic à dos noir.
Aire: Forêt boréale de l'hémisphère N. **Habitat:** Forêts de conifères.

PIC À DOS NOIR *Picoides arcticus* (23-25 cm) $\boxed{215}$
Black-backed Woodpecker
Noter la combinaison du *dos tout noir* et des *flancs barrés*. Cette espèce et la précédente (les deux n'ont que trois doigts) vivent dans la forêt boréale: les amas de lambeaux d'écorce de conifères morts dénotent leur présence.
Espèce semblable: Le Pic tridactyle (dos barré).
Voix: *Kik* ou *tchik* bref, perçant; également, même cri en série.
Aire: Forêt boréale du N de l'Am. du N. **Habitat:** Sapinières et pessières.

PIC MINEUR

PIC CHEVELU

forme
méridionale

PIC
TRIDACTYLE

PIC
À DOS
NOIR

■ **TYRANS ET MOUCHEROLLES: Famille des Tyrannidés.** La plupart des tyrannidés se tiennent droits et immobiles sur un perchoir bien exposé, et partent en vol pour happer un insecte. Bec aplati, garni de vibrisses à la base. **Nourriture:** Insectes en vol. **Aire:** Nouveau-Monde; famille surtout tropicale. **Espèces:** Monde, 365: Est, 16 (+ 10 exceptionnelles).

TYRAN À LONGUE QUEUE *Tyrannus forficatus* (28-38 cm) `216`
Scissor-tailed Flycatcher
Oiseau magnifique, gris perle, à *très longue queue fourchue* généralement fermée. Flancs et couvertures sous-alaires rose saumon. Le jeune, qui a la queue courte, peut ressembler à un Tyran de l'Ouest.
Voix: *Kek* ou *kiou* aigre; *ka-lîp* répété; aussi, des cris stridents, agressifs et bégayés. **Aire:** Du S-E du Colorado et du S du Nebraska à l'E du Nouveau-Mexique et au S du Texas. Hiverne surtout du S du Texas au Panama. **Habitat:** Lieux assez découverts, campagnes, bords de route, fils.

TYRAN TRITRI *Tyrannus tyrannus* (20 cm) `217`
Eastern Kingbird
La *bande blanche* au bout de la queue caractérise ce tyran. La couronne rouge est dissimulée et se voit rarement. Vol souvent frémissant, du «bout des ailes». Harcèle les corneilles et les rapaces.
Voix: Cris aigus et agressifs lancés rapidement: *dzî, dzî, dzî,* etc., et *kit-kit-kitteûr-kitteûr,* etc. *Dzîb* nasillard aussi. **Aire:** Du centre du Canada au g. du Mexique. Hiverne du Pérou à la Bolivie. **Habitat:** Orées des bois, bosquets riverains, fermes, vergers, bords de route, haies, fils.

TYRAN DE L'OUEST *Tyrannus verticalis* (20 cm) `218`
Western Kingbird
De la taille du T. tritri, mais la tête et le dos sont plus *clairs* et le ventre est *jaunâtre*. La queue noire est *lisérée de blanc* de chaque côté, et non frangée à l'extrémité.
Voix: Cris agressifs stridents; *ouit* ou *ouit-keûr-ouit* perçant. **Aire:** Du S-O du Canada au N du Mexique. Hiverne du S des É.-U. au Costa-Rica. **Habitat:** Fermes, lieux découverts avec arbres épars, bords de route, fils.

TYRAN GRIS *Tyrannus dominicensis* (23 cm) `219`
Gray Kingbird
Semblable au T. tritri, mais plus gros et bien plus clair. La queue nettement encochée n'a *pas de marques blanches.* Le *très groc bec* semble lui grossir la tête. Noter les auriculaires noires.
Voix: *Pi-tîr-rrré* ou *pi-tchîr-ré* roulé. **Aire:** S de la Floride et Antilles. Hiverne des Antilles au N de l'Am. du S. **Habitat:** Bords de route, fils, palétuviers, lisières.

TYRAN HUPPÉ *Myiarchus crinitus* (20-23 cm) `220`
Great Crested Flycatcher
Tyran à *ailes et queue cannelle,* poitrine grise et ventre jaune. Dresse souvent une huppe hirsute.
Voix: *Ouîîp!* fort, sifflé. *Prrrrrrît* roulé aussi. **Aire:** S du Canada, E et centre des É.-U. Hiverne de l'E du Mexique à la Colombie. **Habitat:** Bois, bosquets.

TYRAN À GORGE CENDRÉE *Myiarchus cinerascens* (20 cm)
Ash-throated Flycatcher
Visiteur de l'Ouest; on dirait un petit Tyran huppé, délavé, moins roux, à *gorge blanche* et ventre moins jaune. Inusité sur la côte du g. du Mexique jusqu'en Floride; exceptionnel plus au nord. Un *Myiarchus* observé tard en automne pourrait appartenir à cette espèce.

TYRANS

sexes semblables

TYRAN
TRITRI

TYRAN À
LONGUE QUEUE

TYRAN
À GORGE
CENDRÉE

TYRAN DE
L'OUEST

TYRAN
HUPPÉ

TYRAN
GRIS

195

MOUCHEROLLE PHÉBI *Sayornis phoebe* (16-18 cm) 222
Eastern Phoebe
Noter les *hochements de queue*. Moucherolle brun grisâtre de la taille du moineau, sans anneau oculaire ni barres alaires nettes (peut présenter des barres ternes, le jeune surtout). Le bec est *tout noir*.
Espèces semblables: Le Pioui de l'Est et les petits *Empidonax* ont des barres alaires apparentes. Leur mandibule inférieure est jaunâtre ou blanchâtre. Ils ne hochent pas la queue.
Voix: Chant: *Fibi, fébri* bien articulé (2ᵉ note alternativement plus haute ou plus basse). Cri: *tchîp* perçant. **Aire:** Du S du Canada au S des É.-U., à l'E des Rocheuses. Hiverne jusqu'au S du Mexique. **Habitat:** Bords des cours d'eau et des étangs, ponts, bords de route, jardins.

PIOUI DE L'EST *Contopus virens* (15-16 cm) 221
Eastern Wood-Pewee
Presque aussi gros que le M. phébi, mais muni de *2 étroites barres alaires blanches*. Semblable aux *Empidonax,* mais un peu plus gros et *sans anneau oculaire.* Les ailes fermées s'étendent un peu plus bas sur la queue.
Espèce semblable: Le M. phébi n'a pas de barres alaires blanches et hoche la queue.
Voix: Doux sifflement plaintif: *pî-ou-hî* lié, descendant puis montant. Aussi, *pi-hu,* lié et descendant. **Aire:** S du Canada, E des É.-U. Hiverne du Costa-Rica au Pérou. **Habitat:** Forêts, bosquets.

MOUCHEROLLE TCHÉBEC *Empidonax minimus*   Voir p. 198
MOUCHEROLLE À CÔTÉS OLIVE *Contopus borealis* (18-20 cm) 223
Olive-sided Flycatcher
Moucherolle à grosse tête, assez gros et robuste; se perche souvent à la cîme des arbres. Noter le bec assez gros et les *taches sombres de la poitrine* séparées par une étroite bande blanche (on dirait un veston déboutonné). Une *touffe cotonneuse* peut déborder de sous l'aile.
Espèce semblable: Le Pioui de l'Est est plus petit et a de légères barres alaires.
Voix: Cri: *pip-pip-pip* aigu. Chant: *vite-trois-bières!* (*ouip-ti biu*) sifflé avec entrain, la note médiane la plus haute, la dernière prolongée. **Aire:** Alaska, Canada, O de N-E des É.-U. Hiverne de la Colombie au Pérou. **Habitat:** Forêts de conifères, brûlis, clairières. En migration, vu généralement à la cîme des arbres morts.

MOUCHEROLLE À VENTRE ROUX *Sayornis saya* (18-20 cm)
Say's Phoebe
Moucherolle gris-brun, assez gros, au ventre *rouille* pâle. Avec sa *queue noire* et son ventre rouille, il a l'air d'un petit Merle d'Amérique.
Voix: *Pî-ur* ou *pî-î* plaintif; trille bref également. **Aire:** O de l'Am. du N jusqu'au 100ᵉ méridien. Inusité ou exceptionnel dans l'Est.

MOUCHEROLLE VERMILLON *Pyrocephalus rubinus* (15 cm)
Vermilion Flycatcher
Mâle: Coiffe (souvent soulevée en huppe touffue) et dessous *vermillon;* dessus et queue brun foncé ou noirâtres. *Femelle et jeune:* Dessous blanchâtre, rayé finement; sous-caudales et ventre teintés de rosâtre ou de jaune.
Espèce semblable: Le mâle du Tangara écarlate a le *dos rouge.*
Voix: *P-p-pit-zî* ou *pit-a-zî,* rappelant un peu le M. phébi. **Aire:** Du S-O des É.-U. à l'Argentine. En hiver, quelques individus errent le long de la côte du g. du Mexique de la Louisiane à la Floride. Inusité ou exceptionnel plus au nord sur le littoral atlantique.

MOUCHEROLLES

sexes semblables
sauf chez le M. vermillon

**MOUCHEROLLE
PHÉBI**

**PIOUI
DE L'EST**

**MOUCHEROLLE
TCHÉBEC**

Le M. tchébec
est un Empidonax;
voir les autres, p. 199

**MOUCHEROLLE
À CÔTÉS OLIVE**

**MOUCHEROLLE
À VENTRE ROUX**

**MOUCHEROLLE
VERMILLON**

**MOUCHEROLLE
VERMILLON**

♀

♂

- **PETITS MOUCHEROLLES: Genre Empidonax.** Dans l'Est, cinq petits moucherolles ont *l'anneau oculaire clair* et *2 barres alaires blanchâtres.* En saison de reproduction, ils se distinguent facilement par la voix, l'habitat et la façon de nidifier (voir *A Field Guide to Bird's Nests* de Hal Harrison). Ils chantent si peu en migration qu'on doit se résigner à ne pas pouvoir différencier la plupart d'entre eux.

MOUCHEROLLE VERT *Empidonax virescens* (14 cm) | 224 |
Acadian Flycatcher

Empidonax verdâtre aux flancs teintés de jaunâtre; se distingue surtout des autres petits moucherolles par l'habitat, l'aire et la voix. Le *seul Empidonax* nicheur dans la majeure partie du S-E des É.-U.

Voix: *Pit-tiou!* ou *oui-tsî!* explosif et perçant (vive inflexion montante). *Pît* ténu également.

Aire: E des É.-U. Hiverne du Costa-Rica à l'Équateur. **Habitat:** Forêts décidues, ravins, bois marécageux, bosquets de hêtres.

MOUCHEROLLE À VENTRE JAUNE *Empidonax flaviventris* | 225 |
(14 cm) Yellow-bellied Flycatcher

Le dessous franchement *jaunâtre* (gorge incluse) distingue ce petit moucherolle nordique des autres.

Espèces semblables: D'autres petits moucherolles peuvent être teintés de jaune, surtout en automne, mais aucun autre du groupe n'est jaunâtre sur toute la gorge et le ventre; anneau oculaire également jaunâtre. En automne, certains M. verts ressemblent beaucoup au M. à ventre jaune.

Voix: *Peûr-ouî* ou *tchou-ouî* terne. *Killik* aussi.

Aire: Canada, N-E des É.-U. Hiverne du Mexique au Panama. **Habitat:** Forêts boréales, tourbières.

MOUCHEROLLE TCHÉBEC *Empidonax minimus* (13 cm) | 226 |
Least Flycatcher

Plus gris dessus et plus blanc dessous que les autres *Empidonax.* À distinguer par sa voix et son habitat (bois clairs).

Voix: *Tché-bek!* sec et perçant, poussé avec force.

Aire: Canada à l'E des Rocheuses; centre-N et N-E des É.-U. Hiverne du Mexique au Panama. **Habitat:** Forêts claires, petits bois, bosquets de trembles, vergers.

MOUCHEROLLE DES SAULES *Empidonax traillii* (14 cm) | 227 |
Willow Flycatcher

À peine plus gros et plus bruns que le M. tchébec, le M. des saules et le M. des aulnes sont quasi identiques. On les considérait autrefois comme une seule espèce (M. des aulnes). On ne peut les distinguer que par la voix et l'habitat.

Voix: Chant: *fîtz-bîou* éternué, bien différent du *roui-bi-yu* du M. des aulnes.

Aire: De l'Alaska et de l'O du Canada au N-E des É.-U. Hiverne du S du Mexique à l'Argentine. **Habitat:** Assez semblable à celui du M. des aulnes (buissons, fourrés de saules) mais plus souvent en terrain plus sec; friches, champs buissonneux.

MOUCHEROLLE DES AULNES *Empidonax alnorum* (14 cm) | 228 |
Alder Flycatcher

Cette espèce et la précédente ne peuvent être distinguées sur le terrain que par la voix et l'habitat.

Voix: Chant: *roui-bi-yu* accentué. Cri: *pep, ouit* ou *viou.*

Aire: Canada et N-E des É.-U. Hiverne en Am. tropicale. **Habitat:** Saules, aulnes, marais buissonneux.

PETITS MOUCHEROLLES

oui-tsî!

Les 5 Empidonax ont un anneau oculaire et des barres alaires; les identifier par l'habitat et la voix.

sexes semblables

tchou-ouî

forêts décidues, surtout de hêtres; forêts inondées; S et centre des É.-U.

forêts de conifères, tourbières; Canada, N des É.-U.

MOUCHEROLLE VERT
plus vert que M. tchébec, M. des aulnes et M. des saules

ou tché-BEK TCHÉ-bek

MOUCHEROLLE À VENTRE JAUNE

poitrine jaunâtre

fitz-bîou

bois, bosquets, vergers; N des É.-U. et Canada

MOUCHEROLLE TCHÉBEC
le plus gris du groupe

roui-bi-yu

fourrés secs ou humides, friches, vieux vergers, saules; N et centre des É.-U.

MOUCHEROLLE DES SAULES

aulnaies, fourrés humides, d'habitude près de l'eau; N des É.-U., Canada

MOUCHEROLLE DES AULNES

199

■ **ALOUETTES: Famille des Alaudidés.** La plupart des alouettes sont des oiseaux bruns et rayés qui vivent au sol. La griffe du doigt postérieur est allongée, presque droite. Chants mélodieux, émis souvent haut dans le ciel durant la pariade. Souvent grégaires. Sexes généralement semblables. **Nourriture:** Graines surtout; insectes. **Aire:** Ancien-Monde (sauf l'Alouette cornue). **Espèces:** Monde, 75; Est, 1.

ALOUETTE CORNUE   *Eremophila alpestris*   (18-20 cm)   [229]
(Alouette hausse-col)   Horned Lark

Noter le motif de la tête. Brune, plus grosse qu'un moineau, avec favoris noirs, 2 petites *cornes* noires (pas toujours apparentes) et une bande pectorale noire. Au sol: *marche,* ne sautille pas. D'en dessous: claire, à queue *noire;* ferme les ailes après chaque battement. La femelle et le jeune sont plus ternes, mais ont grosso modo la même livrée.
Voix: Chant émis au sol ou haut dans le ciel; tintant, argentin, irrégulier, très aigu, souvent soutenu. Cri: *tsî-titi* clair.
Aire: Répandue dans l'hémisphère N (par endroits jusque dans le N de l'Afrique et de l'Am. du S); certaines populations migrent. **Habitat:** Prés, champs dénudés, aérodromes, rivages, toundra.

■ **PIPITS: Famille des Motacillidés.** Passereaux bruns et rayés à rectrices externes blanches, longue griffe au doigt postérieur et bec fin. Se tiennent au sol; ne sautillent pas, mais marchent avec vivacité, hochant la queue continuellement. **Nourriture:** Insectes, graines. **Aire:** Presque mondiale. **Espèces:** Monde, 48; Est, 2.

PIPIT D'AMÉRIQUE   *Anthus rubescens*   (15-18 cm)   [230]
                                                    American Pipit
Passereau brun et svelte de terrains découverts, de la taille d'un moineau. Bec *fin:* dessous chamois, rayé: *rectrices externes blanches.* Marche; hoche la queue à tout moment ou presque. Vol onduleux. Retenir le cri — on détecte souvent l'oiseau lorsque celui-ci l'émet en vol.
Espèces semblables: Le Bruant vespéral (p. 284) et les bruants du genre *Calcarius* (p. 264) ont le bec plus épais et ne hochent pas la queue. Voir aussi le Pipit des Prairies.
Voix: Cri: djît ou *dji-ît* ténu. Chant en vol nuptial battu: *tchoui, tchoui, tchoui, tchoui, tchoui, tchoui, tchoui.*
Aire: Régions froides de l'Am. du Nord et de l'E de la Sibérie. Hiverne jusque dans l'Am. centrale et dans le S de l'Asie. **Habitat:** Toundra, sommets alpins; en migration et en hiver, plaines, labours, rivages.

PIPIT DES PRAIRIES   *Anthus spragueii*   (16 cm)   [231]
                                                    Sprague's Pipit
Noter les pattes *jaunâtres* ou couleur *chair pâle.* Passereau chamois ressemblant à un bruant, à dos rayé et rectrices externes blanches. On dirait un Bruant vespéral ou un bruant du genre *Calcarius* (p. 264) ayant le *bec fin.* Dos rayé de *chamois et de noir.* Plus solitaire que le P. d'Amérique; lorsqu'on le fait lever, il monte haut, erre et revient au sol.
Espèce semblable: Le Pipit d'Amérique a le dos plus sombre (sans raies marquées), la poitrine plus chamois, les pattes brunes ou noires.
Voix: Chant émis haut dans le ciel, des tintements descendants doux et ténus: *tchign-a-rign-a-rign-a-rign-a* (Salt, Wilk).
Aire: La Prairie du Canada et du N des É.-U. **Habitat:** Plaines, steppes à herbe courte.

ALOUETTE, PIPITS

jeune

sexes semblables

race
méridionale

dessous

race
nordique

ALOUETTE
CORNUE

dessus

dessous

hochement de queue

été

PIPIT D'AMÉRIQUE

hiver

PIPIT DES PRAIRIES

dessous

ascension

■ **HIRONDELLES: Famille des Hirundinidés.** La forme élancée, aérodynamique, et le vol gracieux caractérisent ces passereaux de la taille du moineau. Pattes minuscules, longues ailes pointues, petit bec et bouche très large. **Nourriture:** Insectes en vol; petits fruits (H. bicolore). **Aire:** Partout sauf dans les régions polaires et certaines îles. **Espèces:** Monde, 75; Est, 5 (+ 6 exceptionnelles).

HIRONDELLE NOIRE *Progne subis* (18-21 cm) 232
Purple Martin

La plus grosse hirondelle de l'Am. du N. Le mâle est bleu-noir uni *dessus et dessous*. Aucune autre hirondelle n'a le ventre noir. La femelle a le ventre clair, la gorge et la poitrine grisâtres et, souvent, un col peu apparent à la nuque. Tournoie en alternant des battements rapides et des planés: étale souvent la queue.
Espèces semblables: 1) L'Hirondelle bicolore est bien plus petite que la femelle, a le dessous blanc immaculé. 2) En vol, l'Étourneau sansonnet (ailes triangulaires) peut ressembler à une H. noire.
Voix: *Tchiou-ouiou,* etc.; *piou, piou* étouffés et gutturaux. Le chant gougloutant se termine sur une série de notes gutturales, riches et graves.
Aire: Du S du Canada au N du Mexique. Hiverne en Am. du S. **Habitat:** Villes, fermes, lieux découverts, souvent près de l'eau. Niche en colonies dans des maisonnettes à «appartements».

HIRONDELLE À FRONT BLANC *Hirundo pyrrhonota* (13-15 cm) 233
Cliff Swallow

Noter le croupion *rouille* ou *chamois*. Vue d'en dessous: queue carrée et gorge sombre. Parcourt en planant de longues ellipses au bout desquelles elle remonte brusquement.
Espèce semblable: L'H. des granges construit un nid en coupe, *souvent,* mais pas toujours, à l'intérieur d'une grange; coloniale, l'H. à front blanc accroche une «gourde de boue» sous un avant-toit.
Voix: *Dzerp; tcheûr* bas. Cri d'alarme: *kîr!* Chant: notes grinçantes et crissements gutturaux, plus rauques que ceux de l'H. des granges.
Aire: De l'Alaska et du Canada au Mexique. Hiverne au Brésil, en Argentine et au Chili. **Habitat:** Lieux assez découverts, fermes, falaises. Niche en colonie sur les falaises, les granges, les ponts.

HIRONDELLE DES GRANGES *Hirundo rustica* (15-19 cm) 234
(Hirondelle de cheminée) Barn Swallow

Notre seule hirondelle à *queue* vraiment *fourchue et marquée de taches blanches.* Dessus bleu-noir, dessous chamois, gorge marron. Vol direct, à ras de terre; le bout de l'aile est rejeté à l'arrière à chaque battement; ne plane guère.
Espèces semblables: La plupart des autres hirondelles ont la queue encochée (pas vraiment fourchue). Comparer le nid avec celui de l'espèce précédente.
Voix: *Vit* doux ou *kvik-kvik, vit-vit. Szî-szâ* ou *szî* aussi. Cri d'inquiétude près du nid: *î-tî* ou *kît.* Chant: long gazouillis mélodieux entremêlé de notes gutturales.
Aire: Répandue dans l'hémisphère N. Hiverne du Costa-Rica à l'Argentine, en Afrique, dans le S de l'Asie. **Habitat:** Lieux découverts, champs, fermes, marais, lacs, fils; généralement près des habitations.

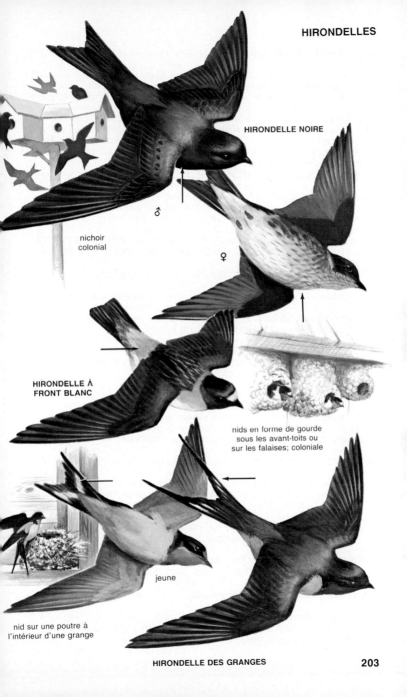

HIRONDELLES

HIRONDELLE NOIRE

♂

♀

nichoir
colonial

**HIRONDELLE À
FRONT BLANC**

nids en forme de gourde
sous les avant-toits ou
sur les falaises; coloniale

jeune

nid sur une poutre à
l'intérieur d'une grange

HIRONDELLE DES GRANGES

HIRONDELLE BICOLORE *Tachycineta bicolor* (13-15 cm) `235`
Tree Swallow

Dessus turquoise-noir métallique, *dessous blanc éclatant*. Le jeune à dos brun foncé et collier incomplet peut être pris pour une H. à ailes hérissées (gorge brunie) ou une H. de rivage (collier complet). Termine ses planés courbes par 3 ou 4 battements rapides et une brève remontée.
Voix: Cri: *tchît* ou *tchi-vît*. Trisse harmonieusement. Chant: *ouît-trit, ouît,* répété avec des variations. **Aire:** De l'Alaska et du Canada à la Californie et au centre-N des É.-U. Hiverne du S des É.-U. à l'Am. centrale. **Habitat:** Près de l'eau; marais, prés, fils. Se juche dans les quenouilles. Niche dans les cavités d'arbres morts et dans les nichoirs.

HIRONDELLE À AILES HÉRISSÉES *Stelgidopteryx serripennis* `236`
(13-14 cm) Northern Rough-winged Swallow

Hirondelle au *dos* d'un *brun* plus clair que celui de l'H. de rivage: *sans* collier; noter la *gorge brunie*. Ne vole pas comme l'H. de rivage, mais plutôt comme l'H. des granges (ailes rejetées à l'arrière après chaque battement).
Voix: *Trrit,* plus rauque que le cri de l'H. de rivage. **Aire:** Du S du Canada au Mexique. Hiverne du S des É.-U. jusqu'en Am. centrale. **Habitat:** Près des cours d'eau et des lacs.

HIRONDELLE DE RIVAGE *Riparia riparia* (11-14 cm) `237`
Bank Swallow

Petite hirondelle à *dos brun*. Noter le *collier sombre,* bien net. Vol irrégulier, plus papillonnant que celui des autres hirondelles.
Espèce semblable: L'H. à ailes hérissées n'a pas de collier, niche généralement isolément (L'H. de rivage est coloniale).
Voix: Trille sec répété ou crépité: *brrt* ou *trr-tri-tri*. **Aire:** Répandue dans l'hémisphère N. Hiverne en Am. du S, en Afrique, dans le S de l'Asie. **Habitat:** Près de l'eau, champs, marais. Niche en colonies, dans un terrier creusé dans les berges escarpées.

■ **MARTINETS: Famille des Apodidés.** Ressemblent aux hirondelles mais de structure différente: crâne plat et 4 doigts dirigés vers l'avant (hallux réversible). Vol remarquablement rapide; pointes de vitesse suivies de planés; les ailes sont souvent raidies en *arc.* Sexes semblables. **Nourriture:** Insectes en vol. **Aire:** Presque mondiale. **Espèces:** Monde, 79; Est, 2 (+ 3 exceptionnelles).

MARTINET RAMONEUR *Chaetura pelagica* (12-14 cm) `238`
Chimney Swift

On dirait un cigare avec des ailes. Oiseau noirâtre semblable aux hirondelles, avec de longues ailes raides un peu courbées; pas de queue apparente (sauf quand elle est étalée). Comme il semble battre des ailes l'une après l'autre (mais c'est là une illusion), son vol rappelle plus celui d'une chauve-souris que celui d'une hirondelle (pas de rase-mottes). On dirait vraiment qu'il «scintille», planant entre des pointes de vitesse les ailes *arquées en croissant.*
Voix: Cliquetis rapide et fort. **Aire:** Du S du Canada au g. du Mexique. Hiverne au Pérou. **Habitat:** Le ciel, particulièrement celui des villes et villages; niche et se juche dans les cheminées.

MARTINET DE VAUX *Chaetura vauxi* (11 cm)
Vaux's Swift

Comme le Martinet ramoneur, mais plus petit et plus clair dessous. **Aire:** O de l'Am. du N. Visiteur très rare, mais probablement régulier en Louisiane de novembre à mars (capturé à Bâton-Rouge).

HIRONDELLES, MARTINETS

HIRONDELLE BICOLORE

adulte

sexes semblables

niche dans un trou d'arbre ou un nichoir

HIRONDELLE BICOLORE

jeune

colonie d'Hirondelles de rivage

HIRONDELLE DE RIVAGE

HIRONDELLE À AILES HÉRISSÉES

MARTINET DE VAUX

MARTINET RAMONEUR

martinets rentrant au dortoir

♂

H. noire

H. des granges

H. à front blanc

H. bicolore

H. à ailes hérissées

H. de rivage

HIRONDELLES SUR UN FIL

205

■ **CORNEILLES, GEAIS, etc.: Famille des Corvidés.** Grands oiseaux percheurs au bec fort, assez long; narines recouvertes de vibrisses pointant vers l'avant. Les corneilles et les corbeaux sont noirs et très gros. Les geais (p. 208) sont souvent très colorés (habituellement bleus). Les pies sont noir et blanc, avec une longue queue. Sexes semblables. Les jeunes de la plupart des espèces ressemblent aux adultes. **Nourriture:** Omnivores. **Aire:** Monde entier, sauf le S de l'Am. du S, l'Antarctique, quelques îles. **Espèces:** Monde, 100; Est, 8 (+ 2 exceptionnelles).

CORNEILLE DE RIVAGE *Corvus ossifragus* (40-50 cm) |239|
Fish Crow

Cette corneille plutôt petite vit près de l'eau salée. Elle se reconnaît à sa voix, non à sa taille: les mensurations des deux corneilles se chevauchent largement.
Espèce semblable: La Corneille d'Amérique a une voix différente.
Voix: Court *câhr* ou *can* nasal. Parfois *ca-han* dissyllabique (la Corneille d'Amérique émet un *cââ* franc). Des cris de jeunes Corneilles d'Amérique peuvent ressembler à ceux de la C. de rivage.
Aire: Surtout côtière: du S de la Nouv.-Angl. à la Flor. et à l'E du Texas.
Habitat: Semblable à celui de la Corneille d'Amérique; davantage confinée aux zones de marées et aux estuaires.

CORNEILLE D'AMÉRIQUE *Corvus brachyrhynchos* (43-53 cm) |240|
American Crow

Gros oiseau massif entièrement noir; reflets violacés au soleil. Pattes et bec forts et noirs. Souvent grégaire.
Espèces semblables: 1) Le Grand Corbeau est plus gros; il a la queue cunéiforme. 2) La C. de rivage est plus petite; sa voix est différente.
Voix: *Cââ, câh* ou *cââhr,* très fort; facile à imiter.
Aire: Canada, É.-U., N de la Basse-Californie. Les populations du N migrent. **Habitat:** Forêts, fermes, champs, bosquets riverains, plages.

CORBEAU À COU BLANC *Corvus cryptoleucus* (48-53 cm)
Chihuahuan Raven

Petit corbeau des régions arides, à peu près de la taille de la Corneille d'Amérique. En vol, plane comme un corbeau, les ailes à plat; queue quelque peu cunéiforme. La base blanche des plumes du cou et de la poitrine n'apparaît que lorsque les plumes sont hérissées.
Voix: *Craak* rauque, plus terne et plus aigu que chez le Grand Corbeau.
Aire: Du S-O des É.-U. au centre du Mexique. Présent tout juste à l'E du 100ᵉ méridien en Okl. et au Kansas.

GRAND CORBEAU *Corvus corax* (55-68 cm) |241|
Common Raven

Noter la *queue cunéiforme.* Beaucoup plus gros que la Corneille d'Amérique et généralement plus solitaire. Ressemble à un rapace; en alternance, bat des ailes et plane les ailes à plat (la corneille plane avec les ailes un peu relevées). Perché et proche, noter l'aspect «goitreux» (plumes de la gorge hirsutes) et le bec plus fort, plus aquilin.
Espèce semblable: La Corneille d'Amérique est plus petite et a la voix différente.
Voix: Croassement, *cr-r-ôk* ou *prôk: toc* métallique.
Aire: Am. du N, Eurasie, Afrique. **Habitat:** Forêts boréales, montagnes boisées, falaises côtières, toundra.

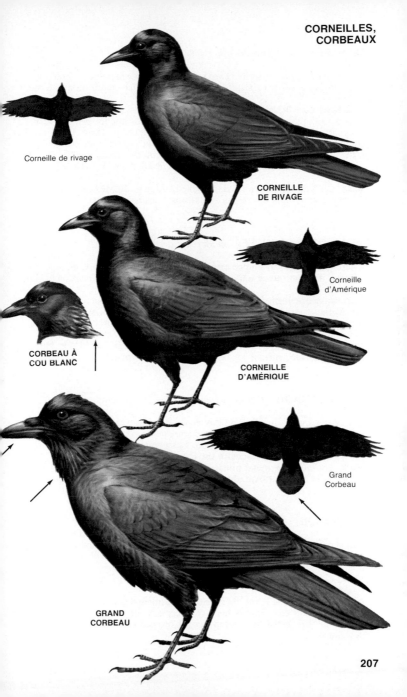

CORNEILLES,
CORBEAUX

Corneille de rivage

CORNEILLE
DE RIVAGE

Corneille
d'Amérique

CORBEAU À
COU BLANC

CORNEILLE
D'AMÉRIQUE

Grand
Corbeau

GRAND
CORBEAU

207

GEAI BLEU *Cyanocitta cristata* (28-31 cm) 242

Blue Jay

Oiseau *bleu, huppé,* bruyant et voyant; plus gros que le merle. Taches blanches voyantes sur les ailes et la queue; dessous blanchâtre ou gris terne: collier noir.

Espèces semblables: 1) Le Merle-bleu de l'Est (p. 220) est nettement plus petit (à peine plus gros que le moineau), sans huppe, et a la poitrine rougeâtre. 2) Voir le Martin-pêcheur d'Amérique (p. 186). 3) Le G. à gorge blanche de Floride n'a ni huppe, ni blanc sur les ailes et la queue. **Voix:** *Djyâ* ou *djé* retentissant et bredouillé, *couidul, couidul* musical; plusieurs autres notes. Imite le cri de la Buse à épaulettes et de la Buse à queue rousse. **Aire:** Du S du Canada, à l'E des Rocheuses, au g. du Mexique. **Habitat:** Forêts mixtes, bois de chênes et de pins, jardins, bosquets.

GEAI À GORGE BLANCHE *Aphelocoma coerulescens* (28-30 cm) 243

Scrub Jay

Chercher ce geai sans huppe en Floride, dans les étendues de buissons de chênes. Ailes et queue uniformément bleues (sans taches blanches); dos beige.

Espèce semblable: La race de Floride du Geai bleu, souvent présente aux mêmes endroits, est huppée et tachetée de blanc aux ailes et à la queue. **Voix:** *Couèche…couèche,* rauque et grinçant. Aussi *zhrîk* ou *zhrink,* faible et grinçant. **Aire:** De l'O des É.-U. au S du Mexique et dans le centre de la Flor. **Habitat:** En Floride, surtout les buissons, les petits chênes.

GEAI DU CANADA *Perisoreus canadensis* (28-33 cm) 244

Gray Jay

Gros oiseau gris, au plumage duveteux, des forêts nordiques; plus gros que le merle; calotte partielle ou plage *noire* sur la nuque et *front* (ou calotte) *blanc;* on dirait une mésange géante. Les juvéniles sont d'un *gris cendre foncé;* la moustache blanchâtre est leur seul trait distinctif. **Voix:** *Oui-ah* doux; aussi plusieurs autres notes, quelques-unes rauques. **Aire:** Forêt boréale d'Am. du N. **Habitat:** Forêts de sapins et d'épinettes.

PIE BAVARDE *Pica pica* (44-55 cm; queue 24-30 cm) 245

Black-billed Magpie

Grand oiseau effilé, noir et blanc. En vol, la longue queue émarginée, d'un noir verdâtre chatoyant, flotte au vent et de grandes plages blanchâtres contrastantes apparaissent aux ailes. **Voix:** *Couig, couig, couig, couig* rapide. Aussi, *maag?* ou *aag-aag?* nasal et interrogatif. **Aire:** Eurasie, O de l'Am. du N. En hiver, quelques-unes errent vers l'E, rarement jusqu'aux Grands Lacs et exceptionnellement jusqu'aux États côtiers du N-E. **Habitat:** Champs, zones broussailleuses, conifères, bords des cours d'eau.

GEAIS,
PIE

GEAI BLEU

sexes semblables

GEAI À GORGE
BLANCHE

GEAI DU
CANADA

adulte

GEAI DU
CANADA
juvénile

PIE BAVARDE

■ **MÉSANGES: Famille des Paridés.** Petits oiseaux rondelets à bec court. Ils ont des mouvements acrobatiques en s'alimentant et vagabondent souvent par petits groupes. Sexes habituellement semblables. **Nourriture:** Insectes, graines, glands, fruits; aux mangeoires, gras, graines de tournesol. **Aire:** Répandues en Am. du N, en Eurasie, en Afrique. **Espèces:** Monde, 64; Est, 4.

MÉSANGE À TÊTE NOIRE *Parus atricapillus* (12-14 cm) 246
Black-capped Chickadee
Ce petit acrobate peu farouche se caractérise par une *bavette* et un *capuchon noirs,* et des *joues blanches.* Les flancs sont chamois.
Espèce semblable: Voir la M. minime.
Voix: *Tchic-a-di-di-di* ou *di-di-di,* clairement articulé. Chant: sifflement clair, *ti,u-u* ou *ti,u,* la première note plus aigüe.
Aire: Alaska, Canada, moitié N des É.-U. **Habitat:** Forêts mixtes et décidues; fourrés de saules, bosquets, arbres d'ombrage. Fréquente les mangeoires où elle mange du gras et des graines de tournesol.

MÉSANGE MINIME *Parus carolinensis* (11 cm) 247
Carolina Chickadee
Presque identique à la M. à tête noire, mais nettement plus petite et sans tache alaire créée par le liséré blanc des plumes. La voix est nettement différente.
Espèce semblable: Remplacée par la M. à tête noire au N. En été, les deux se distinguent d'abord par l'aire de répartition et la voix. Le blanc dans l'aile de la M. à tête noire est habituellement un bon critère distinctif, mais peut être moins fiable selon les saisons, l'usure, la luminosité, etc. Il existe des hybrides et des formes intermédiaires.
Voix: Le «*tchikadi*» de cette espèce est plus aigu et plus rapide que celui de la M. à tête noire. Le sifflement dissyllabique est remplacé par un chant à 4 notes: *ti-tu, ti-tu.*
Aire: Réside de la limite S de l'aire de la M. à tête noire (N.-J., Ohio, Mo., Okl.) à la Flor. et au Texas. Dans les zones limitrophes, consulter les publications locales ou régionales pour plus de précision. La M. à tête noire pénètre dans l'aire de la M. minime certains hivers.

MÉSANGE À TÊTE BRUNE *Parus hudsonicus* (13-14 cm) 248
Boreal Chickadee
Noter le capuchon *brun terne,* les flancs d'un brun riche. La petite taille, la bavette noire, les joues blanchâtres et le bec minuscule sont caractéristiques des mésanges, mais la couleur générale est *brune* plutôt que grise.
Voix: Notes plus lentes et traînantes que le *tchic-a-di-di-di* vif de la M. à tête noire; à la place, *tchic-tchic-dé-dé* asthmatique.
Aire: Forêt boréale d'Alaska, du Canada et du N de la Nouv.-Angl. **Habitat:** Forêts de conifères.

MÉSANGE BICOLORE *Parus bicolor* (15 cm) 249
Tufted Titmouse
Petit oiseau gris souris à *huppe touffue.* Flancs roussâtres. Voir les jaseurs (p. 224).
Voix: Chant siffé clair, *piteur, piteur, piteur* ou *tiu, tiu, tiu, tiu.* Notes semblables à celles des autres mésanges, mais plus traînantes, nasales et plaintives.
Aire: De l'extrême S de l'Ont. et du Maine à la Flor. et au Texas. **Habitat:** Bois, arbres d'ombrage, bosquets; mangeoires.

sexes semblables

MÉSANGE
À TÊTE
NOIRE

MÉSANGE
MINIME

MÉSANGE À
TÊTE BRUNE

jeune

adulte

MÉSANGE
BICOLORE

■ **SITTELLES: Famille des Sittidés.** Petits grimpeurs trapus au bec fort, comparable à celui des pics, et aux pattes fortes. Queue tronquée et carrée, ne servant pas d'appui pour grimper comme chez les pics. Se déplacent habituellement la *tête en bas.* Sexes semblables. **Nourriture:** Insectes lignicoles, graines, noix; attirées par le gras, les graines de tournesol. **Aire:** Presque tout l'hémisphère N. **Espèces:** Monde, 31; Est, 3.

SITTELLE À POITRINE BLANCHE   *Sitta carolinensis*   250

(13-15 cm)   White-breasted Nuthatch
Les sittelles descendent le long des troncs la *tête en bas.* Cette espèce se caractérise par le capuchon noir et le petit oeil saillant au milieu de la face blanche. Les sous-caudales sont marron.
Voix: Le chant est une suite de notes basses, nasales et sifflées sur un seul ton: *hein!, hein!, hein!, hein!,* ou *han!, han!, han!, han!,* etc. Cri, *iank* nasal; aussi *toutou* nasal.
Aire: Du S du Canada au S du Mexique. **Habitat:** Forêts, petits bois, bosquets, arbres d'ombrage; fréquente les mangeoires.

SITTELLE À POITRINE ROUSSE   *Sitta canadensis*   (11 cm)   251

Red-breasted Nuthatch
Petite sittelle à *large ligne noire* traversant l'oeil et à sourcil blanc. Dessous d'un roux délavé.
Voix: Cri plus aigu, plus nasillard que celui de la Sittelle à poitrine blanche, *hank* ou *heink,* sonnant comme un «bébé» sittelle ou un cornet en tôle.
Aire: S-E de l'Alaska, Canada, O et N-E des É.-U. Hiverne irrégulièrement dans le S des É.-U. **Habitat:** Forêts de conifères; en hiver, d'autres forêts également; peut visiter les mangeoires.

SITTELLE À TÊTE BRUNE   *Sitta pusilla*   (11 cm)   252

Brown-headed Nuthatch
Sittelle naine des pinèdes du Sud. Plus petite que la S. à poitrine blanche, à *calotte brune s'étendant jusqu'à l'oeil* et point blanchâtre sur la nuque. Se déplace en groupe.
Voix: Atypique pour une sittelle, *kit-kit-kit* aigu et rapide; aussi, pépiement criard, *ki-dé* ou *ki-dî-dî,* répété constamment, devenant quelquefois un gazouillis excité.
Aire: S-E des É.-U. **Habitat:** Forêts de pins clairsemés.

■ **GRIMPEREAUX: Famille des Certhiidés.** Petits oiseaux effilés, à queue raide, utilisant leur bec mince et légèrement recourbé pour sonder l'écorce des arbres. **Nourriture:** Insectes lignicoles. **Aire:** Parties froides de l'hémisphère N. **Espèces:** Monde, 6; Est, 1.

GRIMPEREAU BRUN   *Certhia americana*   (13 cm)   253

Brown Creeper
Petit grimpeur effilé, au mimétisme remarquable: brun dessus et blanc dessous. *Bec fin, recourbé;* queue raide, servant d'appui lorsqu'il monte le long des arbres, en spirale à partir de la base.
Voix: Cri: *sîi* unique, ténu et aigu, semblable aux triples notes rapides (*sî-sî-sî*) du Roitelet à couronne dorée. Chant: *sî-ti-ouî-tou-ouî* ou *sî-sî-sî-sisi-sî* ténu et sifflé.
Aire: Du S de l'Alaska et du Canada au Nicaragua. **Habitat:** Forêts, bosquets, arbres d'ombrage.

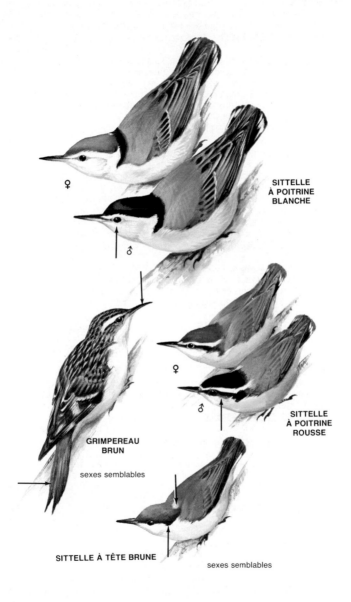

♀

**SITTELLE
À POITRINE
BLANCHE**

♂

**GRIMPEREAU
BRUN**

♀

♂

**SITTELLE
À POITRINE
ROUSSE**

sexes semblables

SITTELLE À TÊTE BRUNE

sexes semblables

■ **TROGLODYTES: Famille des Troglodytidés.** Petits oiseaux énergiques, bruns et courts, au bec fin légèrement recourbé; queue souvent
dressée. **Nourriture:** Insectes, araignées. **Aire:** Nouveau-Monde; une seule
espèce en Eurasie (Troglodyte des forêts). **Espèces:** Monde, 63; Est, 7.

TROGLODYTE FAMILIER *Troglodytes aedon* (11-13 cm) `254`
House Wren
Petit troglodyte gris-brun, plein de vie; se distingue des autres par l'anneau
oculaire pâle et l'absence de rayures faciales.
Voix: Chant bégayé et gloussé; monte en un éclatement de notes, puis tombe
à la fin. **Aire:** Du S du Canada à l'Argentine (incl. *T. brunneicollis, T.
musculus*). Les populations du N migrent. **Habitat:** Bois clairs, fourrés,
jardins; niche souvent dans des maisonnettes.

TROGLODYTE DES FORÊTS *Troglodytes troglodytes* (10 cm) `255`
(Troglodyte mignon)   Winter Wren
Troglodyte très petit, rond, foncé; se distingue du T. familier par la *queue
beaucoup plus courte,* la ligne pâle au-dessus de l'oeil et le *ventre sombre
fortement barré.* Hoche souvent la tête nerveusement. Se tient près du sol
tout comme les souris.
Voix: Chant: succession rapide et prolongée de gazouillis et de trilles aigus
et sonores, finissant souvent par un trille faible et *très aigu.* Cri: *kip-kip*
dissyllabique sec (rappelle le *tchip* du Bruant chanteur). **Aire:** N de l'hémisphère N. **Habitat:** Broussailles en forêt; forêts de conifères (l'été).

TROGLODYTE DE BEWICK *Thryomanes bewickii* (13 cm) `256`
Bewick's Wren
Noter la longue queue à *coins blancs. Sourcil blanc.*
Voix: Chant rappelant celui du Bruant chanteur, mais plus ténu; commence
par 2 ou 3 notes, chute, et finit par un trille ténu. **Aire:** Du S du Canada
au Mexique. **Habitat:** Fourrés, broussailles, jardins. Niche souvent dans
des maisonnettes.

TROGLODYTE DE CAROLINE *Thryothorus ludovicianus* `257`
(14 cm) Carolina Wren
Grand troglodyte de la taille d'un moineau. Dessus d'un *riche brun roussâtre,* dessous chamois. *Sourcil blanc* voyant.
Voix: Chant trisyllabique clair, variable: *ti-kettèle, ti-kettèle, ti-kettèle,
ti* ou *tcheûrpeti, tcheûrpeti, tcheûrpeti, tcheûrp;* parfois dissyllabique. **Aire:**
Réside dans l'E des É.-U. et du Mexique. **Habitat:** Ronces, broussailles,
jardins de banlieue.

TROGLODYTE DES MARAIS *Cistothorus palustris* `258`
(13 cm) Marsh Wren
Les *nettes raies blanches du dos* et le sourcil blanc caractérisent cet hôte
des marais.
Voix: Chant flûté, gloussé, se terminant en crépitement guttural, *cot-cot-
teurrrrrrrrr-eur;* chante souvent la nuit. Cri, *tsoc* grave. **Aire:** Du S du
Canada au N-O du Mexique. Hiverne dans le centre du Mexique. **Habitat:** Marais (à quenouilles, à scirpes, saumâtres).

TROGLODYTE À BEC COURT *Cistothorus platensis* `259`
(10-11 cm) Sedge Wren
Se distingue du T. des marais par les sous-caudales *chamois* et la calotte
rayée. Les deux ont le dos rayé.
Voix: Chant: caquetage de notes bien détachées: *tchap tchap tchap
tchappeûr-rrrrr.* Cri, *tchap.* **Aire:** Par endroits, du S du Canada à l'Am.
du S. **Habitat:** Marais herbeux, carex; plutôt rare et localisé.

TROGLODYTE DES ROCHERS *Salpinctes obsoletus* Voir p. 216

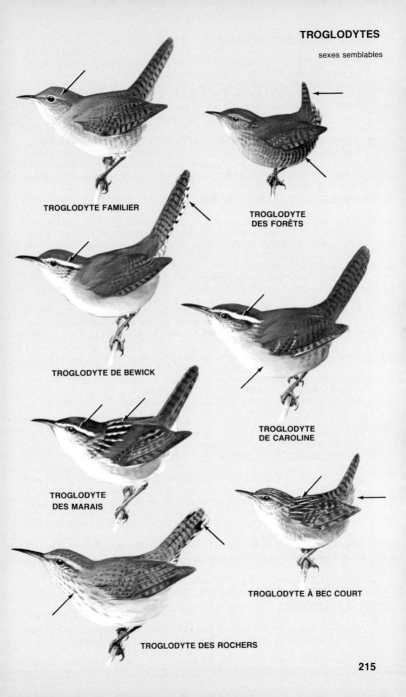

TROGLODYTES

sexes semblables

TROGLODYTE FAMILIER

TROGLODYTE
DES FORÊTS

TROGLODYTE DE BEWICK

TROGLODYTE
DE CAROLINE

TROGLODYTE
DES MARAIS

TROGLODYTE À BEC COURT

TROGLODYTE DES ROCHERS

215

TROGLODYTE DES ROCHERS *Salpinctes obsoletus* (14-16 cm)
Rock Wren

(Illustré p. 215). Troglodyte de l'Ouest, gris, à *poitrine finement rayée,* croupion rouille et *coins de la queue chamois.*
Voix: Chant: trille rauque, fort et sec; *ti-kîr* également.
Aire: Du S-O du Canada au Costa-Rica. Niche dans les parties centrales des É.-U. (Dakota, Nebr., Kans., Okl.). Exceptionnel à l'E du Mississippi. **Habitat:** Pentes rocheuses, canyons.

■ **GOBE-MOUCHERONS ET ROITELETS: Famille des Sylviidés.**
Petits oiseaux actifs, à bec fin et court. Les gobe-moucherons ont la queue longue et mobile; les roitelets, la queue courte et la calotte éclatante. **Nourriture:** Insectes, larves. **Aire:** La plupart des grandes forêts du Monde.
Espèces: Monde, 332 (incluant les fauvettes de l'Ancien-Monde); Est, 3.

ROITELET À COURONNE RUBIS *Regulus calendula* (10 cm) `261`
Ruby-crowned Kinglet

Oiseau minuscule à queue courte; dessus gris-olive et barres alaires nettes; le mâle a *la calotte écarlate* (habituellement cachée, hérissée quand il est excité). L'*anneau oculaire blanc interrompu* fait ressortir l'oeil. Tout roitelet sans couronne ni sourcil appartient à cette espèce. Les deux roitelets tremblotent des ailes.
Voix: *Dji-dit* enroué. Chant variable, assez fort; 3 ou 4 notes aigües, plusieurs notes graves et une fin musicale: *tî tî tî, tiou tiou tiou tiou, tou-dadi, tou-dadi, tou-dadi.*
Aire: Canada, Alaska, O des É.-U. Hiverne de la moitié S des É.-U. à l'Am. centrale. **Habitat:** Bois de conifères; en hiver, autres forêts.

ROITELET À COURONNE DORÉE *Regulus satrapa* (9 cm) `260`
Golden-crowned Kinglet

Noter la calotte vive (*jaune* chez la femelle, *orange* chez le mâle) *bordée de noir* et le *sourcil blanchâtre.* Les roitelets sont de petits oiseaux gris-olive, plus petits que la plupart des parulines. Leurs «haussements d'épaule» et leurs fortes barres alaires sont caractéristiques.
Voix: Cri: *sî-sî-sî* aigu et nerveux. Chant: série de notes fines et aigües, ascendantes, puis chutant en gazouillis ténu.
Aire: S de l'Alaska, O du Canada jusqu'au Guatemala. Dans l'E, du S du Canada jusque dans l'O de la Car. du N; hiverne jusqu'aux États du g. du Mexique. **Habitat:** Conifères; en hiver, d'autres arbres également.

GOBE-MOUCHERONS GRIS-BLEU *Polioptila caerulea* (11 cm) `262`
Blue-gray Gnatcatcher

On dirait un Moqueur polyglotte miniature. Petit oiseau élancé, plus petit que la mésange. Dessus gris-bleu et dessous blanchâtre; *anneau oculaire blanc* et mince; *longue queue noire et blanche,* souvent agitée et dressée comme chez les troglodytes.
Voix: Cri: *zpî* ou *tchî* ténu et plaintif. Chant: série de notes grinçantes et plaintives, difficiles à détecter.
Aire: Du S de l'Alaska et du S de l'Ontario au Guatemala. Hiverne jusqu'au Honduras. **Habitat:** Forêts claires, chênes, pins, fourrés.

■ **BULBULS: Famille des Pycnonotidés.** Oiseaux des tropiques de l'Ancien-Monde; 119 espèces, dont 1 introduite en Floride.

BULBUL ORPHÉE *Pycnonotus jocosus* (18 cm)
Red-whiskered Bulbul

Noter la *huppe noire,* la *tache rouge sur la joue* et les sous-caudales rouges. S-E de l'Asie. Acclimaté localement dans le S de Miami.

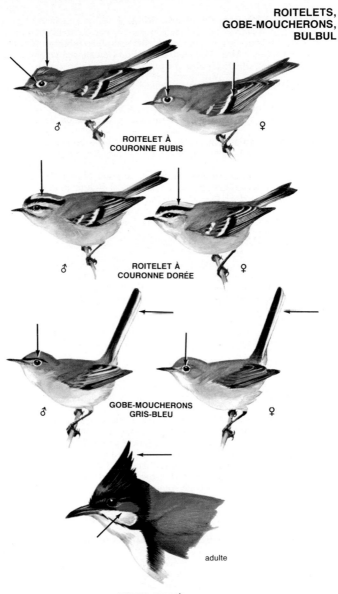

ROITELET À
COURONNE RUBIS

ROITELET À
COURONNE DORÉE

GOBE-MOUCHERONS
GRIS-BLEU

adulte

BULBUL ORPHÉE

■ **MOQUEURS: Famille des Mimidés.** Excellents chanteurs; quelques-uns imitent d'autres oiseaux. Pattes fortes; queue habituellement plus longue que celle des grives, bec habituellement plus recourbé. **Nourriture:** Insectes, fruits. **Aire:** Nouveau-Monde; du Canada à l'Argentine. **Espèces:** Monde, 30; Est, 3 (+ 3 exceptionnelles).

MOQUEUR ROUX   *Toxostoma rufum*   (29 cm)   263

Brown Thrasher

Plus élancé que le merle; dessus *roux éclatant,* dessous *fortement rayé.* Noter aussi les barres alaires, le bec assez courbé, la queue longue, l'oeil jaune.

Espèces semblables: Les grives n'ont pas de barres alaires et sont tachetées (non rayées). Elles ont les yeux bruns (non jaunes) et la queue plus courte.

Voix: Chant: succession de phrases et de notes franches ressemblant au chant du Moqueur chat, mais plus musicales; chaque phrase est habituellement *donnée deux fois.* Cri: *tchac!* sonore.

Aire: Du S du Canada aux États du g. du Mexique; à l'E des Rocheuses. **Habitat:** Fourrés, arbustes, buissons épineux.

MOQUEUR CHAT   *Dumetella carolinensis*   (23 cm)   264

Gray Catbird

Gris ardoise; élancé. Noter la *calotte noire.* Les sous-caudales *marron* peuvent passer inaperçues. Redresse la queue d'un mouvement «enjoué».

Voix: *Miaulement* distinctif. Aussi *tchèc-tchèc* grinçant. Chant: notes et phrases détachées et sans suite, non répétées contrairement aux phrases du M. roux et du M. polyglotte.

Aire: Du S du Canada, de l'E et du centre des É.-U. aux États du g. du Mexique. Hiverne principalement du S des É.-U. au Panama et aux Antilles. **Habitat:** Broussailles, buissons épineux, jardins.

MOQUEUR POLYGLOTTE   *Mimus polyglottos*   (23-28 cm)   265

Northern Mockingbird

Gris; plus élancé et à queue plus longue que chez le Merle d'Amérique. Noter les *larges taches blanches* aux ailes et à la queue; elles sont voyantes en vol.

Espèces semblables: Les pies-grièches ont un masque noir. Voir p. 224.

Voix: Chant: succession variée et prolongée de notes et phrases, chacune répétée six fois ou plus (Le M. roux répète habituellement une fois, le M. chat ne répète pas). Chante souvent la nuit. Les M. polyglottes sont souvent d'excellents imitateurs d'autres espèces. Cri: *tchac* fort; aussi, *tchèr.*

Aire: Du S du Canada au S du Mexique; Antilles, Hawaï (introduit). **Habitat:** Villes, fermes, bords de route, fourrés.

■ **GRIVES: Famille des Turdidés.** Voir p. 220

SOLITAIRE DE TOWNSEND   *Myadestes townsendi*   (20 cm)

Townsend's Solitaire

Oiseau gris, élancé. Il a un *anneau oculaire blanc,* les *côtés de la queue blancs* et une *tache alaire chamois.* Les motifs de l'aile et de la queue évoquent ceux du M. polyglotte, mais noter l'anneau oculaire, la poitrine plus foncée et surtout les taches alaires chamois.

Aire: Alaska, du N-O du Canada à la Californie, N du Mexique. Visiteur d'hiver très rare ou inusité jusqu'aux Maritimes et à la Nouv.-Angl.

MOQUEURS, SOLITAIRE

sexes semblables

MOQUEUR ROUX

MOQUEUR CHAT

MOQUEUR
POLYGLOTTE

livrée
en vol

étalement
des ailes

pie-grièche
en comparaison

**SOLITAIRE
DE TOWNSEND**
(turdidé)

■ **GRIVES, MERLES, etc.: Famille des Turdidés.** Passereaux aux grands yeux, au bec petit et aux pattes habituellement fortes. Dans l'Est, les grives proprement dites ont le dos brun et la poitrine *grivelée*. Les jeunes merles et les merles-bleus signalent leur appartenance à la famille par leur poitrine grivelée. Chants souvent très mélodieux. **Nourriture:** Insectes, vers, limaces, baies, fruits.

Aire: Pratiquement mondiale. **Espèces:** Monde, 304; Est, 10 (+ 2 exceptionnelles).

MERLE-BLEU DE L'EST *Sialia sialis* (18 cm) 266

Eastern Bluebird

Oiseau *bleu* à poitrine *rousse,* légèrement plus gros qu'un moineau. Semble avoir le dos «voûté» lorsqu'il est perché. Femelle plus terne que le mâle; jeunes grivelés sur la poitrine, grisâtres, sans rouge, mais toujours avec un peu de bleu terne aux ailes et à la queue.

Voix: Cri: *tcheur-oui* ou *trou-li* musical. Chant: 3 ou 4 notes douces gazouillées (*ti-û-utiu*). **Aire:** À l'E des Rocheuses; du S du Canada au S des É.-U. et du S-E de l'Arizona au Nicaragua. Les populations du N migrent.

Habitat: Terrains découverts avec arbres dispersés: fermes, haies, bords de route.

MERLE-BLEU AZURÉ *Sialia currucoides* (18 cm)

Mountain Bluebird

Mâle: Bleu tendre, plus pâle dessous, ventre blanchâtre. *Femelle:* Brunâtre terne avec un soupçon de bleu au croupion, à la queue et aux ailes. **Aire:** De l'Alaska et de l'O du Canada au S-O des É.-U. Visiteur rare dans la Prairie à l'E du 100e méridien; exceptionnel plus à l'E.

MERLE D'AMÉRIQUE *Turdus migratorius* (23-28 cm) 267

American Robin

Oiseau bien connu qui fréquente les pelouses, l'air hautain. Se reconnaît au dos gris foncé et à la poitrine rouge brique. La tête et la queue sont noirâtres chez le mâle, plus grises chez la femelle. Les jeunes ont la poitrine grivelée, mais le délavé rouille facilite l'identification.

Voix: Chant: «turlutte» claire; phrases courtes, ascendantes et descendantes, souvent longuement enchaînées. Cri: *tiîp* et *tut-tut-tut.*

Aire: De l'Alaska et du Canada au S du Mexique. Hiverne principalement au S du Canada. **Habitat:** Villes, fermes, pelouses, jardins, forêts; en hiver, arbres porteurs de fruits.

GRIVE À COLLIER *Ixoreus naevius* (23-25 cm)

Varied Thrush

Grive du N-O qui s'égare exceptionnellement dans l'E en hiver. Semblable au Merle d'Amérique; s'en distingue par la *ligne de l'oeil* et les *barres alaires orangées,* et la large *bande* noire (mâle) ou grise (femelle) en travers de la poitrine rouille.

Aire: Alaska, O du Canada, N-O des É.-U. Inusitée; plusieurs mentions récentes l'hiver à des mangeoires, des Maritimes au S-E des É.-U.

TRAQUET MOTTEUX *Oenanthe oenanthe* (15 cm) 268

Northern Wheatear

Élégant oiseau de la toundra arctique. Nerveux, il voltige de roche en roche, étale la queue et se trémousse. Remarquer le croupion blanc et les côtés blancs de la queue. Le noir de la queue forme un large T inversé. Le mâle en plumage nuptial a le dos gris-bleu, les ailes noires, une tache noire à l'oreille et le dessous chamois. À l'automne, le mâle est plus chamois et a le dos brunâtre. La femelle ressemble au mâle à l'automne.

Voix: Cri: *tchak-tchak* sec ou *tchack-ouît, ouît-tchack.* **Aire:** Eurasie, Alaska, N-O et N-E du Canada, Groenland. Hiverne en Afrique et en Inde. Visiteur inusité à l'automne dans l'E des É.-U. **Habitat:** En été, la toundra.

MERLE, MERLES-BLEUS, etc.

juvénile

MERLE-BLEU
DE L'EST

♂
♀

MERLE-BLEU
AZURÉ

♂

MERLE
D'AMÉRIQUE

♂
♀

juvénile

GRIVE À
COLLIER

♂

TRAQUET
MOTTEUX

hiver

GRIVE À JOUES GRISES *Catharus minimus* (18-20 cm) 269

Gray-cheeked Thrush

Grive d'un gris-brun terne, différenciée de la G. à dos olive par les joues *grisâtres* et l'anneau oculaire moins net.
Voix: Chant ténu et nasal rappelant celui de la G. fauve, mais montant souvent brusquement vers la fin (celui de la G. fauve descend): *oui-ouiou-titi-oui.* Cri: *vi-a* ou *koui-a* plus haut et plus nasal que celui de la G. fauve.
Aire: N-E de la Sibérie, Alaska, Canada, N-E des É.-U. Hiverne aux Antilles et dans le N de l'Am. du S. **Habitat:** Taïga, arbrisseaux de toundra; en migration, autres forêts.

GRIVE À DOS OLIVE *Catharus ustulatus* (18 cm) 270

Swainson's Thrush

Seulement 2 grives tachetées ont le dessus uniformément gris-brun terne. Une seule a l'*anneau oculaire chamois,* les joues et le haut de la poitrine chamois: c'est la Grive à dos olive (La G. à joues grises n'a pas l'anneau oculaire).
Voix: Chant: phrases flûtées toujours *ascendantes.* Cri: *houit.* En migration la nuit, *hîp* bref.
Aire: Alaska, Canada, O et N-E des É.-U. Hiverne du Mexique au Pérou.
Habitat: Forêts d'épinettes; en migration, autres forêts.

GRIVE SOLITAIRE *Catharus guttatus* (18 cm) 271

Hermit Thrush

Grive brune, tachetée, à queue *rousse.* Perchée, elle a l'habitude de relever la queue et de la rabaisser lentement.
Espèces semblables: 1) Le Bruant fauve (queue rousse) a le bec conique et est plus rayé. 2) Voir les autres grives.
Voix: Cri: *tchock* grave; aussi *tok-tok-tok* criard et *pé* rauque. Chant: clair, éthéré, flûté; 3 ou 4 phrases de *tonalités différentes* chacune précédée d'une *longue note d'introduction.*
Aire: Alaska, Canada, O et N-E des É.-U. Hiverne des É.-U. au Guatemala. **Habitat:** Conifères et forêts mixtes, sol forestier; en hiver, bois fourrés, parcs.

GRIVE FAUVE *Catharus fuscescens* (16-19 cm) 272

Veery

Noter le dessus *uniforme, brun riche* ou *fauve.* Absence d'anneau oculaire net (parfois, anneau blanchâtre terne). De toutes nos grives, c'est la moins tachetée; les taches sont souvent indistinctes.
Voix: Chant coulant, rapide et éthéré; cascade descendante: *vî-ur, vî-ur, vur, vur.* Cri: *ziou* ou *vriou* grave, légèrement vrombi.
Aire: S du Canada, N et centre des É.-U. Hiverne en Am. centrale et dans le N de l'Am. du S. **Habitat:** Forêts décidues humides.

GRIVE DES BOIS *Hylocichla mustelina* (20 cm) 273

Wood Thrush

Tête rousse. Plus petite que le merle et plus dodue que les autres grives; se distingue par la rousseur plus intense de la tête et les taches *rondes* plus grandes et plus nombreuses de la poitrine.
Voix: Chant flûté; phrases plus sonores que celles des autres grives. Noter le *î-o-lé* flûté. Des notes gutturales occasionnelles sont caractéristiques. Cri: *pip-pip-pip-pip* rapide.
Aire: S-E du Canada, E des É.-U. Hiverne jusqu'au Panama. **Habitat:** Surtout les forêts décidues.

GRIVES

sexes semblables

GRIVE À JOUES
GRISES

GRIVE À
DOS OLIVE

GRIVE SOLITAIRE

GRIVE FAUVE

juvénile

GRIVE DES BOIS

223

■ **PIES-GRIÈCHES: Famille des Laniidés.** Passereaux au bec crochu et aux mœurs rapaces. Chassent à l'affût, perchées au sommet des arbres et sur les fils. Elles empalent leur proie sur des épines ou des fils barbelés. **Nourriture:** Insectes, lézards, souris, petits oiseaux. **Aire:** Répandues dans l'Ancien-Monde; 2 espèces en Am. du N. **Espèces:** Monde, 74; Est, 2.

PIE-GRIÈCHE GRISE *Lanius excubitor* (23-25 cm) <u>274</u>
Northern Shrike
Très semblable à la P.-g. migratrice, mais noter la poitrine *faiblement barrée* et la *base claire* de la mandibule inférieure. Bec plus long et plus crochu. Jeune: brun, la poitrine *finement barrée*. **Espèce semblable:** La P.-g. migratrice adulte a le bec entièrement noir. Le masque noir est continu au-dessus de la base du bec. La jeune P.-g. migratrice peut avoir de légères barres, mais elle est plus grise que la jeune P.-g. grise. **Voix:** Chant: succession discontinue de notes discordantes et musicales, comme chez le Moqueur roux. Cri: *chèque-chèque; djaèg* grinçant. **Aire:** Alaska, Canada, Eurasie, Afrique du N. Hiverne jusqu'au centre des É.-U. **Habitat:** Terrains assez dégagés, avec postes de guet (fils, arbres, buissons).

PIE-GRIÈCHE MIGRATRICE *Lanius ludovicianus* (23 cm) <u>275</u>
Loggerhead Shrike
Oiseau gris, noir et blanc, à grosse tête, à queue longue et à *masque noir;* à peine plus petit qu'un merle. Les pies-grièches se perchent immobiles sur les fils ou au sommet des arbustes. Elles volent bas en ondulant, ce qui laisse voir leurs taches blanches, et remontent brusquement se percher. **Espèces semblables:** 1) Le Moqueur polyglotte (p. 218) a la queue plus longue et les taches alaires plus grandes; ne porte pas de masque. Vol moins onduleux (mouvement ramé). 2) Voir la Pie-grièche grise. **Voix:** Chant: notes et phrases sèches et franches, répétées de 3 à 20 fois comme chez le Moqueur polyglotte; *couidel, couidel* continue, ou *tseurp-si, tseurp-si.* Cri: *chak, chak.* **Aire:** Du S du Canada au S du Mexique. **Habitat:** Terrains assez dégagés, avec postes de guet.

■ **JASEURS: Famille des Bombycillidés.** Oiseaux huppé au plumage lisse. Pointes de cire rouge aux rémiges secondaires. Grégaires. **Nourriture:** Petits fruits, insectes. **Aire:** Hémisphère N. **Espèces:** Monde, 3; Est, 2.

JASEUR BORÉAL *Bombycilla garrulus* (20 cm) <u>276</u>
Bohemian Waxwing
Semblable au J. des cèdres; plus grand, plus gris (sans jaune sur la poitrine); ailes marquées de blanc ou de *blanc et de jaune.* Noter les sous-caudales *marron* (blanchâtres chez le J. des cèdres). **Voix:** *Zriii,* plus rauque que le cri du J. des cèdres. **Aire:** N de l'Eurasie, N-O de l'Am. du N. Hiverne au S de l'Eurasie, le N-E et au S-O des É.-U. **Habitat:** Forêts boréales, tourbières; se disperse en hiver en quête de petits fruits.

JASEUR DES CÈDRES *Bombycilla cedrorum* (18 cm) <u>277</u>
Cedar Waxwing
Noter la *bande jaune* au bout de la queue. Oiseau brun, huppé, au plumage lisse, plus gros qu'un moineau. Adultes avec *pointes de cire rouge* aux rémiges secondaires. Juvéniles plus gris, légèrement rayés dessous. Grégaire; vole en bandes serrées. Poursuit souvent des insectes en vol. **Voix:** Zézaiement aigu et ténu ou *ziii;* parfois un peu trillé. **Aire:** Du S-E de l'Alaska et du Canada au centre-S des É.-U. Hiverne du S du Canada au Panama. **Habitat:** Bois clairs, arbres fruitiers, vergers; en hiver, répandu, irrégulier.

PIES-GRIÈCHES

jeune   sexes semblables

PIE-GRIÈCHE
GRISE

PIE-GRIÈCHE
MIGRATRICE

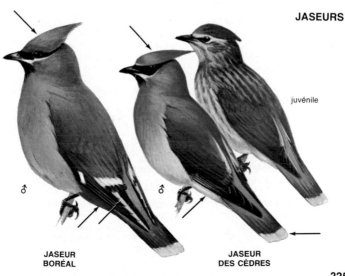

JASEURS

juvénile

♂   ♂

JASEUR
BORÉAL

JASEUR
DES CÈDRES

■ **VIRÉOS: Famille des Viréonidés.** Petits oiseaux au dos olive ou gris; très semblables aux parulines, mais habituellement moins actifs. Bec plus courbé et légèrement crochu. On sépare ici les viréos à barres alaires (et anneau oculaire) des viréos sans barres alaires (avec sourcil). Les premiers pourraient être confondus avec les moucherolles *Empidonax* (p. 198), mais ils ne se perchent pas comme eux à la verticale. **Nourriture:** Surtout des insectes. **Aire:** Du Canada à l'Argentine. **Espèces:** Monde, 41; Est, 9 (+ 2 exceptionnelles).

VIRÉO AUX YEUX ROUGES *Vireo olivaceus* (15 cm) `278`
Red-eyed Vireo

Noter la *calotte grise* contrastant avec le dos olive, le *sourcil blanc bordé de noir*. L'iris n'apparaît rouge que de près; il est brun chez les jeunes à l'automne.
Espèce semblable: Le V. mélodieux est plus pâle, de couleur uniforme dessous et sans la double bordure noire au sourcil. Chant très différent.
Voix: Chant: courtes notes flûtées, de la qualité de celles du merle, séparées par des pauses nettes; *viréo, viréo* répétés jusqu'à 40 fois à la minute; monotone. Cri: *tchoin* nasal et plaintif.
Aire: Du Canada au g. du Mexique. Hiverne dans le bassin de l'Amazone. **Habitat:** Forêts, arbres d'ombrage, bosquets.

VIRÉO À MOUSTACHES *Vireo altiloquus* (13 cm) `279`
Black-whiskered Vireo

Noter l'étroite *moustache noire* de chaque côté de la gorge. Très semblable par ailleurs au Viréo aux yeux rouges. Chant semblable.
Aire: Niche aux Antilles et dans le S de la Flor. Hiverne jusque dans le N de l'Am. du S. **Habitat:** Palétuviers; forêts littorales.

VIRÉO MÉLODIEUX *Vireo gilvus* (13 cm) `280`
Warbling Vireo

Un des trois viréos communs dépourvus de barres alaires. Noter la poitrine blanchâtre et l'absence de bordures noires au sourcil.
Espèces semblables: 1) Le V. de Philadelphie est jaunâtre dessous. 2) Le V. aux yeux rouges a une bordure noire de chaque côté du sourcil.
Voix: Chant: gazouillis languissant, différent des courtes phrases interrompues des autres viréos: évoque le chant du Roselin pourpré, en moins énergique et plus sourd. Cri: *djouî* enroué et colérique.
Aire: Du Canada au S des É.-U. et l'O du Mexique. Hiverne au Mexique et au Guatemala. **Habitat:** Forêts décidues et mixtes, bosquets de trembles, peupliers, arbres d'ombrage.

VIRÉO DE PHILADELPHIE *Vireo philadelphicus* (12 cm) `281`
Philadelphia Vireo

Ce viréo sans barres alaires et au dessous fortement *teinté de jaune* (surtout la poitrine) ressemble à une paruline.
Espèces semblables: 1) Le V. mélodieux n'a généralement pas de jaune (flancs parfois jaunâtres). Noter la *tache foncée devant l'oeil* (entre l'oeil et le bec) chez le V. de Philadelphie. 2) À l'automne, la Paruline obscure (p. 250) a les sous-caudales nettement blanches. 3) Voir aussi la femelle et le jeune de la Paruline bleue à gorge noire (p. 250).
Voix: Chant: semblable à celui du V. aux yeux rouges, plus aigu et plus lent.
Aire: S du Canada, bordure N-E des É.-U. Hiverne en Am. centrale. **Habitat:** Jeunes forêts; peupliers, saules, aulnes.

VIRÉOS
sans barres alaires

sexes semblables

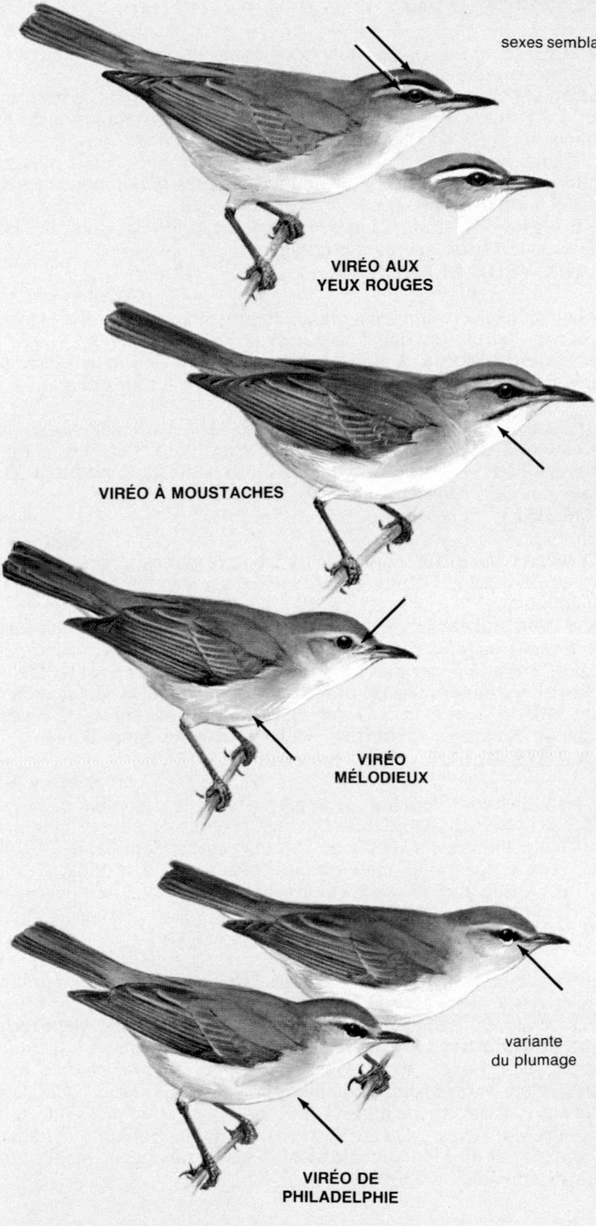

VIRÉO AUX
YEUX ROUGES

VIRÉO À MOUSTACHES

VIRÉO
MÉLODIEUX

variante
du plumage

VIRÉO DE
PHILADELPHIE

VIRÉO À GORGE JAUNE *Vireo flavifrons* (13 cm) 282

Yellow-throated Vireo

Noter la gorge *jaune vif,* les «lunettes» *jaunes* et les barres alaires blanches. C'est le seul viréo ayant du jaune *vif.*

Espèces semblables: 1) La Paruline polyglotte n'a pas de barres alaires. 2) La Paruline des pins a des raies sombres aux flancs et du blanc à la queue.

Voix: Chant: semblable à celui du V. aux yeux rouges, mais plus musical, plus grave, grasseyé et interrompu de pauses plus longues entre les phrases. Une phrase ressemble à *zi-yu* ou *zri-ziu.*

Aire: E des É.-U., S-E du Canada. Hiverne en Amérique tropicale. **Habitat:** Forêts décidues, arbres d'ombrage.

VIRÉO AUX YEUX BLANCS *Vireo griseus* (13 cm) 283

White-eyed Vireo

Noter la combinaison «lunettes» *jaunes* et gorge *blanchâtre.* Il a également deux barres alaires, les flancs jaunâtres et les *yeux blancs.*

Espèces semblables: Voir 1) le V. à tête bleue («lunettes» *blanches)*; 2) Le V. à gorge jaune (gorge *jaune)*; 3) les moucherolles *Empidonax* (p. 198).

Voix: Chant: non caractéristique d'un viréo, *tchic'-a-peeûr-ouiiou-tchic'* distinctement articulé. Variable; noter le *tchic'* au début et à la fin.

Aire: E des É.-U. Hiverne du S des É.-U. au Nicaragua. **Habitat:** Orées des bois, fourrés, broussailles.

VIRÉO DE BELL *Vireo bellii* (11-13 cm) 284

Bell's Vireo

Petit, grisâtre; peu différencié. Une ou 2 barres alaires ternes, flancs teintés de jaunâtre pâle. Diffère du V. mélodieux par les barres alaires et l'anneau oculaire.

Espèce semblable: Les jeunes V. aux yeux blancs ont les yeux foncés.

Voix: Chante comme s'il «serrait les dents»; phrases enrouées, non-musicales, émises à intervalles rapprochés: *tchîdel tchîdel tchi? tchîdel tchîdel tchou!* La première phrase se termine en montant, la seconde en descendant. **Aire:** Centre et S-O des É.-U., N du Mexique. Hiverne du Mexique au Nicaragua. **Habitat:** Saules, bords de cours d'eau.

VIRÉO À TÊTE BLEUE *Vireo solitarius* (13-15 cm) 285

Solitary Vireo

Noter les «lunettes» *blanches,* la tête *gris-bleu,* le dos olive et la gorge *blanche;* 2 barres alaires blanches. C'est le viréo le plus printanier.

Voix: Chant: phrases sifflées avec courtes pauses. Semblable à celui du V. aux yeux rouges, mais plus mesuré, plus aigu, plus doux.

Aire: Du Canada au Salvador. Hiverne du S des É.-U. au Nicaragua, à Cuba. **Habitat:** Forêts mixtes.

VIRÉO À TÊTE NOIRE *Vireo atricapillus* (11 cm)

Black-capped Vireo

Petit viréo «enjoué», ayant le dessus et les côtés de la tête *noir luisant* chez le mâle et gris ardoise chez la femelle. «Lunettes» voyantes, formées par l'anneau oculaire et la tache devant l'oeil; 2 barres alaires; yeux *rouges.*

Espèce semblable: La femelle peut être prise pour un V. à tête bleue, mais a les yeux rouges. **Voix:** Chant: précipité, rauque; phrases remarquables par leur variété, ininterrompues, presque colériques. Cri d'alarme: *tchit-ah* aigre. **Aire:** Niche du S-O du Kansas, du centre de l'Okl., de l'O et du centre du Texas (plateau Edwards) jusqu'au Coahuila (Mexique). Hiverne dans l'O du Mexique. **Habitat:** Chênes rabougris, pentes broussailleuses, canyons.

VIRÉOS
avec barres alaires

sexes semblables

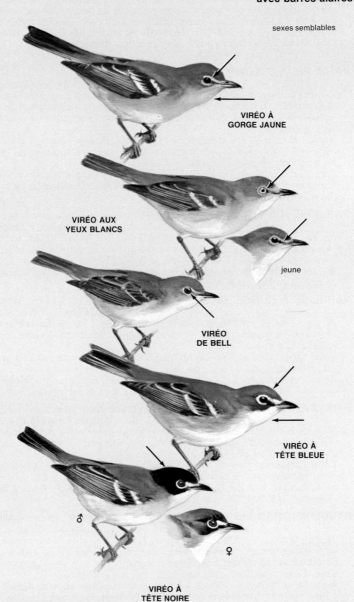

VIRÉO À
GORGE JAUNE

VIRÉO AUX
YEUX BLANCS

jeune

VIRÉO
DE BELL

VIRÉO À
TÊTE BLEUE

♂

♀

VIRÉO À
TÊTE NOIRE

■ **PARULINES: Famille des Parulidés.** Petits passereaux brillamment colorés et nerveux, généralement plus petits que les bruants, au bec effilé et pointu. La plupart ont du jaune. Leur identification est souvent difficile à l'automne (voir pp. 248-250). **Nourriture:** Surtout des insectes. **Aire:** De l'Alaska et du Canada au N de l'Argentine. **Espèces:** Monde, 114; Est, 40 (+ 7 exceptionnelles).

PARULINE À COLLIER *Parula americana* (11 cm) `287`
Northern Parula

Paruline bleutée, à gorge et poitrine jaunes, ayant 2 barres alaires blanches et nettes. La tache verdâtre diffuse du dos est caractéristique. Chez le mâle, le caractère le plus utile est le *collier foncé* (indistinct ou absent chez la femelle).
Voix: Chant: trille bourdonnant ou mécanique devenant plus aigu et trébuchant à la fin: *ziiiiiiii-op*. Aussi, une série de notes bourdonnantes en fin de trille: *zrh-zrh-zrh-zrhiiiiii*.
Aire: S-E du Canada, E des É.-U. Hiverne en Flor., aux Antilles et du Mexique au Nicaragua. **Habitat:** Niche dans les forêts, surtout celles humides où des lichens et autres épiphytes.

PARULINE «DE SUTTON» *Dendroica dominica x Parula americana*
«Sutton's» Warbler

(hybride) Deux spécimens connus, récoltés dans l'E de la Virginie occ.; plusieurs observations. Considérée comme un hybride entre la P. à gorge jaune et la P. à collier. Ressemble à la P. à gorge jaune, mais sans les rayures latérales; dos verdâtre de la P. à collier. Chant semblable à celui de la P. à collier, mais répété: *ziiiiiiii-op ziiiiiiii-op.*

PARULINE À GORGE JAUNE *Dendroica dominica* (13-14 cm) `288`
Yellow-throated Warbler

Paruline à dos gris et à bavette jaune. Sourcil blanc, 2 barres alaires blanches, raies noires aux flancs. Sexes semblables. Se déplace le long des branches d'arbres.
Voix: Chant: série de notes claires bredouillées, diminuant un peu d'intensité: *tî-ou, tiou, tiou, tiou, tiou, tiou oui* (dernière note ascendante).
Aire: E et centre des É.-U. Hiverne du S des É.-U. au Costa-Rica. **Habitat:** Bois clairs; bosquets, surtout de chênes à feuilles persistantes; pins.

PARULINE VERTE À GORGE NOIRE *Dendroica virens* (11-13 cm) `289`
Black-throated Green Warbler

Mâle: Noter la *face jaune* vif, encadrée par la gorge noire et la calotte vert olive. *Femelle:* Face jaune; beaucoup moins de noir à la gorge. *Jeune, à l'automne:* Voir p. 248.
Voix: Zézaiement rêveur: *zou zi zou zou zi* ou *zi zi zi zi zou zi*, les notes *zi* sur le même ton, la note *zou* plus grave.
Aire: Canada, N-E des É.-U., Appalaches. Hiverne du S du Texas à la Colombie. **Habitat:** Surtout les conifères.

PARULINE ORANGÉE *Protonotaria citrea* (14 cm) `286`
Prothonotary Warbler

Paruline dorée des forêts marécageuses. Toute la tête et la poitrine jaune vif, presque orange. Ailes gris-bleu, sans barres. Femelle plus terne.
Espèces semblables: Voir 1) la P. jaune, 2) la P. à ailes bleues.
Voix: Chant: *zuît, zuît, zuît, zuît, zuît, zuît* sur le même ton.
Aire: De la région des Grands Lacs au g. du Mexique. Hiverne du S-E du Mexique à la Colombie et au Venezuela. **Habitat:** Fôets marécageuses.

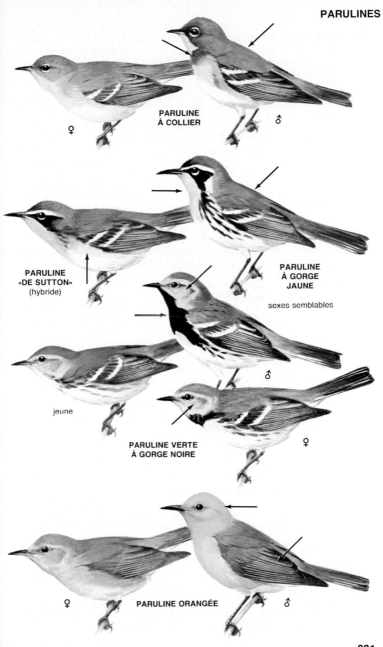

PARULINES

♀

PARULINE
À COLLIER

♂

PARULINE
À GORGE
JAUNE

PARULINE
«DE SUTTON»
(hybride)

sexes semblables

♂

jeune

PARULINE VERTE
À GORGE NOIRE

♀

♀

PARULINE ORANGÉE

♂

PARULINE NOIR ET BLANC *Mniotilta varia* (11-14 cm) 290
Black-and-white Warbler
Rayée longitudinalement de *noir et de blanc;* grimpe sur les troncs et les
grosses branches des arbres. *Calotte rayée,* raies blanches sur le dos. La
femelle a le dessous plus blanc.
Voix: Chant: *ui-si ui-si ui-si ui-si ui-si ui-si* ténu; évoque l'un des chants
de la P. flamboyante, mais plus aigu et plus long. Un autre chant est plus
décousu avec chute brève à mi-chemin.
Aire: Du Canada au g. du Mexique. Hiverne du S des É.-U. jusque dans
le N de l'Am. du S. **Habitat:** Forêts, troncs et branches d'arbres.

PARULINE RAYÉE *Dendroica striata* (13 cm) 291
Blackpoll Warbler
Mâle au printemps: Paruline grise, rayée, à *calotte noire* et *joues blanches.* Femelle au printemps: Moins fortement rayée, sans calotte noire;
dessus gris verdâtre, dessous blanc, rayé. *Automne:* Dessus olive, dessous
jaune verdâtre, légèrement rayés; 2 barres alaires, sous-caudales blanches,
pattes habituellement *jaunâtre pâle;* voir p. 248.
Espèces semblables: 1) La P. noir et blanc a la calotte rayée. 2) Voir
la P. à poitrine baie à l'automne (p. 248).
Voix: Chant: *tzi-tzi-tzi-tzi-tzi-tzi-tzi-tzi-tzi* ténu, mesuré et mécanique, sur
un seul ton, augmentant, puis diminuant d'intensité.
Aire: Alaska, Canada, N-E des É.-U. Hiverne en Am. du S tropicale. **Habitat:** Conifères; en migration, d'autres arbres.

PARULINE GRISE À GORGE NOIRE *Dendroica nigrescens* (11-13 cm)
Black-throated Gray Warbler
Mâle: Gris; gorge, joue et calotte noires, séparées par du blanc. *Femelle:*
Calotte et joues *ardoisées,* gorge claire.
Aire: O de l'Am. du N. Inusitée dans l'Est. Très rare, mais probablement
régulière en hiver dans le S de la Louis. et de la Flor.

PARULINE BLEUE À GORGE NOIRE *Dendroica caerulescens* 292
(13-14 cm) Black-throated Blue Warbler
Mâle: Couleurs tranchées: dessus *gris-bleu,* gorge et flancs *noirs,* poitrine
blanche. *Femelle:* Dos brun, ligne claire au-dessus de l'oeil et petit *carré
blanc à l'aile* (pas toujours visible). Le jeune et la femelle à l'automne
peuvent ne pas arborer ce carré; noter alors la *joue sombre.* Voir aussi
p. 250.
Voix: Chant: *zeur, zeur, zeur, zriiii* ou *bîr, bîr, bîr, bî* enroué et paresseux (à finale plus aigüe). Peut être écourté à 2 ou 3 notes.
Aire: E de l'Am. du N. Hiverne surtout aux Antilles. **Habitat:** Étage infé-
rieur des forêts décidues ou mixtes.

PARULINE AZURÉE *Dendroica cerulea* (11 cm) 293
Cerulean Warbler
Mâle: Dessus *bleu,* dessous blanc. Vu d'en dessous, noter l'*étroit collier
noir. Femelle:* Dessus gris-bleu et olive, dessous blanchâtre, 2 barres alaires blanches et sourcil pâle.
Espèces semblables: La femelle rappelle 1) la P. obscure (p. 240),
cette dernière n'ayant pas de barres alaires; 2) la P. rayée à l'automne
(p. 248), qui a le dessus plus vert, le dessous blanchâtre et le sourcil plus net.
Voix: Le chant évoque celui de la P. à collier; notes rapides et bourdonnées sur le même ton, suivies d'une note plus longue et plus aigüe: *zré
zré zré zriiiii.* A également la qualité du chant de la P. bleue à gorge noire.
Aire: E des É.-U. Hiverne de la Colombie au N de la Bolivie. **Habitat:**
Forêts décidues, particulièrement près des cours d'eau.

PARULINES

zébrées, grises
ou bleutées

PARULINE NOIR
ET BLANC

♀

♂

♂

été

hiver

PARULINE
RAYÉE

♀

♂

♀

jeune

PARULINE GRISE
À GORGE NOIRE
(exceptionnelle)

PARULINE BLEUE
À GORGE NOIRE

♂

♀

PARULINE AZURÉE

♀

♂

233

PARULINE À TÊTE CENDRÉE *Dendroica magnolia* (12 cm) 294
Magnolia Warbler
La paruline «jaune et noir». Dessus noirâtre, grandes taches blanches aux ailes et à la queue; dessous jaune, fortement rayé de noir. En tout plumage, la queue est noire, traversée au milieu d'une *large bande blanche* (de dessous, elle a l'air blanche avec une large bande noire à l'extrémité). *Jeune:* Voir p. 248.
Voix: Le chant évoque celui de la P. jaune en plus court: *ouita ouita ouitsi* (note finale ascendante), ou *ouita ouita ouit-tchou*.
Aire: Canada, N-E des É.-U. Hiverne aux Antilles et du Mexique au Panama. **Habitat:** Parties basses des conifères; en migration, d'autres arbres.

PARULINE À CROUPION JAUNE *Dendroica coronata* (13-15 cm) 295
Yellow-rumped Warbler
Caractérisée par son *croupion jaune* et son cri (*tchep* fort). *Mâle au printemps:* Dessus gris-bleu; forte tache noire à la poitrine (en forme de U renversé); tache jaune à la calotte et devant l'aile. *Femelle au printemps:* Brunâtre; même motif de base. *En hiver:* Rayée; dessus brunâtre, dessous blanchâtre, *croupion jaune*. La forme de l'Ouest, exceptionnelle dans l'est, a la gorge *jaune* ou *jaunâtre*.
Voix: Chant: trille lâche ressemblant à celui du junco, mais montant ou descendant vers la fin. Cri: *tchep* fort.
Aire: Alaska, Canada, N-E des É.-U. Hiverne jusqu'au Panama. **Habitat:** Forêts de conifères et mixtes. En migration et en hiver, divers habitats: bois, fourrés, broussailles, buissons.

PARULINE DE KIRTLAND *Dendroica kirtlandii* (15 cm) 296
Kirtland's Warbler
Dessus gris bleuâtre, rayé de noir; dessous jaune, tacheté ou rayé de noir *aux flancs seulement*. Le mâle a un masque noirâtre, la femelle est plus grise, sans masque; les deux sont plus bruns à l'automne. Seule paruline à dos gris qui *agite la queue* continuellement.
Voix: Le chant, fort et grave pour une *Dendroica,* ressemble à celui de la P. des ruisseaux ou évoque parfois celui du Troglodyte familier. Chant typique: 3 ou 4 notes graves et détachées, courtes notes sonores plus aiguës, fin abrupte.
Aire: Centre-N du Michigan, nichant en petites colonies dans un territoire de 160 sur 100 km environ. Hiverne aux Bahamas. **Habitat:** Bosquets de jeunes Pins gris de 1,5 à 5 m de haut, poussant sur un tapis de bleuets, de raisins-d'ours ou de comptonies.

PARULINE DU CANADA *Wilsonia canadensis* (13-14 cm) 297
Canada Warbler
La paruline au collier de perles. *Mâle:* Dessus gris uniforme, dessous jaune vif; *collier de courtes raies noires. Femelle et jeune* semblables, mais à collier à peine visible ou absent. Tous ont des «lunettes» jaunes. Tous les plumages sont caractérisés par le gris du dessus, allié à l'absence de blanc aux ailes et à la queue.
Voix: Chant: staccato brusque et d'arrangement irrégulier. *Tchip, j'suis-petit-j'suis, dis-j'sais-ti!* Cri: *tchip*.
Aire: Canada, N-E des É.-U., Appalaches. Hiverne dans le N de l'Am. du S. **Habitat:** Strates basses en forêt, fourrés ombragés.

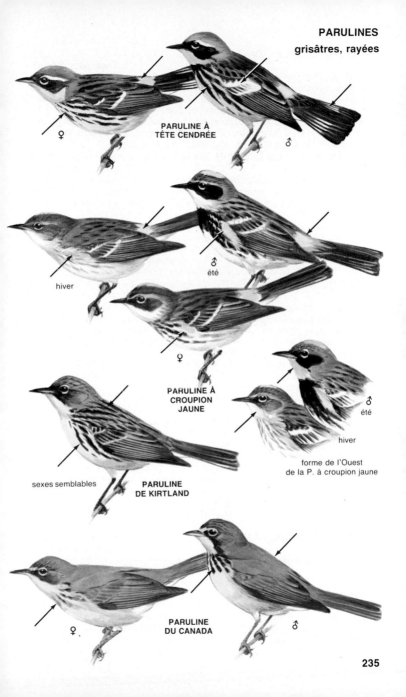

PARULINES
grisâtres, rayées

PARULINE À
TÊTE CENDRÉE

♀

♂

hiver

♂
été

♀

PARULINE À
CROUPION
JAUNE

♂
été

hiver

forme de l'Ouest
de la P. à croupion jaune

sexes semblables

PARULINE
DE KIRTLAND

PARULINE
DU CANADA

♀

♂

235

PARULINE TIGRÉE   *Dendroica tigrina*   (13 cm)   298
Cape May Warbler
Mâle au printemps: Noter les joues *marron.* Dessous jaune rayé de noir, croupion jaune, couronne noire. *Mâle à l'automne et femelle:* Sans la tache marron, plus ternes; poitrine souvent blanchâtre, rayée. Noter la *tache jaune* terne *derrière l'oreille.* Voir aussi p. 248.
Voix: Chant, *sît sît sît sît* ténu et très aigu, facile à confondre avec celui de la P. à poitrine baie. **Aire:** Canada, N-E des É.-U. Hiverne aux Antilles. **Habitat:** Épinettes; en migration, d'autres arbres.

PARULINE À FLANCS MARRON   *Dendroica pensylvanica*   (11-14 cm)   299
Chestnut-sided Warbler
Adulte au printemps: Identifié facilement par la combinaison *calotte jaune* et *flancs marron. Automne:* Dessus citron verdâtre, dessous blanc. Anneau oculaire blanc et mince, 2 barres alaires jaune pâle. Les adultes conservent un peu de marron. *Jeune:* Voir p. 248.
Voix: Chant, comparable à celui de la P. jaune: *sî sî sî sî où vas-tu* ou *ti, ti, ti, huit oui-tchou,* l'avant-dernière note accentuée, la dernière plus basse. Aussi, d'autres variantes plus décousues.
Aire: S du Canada, N-E des É.-U., Appalaches. Hiverne en Am. centrale. **Habitat:** Bois en regain, clairières, prés broussailleux.

PARULINE À POITRINE BAIE   *Dendroica castanea*   (13-15 cm)   300
Bay-breasted Warbler
Mâle au printemps: Sombre; *gorge, haut de poitrine* et flancs *marron;* noter la *grande tache chamois pâle* sur le cou. *Femelle au printemps:* Plus pâle, plus délavée. *Automne:* Dessus olive; 2 barres alaires blanches, dessous blanc-chamois terne. Elle peut avoir des traces de marron sur les flancs. Sous-caudales *chamois,* pattes foncées. Voir p. 248.
Espèce semblable: Voir la P. rayée à l'automne (p. 248).
Voix: *Fusi fusi fusi* aigu et sifflant; ressemble au chant de la P. noir et blanc; plus ténu, plus court, plus sur le même ton.
Aire: Canada, N-E des É.-U. Hiverne du Panama au Venezuela. **Habitat:** Forêts; conifères (l'été).

PARULINE À GORGE ORANGÉE   *Dendroica fusca*   (13 cm)   301
Blackburnian Warbler
Mâle au printemps: Noir et blanc, avec *de l'orange éclatant* à la tête et à la gorge. *Femelle:* Plus pâle; un peu d'orange à la gorge. *Automne:* Plus pâle, noter les raies jaunes à la tête et les raies pâles au dos.
Voix: Chant: *Zip zip zip titi tsiiiiii,* se terminant en bourdonnement très aigu (inaudible pour certains). Aussi, *titsi titsi titsi titsi zizizizi* en 2 parties, ressemblant au chant de la P. à joues grises.
Aire: Canada, N-E des É.-U., Appalaches. Hiverne du Costa-Rica au Pérou. **Habitat:** Forêts; conifères (l'été)

PARULINE FLAMBOYANTE   *Setophaga ruticilla*   (13 cm)   302
American Redstart
Comportement papillonnant; voltige beaucoup, laisse pendre les ailes et étale la queue. *Mâle:* Noir; *taches orange vif* aux ailes et à la queue. *Femelle:* Brun olive, *taches jaunes étincelantes* aux ailes et à la queue. *Jeune mâle:* Comme la femelle, mais teinté d'orange. **Voix:** Chants (souvent alternés): *zi zi zi zi zroui* (dernière note plus aigüe), *tsi tsi tsi tsi tsi-ou* (dernière note plus grave), et *titsa titsa titsa titsa tit* (notes doubles). **Aire:** Canada, E des É.-U. Hiverne aux Antilles et du Mexique au Brésil et au N du Pérou. **Habitat:** Forêts décidues, bois en regain.

PARULINES
à taches
orange ou marron

PARULINE
TIGRÉE

♀   ♂

PARULINE À
FLANCS MARRON

♀   ♂

hiver

PARULINE À
POITRINE BAIE

♀   ♂

PARULINE À
GORGE ORANGÉE

♀   ♂

PARULINE
FLAMBOYANTE

♀   ♂

237

PARULINE DES PINS *Dendroica pinus* (13-14 cm)   303
Pine Warbler
Aucune autre paruline n'a pour seuls traits caractéristiques une poitrine jaune et des *barres alaires blanches.* Poitrine très faiblement rayée, dos *non rayé;* points blancs aux coins de la queue. Femelle plus terne que le mâle; femelle d'automne et jeune obscurs: voir les parulines d'automne p. 248.
Voix: Chant: trille monotone comme celui du Bruant familier, mais plus lâche, plus musical, plus lent. **Aire:** E de l'Am. du N, Antilles. Hiverne dans le S de son aire. **Habitat:** Pinèdes claires surtout.

PARULINE DES PRÉS *Dendroica discolor* (13 cm)   304
Prairie Warbler
Hoche la queue (tout comme la P. à couronne rousse); dessous jaune, *flancs* rayés de noir. *Deux marques faciales noires,* une à travers l'oeil, l'autre dessous. De près, des taches marron peuvent être visibles au dos du mâle (réduites chez la femelle). *Jeune:* Voir p. 248.
Voix: Chant: *zu zu zu zi zi zi zî zî zî* ténu et ascendant. **Aire:** E de l'Am. du N. Hiverne de la Flor. au Nicaragua. **Habitat:** Clairières buissonnantes, prés broussailleux, jeunes pins.

PARULINE À COURONNE ROUSSE *Dendroica palmarum*   305
(11-14 cm) Palm Warbler
Hoche la queue continuellement. Dessus brun; dessous jaunâtre ou blanchâtre, finement rayé; sous-caudales *jaunes,* points blancs aux coins de la queue. *Calotte marron* au printemps (obscure en automne et en hiver; voir p. 248). Sexes semblables.
Voix: Chant: faibles notes répétées, *zihé-zihé-zihé-zihé-zihé-zihé.* **Aire:** Canada, N-E des É.-U. Hiverne dans le S des É.-U. et aux Antilles. **Habitat:** Lisières boisées des tourbières (été). En migration, petits arbres, buissons. Aime se tenir au sol.

PARULINE «DE BREWSTER» *Vermivora chrysoptera x pinus*
«Brewster's» Warbler
(hybride) La P. à ailes dorées et la P. à ailes bleues s'hybrident fréquemment là où leurs aires se chevauchent, ce qui donne lieu à 2 formes distinctes, la P. de «Laurence» et la P. «de Brewster» (hybride le plus fréquent). La P. «de Brewster» typique est comme une P. à ailes bleues dont le dessous serait blanchâtre. Les barres alaires sont blanchâtres ou jaunes, le dessous parfois teinté de jaune. La marque noire de l'oeil et le dessous blanc, ou en grande partie blanc (non entièrement jaune), sont caractéristiques. Peut chanter comme l'un ou l'autre des parents.

PARULINE À AILES BLEUES *Vermivora pinus* (11-13 cm)   306
Blue-winged Warbler
Face et dessous jaunes; *2 barres alaires blanches.* Noter le *trait noir en travers de l'oeil.* Sexes semblables.
Voix: Chant: *biiii-buzzz* bourdonné (comme une inspiration suivie d'une expiration). **Aire:** E des É.-U. Hiverne du Mexique au Panama. **Habitat:** Clairières et strates basses des forêts, orées, bois en regain.

PARULINE JAUNE *Dendroica petechia* (13 cm)   307
Yellow Warbler
La paruline la plus jaune. Même les *taches à la queue sont jaunes* (blanches chez beaucoup d'autres espèces). Le mâle a la *poitrine rayée de marron* (raies faibles ou absentes chez la femelle). *Automne:* Voir p. 248.
Voix: Chant: *tsi-tsi-tsi-tsi-titi-oui* ou *tire tire tire tu bibitte!* vif et agréable, émis rapidement. Variable. **Aire:** De l'Alaska et du Canada au centre du Pérou. Hiverne du Mexique au Pérou. **Habitat:** Buissons, lisières de marais, cours d'eau, prés broussailleux, jardins.

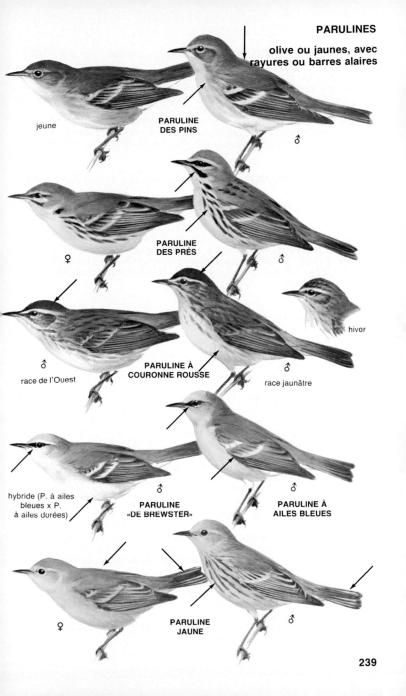

PARULINES

olive ou jaunes, avec rayures ou barres alaires

jeune

PARULINE DES PINS

♂

PARULINE DES PRÉS

♀

♂

race de l'Ouest

♂

PARULINE À COURONNE ROUSSE

♂

hivor

race jaunâtre

hybride (P. à ailes bleues x P. à ailes dorées)

♂

PARULINE «DE BREWSTER»

♂

PARULINE À AILES BLEUES

♀

PARULINE JAUNE

♂

239

PARULINE DE SWAINSON *Limnothlypis swainsonii* (13 cm) | 308 |
Swainson's Warbler

Oiseau furtif, rarement visible. Dessus brun olive, dessous blanc chamois uni, *calotte brune* et *sourcil clair.* Sexes semblables.
Voix: Le chant évoque celui de la P. hochequeue; plus bref (5 notes: 2 liées, 2 plus graves, 1 plus aiguë).
Aire: S-E des É.-U. Hiverne aux Antilles et au Yucatan. **Habitat:** Marais, tourbières, cours d'eau, strates basses des forêts; également dans les enchevêtrements de rhododendrons et de pruches du centre des Appalaches.

PARULINE VERMIVORE *Helmitheros vermivorus* (13-14 cm) | 309 |
Worm-eating Warbler

Recherche sa nourriture dans les feuilles mortes des pentes boisées. Oiseau discret, plus facile à entendre qu'à voir; olive terne, à tête chamois *rayée de noir.* Poitrine d'un chamois intense. Sexes semblables.
Voix: Chant sec, bourdonnant, ténu; ressemble au trille du Bruant familier, mais plus fin, plus rapide et stridulé, comme le bruit d'un insecte.
Aire: E des É.-U. (à l'O jusqu'au Kansas et dans le N-E du Texas). Hiverne aux Antilles, en Am. centrale. **Habitat:** Pentes forestières sèches, strates basses, ravins.

PARULINE OBSCURE *Vermivora peregrina* (12 cm) | 310 |
Tennessee Warbler

Plumage assez terne. *Mâle au printemps:* Sourcil blanc et tête grise contrastant avec le dos verdâtre. *Femelle au printemps:* Semblable; tête moins grise, dessous légèrement jaunâtre. *Automne:* Verdâtre; noter la poitrine jaunâtre *sans rayures,* le sourcil jaunâtre net et les barres alaires esquissées. Voir aussi p. 250.
Espèces semblables: 1) Voir la P. verdâtre à l'automne (p. 250). 2) Voir aussi les viréos sans barres alaires (p. 226).
Voix: Chant en 2 ou 3 parties, aux notes détachées: *tika tika tika tika, suit suit, tchou-tchou-tchou-tchou-tchou* (Gunn) ou *tika…, suit…,* terminé souvent par un trille. Évoque le chant de la P. à joues grises, mais plus fort, davantage répété.
Aire: Canada, N-E des É.-U. Hiverne du Mexique au Venezuela. **Habitat:** Forêts décidues et mixtes; en migration, bosquets, fourrés.

PARULINE VERDÂTRE *Vermivora celata* (11-14 cm) | 311 |
Orange-crowned Warbler

Paruline terne sans barres alaires ni autre trait distinctif; dessus vert-olive, dessous jaune verdâtre. Noter la poitrine faiblement rayée et l'absence de barres alaires. La calotte orange est rarement visible. Souvent nettement grise à l'automne et en hiver (voir p. 250).
Espèces semblables: Voir 1) la P. obscure à l'automne (ci-dessus et p. 250); 2) le Viréo de Philadelphie (p. 226).
Voix: Chant: trille terne s'affaiblissant à la fin. Change souvent de ton; monte, puis descend.
Aire: Alaska, Canada, O des É.-U. Hiverne au Guatemala. **Habitat:** Clairières buissonnantes, trembles, strates basses.

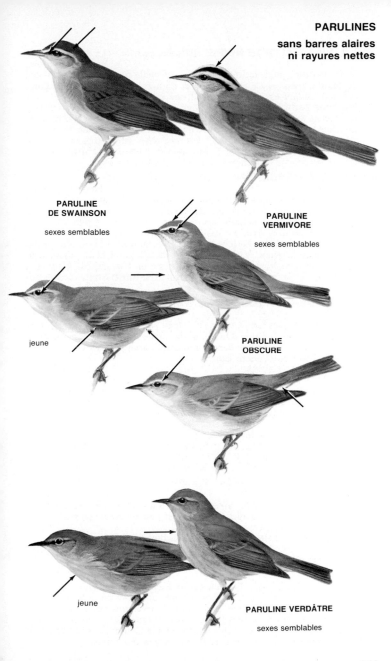

PARULINES

**sans barres alaires
ni rayures nettes**

PARULINE
DE SWAINSON

sexes semblables

PARULINE
VERMIVORE

sexes semblables

jeune

PARULINE
OBSCURE

jeune

PARULINE VERDÂTRE

sexes semblables

241

PARULINE À CALOTTE NOIRE *Wilsonia pusilla* (12 cm) 312
Wilson's Warbler

Mâle: Paruline jaune à *calotte noire.* La *femelle* peut avoir un semblant de calotte, mais pas le *jeune.* L'un et l'autre sont petits et jaune doré, et l'oeil saillant est surmonté d'une raie jaune. Voir p. 250.
Espèces semblables: La P. à calotte noire a la queue grise, sans taches. Les taches de la queue sont 1) blanches chez la P. à capuchon femelle, 2) jaunes chez la P. jaune. **Voix:** Chant: petit ramage rapide descendant à la fin: *tchui tchui tchui tchui tchui tché tché.* **Aire:** Alaska, Canada, O et N-E des É.-U. Hiverne du Mexique au Panama. **Habitat:** Fourrés le long des cours d'eau, enchevêtrements humides, buissons, saules, aulnes.

PARULINE À CAPUCHON *Wilsonia citrina* (14 cm) 313
Hooded Warbler

Le capuchon noir du *mâle* entoure complètement le jaune de la face et du front. *Femelle* et *jeune* sans capuchon, bien que le jaune de la face puisse être nettement délimité chez certaines femelles. À part les *taches caudales blanches,* ils n'ont pas de traits distinctifs.
Espèce semblable: La femelle de la P. à calotte noire est plus petite, sans taches à la queue. **Voix:** Cri: *tchink* métallique. Chant: *ouita oui-ti-ou* sifflé et fort. Variantes; le *ti-ou* lié reste un bon indice. **Aire:** E et centre des É.-U. Hiverne en Am. centrale. **Habitat:** Strates basses des forêts, kalmias, forêts marécageuses.

PARULINE DE BACHMAN *Vermivora bachmanii* (11 cm)
Bachman's Warbler

Le passereau le plus rare d'Am. du N. *Mâle:* Face et dessous jaunes; *calotte* et grande *bavette noires.* (On dirait une petite P. à capuchon, au capuchon incomplet). *Femelle:* Sans gorge noire; front jaune, calotte et joues grisâtres, anneau oculaire jaune.
Espèces semblables: 1) La P. «de Lawrence» a des barres alaires, une tache noire à l'oreille. 2) La P. à capuchon mâle a un capuchon complet. 3) La P. à capuchon femelle et 4) la P. à calotte noire femelle sont semblables à la P. de Bachman femelle. Cette dernière a la calotte et les joues grisâtres, un anneau oculaire jaune; elle n'a pas les taches caudales de la P. à capuchon. **Voix:** Chant: série rapide de bourdonnements mécaniques ternes et monotones: *bzz-bzz-bzz-bzz-bzz-bzz-bzz-bzz.* **Aire:** S-E des É.-U.; très localisée. Hiverne à Cuba. A déjà niché dans le S-E du Missouri, le N-E de l'Ark., l'O du Ky, le N de l'Alab., la Car. du S, et peut-être la Virg. Migre par les États du golfe et la Flor.

PARULINE «DE LAWRENCE» *Vermivora chrysoptera x pinus*
«Lawrence's» Warbler

(hybride) Récessif, issu du croisement P. à ailes bleues x P. à ailes dorées. Ventre jaune de la P. à ailes bleues; motif noir de la tête de la P. à ailes dorées. Noter la tache noire à l'oreille.
Espèce semblable: Voir la P. de Bachman (très rare).
Voix: Comme celle de la P. à ailes bleues ou de la P. à ailes dorées.

PARULINE À AILES DORÉES *Vermivora chrysoptera* (13-14 cm) 314
Golden-winged Warbler

Dos gris et ventre blanc. La seule paruline ayant à la fois une *tache alaire jaune* et la *gorge noire* (grise chez la femelle). Noter aussi le front jaune et la joue noire. **Voix:** chant, 1 note bourdonnée suivie de 3 plus basses: *bî-biz-biz-biz,* (La P. à ailes bleues émet un *biiii-buzzz* plus paresseux). **Aire:** E des É.-U. Hiverne du Guatemala à la Colombie. **Habitat:** Bois clairs, clairières buissonnantes, strates basses des forêts.

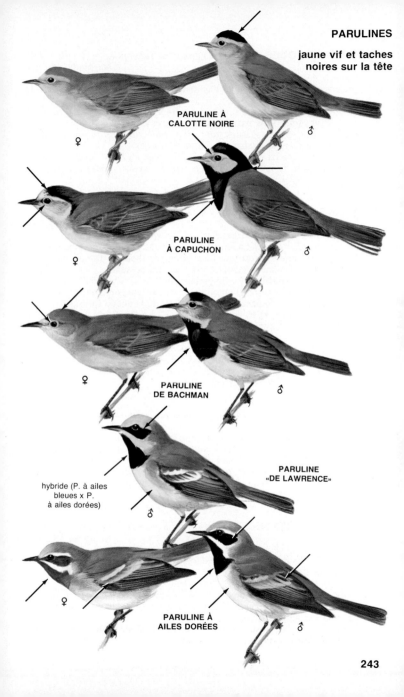

PARULINES

jaune vif et taches noires sur la tête

PARULINE À
CALOTTE NOIRE

♀ ♂

PARULINE
À CAPUCHON

♀ ♂

PARULINE
DE BACHMAN

♀ ♂

hybride (P. à ailes
bleues x P.
à ailes dorées)

♂

PARULINE
«DE LAWRENCE»

PARULINE À
AILES DORÉES

♀ ♂

243

PARULINE À JOUES GRISES *Vermivora ruficapilla* (12 cm) 315
Nashville Warbler

Noter la combinaison *anneau oculaire blanc* et gorge *jaune*. *Tête grise,* contrastant avec le dos olive. Pas de barres alaires. Le mâle peut avoir la calotte marron terne.

Espèce semblable: La P. à gorge grise a également l'anneau oculaire blanc et les ailes sans barres, mais la gorge est *grisâtre*.

Voix: Chant en deux parties: *tibit, tibit, tibit, tibit, tui tui tui tui tui tui* (se termine comme le chant du Bruant familier).

Aire: S du Canada, O et N des É.-U. Hiverne du S du Texas au Guatemala. **Habitat:** Bois mixtes clairs avec strates basses, orées des bois, tourbières.

PARULINE À GORGE GRISE *Oporornis agilis* (13-15 cm) 316
Connecticut Warbler

Semblable à la P. triste (capuchon gris, corps jaune et olive), mais a un *anneau oculaire blanc*. La femelle, à l'automne, et le jeune sont plus ternes; le capuchon gris est tout juste apparent (haut de la poitrine teinté de brunâtre). L'anneau oculaire est toujours présent.

Espèces semblables: 1) En pariade, la P. triste n'a pas d'anneau oculaire (il est souvent brisé à l'automne). Le mâle a la gorge noire. Les souscaudales jaunes s'étendent jusqu'au milieu de la queue (presque jusqu'à son extrémité chez la P. à gorge grise). 2) La P. à joues grises a aussi l'anneau oculaire, mais elle est plus petite et plus active; elle a la *gorge jaune*.

Voix: *Tchi-pu-ti, tchi-pu-ti, tchi-pu-ti, chip* (W. Gunn).

Aire: Centre-S du Canada, centre-N des É.-U. Hiverne dans le N de l'Am. du S. **Habitat:** Massifs de peupliers, tourbières, bois mixtes près de l'eau; en migration, strates basses des forêts.

PARULINE TRISTE *Oporornis philadelphia* (13-14 cm) 317
Mourning Warbler

Dessus olive, dessous jaune; *capuchon gris* couvrant la tête et le cou; le mâle porte une *bavette noire* à contour irrégulier. *Jeune:* Voir p. 250.

Espèce semblable: Voir la P. à gorge grise; toutes deux sont furtives.

Voix: Chant: *tiri, tiri, turi, turi* (*turi* plus grave). Beaucoup de variantes.

Aire: Canada et N-E des É.-U. Hiverne en Am. centrale et du S. **Habitat:** Clairières, fourrés, bois en regain.

PARULINE DU KENTUCKY *Oporornis formosus* (14 cm) 318
Kentucky Warbler

Noter les larges favoris noirs et les «lunettes» jaunes. Sexes semblables. Retenir le chant; on l'entend dix fois plus souvent qu'on ne la voit.

Espèces semblables: 1) La P. masquée (p. 246) n'a pas de «lunettes»; 2) la P. du Canada (p. 234) a un collier sombre.

Voix: Chant, roulement rapide: *toré-toré-toré-toré* ou *tchuri-tchuri-tchuri-tchuri*, évoquant le chant du Troglodyte de Caroline, mais moins musical (2 syllabes plutôt que 3).

Aire: E des É.-U. (jusqu'au Texas). Hiverne du Mexique au N de l'Am. du S. **Habitat:** Strates basses des forêts.

sans barres alaires
ni rayures

PARULINE À
JOUES GRISES

PARULINE À
GORGE GRISE

jeune

PARULINE
TRISTE

jeune

Paruline masquée
en comparaison
(p. 247)

PARULINE
DU KENTUCKY

sexes semblables

245

PARULINE MASQUÉE *Geothlypis trichas* (11-14 cm) $\boxed{319}$

Common Yellowthroat

Paruline aux allures de troglodyte. Le *mâle* a un masque noir et la gorge jaune. *Femelle* et *jeune:* brun-olive, sans masque noir; gorge jaune intense et poitrine jaune-chamois. Se distingue des parulines semblables par le *ventre blanchâtre,* les flancs brunâtres et l'habitat.
Voix: Chant rapide: *ouistiti-ouistiti-ouistiti-ouit;* parfois *ouitchi-ouitchi-ouitchi-ouit.* Cri: *tchèp* rauque.
Aire: Du Canada au S du Mexique. Hiverne aux Antilles et du S des É.-U. au Panama. **Habitat:** Marais, fourrés humides.

PARULINE POLYGLOTTE *Icteria virens* (18 cm) $\boxed{320}$

Yellow-breasted Chat

Noter les «lunettes» *blanches,* la gorge et la poitrine *jaune* vif. Pas de barres alaires. Sexes semblables. Par la taille (grande pour une paruline), le bec, la queue allongée, les moeurs et l'habitat, on dirait un moqueur.
Voix: Chant: sifflements clairs répétés, mêlés de notes rauques et de croassements doux. Évoque le chant du Moqueur polyglotte, mais le répertoire est plus restreint et les pauses plus longues. Des sons isolés, tels que *ouâït* ou *couc,* sont caractéristiques. **Aire:** Du S du Canada au centre du Mexique. Hiverne en Am. centrale. **Habitat:** Arbustes épineux, fourrés.

PARULINE DES RUISSEAUX *Seiurus noveboracensis* (15 cm) $\boxed{321}$

Northern Waterthrush

Marche souvent au bord de l'eau et hoche la queue comme le Chevalier branlequeue. Dos brun; sourcil *crème, jaune pâle ou chamois: dessous rayé,* souvent jaunâtre.
Voix: Cri: *tchip* net. Chant: *tuit tuit tuit tiou tiou tiou houi houi tou* (finales plus graves). **Aire:** Alaska, Canada, bordure N des É.-U. Hiverne surtout en Am. tropicale. **Habitat:** Bois marécageux ou humides; bords des cours d'eau et des lacs; en migration, fourrés également.

PARULINE HOCHEQUEUE *Seiurus motacilla* (15 cm) $\boxed{322}$

Louisiana Waterthrush

Semblable à la P. des ruisseaux, mais dessous habituellement *blanchâtre* et bec légèrement plus fort. Sourcil d'un *blanc pur.*
Espèce semblable: Quelques P. des ruisseaux à l'automne (en particulier la race *notabilis* de l'O) ont le sourcil blanchâtre. La P. des ruisseaux a des petites taches à la gorge, qui sont (habituellement) absentes chez la P. hochequeue.
Voix: Chant, musical et sonore; 3 sifflements clairs, liés, suivis d'une cascade de notes gazouillées allant vers le grave.
Aire: E des É.-U. Hiverne aux Antilles et du Mexique au N de l'Am. du S. **Habitat:** Ruisseaux, ravins, forêts marécageuses.

PARULINE COURONNÉE *Seiurus aurocapillus* (15 cm) $\boxed{323}$

Ovenbird

De la taille d'un moineau; se voit généralement au sol, en forêt. On dirait une petite grive: pattes *rosées,* dessus brun-olive, mais dessous rayé plutôt que grivelé. La *tache orange de la tête* est visible de près. Oiseau plus facile à entendre qu'à voir.
Voix: Chant: *Ti-pié, TI-PIÉ, TI-PIÉ,* énergique, répété rapidement, en crescendo. Dans quelques régions, monosyllabique, sans changement d'intensité: *TCHUI, TCHUI, TCHUI,* etc. **Aire:** S du Canada et É.-U. à l'E des Rocheuses. Hiverne du S-E des É.-U. au N de l'Am. du S. **Habitat:** Près du sol dans les forêts décidues; en migration, fourrés.

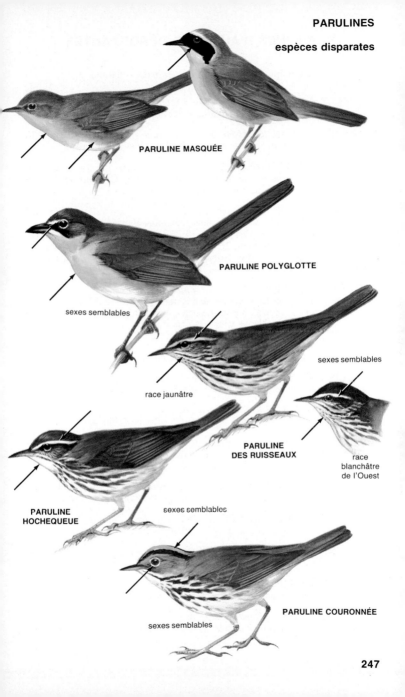

PARULINE MASQUÉE

PARULINE POLYGLOTTE

sexes semblables

race jaunâtre

sexes semblables

PARULINE
DES RUISSEAUX

race
blanchâtre
de l'Ouest

PARULINE
HOCHEQUEUE

sexes semblables

PARULINE COURONNÉE

sexes semblables

PARULINES D'AUTOMNE DÉROUTANTES

(la plupart ont des raies ou des barres alaires)

texte

ROITELET À COURONNE RUBIS *Regulus calendula* **p. 216**
(Pas une paruline.) Anneau oculaire interrompu, large barre alaire noire.

PARULINE À FLANCS MARRON *Dendroica pensylvanica* **p. 236**
Jeune: Dessus jaune-vert, dessous blanchâtre; anneau oculaire.

PARULINE À POITRINE BAIE *Dendroica castanea* **p. 236**
Noter les pattes foncées, les sous-caudales chamois. Certains adultes ont les flancs délavés de marron. Voir la P. rayée.

PARULINE RAYÉE *Dendroica striata* **p. 232**
Très semblable à la P. à poitrine baie, mais plus élancée. Elle a 1) le dessous teinté de verdâtre et est rayée (la P. à poitrine baie est plus chamois, à peine rayée ou pas du tout); 2) les sous-caudales blanches (non chamois); 3) les pattes jaunâtres pâles (sombres chez la P. à poitrine baie, comme parfois chez la P. rayée).

PARULINE DES PINS *Dendroica pinus* **p. 238**
Se distingue des 2 précédentes par le dos uni. Noter les sous-caudales blanches (chamois chez la P. à poitrine baie), les pattes noires (pâles chez la P. rayée). Quelques jeunes sont très gris ou bruns.

PARULINE À COLLIER *Parula americana* **p. 230**
Jeune: Assemblage de bleuté et de jaune; barres alaires.

PARULINE À TÊTE CENDRÉE *Dendroica magnolia* **p. 234**
Jeune: Bande blanche transversale au milieu de la queue.

PARULINE DES PRÉS *Dendroica discolor* **p. 238**
Jeune: Moustache apparente, flancs rayés. Hoche la queue.

PARULINE JAUNE *Dendroica petechia* **p. 238**
Taches caudales jaunes. Certaines femelles et jeunes sont si sombres qu'ils peuvent ressembler à la P. verdâtre (pp. 240, 250).

PARULINE À GORGE ORANGÉE *Dendroica fusca* **p. 236**
Jeune: Gorge jaune, joues sombres; dos portant des raies pâles.

PARULINE VERTE À GORGE NOIRE *Dendroica virens* **p. 230**
Jeune: Raies sombres de la gorge bordant le contour jaune de la joue.

PARULINE À COURONNE ROUSSE *Dendroica palmarum* **p. 238**
Dos brunâtre, sous-caudales jaunâtres. Hoche la queue.

PARULINE À CROUPION JAUNE *Dendroica coronata* **p. 234**
Jeune: Croupion jaune vif.

PARULINE TIGRÉE *Dendroica tigrina* **p. 236**
Poitrine rayée, croupion jaunâtre. Noter la tache pâle du cou (parfois obscurcie chez les jeunes).

PARULINES D'AUTOMNE DÉROUTANTES

adulte

ROITELET À COURONNE RUBIS
(n'est pas une paruline)

P. À FLANCS MARRON

jeune

P. DES PINS

P. À POITRINE BAIE

jeune

jeune

P. DES PINS

P. À COLLIER

jeune

P. RAYÉE

jeune

P. À TÊTE CENDRÉE

jeune

P. DES PRÉS

P. JAUNE

jeune

jeune

P. À GORGE ORANGÉE

jeune

P. VERTE À GORGE NOIRE

jeune

P. À COURONNE ROUSSE

jeune

P. À CROUPION JAUNE

P. TIGRÉE

249

PARULINES D'AUTOMNE DÉROUTANTES

(la plupart n'ont ni raies ni barres alaires)

Texte

PARULINE VERDÂTRE *Vermivora celata* **p. 240**
Poitrine terne, sous-caudales jaunes. Le jeune à l'automne est entièrement beige-verdâtre, souvent assez gris, avec le dessous à peine plus pâle.

PARULINE OBSCURE *Vermivora peregrina* **p. 240**
Soupçon de barre alaire; sous-caudales blanches. Très semblable à la P. verdâtre (ci-dessus), mais noter: 1) les sous-caudales blanches; 2) le sourcil plus voyant; 3) le plumage plus vert; 4) le dessous plus pâle, sans indice de raie; 5) le soupçon de barre alaire.

VIRÉO DE PHILADELPHIE *Vireo philadelphicus* **p. 226**
(N'est pas une paruline.) Chant et comportement d'un viréo.

PARULINE À CAPUCHON *Wilsonia citrina* **p. 242**
Jeune: Sourcil jaune, larges taches caudales blanches.

PARULINE À CALOTTE NOIRE *Wilsonia pusilla* **p. 242**
Jeune: Comme une petite P. à capuchon, sans taches caudales blanches.

PARULINE BLEUE À GORGE NOIRE *Dendroica caerulescens* **p. 232**
Joues sombres, carré blanc ou pâle à l'aile. Certains jeunes et certaines femelles n'ont pas le carré blanc à l'aile; on peut encore les distinguer du Viréo de Philadelphie et de la P. obscure (ci-dessus) par la *joue sombre*.

PARULINE À GORGE GRISE *Oporornis agilis* **p. 244**
Jeune: Semblant de capuchon; anneau oculaire continu.

PARULINE TRISTE *Oporornis philadelphia* **p. 244**
Femelle à l'automne et jeune: Semblant de capuchon; anneau oculaire discontinu. Ventre plus jaune que chez la P. à gorge grise.

PARULINE À JOUES GRISES *Vermivora ruficapilla* **p. 244**
Gorge jaune, anneau oculaire blanc.

PARULINE MASQUÉE *Geothlypis trichas* **p. 246**
Femelle: Gorge jaune, flancs brunâtres, ventre blanc.

PARULINE ORANGÉE *Protonotaria citrea* **p. 230**
Femelle: Tête ambrée, ailes grises.

PARULINE DU CANADA *Wilsonia canadensis* **p. 234**
Jeune: «Lunettes» jaunes, soupçon de collier.

**PARULINES
D'AUTOMNE
DÉROUTANTES**

jeune

P. VERDÂTRE

P. OBSCURE

**VIRÉO DE
PHILADELPHIE**
(n'est pas
une paruline)

jeune

**P. À
CALOTTE
NOIRE**

**P. À
CAPUCHON**

**P. BLEUE À
GORGE NOIRE**

jeune

P. TRISTE

jeune

**P. À GORGE
GRISE**

**P. À JOUES
GRISES**

jeune

P. ORANGÉE

P. DU CANADA

P. MASQUÉE

251

■ **CAROUGES, QUISCALES, ORIOLES, etc.: Famille des Ictéridés.** Groupes d'oiseaux variés au bec conique et très pointu et au front
fuyant. Certains ont un plumage noir et irisé, d'autres sont vivement colorés. Sexes habituellement dissemblables. **Nourriture:** Insectes, petits fruits,
graines, céréales, organismes aquatiques. **Aire:** Nouveau-Monde; la plupart des espèces sont tropicales. **Espèces:** Monde, 88; Est, 14 (+ 4 exceptionnelles).

CAROUGE À ÉPAULETTES *Agelaius phoeniceus* (18-24 cm) ⟦324⟧
Red-winged Blackbird

Mâle: Noir, à *épaulettes* rouges, plus voyantes lors de la parade. Le rouge
est souvent caché; seul le liséré jaunâtre est alors visible. *Jeune mâle:* Brun
fuligineux, marbré, mais à épaulettes rouges. *Femelle et juvénile:* Brunâtres; bec très pointu, profil de carouge, dessous marqué de *rayures foncées bien nettes.* Oiseau grégaire; se déplace en grosses bandes et se
regroupe en dortoirs pour la nuit.
Voix: Cri: *tchek* fort et *tî-uur* aigu et lié. Chant: *konk-la-rî* ou *o-ka-lî* coulant et gloussé.
Aire: Du Canada au Costa Rica, Antilles. **Habitat:** Niche dans les marais,
les marécages broussailleux, les champs de foin; se nourrit également dans
les champs cultivés, le long d'étendues d'eau, etc.

CAROUGE À TÊTE JAUNE *Xanthocephalus xanthocephalus* ⟦325⟧
(20-28 cm) Yellow-headed Blackbird

Mâle: Oiseau de marais de la taille d'un merle, noir, à tête et poitrine *jaune
doré;* déploie une *tache alaire blanche* en vol. *Femelle:* Plus petite et plus
brune; le jaune est surtout limité à la gorge et à la poitrine; le bas de la
poitrine est rayé de blanc. Grégaire.
Voix: Chant: notes graves, rauques et grinçantes, émises avec beaucoup
d'effort; évoque une charnière rouillée. Cri: *krok* ou *kak* grave.
Aire: Du S-O du Canada au N-O du Mexique. Hiverne dans le S-O des
É.-U. et au Mexique. **Habitat:** Marais d'eau douce. Se nourrit dans les
champs et les terrains découverts.

VACHER À TÊTE BRUNE *Molothrus ater* (18 cm) ⟦326⟧
Brown-headed Cowbird

Oiseau plutôt petit, à bec court de moineau. *Mâle:* Noir, à *tête brune.*
Femelle: Toute grise; noter le bec court. *Juvénile:* Plus pâle que la femelle,
beige, la poitrine rayée de blanc; on peut souvent observer un parent adoptif
plus petit en train de le nourrir. Les jeunes mâles muent tard à l'été et
sont alors rapiécés de chamois et de noir. En troupe, avec d'autres Ictéridés, les vachers sont plus petits et se tiennent la queue en l'air lorsqu'ils
se nourrissent au sol.
Espèces semblables: La femelle grise diffère de 1) la femelle du Quiscale rouilleux et 2) de la femelle du Quiscale de Brewer par le bec plus
court et la taille plus faible. 3) Les jeunes Étourneaux sansonnets ont le
bec plus long, la queue plus courte.
Voix: Cri, en vol: *ouî-titi* (sifflement aigu, 2 notes plus basses). Chant:
gloug-gloug-glîî coulant, puis grinçant. Cri: *tchok.*
Aire: Du S du Canada au N du Mexique. Les populations du N migrent.
Habitat: Fermes, champs, bords de route, orées des bois, bosquets
riverains.

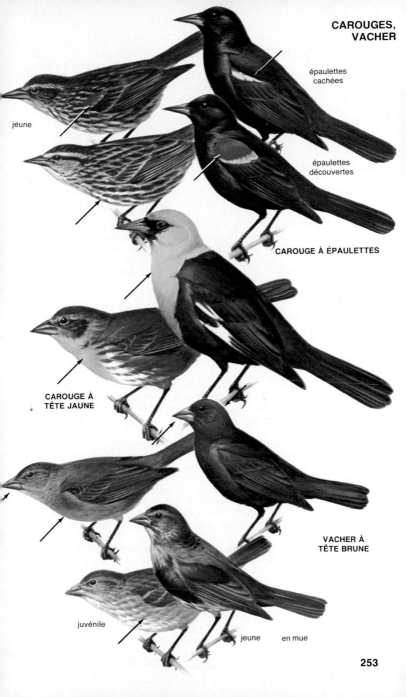

CAROUGES, VACHER

épaulettes cachées

jeune

épaulettes découvertes

CAROUGE À ÉPAULETTES

CAROUGE À TÊTE JAUNE

VACHER À TÊTE BRUNE

juvénile

jeune

en mue

QUISCALE ROUILLEUX *Euphagus carolinus* (23 cm) $\boxed{327}$
Rusty Blackbird
Quiscale à queue courte, de la taille d'un merle, rouille seulement à l'automne. *Mâle au printemps:* Noir, les yeux jaune pâle. *Femelle au printemps:* Ardoisée, les *yeux clairs. Adulte en hiver et jeune:* Rouille délavé, le dessous *barré.*
Voix: Cri: *tchak* fort. Chant: note déchirante de charnière rouillée; *kosh-a lî* alternant avec *ksh-lé.*
Aire: Alaska, Canada, N-E des É.-U. Hiverne jusqu'au S-E des É.-U.
Habitat: Bosquets riverains, forêts marécageuses; tourbières.

QUISCALE DE BREWER *Euphagus cyanocephalus* (23 cm) $\boxed{328}$
Brewer's Blackbird
Quiscale de l'O. *Mâle:* Tout noir, à l'oeil blanchâtre; sous un bon éclairage, on voit des reflets *violacés* sur la tête et verdâtres sur le corps. *Femelle:* Gris brunâtre, à l'oeil *foncé.*
Espèce semblable: Le Q. rouilleux mâle a des reflets *verdâtres* ternes sur la tête (difficiles à voir); bec plus long. Le Q. rouilleux femelle a l'oeil *clair.* Le Q. de Brewer n'acquiert pas un plumage très rouille en hiver.
Voix: Chant: *kouî-î* ou *ksh-î* éraillé, plaintif et grinçant.
Aire: S-O du Canada, O et centre-N des É.-U. Hiverne jusqu'au S du Mexique. **Habitat:** Champs, steppes, fermes, parcs.

QUISCALE BRONZÉ *Quiscalus quiscula* (28-34 cm) $\boxed{329}$
Common Grackle
Grand oiseau au plumage noir irisé, plus grand que le merle, à queue cunéiforme étalée en «V». Vol moins onduleux que celui des autres espèces apparentées. Le mâle a des reflets violets sur la tête, le dos bronzé ou pourpré terne. La forme bronzée (Nouv.-Angl. et O des Appalaches) et la forme pourprée (côtes au S de la Nouv.-Angl.) ont déjà été considérées comme des espèces distinctes.
Voix: Cri: *tchok* ou *tchak.* Chant: note grinçante et déchirante.
Aire: Canada et É.-U., à l'E des Rocheuses. **Habitat:** Champs cultivés, jardins des villes, bosquets, bords des cours d'eau.

QUISCALE DES MARAIS *Quiscalus major* (♂: 41 cm; ♀: 33 cm) $\boxed{330}$
Boat-tailed Grackle
Très gros oiseau au plumage noir irisé; beaucoup plus grand que le Q. bronzé, à queue plus longue et plus large. Femelle beaucoup plus petite que le mâle et beaucoup plus brune que celle du Q. bronzé; poitrine pâle.
Espèce semblable: En Louisiane et plus à l'O., voir le Grand Quiscale.
Voix: *Tchek tchek tchek* rauque; sifflements et gloussements rauques.
Aire: La côte E, du N.J. au centre du Texas. **Habitat:** Réside près des eaux côtières; marais. Aussi dans l'intérieur en Flor.

GRAND QUISCALE *Quiscalus mexicanus* (♂: 45 cm; ♀: 35 cm) $\boxed{330}$
Great-tailed Grackle
Très semblable au Q. des marais, mais à queue un peu plus longue. Les deux sexes ont les yeux *jaunes.* (Le Q. des marais de la côte atlantique a aussi les yeux jaunes; ceux de la région du g. du Mexique les ont bruns, mais quelques mâles peuvent les avoir jaunâtre terne).
Voix: Plus variée que celle du Q. des marais: des *clok* forts; sifflement ascendant.
Aire: Du S-O des É.-U. au Pérou. **Habitat:** Alors que le Q. des marais est limité aux marais côtiers (sauf en Flor.), le Grand Quiscale séjourne aussi dans l'intérieur des terres, dans les parcs, les villes, etc.

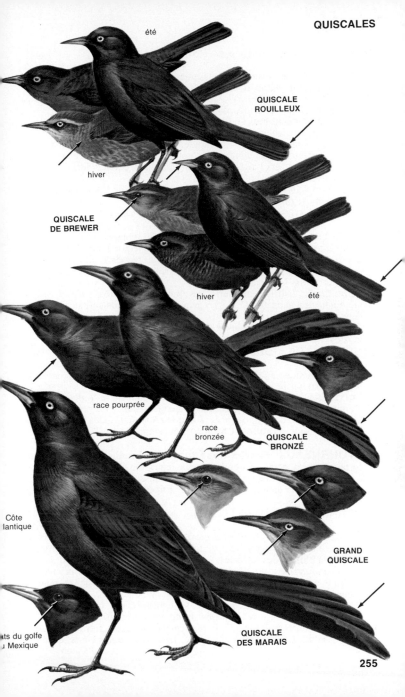

QUISCALES

été

QUISCALE
ROUILLEUX

hiver

QUISCALE
DE BREWER

hiver   été

race pourprée

race
bronzée   QUISCALE
               BRONZÉ

Côte
lantique

GRAND
QUISCALE

ts du golfe
u Mexique

QUISCALE
DES MARAIS

GOGLU *Dolichonyx oryzivorus* (15-20 cm) 331
Bobolink
Mâle au printemps: Notre seul passereau au *dessous tout noir et au dessus en grande partie blanc,* donnant l'effet d'un habit de gala mis à l'envers. *Mâle à l'automne et femelle.* À peine plus gros que le moineau, chamois intense, la calotte et le dos marqués de raies foncées.
Espèces semblables: 1) Bruant noir et blanc (blanc restreint aux ailes); 2) Carouge à épaulettes femelle (dessous fortement rayé).
Voix: Le chant enthousiaste et rapide, émis en vol sur place ou en descente tremblotante, est composé de notes flutées graves et de notes plus rapides montant vers l'aigu. Cri en vol, *pink* clair, entendu lors des passages migratoires.
Aire: S du Canada, N des É.-U. Hiverne dans le S de l'Am. du S. **Habitat:** Champs, prés, steppes. En migration, marais.

STURNELLE DES PRÉS *Sturnella magna* (23 cm) 332
Eastern Meadowlark
Oiseau brun et massif des zones herbeuses, qui montre en s'envolant une tache *blanche* voyante de chaque côté d'une queue courte. Fait alterner une série de battements d'ailes rapides avec des planés courts. S'il se perche, on peut voir un *«V» noir* sur la poitrine jaune vif. En marchant, il ouvre et ferme la queue.
Voix: Chant: 2 sifflements clairs, liés, musicaux et étirés; *tiu-tî, tî-u* (dernière note descendante). Cri: *dzrrt* grinçant ou bourdonnant; aussi, caquetage guttural.
Aire: S-E du Canada, E des É.-U., Cuba; du S-O des É.-U. au Brésil. Partiellement migrateur. **Habitat:** Champs, prés, steppes.

STURNELLE DE L'OUEST *Sturnella neglecta* (23 cm) 333
Western Meadowlark
Presque identique à la S. des prés, mais le dessus plus pâle; le jaune de la gorge atteint la joue. Facilement identifiable au chant.
Voix: Chant variable, différent du sifflement clair de la S. des prés: 7 à 10 notes doubles, flutées, gazouillées. Le cri, *tchopp,* est plus grave que le *dzrrt* grinçant de la S. des prés. **Aire:** Du S-O du Canada jusqu'au centre du Mexique. **Habitat:** Champs, prés, steppes.

■ **ÉTOURNEAUX: Famille des Sturnidés.** Famille hétérogène, dont certains représentants ressemblent aux Ictéridés. Queue habituellement courte et bec pointu. Grégaires. **Nourriture:** Insectes, graines, petits fruits. **Aire:** Répandus dans l'Ancien-Monde. **Espèces:** Monde, 103; Est, 1 (introduite).

ÉTOURNEAU SANSONNET *Sturnus vulgaris* (19-21 cm) 334
European Starling
Oiseau noir à queue courte et à profil de sturnelle, grégaire et bruyant. En vol, il a l'air triangulaire; vol direct et rapide, différent du vol onduleux de la plupart des Ictéridés. Au printemps: plumage irisé, bec *jaune.* En hiver: *fortement moucheté;* bec foncé, devenant jaune au printemps. Le jeune est sombre et ressemble un peu à la femelle du vacher, mais la queue est plus courte et le bec, plus long.
Voix: *Tsîr* dur; *houî* sifflé. En outre, sifflements clairs, cliquetis, claquements de bec, petits rires étouffés; imite parfois d'autres oiseaux.
Aire: Eurasie, N de l'Afrique. Partiellement migrateur. Introduit en Am. du N et ailleurs. **Habitat:** Villes, parc, fermes, bosquets clairs, champs.

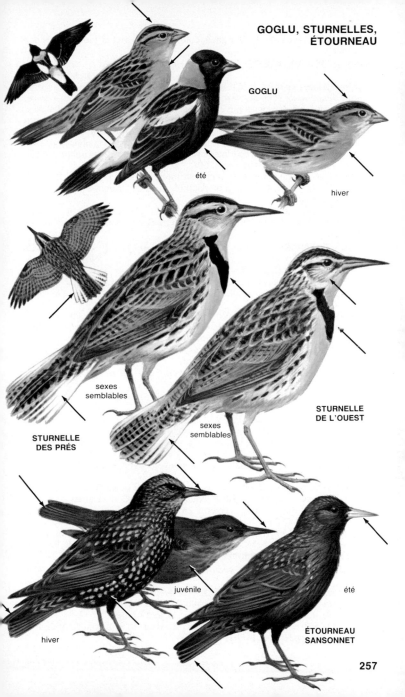

GOGLU, STURNELLES,
ÉTOURNEAU

GOGLU

été

hiver

sexes
semblables

STURNELLE
DES PRÉS

sexes
semblables

STURNELLE
DE L'OUEST

juvénile

été

hiver

ÉTOURNEAU
SANSONNET

257

- **ORIOLES.** Ictéridés brillamment colorés, plus petits et plus élancés que le merle.

ORIOLE DES VERGERS *Icterus spurius* (15-18 cm) 335

Orchard Oriole

Mâle: Oriole tout sombre. Croupion et dessous marron foncé, reste du corps noir. *Jeune mâle:* Dessus verdâtre terne, dessous jaunâtre, *bavette noire.* *Femelle et juvénile:* dessus olive, dessous jaunâtre, 2 barres alaires blanches.

Espèces semblables: 1) La femelle et le jeune de l'Oriole du Nord ne sont pas aussi verdâtres. Quelques femelles de l'Oriole du N ont la gorge noire (comme les jeunes mâles de l'Oriole des vergers), mais sont plus orangées. 2) Le Tangara écarlate femelle et 3) le Tangara vermillon femelle n'ont pas de barres alaires (p. 260).

Voix: Cascade de notes, certaines gutturales, entrecoupées de sifflements flûtés. Évoque le chant du Roselin pourpré. Le *ouîr!* strident et lié, en finale, est caractéristique.

Aire: Du S-E du Canada au centre du Mexique. Hiverne en Am. centrale et dans le N de l'Am. du S. **Habitat:** Orées des bois, vergers, arbres d'ombrage.

ORIOLE DU NORD *Icterus galbula* (en partie) (18-20 cm) 336

Northern Oriole

(race de l'Est «de Baltimore») *Mâle:* Orange vif et noir, la tête toute noire. *Femelle et jeune:* Dessus brun olive, dessous jaune ambré, 2 barres alaires. Quelques femelles ont des traces de noir sur la tête, évoquant le capuchon du mâle.

Espèces semblables: 1) Voir l'Oriole «à ailes blanches» (de l'Ouest). 2) L'Oriole des vergers femelle est plus verte que la femelle de l'Oriole du Nord. 3) Voir les tangaras femelle.

Voix: Chant: sifflements étoffés, flûtés. Cri: *iou-li* sifflé, grave. Jeune (qué-mandant sa nourriture): *tî-dîdî* plaintif.

Aire: Canada, E et centre des É.-U. Hiverne dans l'Am. tropicale. **Habitat:** Bois clairs, ormes, arbres d'ombrage.

ORIOLE DU NORD *Icterus galbula* (en partie) (18-21 cm) 337

Northern Oriole

(races de l'Ouest «à ailes blanches») De l'Ouest. *Mâle:* Diffère de l'Oriole «de Baltimore» mâle par les *joues orange, les grandes taches alaires blanches,* le motif différent de la queue. *Femelle:* Diffère de l'Oriole «de Baltimore» femelle par le dos plus gris, le *ventre plus blanc. Jeune mâle:* Semblable à la femelle, mais à gorge noire. S'hybride avec l'Oriole «de Baltimore».

Voix: Série de notes doubles accentuées et 1 ou 2 notes flûtées. Cri: *skip* perçant; aussi, caquetage. **Aire:** Niche dans le S-O du Canada, l'O des É.-U. et le N du Mexique. Hiverne en Am. centrale. Niche dans l'E de la Prairie (Sud-Dakota, centre du Nebr., O du Kansas, O de l'Okl.), où il s'hybride avec l'Oriole «de Baltimore». Les deux sont maintenant considérés de la même espèce. Des égarés se rencontrent en hiver le long de la côte E; plusieurs mentions, surtout à des mangeoires.

ORIOLE MACULÉ *Icterus pectoralis* (20 cm) 338

Spot-breasted Oriole

En Flor. seulement. Noter la *calotte orangée,* la bavette noire et les *taches noires des côtés de la poitrine.* Beaucoup de blanc à l'aile. Aucun autre oriole de notre région n'a le dessus de la tête orangé.

Aire: Du S-O du Mexique au N-O du Costa-Rica. Récemment établi (introduit ou échappé) dans le S-E de la Flor.

ORIOLES

ORIOLE DES VERGERS

jeune

ORIOLE DU NORD
(race de l'Est)

jeune

ORIOLE DU NORD
(races de l'Ouest)

semblable mais plus terne

ORIOLE MACULÉ
(Floride seulement)

259

■ **TANGARAS: Famille des Thraupidés.** Les tangaras mâles sont brillamment colorés. Les femelles de nos espèces ont le dessus verdâtre et le dessous jaune; on dirait des parulines ou des viréos de grande taille, au bec épais; elles peuvent être prises pour des orioles femelles, mais elles ont les joues plus foncées et n'ont pas de barres alaires. Le bec plutôt fort est *encoché*. **Nourriture:** Insectes, fruits. **Aire:** Nouveau-Monde, la plupart des espèces étant tropicales. **Espèces:** Monde, 191; Est, 3 (+ 1 exceptionnelle, 1 introduite).

TANGARA VERMILLON *Piranga rubra* (18-19 cm) $\boxed{339}$

Summer Tanager

Mâle: Entièrement rouge tomate; bec jaunâtre; sans huppe. *Femelle:* Dessus olive, dessous jaune foncé. Les jeunes mâles qui acquièrent le plumage adulte peuvent être tachetés de rouge et de vert.

Espèces semblables: 1) Le Cardinal rouge mâle est huppé et a la face noire. 2) Le T. écarlate mâle a les ailes et la queue noires; la femelle a les ailes plus foncées. 3) Les orioles femelle ont des barres alaires.

Voix: Cri: *pi-toc* ou *pic-i-toc-i-toc,* en notes détachées. Chant: phrases ressemblant à celles du merle, moins nasales et moins sonores que celles du T. écarlate.

Aire: Du centre et du S des É.-U. au N du Mexique. Hiverne du Mexique au Brésil. **Habitat:** Forêts, bosquets (surtout de chênes).

TANGARA ÉCARLATE *Piranga olivacea* (18 cm) $\boxed{340}$

Scarlet Tanager

Mâle: Écarlate, à ailes et queue noires. *Mâle en hiver, femelle et jeune:* Dessus verdâtre, dessous jaunâtre, ailes brunâtre foncé ou noirâtres.

Espèces semblables: 1) Le T. vermillon mâle et 2) le Cardinal rouge mâle (huppé) sont tout rouges, n'ont pas les ailes et la queue noires. 3) Le T. vermillon femelle a le dessous d'un jaune plus chamois (moins vert) et n'a pas les ailes aussi sombres.

Voix: Cri: *tchip-beûrr.* Chant: 4 à 5 phrases courtes ressemblant à celles du merle, mais rauques (on dirait un merle enroué).

Aire: S-E du Canada, E des É.-U. Hiverne de la Colombie à l'O de l'Amazonie. **Habitat:** Forêts et arbres d'ombrage (en particulier les chênes).

TANGARA À TÊTE ROUGE *Piranga ludoviciana* (18 cm)

Western Tanager

Le seul tangara d'Am. du N à *barres alaires* marquées. *Mâle:* Jaune, à dos, ailes et queue noirs; 2 barres alaires, *face rouge.* Le rouge disparaît à l'automne et en hiver. *Femelle:* Dessous jaunâtre, dessus olive terne, barres alaires blanches et jaunes.

Espèces semblables: La femelle ressemble aux orioles femelles (p. 258), mais la queue et les joues sont plus foncées, le bec moins pointu. *Attention:* Il arrive que des jeunes T. écarlates aient 2 barres alaires jaunâtres à l'automne, mais ils n'ont pas le manteau caractéristique du T. à tête rouge jeune ou en plumage d'automne (dos olive grisâtre contrastant avec la tête et le croupion plus pâles).

Aire: O de l'Am. du N. Hiverne en Am. centrale. Inusité dans l'Est, mais il y a de nombreuses mentions du S du Canada à la Louisiane et à la Flor., où il est rare, mais probablement régulier en hiver.

TANGARA GRIS-BLEU *Thraupis episcopus* (15 cm)

Blue-gray Tanager

Bleuté; épaules pâles, ailes et queue plus foncées. Sexes semblables. Cette espèce originaire de l'Am. centrale et du N de l'Am. du S a été introduite à Miami. Sa survie y est incertaine.

TANGARAS

**TANGARA
VERMILLON**

toutes saisons

jeune muant
en adulte

**TANGARA
ÉCARLATE**

en mue

hiver

été

variante
orangée

**TANGARA À
TÊTE ROUGE**

été

**TANGARA
GRIS-BLEU**

hiver

sexes semblables

261

■ **MOINEAUX: Famille des Plocéidés.** Famille diversifiée de l'Ancien-Monde, dont le Moineau domestique, introduit en Amérique, est le représentant le mieux connu. **Nourriture:** Surtout des insectes et des graines. **Aire:** Répandus dans l'Ancien-Monde. **Espèces:** Monde, 263; Est, 2 (introduites).

MOINEAU DOMESTIQUE *Passer domesticus* (15 cm) ┌─── 341 ───┐
House Sparrow

Bien connu de tous. Les moineaux des villes sont souvent si ternes que les mâles n'ont pas grand-chose en commun avec ceux de la campagne, à gorge noire, joues blanches et nuque marron. La femelle et le jeune n'ont pas la gorge noire; ils ont la poitrine unie, sans éclat, et un sourcil terne. **Aire:** Eurasie, Afrique du N. Introduit en Am. du N et du S, en Afrique du S, en Australie, etc. **Habitat:** Villes, fermes.

MOINEAU FRIQUET *Passer montanus* (14 cm) ┌─── 342 ───┐
Eurasian Tree Sparrow

Les deux sexes ressemblent au M. domestique mâle, mais la tache noire de la gorge est plus petite. Noter la *tache noire sur la joue.* Calotte brune. **Voix:** Plus aigüe que celle du M. domestique. *Tchik* ou *tchop* métallique, *tchit-tchup* répété. En vol, *tek, tek* sec. **Aire:** Eurasie. Introduit; réside dans les environs immédiats de Saint-Louis (Missouri et Illinois). **Habitat:** Fermes.

■ **GROS-BECS, CARDINALS, BRUANTS: Famille des Fringillidés.** On rencontre trois types de bec de granivore chez ces oiseaux; 1) très gros et épais (gros-becs, cardinals); 2) semblable à celui du canari (bruants, juncos, chardonnerets); 3) à mandibules croisées (becs-croisés). **Nourriture:** Graines, insectes, petits fruits. **Aire:** Mondiale. **Espèces:** Monde, 245; Est, 50 (+ 10 exceptionnelles).

DICKCISSEL *Spiza americana* (15-18 cm) ┌─── 343 ───┐
Dickcissel

Oiseau de steppe, de la taille du moineau. *Mâle:* Avec sa bavette et sa poitrine jaune, on dirait une petite sturnelle. (À l'automne, la bavette est terne ou absente). *Femelle:* Très semblable au moineau femelle; plus pâle, le sourcil beaucoup plus pâle, la poitrine teintée de jaune et le bec bleuâtre. L'épaule marron aide également à l'identification. Se déplace souvent en grandes bandes. **Voix:** Chant: *dik-ciss-ciss-ciss* ou *tchop-tchop-klip-klip-klip*, en notes détachées. En migration, on entend souvent un cri bourdonné bref. **Aire:** S de l'Ontario et intérieur des É.-U. entre les Rocheuses et les Appalaches. Hiverne surtout du Mexique au N de l'Am. du S. **Habitat:** Champs (luzerne en particulier), prés, steppes. Hiverne rarement dans l'E des É.-U. (aux mangeoires).

BRUANT NOIR ET BLANC *Calamospiza melanocorys* (18 cm) ┌─── 344 ───┐
Lark Bunting

Oiseau de steppe. *Mâle au printemps:* Noir, à grande tache alaire blanche. *Mâle en hiver, femelle et jeune:* Bruns, rayés; habituellement, dans une bande, certains présentent une *tache blanchâtre à l'aile.* Grégaire. **Espèces semblables:** 1) Le Goglu mâle a des taches blanches, mais pas sur l'aile. 2) La femelle rappelle celle du Roselin pourpré. **Voix:** Chant: notes liées ressemblant à celles du Cardinal rouge, et des *tchog* non musicaux, comme ceux de la Paruline polyglotte; sifflements et trilles aigus; chaque note est répétée de 3 à 11 fois. **Aire:** La Prairie, du S du Canada au N du Texas. Hiverne du S-O des É.-U. au centre du Mexique. **Habitat:** Steppes.

MOINEAUX ET
OISEAUX SEMBLABLES

MOINEAU
DOMESTIQUE

♂

♀

MOINEAU
FRIQUET

sexes
semblables

DICKCISSEL

♂

♀

automne

Goglu
en comparaison
(p. 256)

♂

été

BRUANT NOIR ET BLANC

♀

en hiver ♂
semblable à la ♀

263

BRUANT LAPON *Calcarius lapponicus* (16 cm) $\boxed{345}$
Lapland Longspur

Le B. lapon, tout comme l'Alouette cornue et les pipits, est un oiseau de terrains découverts; au vol, il paraît avoir la queue plus courte. *Mâle en hiver:* Les raies noires clairsemées sur les flancs, la nuque marron et la tache sur la poitrine facilitent l'identification. *Mâle en été: Face noire entourée de blanc,* col marron. *Femelle en hiver:* Quelconque; noter le motif de la queue (ci-contre). *Femelle en été:* Ressemble au mâle en hiver.
Espèces semblables: Les autres bruants du genre *Calcarius* ont plus de blanc sur la queue (voir ci-contre). Les pipits et l'Alouette cornue ont le bec fin.
Voix: *Tiou* musical; également, cliquetis et sifflement: *tiki-tik-tiou.* Chant (en vol nuptial): vigoureux et musical.
Aire: Arctique; circumpolaire. Hiverne dans le S de l'Eurasie et du S du Canada au S des É.-U. **Habitat:** Toundra; en hiver, champs, steppes.

BRUANT À VENTRE NOIR *Calcarius ornatus* (14-16 cm) $\boxed{346}$
Chestnut-collared Longspur

Mâle en été: Dessous tout *noir* sauf la gorge; nuque *marron. Mâle en hiver et femelle:* Ressemblent à un moineau; le caractère le plus sûr est le motif de la queue (triangle sombre bordé de blanc).
Voix: Chant: court, faible, mais musical, un peu comme celui de la Sturnelle de l'Ouest. Cri: *dji-djiv,* rappelant un bec-croisé.
Aire: La Prairie du Canada et du N des É.-U. Hiverne dans le S-O des É.-U. et le N du Mexique. **Habitat:** Steppes.

BRUANT À COLLIER GRIS *Calcarius mccownii* (15 cm) $\boxed{347}$
McCown's Longspur

Mâle au printemps: Calotte et plastron noirs; queue largement blanche. Nuque *grise* (brune ou marron chez les autres bruants du genre *Calcarius*). *Mâle en hiver et femelle:* Ressemblent au moineau; noter le motif de la queue (le noir se présente comme un T inversé sur fond blanc).
Espèces semblables: 1) Le B. à ventre noir mâle, en été, a un col marron et le ventre noir. 2) L'Alouette cornue (tache semblable sur la poitrine) a le bec fin et des taches faciales noires.
Voix: Chant (en vol nuptial): gazouillis doux et clair, évoquant celui du B. noir et blanc (Niedrach). Cri: trille terne.
Aire: La Prairie du centre-S du Canada et du centre-N des É.-U. Hiverne du S-O des É.-U. au N du Mexique. **Habitat:** Steppes.

BRUANT DE SMITH *Calcarius pictus* (15 cm) $\boxed{348}$
Smith's Longspur

Bruant *chamois;* tout le dessous d'un riche ocre. Queue bordée de blanc comme chez le B. vespéral (sans bande sombre à l'extrémité). *Mâle en été: Ocre;* joue *blanche,* bien cernée par un *triangle noir. Mâle en hiver et femelle:* Quelconques; poitrine légèrement rayée; quelques mâles peuvent présenter du blanc à l'épaule.
Espèces semblables: Voir 1) le B. vespéral, 2) le Pipit des Prairies et 3) les autres bruants du genre *Calcarius* (étudier les motifs de la queue, ci-contre).
Voix: Cliquetis mécaniques émis en vol (comme si on remontait une montre bon marché). Chant, doux comme celui d'une paruline, se terminant en *oui'tchou* comme le chant de la Paruline à flancs marron.
Aire: Du N de l'Alaska à la baie d'Hudson. Hiverne dans le centre-S des É.-U. **Habitat:** Steppes, champs, aérodromes; toundra (l'été).

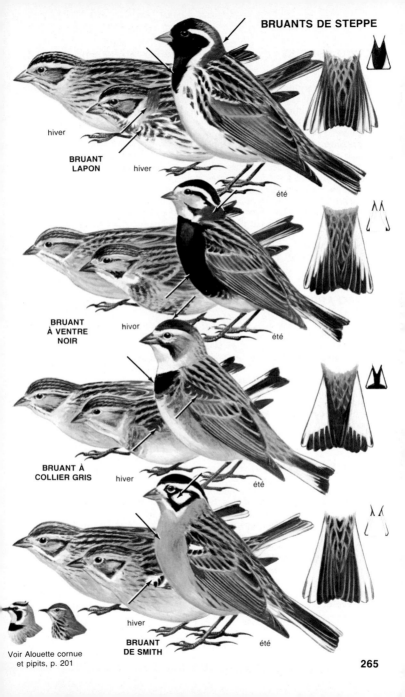

BRUANTS DE STEPPE

hiver

**BRUANT
LAPON**

hiver

été

**BRUANT
À VENTRE
NOIR**

hiver

été

**BRUANT À
COLLIER GRIS**

hiver

été

**BRUANT
DE SMITH**

hiver

été

Voir Alouette cornue
et pipits, p. 201

JUNCO ARDOISÉ *Junco hyemalis* (en partie) (14-17 cm) 349

Dark-eyed Junco

(forme de l'Est) Bruant gris ardoise, au bec et au ventre blanchâtres, caractérisé par les plumes latérales blanches de la queue, bien voyantes à l'envol. Le mâle peut avoir la tête noirâtre; les femelles et les jeunes sont plus ternes. Le juvénile, en été, a la poitrine finement rayée; il peut ressembler alors à un Bruant vespéral en raison des plumes latérales blanches de la queue.

Espèces semblables: Le Junco «à dos roux» (ci-dessous) est maintenant considéré de la même espèce. Il s'égare rarement dans l'E. Une autre race, le Junco «à ailes blanches» (*J. h. aikeni*) des Black Hills du Sud-Dakota, reconnaissable à ses fortes barres alaires blanches, a été mentionné dans l'E, mais sans confirmation par spécimen.

Voix: Chant: trille lâche, évoquant celui du Bruant familier, mais plus musical. Cri: *smac* léger: notes mécaniques brèves.

Aire: Forêt de l'Alaska et du Canada; montagnes de l'E jusqu'au N de la Georgie. Hiverne dans les États du g. du Mexique et dans le N du Mexique. **Habitat:** Conifères et forêts mixtes. En hiver, bois clairs, strates basses des forêts, bords de route, buissons; fréquente aussi les mangeoires.

JUNCO ARDOISÉ *Junco hyemalis* (en partie) (14-17 cm)

Dark-eyed Junco

(forme de l'Ouest «à dos roux») *Mâle:* Se distingue de la forme de l'Est par le dos *brun-roux* qui constraste nettement avec le noir de la tête; flancs *chamois* ou *rouille. Femelle:* Tête plus grise: le rouille du dos n'est pas aussi bien délimité, mais les flancs rosés ou fauve tranchent sur le capuchon gris. Des individus intermédiaires entre les formes de l'Est et de l'Ouest sont fréquents, surtout dans la Prairie.

Voix: Très semblable à celle de la forme de l'Est.

Aire: S-E de l'Alaska, S-O du Canada, O des É.-U. Hiverne dans le N du Mexique. **Est:** Des individus se présentent chaque hiver à des mangeoires de l'E.

BRUANT DES NEIGES *Plectrophenax nivalis* (15-18 cm) 350

Snow Bunting

Aucun autre passereau n'a autant de blanc. En hiver, certains individus peuvent avoir l'air assez bruns, mais en vol, leurs *taches alaires blanches* voyantes les caractérisent. Vus d'en dessous, ils ont l'air presque complètement blancs, contrairement au Pipit spioncelle et à l'alouette, qui ont la queue noire. Ils tournoient souvent en grandes bandes au dessus des champs enneigés. En plumage d'été, dans l'Arctique, le mâle a le dos noir, qui contraste avec la tête et le dessous blancs.

Voix: Cri: *tîr* ou *tiou* sifflé, net; aussi *brrt* rude, ronronné. Chant: *ti-ti-tchou-rî* musical, répété.

Aire: Arctique, circumpolaire. Hiverne jusqu'au centre de l'Eurasie et au centre des É.-U. **Habitat:** Toundra (en été); steppes, champs, dunes, littoral.

JUNCOS,
BRUANT DES NEIGES

JUNCO ARDOISÉ
(forme de l'Est)

juvénile

JUNCO ARDOISÉ
(forme de l'Ouest)

♀ hiver

♂ hiver

♂ été

**BRUANT
DES NEIGES**

267

CARDINAL ROUGE *Cardinalis cardinalis* (19-23 cm) 351

Northern Cardinal

Mâle: Oiseau tout rouge, à huppe pointue; face noire et gros bec triangulaire rouge. *Femelle:* Brun-chamois, un peu de rouge sur les ailes et la queue. La huppe, la face sombre et le gros bec rouge sont caractéristiques. *Jeune:* Semblable à la femelle, mais le bec noirâtre.
Espèce semblable: Le Tangara vermillon mâle, le seul autre oiseau tout rouge de l'Est, n'a pas de huppe.
Voix: Chant: sifflements clairs et roulés, diminuant d'intensité. Plusieurs variantes: *ouat-tiou tiou tiou,* etc.; *ouâit ouâit ouâit* ou *tiouit tiouit tiouit,* etc. Cri: *tchip* bref et ténu.
Aire: Du S du Canada au g. du Mexique; du S-O des É.-U. au Belize.
Habitat: Orées des bois, fourrés, jardins, parcs.

BEC-CROISÉ ROUGE *Loxia curvirostra* (13-16 cm) 352

(Bec-croisé des sapins) Red Crossbill

Noter les *mandibules croisées.* Oiseau presque de la taille du moineau; tête massive, queue courte. Le bruit qu'il fait en ouvrant les cônes de conifères révèle souvent sa présence. Se suspend comme un perroquet lorsqu'il se nourrit. *Mâle: Rouge sombre,* le croupion plus vif; ailes et queue noirâtres. Le jeune mâle est plus orangé. *Femelle:* Gris-olive terne; croupion et dessous jaunâtres. *Jeune:* Dessus et dessous rayés; on dirait un gros Chardonneret des pins.
Espèce semblable: Le Bec-croisé à ailes blanches a des barres alaires blanches en tout plumage.
Voix: Cri: *djip-djip* ou *djip-djip-djip* dur. Chant: strophes gazouilées, *djip-djip-djip-djiiaa-djiiaa,* ou gazouillis, trilles et cris brefs.
Aire: Forêt boréale de l'hémisphère N. En Am. du N, dans les montagnes au S jusqu'au Nicaragua; dans l'E, par endroits jusque dans le S des Appalaches. Déplacements erratiques en hiver. **Habitat:** Conifères (épinettes, sapins, pruches, etc.).

BEC-CROISÉ À AILES BLANCHES *Loxia leucoptera* (15-17 cm) 353

(Bec-croisé bifascié) White-winged Crossbill

Noter les barres alaires et les mandibules croisées. *Mâle: Rose* terne; ailes noires traversées par *2 larges barres blanches;* queue noire. *Femelle:* Gris-olive, à croupion jaunâtre comme celui du Bec-croisé rouge, mais avec *2 larges barres alaires blanches.* Les barres alaires sont souvent voyantes en vol et aident à identifier les individus de cette espèce dans des bandes comprenant les deux espèces.
Espèces semblables: 1) Voir le Dur-bec des pins (p. 270) et 2) le Bec-croisé rouge (ci-dessus).
Voix: Cri: *pît* doux et *tchif-tchif* sec. Chant: succession de trilles forts sur des tons différents.
Aire: Forêt boréale de l'hémisphère N. **Habitat:** Forêts d'épinettes, de sapins et de pruches.

CARDINAL,
BECS-CROISÉS

juvénile

CARDINAL
ROUGE

jeune

BEC-CROISÉ
ROUGE

BEC-CROISÉ À
AILES BLANCHES

269

SIZERIN FLAMMÉ *Carduelis flammea* (13 cm) 354

Common Redpoll

Noter le front *rouge vif.* Oiseau gris-brun et rayé, à *menton noir* et à raies foncées sur les flancs. Le mâle a la poitrine rosée. Par la taille, la forme et le comportement, il ressemble aux chardonnerets.

Espèces semblables: 1) Le Roselin familier mâle et 2) le Roselin pourpré mâle sont plus gros, plus rouges, et ont le croupion rouge; ils n'ont pas le menton noir. **Voix:** En vol, *tchit-tchit-tchit-tchit* crépitant. Chant: trilles, suivi du *tchit-tchit-tchit-tchit* crépitant. **Aire:** Circumboréal. Hiverne irrégulièrement jusqu'au N et au centre des É.-U. **Habitat:** Bouleaux, arbrisseaux de la toundra. En hiver, herbes, broussailles.

SIZERIN BLANCHÂTRE *Carduelis hornemanni* (13 cm) 355

Hoary Redpoll

Dans les bandes de sizerins, chercher un oiseau «givré», au *croupion blanchâtre sans rayures.* Chez les mâles, le croupion peut être teinté de rose; le bec est plus conique que celui du S. flammé; les sous-caudales ne sont pas rayées.

Aire: Arctique, circumpolaire. Hiverne irrégulièrement jusqu'au N des É.-U. **Habitat:** Comme celui du S. flammé.

ROSELIN FAMILIER *Carpodacus mexicanus* (13-14 cm) 356

House Finch

Cet oiseau est une addition récente à l'avifaune de l'Est. On le méprend souvent pour le R. pourpré, en compagnie duquel on le rencontre parfois aux mangeoires. Il est plus petit et le mâle est d'un rouge plus orangé. Noter les *raies* foncées sur les flancs et la poitrine. La femelle, rayée de brun, diffère de la femelle du R. pourpré par le bec plus petit et la face sans motif contrasté (sans forte moustache ni joue foncée).

Voix: Chant gai, mais lâche et discontinu; se termine souvent par un *houîr* ou *tchi-eurr* nasal et aigre. Cris évoquant ceux du moineau, en plus musical. **Aire:** De l'O des É.-U. au Mexique. Introduit dans l'E des É.-U. vers 1940; en expansion. **Habitat:** Jardins, parcs, fermes.

ROSELIN POURPRÉ *Carpodacus purpureus* (14-15 cm) 357

Purple Finch

On dirait un bruant saucé dans du jus de framboise. *Mâle:* Rouge-rose terne, plus intense sur la tête et le croupion. *Femelle et jeune:* Fortement rayés de brun comme les bruants. Noter la *large raie sombre au menton,* la joue foncée, la raie claire derrière l'oeil et le bec assez gros.

Espèce semblable: Voir le R. familier (ci-dessus). **Voix:** Chant: gazouillis rapide et animé. Cri: *tic* terne et métallique. **Aire:** Canada, O et N-E des É.-U. Hiverne jusque dans le S des É.-U. **Habitat:** Bois, bosquets; en hiver, aussi les jardins.

DUR-BEC DES PINS *Pinicola enucleator* (20-25 cm) 358

(Dur-bec des sapins) Pine Grosbeak

Oiseau presque de la taille d'un merle, peu farouche et à queue assez longue. Vol très onduleux. *Mâle adulte:* Rouge-rose terne, ailes sombres marquées de 2 barres blanches. *Jeune mâle:* Semblable à la femelle mais la tête et le croupion teintés de rougeâtre. *Femelle:* Grise; deux barres alaires blanches, tête et croupion teintés d'olive terne.

Voix: Cri: *tî-tiou-tiou* sifflé, rappelant le cri du Grand Chevalier, mais d'intensité plus faible: aussi, *tchî-vli* musical. **Aire:** Forêt boréale de l'hémisphère N, hivernant irrégulièrement plus au S. **Habitat:** Forêts de conifères; en hiver, forêts mixtes et arbres fruitiers également.

FRINGILLIDÉS ROUGES

variante
orangée

ROSELIN
FAMILIER

SIZERIN
FLAMMÉ

SIZERIN
BLANCHÂTRE

ROSELIN
POURPRÉ

jeune

DUR-BEC DES PINS

271

GROS-BEC ERRANT *Coccothraustes vespertinus* (20 cm) [359]

Evening Grosbeak

Oiseau massif à queue courte, de la taille de l'étourneau; très gros bec conique, blanchâtre ou verdâtre. Le vol onduleux indique la famille; la forme compacte et les *grandes taches alaires blanches* caractérisent l'espèce. *Mâle:* Jaune terne: tête sombre, sourcil jaune et ailes noir et blanc. On dirait un Chardonneret jaune géant. *Femelle:* Gris argenté, avec juste assez de jaune, de noir et de blanc pour être reconnaissable. Grégaire.

Voix: *Tchirp, clîr* ou *clî-ip* (évoquant un moineau amélioré). Chant: gazouillis court et inégal.

Aire: Forêt d'épinettes du Canada, O et N-O des É.-U., Mexique. Hiverne jusqu'au S-E des É.-U. et au Mexique. **Habitat:** Forêts de conifères; en hiver, érables, surtout le négundo, arbustes fruitiers, mangeoires.

CHARDONNERET JAUNE *Carduelis tristis* (13 cm) [360]

American Goldfinch

Vol très onduleux. *Mâle en été: Jaune,* à queue, *ailes* et front *noirs. Femelle en été:* Jaune-olive terne, le dessus plus foncé: ailes noirâtres marquées de barres voyantes; diffère des autres petits oiseaux jaune-olive par le bec court et conique. *En hiver, les deux sexes:* Très semblables à la femelle en été, mais plus gris.

Espèce semblable: La Paruline jaune (p. 238) est entièrement jaunâtre, aile et queue incluses.

Voix: Chant soutenu, clair et gai, comme celui du canari. En vol, les descentes sont souvent accentuées par *ti-dî-di-di* ou *pe-ti-te-tiou.*

Aire: Du S du Canada au S des É.-U. et au N de la Basse-Californie. **Habitat:** Chardons et terrains vagues, pissenlits sur les pelouses, bords de route, bois clairs, orées des bois; en hiver, aussi aux mangeoires.

CHARDONNERET DES PINS *Carduelis pinus* (11-13 cm) [361]

Pine Siskin

Petit oiseau foncé, *fortement* rayé, à queue très encochée et au bec très pointu. Le *soupçon de jaune* aux ailes et à la base de la queue n'est pas toujours visible. Ressemble au Chardonneret jaune par la taille et le comportement. La plupart des Chardonnerets des pins sont détectés par les cris émis en vol.

Espèces semblables: 1) Le Chardonneret jaune n'est pas rayé en hiver. 2) Le Roselin familier femelle a le bec plus fort et la queue moins encochée. 3) Le Sizerin flammé a le front rouge. Aucune de ces espèces n'a du jaune aux ailes ou à la queue.

Voix: Cri: *clî-ip* ou *tchlî-ip* fort; aussi *tit-i-tit* léger; *zriiiii* bourdonnant. Le chant évoque celui du Chardonneret jaune en plus rauque et plus plaintif.

Aire: Du S du Canada au S des É.-U. Hiverne jusqu'au N du Mexique. **Habitat:** Conifères, bois mixtes, aulnes, terrains vagues.

CHARDONNERET ÉLÉGANT *Carduelis carduelis* (14 cm)

European Goldfinch

Légèrement plus gros que le Chardonneret jaune; fauve, *à face rouge* et *large bande jaune* traversant l'aile. Sexes semblables.

Espèce semblable: Voir le Tangara à tête rouge (p. 260).

Voix: Chant: coulant comme celui du canari, plus gazouillé que celui du C. jaune. Cri: *soût-oût-oût.*

Aire: Eurasie. Introduit aux Bermudes. La colonie établie à N.-Y. est aujourd'hui disparue. On signale encore des échappés de captivité.

FRINGILLIDÉS
JAUNES

GROS-BEC
ERRANT

hiver

été

CHARDONNERET
JAUNE

CHARDONNERET DES PINS

CHARDONNERET ÉLÉGANT

sexes semblables

273

PASSERIN BLEU *Guiraca caerulea* (15-19 cm)
Blue Grosbeak
Mâle: Bleu foncé *terne; bec épais et 2 larges barres alaires marron.* Agite souvent la queue. Le jeune mâle présente un mélange de brun et de bleu. *Femelle:* De la taille du vacher; brun chaud, le dessous plus pâle; *2 barres alaires chamois,* croupion teinté de bleu.
Espèce semblable: Le Passerin indigo est plus petit, dépourvu de barres alaires.
Voix: Chant: gazouillis rapide fait de courtes phrases montantes et descendantes; ressemble aux chants du Roselin pourpré, du Roselin familier ou de l'Oriole des vergers, en plus lent et plus guttural. Cri: *tchinc* perçant.
Aire: Du centre des É.-U. au Costa-Rica. Hiverne du Mexique au Panama.
Habitat: Sites broussailleux, bords de route, fourrés le long des cours d'eau.

PASSERIN INDIGO *Passerina cyanea* (14 cm) 363
Indigo Bunting
Mâle: Petit oiseau *tout* bleu indigo. À l'automne, le mâle ressemble à la femelle, mais conserve un peu de bleu aux ailes et à la queue. *Femelle:* Brun uni; poitrine plus pâle, à raies indistinctes; petit oiseau sans véritables raies, ni barres alaires, ni autre trait apparent.
Espèce semblable: Le Passerin bleu (plus gros) a des barres alaires marron.
Voix: Chant: gai, aigu et strident, aux phrases bien mesurées sur des tons différents; notes habituellement doublées: *suît-suît, tchou-tchou,* etc. Cri: *spit* aigu et ténu.
Aire: S-E du Canada, E des É.-U. (à l'O jusqu'aux Black Hills et à la Prairie). **Habitat:** Prés broussailleux, orées buissonnantes.

PASSERIN AZURÉ *Passerina amoena* (13-14 cm)
Lazuli Bunting
Mâle: Petit oiseau bleu turquoise, coloré un peu comme le Merle-bleu de l'Est (dessus bleu, poitrine et flancs cannelle pâle), mais à *2 barres alaires blanches. Femelle:* Oiseau plutôt quelconque, au dos brun non rayé, avec des traces de bleu aux ailes et à la queue, et 2 barres alaires pâles (plus fortes que chez le P. indigo). Les hybrides sont fréquents là où l'aire du P. indigo et celle du P. azuré se chevauchent.
Espèce semblable: La femelle du P. indigo n'a pas de barres alaires aussi prononcées et peut présenter des raies indistinctes à la poitrine.
Voix: Chant: semblable à celui du P. indigo; plus rapide.
Aire: S-O du Canada, O des É.-U. Hiverne au Mexique. Niche à la limite O de notre région (centre du Nord-Dakota, O du Nebr., centre de l'Okl.).
Habitat: Taillis clairs, buissons le long des cours d'eau.

PASSERIN NONPAREIL *Passerina ciris* (13 cm) 364
Painted Bunting
Petit oiseau de la taille du Bruant familier. *Mâle:* Le passereau le plus coloré d'Am. du N: Tête *bleu violacé,* dos *vert,* croupion et dessous rouges. *Femelle:* Très unie; dessus verdâtre, dessous pâlissant au vert lime; *aucun autre petit granivore n'est complètement vert.*
Voix: Chant gai; gazouillis agréable qui ressemble à celui du Viréo mélodieux, en plus nerveux. Cri: *tchip* aigu.
Aire: S des É.-U., N-E du Mexique. Hiverne au Panama. **Habitat:** Orées des bois, bords de route, broussailles, parcs, jardins.

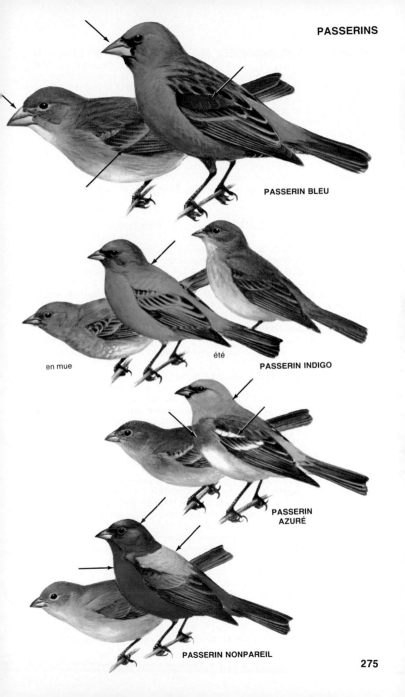

PASSERINS

PASSERIN BLEU

en mue

été

PASSERIN INDIGO

PASSERIN
AZURÉ

PASSERIN NONPAREIL

275

CARDINAL À POITRINE ROSE *Pheucticus ludovicianus* (18-21 cm) 365
Rose-breasted Grosbeak

Mâle: Noir et blanc; grand triangle rouge-rose à la poitrine et bec pâle et fort. En vol, le blanc du dessus «clignote» sur fond noir. *Femelle:* Rayée; elle a l'air d'un gros bruant ou d'un Roselin pourpré femelle (p. 270); on l'identifie par le gros bec, les larges barres alaires blanches, la calotte rayée et l'épais sourcil blanc. Couvertures sous-alaires jaunes.

Espèce semblable: Voir le Cardinal à tête noire (ci-dessous).

Voix: Chant fait de strophes montantes et descendantes; ressemble au chant du merle, en plus mélodieux et avec plus d'entrain (on dirait un merle ayant suivi des cours de chant). Cri: *kik* ou *tik* métallique.

Aire: S du Canada, E et centre des É.-U. Hiverne aux Antilles et du Mexique au N-O de l'Am. du S. **Habitat:** Bois décidus, vergers, bosquets, fourrés.

CARDINAL À TÊTE NOIRE *Pheucticus melanocephalus* (16-19 cm)
Black-headed Grosbeak

Mâle: De la taille et de la forme du Cardinal à poitrine rose, mais à poitrine, collier et croupion *brun-orangé terne.* La tête noire, les ailes vivement marquées de noir et de blanc et le bec pâle sont semblables à ceux du C. à poitrine rose. *Femelle:* Comme la femelle du C. à poitrine rose, mais à poitrine fortement teintée de brun ocre; raies plus fines ou presque absentes en travers de la poitrine.

Aire: Du S-O du Canada au S du Mexique. Hiverne au Mexique. Niche dans les parties centrales du Nord- et du Sud-Dakota et au Nebr. S'hybride à l'occasion avec le C. à poitrine rose, là où leurs aires se chevauchent. S'égare parfois jusqu'à la côte E, où il a déjà hiverné à des mangeoires.

TOHI À QUEUE VERTE *Pipilo chlorurus* (16 cm)
Green-tailed Towhee

Granivore élancé de l'O, caractérisé par une *calotte rouge,* une *gorge* bien *blanche,* une moustache blanche, une poitrine grise et un *dos vert-olive* uni. S'est déjà rencontré, à l'occasion, dans une vingtaine d'États et de provinces de l'E (en hiver, habituellement aux mangeoires).

TOHI À FLANCS ROUX *Pipilo erythrophthalmus* (18-21 cm) 366
Rufous-sided Towhee

Se reconnaît, du premier coup d'oeil, à ses *flancs roux.* Plus petit et plus élancé que le merle; fouille bruyamment dans les feuilles mortes. *Mâle:* Tête et dessus noirs, flancs roux, poitrine blanche. Les grandes taches blanches aux coins de la queue attirent l'attention. Oeil habituellement rouge (mais blanc chez les oiseaux du S de la côte E et de la Flor.). *Femelle:* Même livrée, sauf que le noir est remplacé par du brun. *Juvénile en été:* Dessous rayé comme chez un gros bruant, mais ailes et queue marquées comme chez l'adulte.

Sous-espèce: La forme tachetée, de l'O, est exceptionnelle dans l'E. Elle porte des barres alaires blanches et de nombreux points blancs au dos.

Voix: Chant: *drî-kou-tiiiii,* dernière syllabe plus aiguë, chevrotante. Cri: *tchéouink!* sonore. La race aux yeux blancs du S émet un *chrink* ou *zrî* plus coulant; chant: *tchît tchît tchiiiiii.*

Aire: Du S du Canada à la Flor. et au Guatemala. Les populations du N migrent. **Habitat:** Bois clairs, broussailles, orées buissonnantes.

CARDINALS,
TOHIS

CARDINAL
À POITRINE
ROSE

TOHI À QUEUE
VERTE

CARDINAL À
TÊTE NOIRE

juvénile

race à oeil
blanc

TOHI À FLANCS
ROUX

race
tachetée
de l'Ouest

277

BRUANT À GORGE BLANCHE *Zonotrichia albicollis* (16-18 cm) 367
White-throated Sparrow
Bruant à poitrine grise, *gorge blanche* et *tache jaune* entre le bec et l'oeil.
Bec noirâtre. Espèce polymorphe: les adultes à *tête rayée de noir et de
blanc* s'accouplent à ceux ayant des raies *brunes et chamois. Hiver:* Plus
terne; raies de la tête en tons variés de noir, de brun, de chamois et de
blanchâtre.
Espèce semblable: Voir le B. à couronne blanche (bec rosé).
Voix: Chant bien connu: plusieurs sifflements clairs et rêveurs, faciles à
imiter; 1 ou 2 notes détachées, 3 en trémolo sur un ton différent: *Où es-tu,
Frédéric, Frédéric, Frédéric?* Cri: *tsît* lié; aussi, *tchinc* sec.
Aire: Canada, N-E des É.-U. Hiverne jusqu'au S des É.-U. et (rarement)
au N-E du Mexique. **Habitat:** Fourrés, strates inférieures des forêts de
conifères et des bois mixtes. Fréquente les mangeoires.

BRUANT À COURONNE BLANCHE *Zonotrichia leucophrys* 368
(16-19 cm) White-crowned Sparrow
Adulte: La poitrine gris clair et la calotte bouffante, *rayée de noir et de
blanc,* en font un des bruants les plus élégants. Bec *rosé. Jeune:* Plus brun;
tête rayée de brun-roux terne et de chamois clair, *bec rose vif.* La race
gambelii, qui migre par la Prairie, peut être différenciée de la race type
par la raie blanche qui se prolonge de l'oeil *à la base du bec.*
Espèce semblable: Le B. à gorge blanche, plus brun, a une gorge blanche
bien nette, une tache jaune devant l'oeil et le bec *noir.*
Voix: Chant: 1 ou plusieurs sifflements clairs et plaintifs (évoquant le B.
à gorge blanche), suivis d'un trille sifflé et enroué. Variable.
Aire: Canada, Alaska, O des É.-U. Hiverne dans l'O et le S des É.-U.,
au Mexique et à Cuba. **Habitat:** Broussailles, orées des bois, bords de
route; en été, buissons de la forêt boréale.

BRUANT À FACE NOIRE *Zonotrichia querula* (19 cm) 369
Harris' Sparrow
Gros bruant, de la taille du B. fauve. En plumage nuptial, *calotte, face
et bavette noires entourent un bec rose.* Chez les adultes en hiver, la calotte
noire est voilée de gris. Le jeune de premier hiver a du *blanc à la gorge,*
moins de noir à la calotte, le reste de la tête brun chamois, la poitrine marbrée et rayée. Au deuxième hiver, le menton est noir.
Voix: Le chant a les trémolos de celui du B. à gorge blanche; des sifflements clairs sur le même ton, ou 1 ou 2 sur le même ton, les autres légèrement plus aigus et plus graves; effet général en *mode mineur.* Cri d'alarme:
ouînc ou *ouinc* (G. Sutton).
Aire: Centre-N du Canada. Hiverne dans le centre-S des É.-U. **Habitat:**
Forêts boréales rabougries; en hiver, broussailles, bois clairs.

BRUANT À COURONNE DORÉE *Zonotrichia atricapilla* (15-18 cm)
Golden-crowned Sparrow
Semblable au B. à couronne blanche, mais à couronne jaune terne, bordée
d'une large bande noire. En hiver certains individus peuvent ressembler
à de gros moineaux femelles, mais ils ont la queue plus longue et sont plus
foncés; traces de jaune terne habituellement présentes sur le front.
Aire: N-O de l'Am. du N, hiverne dans les États de la côte O. Inusité
ou exceptionnel en hiver dans l'E jusqu'en N.-É.

BRUANTS

BRUANT À GORGE BLANCHE

forme à bandeaux chamois

été
semblable en hiver

forme à bandeaux blancs

été
plus terne en hiver

BRUANT À COURONNE BLANCHE

jeune

adulte

jeune

BRUANT À COURONNE DORÉE

adulte

adulte
en été

jeune
en hiver

BRUANT À FACE NOIRE

279

BRUANT FAMILIER *Spizella passerina* (13 cm)   370

Chipping Sparrow

En pariade: Petit bruant à poitrine grise et *calotte roux* vif; *ligne noire* en travers de l'oeil et *sourcil blanc. En hiver:* Plus brun; poitrine moins grise, calotte et sourcil plus ternes. *Jeune:* Plus brun; raie légère à la calotte, croupion gris.
Voix: Chant: trille sec et monotone. Cri: *tchip* sec.
Aire: Du Canada au Nicaragua. Hiverne à partir du S des É.-U. **Habitat:** Bois clairs, conifères, vergers, parcs, jardins.

BRUANT DES CHAMPS *Spizella pusilla* (13 cm)   371

Field Sparrow

Noter le *bec rosé* de ce bruant à calotte rousse. Dessus plutôt roussâtre, poitrine assez claire, rayures faciales moins marquées que chez les autres bruants à calotte rousse. Le *cercle oculaire*, étroit et clair, agrandit l'oeil. Le juvénile a la poitrine finement rayée. Noter le cercle oculaire.
Voix: Le chant débute par des notes sifflées, douces, coulantes et accélère en un trille (qui monte, descend ou demeure sur le même ton). Cri: *tsî* contrarié. **Aire:** S-E du Canada, É.-U. (à l'E des Rocheuses). Hiverne jusque dans le N-E du Mexique. **Habitat:** Pâturages buissonnants, broussailles, arbustes.

BRUANT DES MARAIS *Melospiza georgiana* (13-14 cm)   372

Swamp Sparrow

Bruant brun-roux plutôt robuste et foncé, à poitrine gris terne, *gorge blanche* bien délimitée et *calotte roussâtre.* Le *jeune* est faiblement rayé; peu ou pas de roux sur la tête traversée de raies.
Espèces semblables: 1) Le B. familier est moins robuste et présente un sourcil blanc ou chamois. 2) Le B. des champs et 3) le B. hudsonien ont les barres alaires nettes. 4) Le jeune est parfois confondu avec le B. de Lincoln (p. 284).
Voix: Chant: trille lâche, semblable à celui du B. familier, mais plus lent, plus doux et plus fort (parfois sur 2 tons en même temps). Cri: *tchink* sec, semblable à celui du B. à gorge blanche.
Aire: Canada (à l'E des Rocheuses), N-E des É.-U. Hiverne jusqu'aux États du g. du Mexique. **Habitat:** Marais d'eau douce avec touffes d'herbes, buissons ou quenouilles; marais de carex.

BRUANT HUDSONIEN *Spizella arborea* (15-16 cm)   373

American Tree Sparrow

Pour identifier ce «Bruant familier d'hiver», remarquer le *point noir* à la poitrine et la *calotte brun-rouge* unie. La mandibule supérieure est foncée, l'autre est jaune; il a deux barres alaires blanches.
Voix: Chant: doux, variable; débute par 1 ou 2 notes claires. Cri: *tsît;* lorsqu'il se nourrit, *tîlouit* musical.
Aire: Alaska, N du Canada. Hiverne du S du Canada au centre des É.-U.
Habitat: Buissons de l'Arctique, fourrés de saules; en hiver, haies, bords de route, terrains vagues, marais; fréquente les mangeoires.

BRUANT À COURONNE FAUVE *Aimophila ruficeps* (13-15 cm)

Rufous-crowned Sparrow

Noter les *moustaches noires* sur les côtés de la gorge. Bruant foncé à poitrine sombre et unie et à calotte rousse; habitat particulier.
Voix: Chant: bégayant, gloussé. Cri: *dîr, dîr, dîr* nasal.
Aire: S-O des É.-U. Niche localement dans l'E de l'Okl., l'O de l'Ark.
Habitat: Pentes broussailleuses claires et sèches.

BRUANTS À CALOTTE ROUSSE

sexes semblables

hiver

été

BRUANT FAMILIER

juvénile

Comparer au B. familier en hiver, ci-dessus

BRUANT DES CHAMPS

juvénile

BRUANT DES PLAINES
(Voir p. 283)

BRUANT DES MARAIS

jeune

BRUANT À COURONNE FAUVE

BRUANT HUDSONIEN

BRUANT À JOUES MARRON *Chondestes grammacus* [374]

(14-16 cm)   Lark Sparrow

Noter la *queue noire à coins bien blancs* (comme chez le tohi, pas comme chez le B. vespéral), la *tache au centre de la poitrine,* ainsi que la tête bigarrée: tache marron à la joue, calotte rayée. Les jeunes sont finement rayés, sans tache à la poitrine.

Espèce semblable: Voir le B. vespéral (p. 284).

Voix: Chant: notes claires et trilles séparés par des pauses; caractérisé par des strophes bourdonnées et vibrées.

Aire: Du S du Canada au N du Mexique; absent à l'E des Appalaches. Hiverne du S des É.-U. au Salvador. **Habitat:** Champs avec des buissons et des arbres; fermes, bords de route.

BRUANT DES PLAINES *Spizella pallida* (13 cm) [375]

Clay-colored Sparrow

Petit bruant pâle du centre du continent, à poitrine unie; ressemble au B. familier, en plus chamois. Noter la *raie claire de la calotte et la joue bien délimitée.* À l'automne, livrée moins nette (voir ci-dessous).

Espèce semblable: Le B. familier et le B. des plaines ont tous deux la joue brune en automne et en hiver. Le B. des plaines a des marques plus nettes à la tête et la poitrine plus chamois, contrastant avec le col ou la nuque grise. Le croupion est *brun* chez le B. des plaines, *gris* chez le B. familier.

Voix: Bruit d'insecte; 3 ou 4 bourdonnements graves et monotones: *bzzz bzzz bzzz.* **Aire:** O et centre du Canada, centre-N des É.-U. Hiverne au Mexique. **Habitat:** Buissons, prairies broussailleuses. Pins gris.

BRUANT SAUTERELLE *Ammodramus savannarum* (11-13 cm) [376]

Grasshopper Sparrow

Petit bruant de champ, à queue courte et pointue, tête plate et épaulettes jaunes. Raie médiane claire à la calotte, dos rayé de marron et de noir. Diffère des autres bruants habitant les champs par la poitrine chamois à peu près sans rayures. Vole peu.

Espèce semblable: Avec la poitrine rayée, le juvénile (en fin d'été) ressemble au B. de Henslow adulte, mais n'a pas les ailes aussi rougeâtres.

Voix: Deux chants: 1) 2 notes faibles, puis un bourdonnement ténu et sec, *pi-top ziiiiiiiiiiii:* 2) cascade de notes bourdonnées et ténues.

Aire: Du S du Canada au S des É.-U.; Antilles; du S du Mexique à l'Équateur. **Habitat:** Prés, champs de foin, steppes.

BRUANT DES PINÈDES *Aimophila aestivalis* (14 cm) [377]

Bachman's Sparrow

Dans les bois secs et clairs du Sud, ce bruant farouche s'envole avec hésitation, puis plonge dans les broussailles où il joue à cache-cache. On peut entrevoir alors ses rayures, son dessus brun rougeâtre et sa poitrine teintée de chamois terne.

Espèces semblables: 1) Le B. des champs, plus petit, a un bec *rose* plus petit. 2) Le B. sauterelle vit dans les prés; il a la calotte légèrement rayée et la queue deux fois plus courte. 3) En été, le jeune B. des pinèdes a un cercle oculaire et la poitrine rayée de chamois; il ressemble au B. de Lincoln, qui ne se rencontre pas dans le Sud en été. **Voix:** Chant variable; habituellement un sifflement clair et coulant, suivi d'un trille lâche ou d'un gazouillis sur un ton différent; par exemple: *siiiii, slip slip slip slip slip* (évoque vaguement la Grive solitaire). **Aire:** S-E des É.-U. **Habitat:** Pinèdes et chênaies claires, palmiers arbustifs, pâturages broussailleux.

BRUANTS
la plupart à poitrine unie

sexes semblables

juvénile

adulte

BRUANT À
JOUES MARRON

BRUANT
FAMILIER

hiver

Voir l'adulte
en été, p. 201

été

hiver

BRUANT
DES
PLAINES

BRUANT
SAUTERELLE

adulte

Voir le juvénile,
p. 287

BRUANT
DES PINÈDES

BRUANT
DE HENSLOW

juvénile

Voir l'adulte, p. 287

283

BRUANT FAUVE *Passerella iliaca* (17-19 cm) ◻378◻

Fox Sparrow

Bruant plus gros que le moineau, à *queue rousse* voyante en vol. L'agen-
cement du roux et du gris de la région du cou lui donne un petit air malin.
Poitrine fortement rayée de roux. Fouille dans les feuilles mortes comme
le tohi.
Espèce semblable: La Grive solitaire (p. 222) a la queue rousse, mais
a le bec fin; elle n'a pas le dos rayé et elle est plutôt grivelée que rayée.
Voix: Chant remarquablement mélodieux: arrangement varié de courtes
notes claires et de sifflements coulants. **Aire:** Alaska, Canada; des montagnes de l'O jusqu'au centre-O des É.-U. Hiverne jusque dans le S des É.-
U. **Habitat:** Strates basses des forêts, broussailles.

BRUANT CHANTEUR *Melospiza melodia* (13-16 cm) ◻379◻

Song Sparrow

Noter les raies fortes de la poitrine qui se concentrent en une *tache sombre
au centre*. En vol, agite la queue de haut en bas. Les jeunes sont plus finement rayés, souvent sans tache pectorale.
Espèces semblables: 1) Le B. des prés (p. 286) se tient davantage dans
les champs; il présente souvent du jaunâtre au-dessus de l'oeil; il a la queue
courte et *encochée* et les pattes plus roses. 2) Voir le B. de Lincoln (ci-
dessous).
Voix: Chant: suite variable de notes, certaines musicales, d'autres bourdonnées; débute habituellement par 3 ou 4 notes répétées, *tioui, tioui, tioui,*
etc. Cri: *tchep* nasal et grave. **Aire:** Alaska, du Canada au centre du Mexique. **Habitat:** Fourrés, broussailles, marais, bords de route, jardins.

BRUANT VESPÉRAL *Pooecetes gramineus* (15 cm) ◻380◻

Vesper Sparrow

Noter les *plumes latérales blanches de la queue*, voyantes en vol. Autrement, on dirait un B. chanteur grisâtre, mais à *cercle oculaire blanchâtre*.
L'épaulette *marron* est moins visible.
Espèces semblables: D'autres oiseaux de pré ont les rectrices latérales blanches: 1) les sturnelles, p. 256; 2) les pipits, p. 200; 3) les bruants
du genre *Calcarius*, p. 264; 4) le junco, p. 266; 5) le Bruant à joues marron, p. 282. **Voix:** Le chant, plus guttural que celui du B. chanteur, débute
habituellement par 2 notes claires en mineur, suivies de 2 plus aigües. **Aire:**
Du Canada au centre des É.-U. Hiverne jusqu'au Mexique. **Habitat:** Prés,
champs, steppes, bords de route.

BRUANT DE LINCOLN *Melospiza lincolnii* (14 cm) ◻381◻

Lincoln's Sparrow

Oiseau furtif, «qui aurait peur de son ombre». Semblable au B. chanteur,
mais plus «soigné»; côtés de la face plus gris, rayures beaucoup *plus fines*
à la poitrine, tache pectorale souvent absente. Noter le *chamois crème* de
la poitrine et l'étroit cercle oculaire.
Espèce semblable: Le jeune B. des marais, quelquefois pris pour le
B. de Lincoln, a la poitrine plus sombre et des rayures moins nettes. Le
B. de Lincoln, est plus gris et a la calotte rayée de façon plus contrastée
(roux sur fond gris pâle).
Voix: Chant: doux et gloussé; évoque à la fois le Troglodyte familier et
le Roselin pourpré; débute par des strophes basses, monte brusquement,
puis redescend. **Aire:** Alaska, Canada, O et N-E des É.-U. Hiverne du
S des É.-U. au Guatemala. **Habitat:** Fourrés de saules et d'aulnes, tourbières. En hiver, fourrés, terrains vagues, buissons.

BRUANTS RAYÉS

sexes semblables

BRUANT
FAUVE

BRUANT
CHANTEUR

BRUANT
VESPÉRAL

BRUANT
DE LINCOLN

BRUANT
DES MARAIS
(Voir p. 280)

jeune

Roselin
pourpré

Roselin
familier

Comparer ces femelles avec les bruants
(mâles illustrés en p. 271)

BRUANT DES PRÉS *Passerculus sandwichensis* (en partie) ⊡382⊡
(11-14 cm) Savannah Sparrow
Ce bruant de champ rayé rappelle le B. chanteur, mais il a habituellement
un sourcil *jaunâtre,* une raie blanchâtre au milieu de la calotte, la queue
courte et encochée et les pattes plus roses. Le jaunâtre au-dessus de l'oeil
peut être absent. La queue encochée aide à l'identifier lorsqu'on fait lever
des bruants.
Espèce semblable: Le B. chanteur a la queue plus longue et *arrondie.*
Voix: Chant: zézaiement ténu, *tsit-tsit-tsit, tsriiii-tsraaaé* (dernière note
plus basse). Cri: *tsip* léger.
Aire: Alaska, du Canada au Guatemala. Hiverne en Am. centrale et aux
Antilles. **Habitat:** Champs, prés, marais côtiers, steppes, dunes, rivages.

BRUANT DES PRÉS *Passerculus sandwichensis princeps* ⊡383⊡
(15-16 cm) Savannah Sparrow
(race de l'île de Sable) Race pâle du B. des prés; plus grande, gris sable,
à répartition restreinte. Porte un sourcil jaune pâle au printemps.
Espèce semblable: Peut ressembler au B. vespéral, mais il a une raie
blanchâtre au centre de la calotte et n'a pas de rectrices latérales blanches.
Voix: Semblable à celle du B. des prés typique.
Aire: Niche dans l'île de Sable, en Nouv.-Écosse. Hiverne le long de la
côte américaine jusqu'en Georgie. **Habitat:** Dunes de sable, graminées,
lisières des marais adjacents aux plages.

BRUANT DE BAIRD *Ammodramus bairdii* (13 cm) ⊡384⊡
Baird's Sparrow
Bruant de steppe furtif. La poitrine pâle est traversée par une *bande étroite*
de fines raies noires. Tête ocre, rayée de noir. La caractéristique clé est
la large raie *ocre* au centre de la calotte.
Espèce semblable: Le B. des prés a le dessous davantage rayé; la rayure
du milieu de la tête est plus étroite (blanchâtre, non ocre).
Voix: Chant plus musical que celui du B. des prés; débute par 2 ou 3 *zip*
aigus et musicaux et se termine sur un trille plus grave.
Aire: N de la Prairie. Hiverne dans le S-O des É.-U. et le N du Mexique.
Habitat: Steppes à hautes herbes indigènes; localisé.

BRUANT DE HENSLOW *Ammodramus henslowii* (12-13 cm) ⊡385⊡
Henslow's Sparrow
Bruant de champ très discret: passerait facilement inaperçu sans son chant
singulier. Queue courte, tête plate, bec pâle et fort, poitrine finement rayée.
La tête olive et rayée, alliée aux ailes roussâtres, le caractérisent. Vole
bas et par soubresauts, avec un mouvement de torsion de la queue.
Espèce semblable: Voir le B. sauterelle (p. 282). Le jeune B. de Hens-
low (en été) n'a pratiquement aucune raie à la poitrine et ressemble alors
au B. sauterelle. Inversement, le jeune B. sauterelle a la poitrine rayée,
mais n'a pas les tons olive et roux du B. de Henslow adulte.
Voix: Chant pauvre: *tsi-lick* hoqueté. Peut chanter durant les nuits calmes.
Aire: Centre et N-E des É.-U. **Habitat:** Champs abandonnés.

BRUANTS DE CHAMP À POITRINE RAYÉE

sexes semblables

BRUANT DES PRÉS

typique

BRUANT DES PRÉS

forme foncée du Nord

BRUANT DES PRÉS

(race de l'île de Sable)

BRUANT DE BAIRD

BRUANT DE HENSLOW

adulte

(juvénile, p. 283)

BRUANT SAUTERELLE

(adulte, p. 283)

juvénile

287

BRUANT À QUEUE AIGÜE *Ammodramus caudacutus* (13-15 cm) 386
Sharp-tailed Sparrow
Bruant de marais. Noter le *motif jaune-ocre* foncé qui entoure complètement la joue grise. Sur la côte, le B. à queue aigüe a la poitrine rayée;
celui des steppes continentales est plus chamois et à peine rayé. Les oiseaux
côtiers du Nord (Maine et plus au N) ont le dos plus gris et des rayures
moins nettes que ceux du S.
Espèces semblables: 1) Le B. maritime juvénile, tard à l'été, est très
semblable au B. à queue aigüe. 2) Dans la Prairie, voir le B. de Le Conte.
3) Le B. des Prés (p. 286) a la queue encochée.
Voix: Chant: bourdonnement haleté, *toptop-chiiiiiiii.*
Aire: Prairie canadienne, côte atlantique, estuaire du St-Laurent. Hiverne
sur la côte. **Habitat:** Marais, tourbières; marais côtiers.

BRUANT DE LE CONTE *Ammodramus leconteii* (11-13 cm) 387
Le Conte's Sparrow
Bruant à queue pointue des marais herbeux de la Prairie. Noter la poitrine
et le sourcil *jaune-ocre vif* et les raies *limitées aux flancs.* Les autres carac-
tères sont la *nuque brun rosé,* la raie blanchâtre de la calotte et les rayures
fortes du dos.
Espèces semblables: 1) Le B. à queue aigüe a la calotte unie. 2) Le
B. sauterelle (p. 282) n'a pas de raie sur les flancs.
Voix: Chant: 2 grésillements de criquet, *tibizz-tip* très ténu.
Aire: Centre-S du Canada et N de la Prairie américaine. Migre jusqu'au
g. du Mexique. **Habitat:** Herbes hautes, champs de foin abandonnés,
marais.

BRUANT MARITIME *Ammodramus maritimus* (en partie) (15 cm) 388
Seaside Sparrow
Bruant très terne des marais côtiers. Gris-olive foncé; queue pointue, *petite
tache jaune devant l'oeil,* raie blanchâtre sous la joue. Partage les marais
avec le B. à queue aigüe.
Espèces semblables: La race à dos foncé et la race de Cape Sable (ci-
dessous) étaient autrefois considérées comme des espèces distinctes.
Voix: Chant: *cotcot zhi'-iiiiiiii;* très semblable au chant du B. à queue
aigüe, mais d'habitude plus fortement accentué au milieu (*zhi'*). Cri: *tchac*
(comme un Carouge à épaulettes).
Aire: Marais côtiers, du S de la Nouv.-Angl. à la Flor. et le long de la
côte du g. du Mexique jusqu'au Texas. **Habitat:** Marais salés.

BRUANT MARITIME *Ammodramus maritimus nigrescens* (15 cm) 389
Seaside Sparrow
(race à dos foncé) Race la plus foncée du B. maritime; *dessus noirâtre,*
fortement rayé de noir. Les B. maritimes des rives de la rivière St. Johns,
près de Titusville (Flor.), appartiennent tous à cette race.
Aire: Très localisé. Marais de la rivière St. Johns. Antérieurement aussi
sur l'île Merritt, tout proche. Menacé d'extinction.

BRUANT MARITIME *Ammodramus maritimus mirabilis* (15 cm) 389
Seaside Sparrow
(race de Cape Sable) Le seul B. maritime dans le S de la Floride; dessus
verdâtre et dessous plus blanc que les autres races du B. maritine. Très
localisé.
Aire: Prés salés de Cape Sable, Flor.

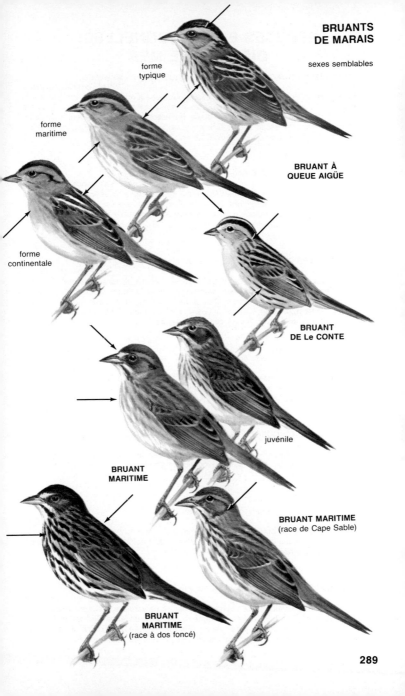

BRUANTS
DE MARAIS

sexes semblables

forme
typique

forme
maritime

forme
continentale

BRUANT À
QUEUE AIGÜE

BRUANT
DE Le CONTE

juvénile

BRUANT
MARITIME

BRUANT MARITIME
(race de Cape Sable)

BRUANT
MARITIME
(race à dos foncé)

289

ESPÈCES EXCEPTIONNELLES:
OISEAUX DE MER

1- ALBATROS À SOURCILS NOIRS *Diomedea melanophris* (80-85 cm)

Black-browed Albatross

Envergure, 2,30 m. Comme un gigantesque Goéland à manteau noir, mais la *queue noirâtre* et courte, le bec jaune, très gros et crochu à l'extrémité. La *ligne sombre à l'oeil* lui donne un air renfrogné. En plané, les ailes blanches, largement lisérées de noir dessous, sont tenues raidies. (Mers froides de l'hémisphère S). S'égare au large, dans l'Atlantique N, jusqu'en Nouv.-Écosse.

2- ALBATROS À NEZ JAUNE *Diomedea chlororhynchos* (73-85 cm)

Yellow-nosed Albatross

Envergure, 2,10-2,30 m. Comme l'Albatros à sourcils noirs, mais le bec *noir*, à *arête jaune* à la mandibule supérieure. En vol, le dessous de l'aile est plus blanc, le liséré noir plus étroit. (Mers froides de l'hémisphère S). Inusité au large, dans l'Atlantique N, jusqu'en Nouv.-Écosse.

3- FOU À PATTES ROUGES *Sula sula* (65-75 cm)

Red-footed Booby

Les adultes ont les *pattes rouge vif*. Bec bleu pâle. *Forme blanche:* Ressemble au Fou de Bassan; rémiges secondaires noires comme chez le Fou masqué (p. 80) mais la queue est *blanche*. *Forme brune:* Ailes et dos bruns, tête plus pâle; queue et ventre blancs. (Mers tropicales). Signalé en Louis., Flor. (au moins une douzaine d'observations récentes, surtout au large des Dry Tortugas).

4- PETITE FRÉGATE *Fregata ariel* (78 cm)

Lesser Frigatebird

Plus petite que la Frégate superbe; avec les *flancs marqués d'un rond blanc,* le mâle est bien caractérisé. La femelle a un collier marron (et non gris) à l'arrière du cou. (Mers tropicales). Photographié au Maine (1960).

5- GRAND PAILLE-EN-QUEUE *Phaethon aethereus* (60-100 cm)

Red-billed Tropicbird

Diffère du Petit Paille-en-queue (p. 80) par le *dos très barré* et le bec *rouge vif* (et non orange ou jaune). (Mers tropicales). Exceptionnel en Flor., au N.-Y., au R.-I., et sur les bancs de T.-N.

6- GOÉLAND SIMÉON *Larus belcheri* (50 cm)

Band-tailed Gull

Goéland à dos noir, portant une *bande noire* bien nette au bout de la queue. Bec à extrémité *rouge;* pattes jaunes. Plumage d'hiver: *tête noirâtre.* (Am. du S). Comté de Collier, Flor., (3 années).

7- GOÉLAND CENDRÉ *Larus canus* (40-45 cm)

Mew Gull

Plus petit que le Goéland à bec cerclé; petit bec jaune verdâtre, court et *sans marque;* dos plus foncé. Pattes *verdâtres*. Le jeune ressemble à un jeune Goéland argenté en miniature, avec un bec de pluvier. (N de l'Eurasie, N-O de l'Am. du N). Signalé dans une douzaine d'États et de provinces, de la côte de T.-N. à celle de Flor.

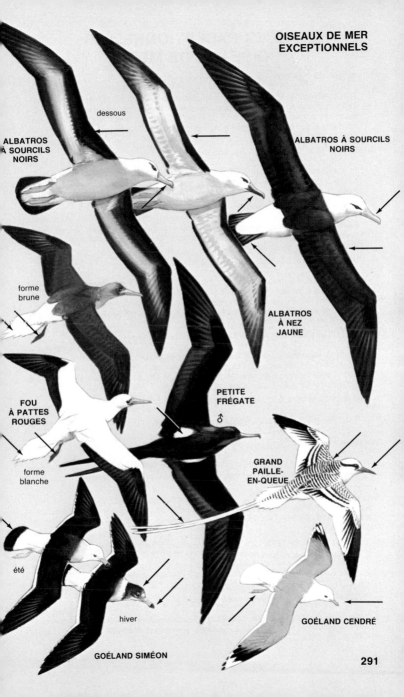

OISEAUX DE MER EXCEPTIONNELS

ALBATROS À SOURCILS NOIRS

dessous

ALBATROS À SOURCILS NOIRS

ALBATROS À NEZ JAUNE

forme brune

FOU À PATTES ROUGES

forme blanche

PETITE FRÉGATE ♂

GRAND PAILLE-EN-QUEUE

été

hiver

GOÉLAND SIMÉON

GOÉLAND CENDRÉ

291

ESPÈCES EXCEPTIONNELLES: OISEAUX DE MER

1- PÉTREL DE CASTRO *Oceanodroma castro* (18-20 cm)

Band-rumped Storm-Petrel

Très semblable au P. cul-blanc, mais les ailes sont plus courtes et le vol est moins bondissant; queue plus carrée. Le blanc du croupion est large, forme une *bande droite* (non interrompue comme chez le P. cul-blanc) et se prolonge sur les flancs et les sous-caudales (E de l'Atlantique, Pacifique). Flor., Car. du N., Mo., Ind., D. de C., Del., Penn., Ont.

2- PÉTREL TEMPÊTE *Hydrobates pelagicus* (15 cm)

British Storm-Petrel

Plus petit que le P. océanite. Pattes plus courtes; pieds (sans palmure jaune) ne dépassant pas la queue carrée. *Tache blanchâtre* sous l'aile. (E de l'Atlantique N). Île de Sable, N.-É.

3- PÉTREL FRÉGATE *Pelagodroma marina* (20 cm)

White-faced Storm-Petrel

Pétrel à tête et dessous blancs; calotte sombre et tache sombre à l'oeil. (S-E de l'Atlantique, S-O du Pacifique, Océan Indien). Plusieurs observations en haute mer, de la Car. du N au Mass.

4- PUFFIN OBSCUR *Puffinus assimilis* (26-30 cm)

Little Shearwater

Plus petit que le P. d'Audubon (p. 74): queue plus courte. Pattes bleutées contrastant avec les sous-caudales blanches (le P. d'Audubon a les pattes couleur chair, les sous-caudales noirâtres). Le P. des Anglais (p. 74) est plus grand, a les ailes plus longues, le noir de la face étendu sous l'oeil. (E de l'Atlantique, mers de l'hémisphère S). Car. du S, Car. du N, Maine, N.-É.

5- DIABLOTIN HÉRAULT *Pterodroma arminjoniana* (40 cm)

Herald Petrel

Formes pâle, intermédiaire ou foncée. Les 2 spécimens n.-américains étaient foncés; diffère du Puffin fuligineux par l'absence de couvertures argentées sous l'aile. Les zones claires sous les primaires rappellent les labbes. Pattes et pieds sombres. (Atlantique S, Océan Indien). N.-Y., au large de la Car. du N.

6- DIABLOTIN MACULÉ *Pterodroma inexpectata* (35 cm)

Mottled Petrel

S'identifie par la poitrine blanche, le ventre sombre et la barre noire sur fond blanc du dessous de l'aile. (N.-Z., Pacifique). N.Y. (1880).

7- DAMIER DU CAP *Daption capense* (35 cm)

Cape Petrel

Taille de la Mouette de Bonaparte: livrée très caractéristique: *Grandes plaques blanches à l'aile.* (Mers froides de l'hémisphère S). Maine (1873).

Remarque: On aurait photographié un **DIABLOTIN DE KERMADEC,** *Pterodroma neglecta,* (Kermadec Petrel) en Penn., et récolté il y a longtemps des spécimens aujourd'hui perdus du **PÉTREL À VENTRE BLANC,** *Fregetta grallaria,* (White-bellied Storm-Petrel) au large de la Flor.

8- GUIFETTE LEUCOPTÈRE *Chlidonias leucopterus* (23 cm)

White-winged Tern

En été, sous-alaires *noires,* dessus de l'aile en grande partie *blanc.* En hiver, plus pâle que la Guifette noire; pas de tache sombre à l'épaule. (Eurasie). Wisc., N.-B., Mass., Del., Georgie.

9- STERNE À MIROIR *Phaetusa simplex* (36 cm)

Large-billed Tern

Bec jaune et très gros. L'aile rappelle celle de la Mouette de Sabine (*primaires noirâtres,* secondaires blanches). Queue courte, grise, presque carrée. (Am. du S). Signalée en Ill., Ohio.

OISEAUX DE MER EXCEPTIONNELS

PÉTREL TEMPÊTE

PÉTREL DE CASTRO

PÉTREL FRÉGATE

PUFFIN OBSCUR

DAMIER DU CAP

DIABLOTIN MACULÉ

DIABLOTIN HÉRAULT

GUIFETTE LEUCOPTÈRE

STERNE À MIROIR

293

ESPÈCES EXCEPTIONNELLES D'EURASIE

L'Amérique du Nord et l'Europe se partagent de nombreuses espèces d'échassiers. Plusieurs autres traversent l'Atlantique plus ou moins rarement, dans un sens ou l'autre. Deux espèces eurasiennes, le Bécasseau combattant et le B. cocorli, d'occurence rare mais régulière, sont signalées chaque année dans l'E de l'Amérique du N. Voir le *Guide des oiseaux d'Europe* (PETERSON et coll., Delachaux & Niestlé) pour les caractéristiques de la plupart des espèces ci-dessous.

1- **PLUVIER DORÉ D'EURASIE** *Pluvialis apricaria* (Greater Golden-Plover)
Régulier dans le S du Groenland. Signalé à T.-N.

2- **VANNEAU HUPPÉ** *Vanellus vanellus* (Northern Lapwing)
T. de Baffin, Labr., Qc, N.-B., N.-É., Maine, R.-I., N.-Y., Car. du N, Car. du S, Flor.

3- **PLUVIER DE MONGOLIE** *Charadrius mongolus* (Mongolian Plover)
Lousiane. Taille et bec fort du P. de Wilson. Bande pectorale rousse et masque noir l'été, mais non l'hiver.

4- **BÉCASSE DES BOIS** *Scolopax rusticola* (Eurasian Woodcock)
Qc, T.-N., Ohio, Penn., N.-J., Virg., Alab. (toutes de vieilles mentions).

5- **BÉCASSINE DOUBLE** *Gallinago media* (Great Snipe)
N.-J., Virginie.

6- **BÉCASSINE SOURDE** *Limnocryptes minimus* (Jack Snipe)
Labrador.

7- **CHEVALIER ABOYEUR** *Tringa nebularia* (Common Greenshank)
Observation, N.-Y.

8- **CHEVALIER GAMBETTE** *Tringa totanus* (Redshank)
Observations, N.-É., R.-I.

9- **CHEVALIER ARLEQUIN** *Tringa erythropus* (Spotted Redshank)
Ont., T.-N., Conn., R.-I., Penn.

10- **BARGE À QUEUE NOIRE** *Limosa limosa* (Black-tailed Godwit)
T.-N., Maine, N.-J.

11- **BARGE ROUSSE** *Limosa lapponica* (Bar-tailed Godwit)
T.-N., Miquelon, N-Y., N.-J., Car. du N, Flor.

12- **COURLIS CENDRÉ** *Numenius arquata* (Eurasian Curlew)
T.-N., N.-É., Mass., N.-Y. Croupion blanc.

13- **COURLIS CORLIEU** *Numenius phaeopus* (en partie; races européennes) (Whimbrel)
N.-É., Mass., N.-Y., N.-J. Croupion blanc.

14- **AIGRETTE GARZETTE** *Egretta garzetta* (Little Egret)
(non illustrée) T.-N. En plumage nuptial, diffère de l'Aigrette neigeuse par 2 longues plumes effilées à la tête.

15- **GRUE CENDRÉE** *Grus grus* (Common Crane)
(non illustrée) Photographiée au Nebr.

16- **RÂLE DE GENÊTS** *Crex crex* (Corn Crake)
Voir p. 115.

1 hiver

2 hiver

3 été

4

5

6

7

8

9 été hiver

10

11 hiver

12

13 hiver

ESPÈCES EXCEPTIONNELLES D'EURASIE

Le *Guide des oiseaux d'Europe* (PETERSON et coll., Delachaux & Niestlé) présente les caractéristiques des espèces énumérées ici. Certaines mentions sont attestées par des spécimens ou des photos, d'autres par des observations convaincantes. Certains Anatidés sont soupçonnés de s'être échappés de zoos ou de volières. Les trois passereaux illustrés ci-contre peuvent avoir été déportés par le vent, en migration, de la Scandinavie à l'Am. du N et sont sans doute d'authentiques visiteurs, mais les espèces suivantes (non illustrées) sont plus suspectes: Pinson des arbres (N.-Y., Penn., Louis.), Gros-bec casse-noyaux (Mass.), Tarin des aulnes (Wisc., N.-Y.), Verdier d'Europe (N.-B., N.-Y.), Linotte mélodieuse (Ont., N.-Y.), Bouvreuil pivoine (N.-Y.), Rouge-gorge familier (N.-Y.), Mésange charbonnière (Qc, N.-B., à une mangeoire) et Mésange bleue (Ont., à une mangeoire). Ces oiseaux peuvent, selon le cas, être ou non échappés de captivité. Une traversée aidée par un navire est également possible.

1- **GRIVE LITORNE** *Turdus pilaris* (Fieldfare) Niche dans le S-O du Groenland. T.-N., N.-É., Qc, Ont., Conn., N.-Y., Del.

2- **PINSON DU NORD** *Fringilla montifringilla* (Brambling) Penn., N.-J. (2).

3- **GRIVE MAUVIS** *Turdus iliacus* (Redwing) N.-Y.

4- **SARCELLE D'ÉTÉ** *Anas querquedula* (Garganey) Man., Î.-P.-E., N.-B., Mass., N.-Y., Del., Tenn., Car. du N, Alab.

5- **SARCELLE ÉLÉGANTE** *Anas formosa* (Baikal Teal) Ohio, Penn., Car. du N (échappées?).

6- **FULIGULE MORILLON** *Aythya fuligula* (Tufted Duck) Ont., Ill., Ind., Mass., Conn., N.-Y., N.-J. De plus en plus fréquent.

7- **NETTE ROUSSE** *Netta rufina* (Red-crested Pochard) N.-Y. (?); spécimen d'origine douteuse.

8- **HARLE PIETTE** *Mergellus albellus* (Smew) Ont., Qc, R.-I.

9- **TADORNE DE BELON** *Tadorna tadorna* (Shelduck) Mass., Del.

10- **TADORNE CASARCA** *Tadorna ferruginea* (Ruddy Shelduck) Qc, Vt, Mass., R.-I., N.-J., Ky.

11- **OIE CENDRÉE** *Anser anser* (Graylag Goose) Mass.

12- **OIE DES MOISSONS** *Anser fabalis* (Bean Goose) Qc.

13- **OIE À BEC COURT** *Anser brachyrhynchus* (Pink-footed Goose) Mass., N.-Y.

14- **OIE NAINE** *Anser erythropus* Lesser (White-fronted Goose) Penn., N.-J., Md, Del.

15- **BERNACHE NONNETTE** *Branta leucopsis* (Barnacle Goose) Labr., Qc, N.-B., Ont., Vt, Mass., Conn., N.-Y., Penn., Md, Okl., Car. du N, Alab.

16- **BERNACHE À COU ROUX** *Branta ruficollis* (Red-breasted Goose) Mass., N.-Y., Penn. (échappées?).

17- **CYGNE SAUVAGE** *Cygnus cygnus* (Whooper Swan) Nichait jadis dans le S-O du Groenland. Exceptionnel au Maine (1903).

18- **FOULQUE MACROULE** *Fulica atra* (Eurasian Coot) (non illustrée) T.-N. N'a pas les sous-caudales blanches de la Foulque d'Amérique.

19- **PYGARGUE À QUEUE BLANCHE** *Haliaeetus albicilla* (White-tailed Eagle) (non illustré) Mass., Conn.

20- **ÉPERVIER D'EUROPE** *Accipiter nisus* (European Sparrowhawk) (non illustré) N.-J. (photo non convaincante).

21- **FAUCON CRÉCERELLE** *Falco tinnunculus* (Eurasian Kestrel) (non illustré) Mass., N.-J.

297

ESPÈCES TROPICALES EXCEPTIONNELLES

C'est généralement en Floride qu'on trouve des oiseaux antillais égarés. Pour leurs caractéristiques, voir *Birds of the West Indies* (J. BOND, Collins), abrégé W.I. ci-dessous. Les
espèces américaines sont décrites dans *A Field Guide to Mexican Birds* (PETERSON et coll.,
No 20, Houghton Mifflin), abrégé Mex., ou *A Field Guide to the Birds of Texas* (No 13), abrégé
Tex. Les présences en Floride sont détaillées dans un ouvrage de W. Biggs. Certaines mentions sont douteuses.

1. **JACANA ROUX** *Jacana spinosa* (Northern Jacana)
   (Tex.) Flor.

2- **RÂLE À BEC PEINT** *Neocrex erythrops* (Paint-billed Crake)
   (Pérou, Galapagos) Virg. Plus petit que le Râle de Caroline; ardoisé, les pattes et la
   base du bec rouge-corail.

3- **RÂLE MACULÉ** *Pardirallus maculatus* (Spotted Rail)
   (Mex.) Penn.

4- **CANARD MASQUÉ** *Oxyura dominica* (Masked Duck)
   (Tex.) S de la Flor. (plus de 20 mentions; a probablement niché à Loxahatchee); également Louis., Alab., Georgie, Md, Mass., Wisc., Vt.

5- **DENDROCYGNE À VENTRE NOIR** *Dendrocygna autumnalis* (Black-bellied
   Whistling-Duck) (Tex.) Louis., Ill., Flor. (a niché); échappés?

6- **CANARD DES BAHAMAS** *Anas bahamensis*
   White-cheeked Pintail (W.I.) Flor. (plusieurs), Virg., Ill., Wisc.

7- **GRÈBE MINIME** *Tachybaptus dominicus* (Least Grebe)
   (Tex.) Louis., Flor.

8- **FOULQUE À CACHET BLANC** *Fulica caribea* (Caribbean Coot)
   (W.I.) S de la Flor. (plusieurs observations récentes; peut nicher). Se distingue de la
   Foulque d'Amérique par sa plaque frontale plus large, entièrement blanche (ou teintée
   de jaune).

9- **TOURTERELLE À QUEUE CARRÉE** *Zenaida aurita* (Zenaida Dove)
   (W.I., Mex.) Nichait autrefois dans les Keys de Flor.; exceptionnelle aujourd'hui dans
   le S de la Flor.

10- **COLOMBE À JOUES BLANCHES** *Geotrygon chrysia* (Key-West Quail-Dove)
   (W.I.) Key West, (avant 1900); récemment dans le S de la Flor.

11- **COLOMBE ROUX-VIOLET** *Geotrygon montana* (Ruddy Quail-Dove)
   (W.I., Mex.) Dry Tortugas et Keys de Flor.

12- **PIGEON À COU ROUGE** *Columba squamosa* (Scaly-naped Pigeon)
   (W.I.) Key West, Georgie.

13- **COLOMBE À TÊTE BLEUE** *Starnoenas cyanocephala* (Blue-headed Quail-Dove)
   (non illustrée; voir W.I.) Présence douteuse. L'observation d'Audubon à Key West peut
   être mise en doute, tout comme la provenance d'un spécimen de Miami (peut-être
   échappé de zoo).

14- **BUSE NOIRE** *Buteogallus anthracinus* (Common Black-Hawk)
   (non illustrée; voir Tex. ou Mex.) Minn., Flor. (au moins 4 oiseaux différents vus dans
   la région de Miami).

ESPÈCES TROPICALES
EXCEPTIONNELLES

jeune

adulte

1

2

3

4

5

6

5

7

été   hiver

8

9   10   11   12

299

ESPÈCES TROPICALES EXCEPTIONNELLES

1- **HIRONDELLE À FRONT BRUN** *Hirundo fulva* (Cave Swallow) (Mex., Tex.) I. de Sable en N.-É. (plusieurs); Keys de Flor., Dry Tortugas (peut-être régulière).

2- **HIRONDELLE DES BAHAMAS** *Tachycineta cyaneoviridis* (Bahama Swallow) (W.I.) Keys de Flor. (plusieurs mentions; peut avoir niché).

3- **MARTINET PETIT-ROLLÉ** *Tachornis phoenicobia* (Antillean Palm Swift) (W.I.) Key West.

4- **ÉMERAUDE DE RICORD** *Chlorostilbon ricordii* (Cuban Emerald) (W.I.) Flor.: plusieurs observations sur la côte E et dans les Keys.

5- **COLIBRI DES BAHAMAS** *Calliphlox evelynae* (Bahama Woodstar) (W.I.) S de la Flor.

6- **MOQUEUR DES BAHAMAS** *Mimus gundlachii* (Bahama Mockingbird) (W.I.) Keys de Flor., Dry Tortugas. Flancs rayés, pas de tache blanche à l'aile.

7- **TYRAN À QUEUE FOURCHUE** *Tyrannus savana* (Fork-tailed Flycatcher) (Mex.) Flor., Miss., Car. du S, N.-J., Penn., Wisc., N.-Y., Mass., N.-H., Maine, Ont., N.-B., N.-É.

8- **TYRAN KISKIDI** *Pitangus sulphuratus* (Great Kiskadee) (Tex.) Louis., Flor., N.-J.

9- **MERLE VANTARD** *Turdus plumbeus* (Red-legged) Thrush (W.I.) Miami.

10- **ORIOLE À CAPUCHON** *Icterus dominicensis* (Black-cowled) Oriole (W.I.) vu à l'île Seal en N.-É.

11- **PETIT CAROUGE** *Agelaius humeralis* (Tawny-shouldered Blackbird) (W.I.) Keys de Flor. (3 mentions).

12- **TANGARA À TÊTE RAYÉE** *Spindalis zena* (Stripe-headed Tanager) (W.I.) S de la Flor. (20 mentions au moins).

13- **VIRÉO JAUNE VERDÂTRE** *V. flavoviridis* (Yellow-green Vireo) (Mex.) Flor., Qc.

14- **SUCRIER À VENTRE JAUNE** *Coereba flaveola* (Bananaquit) (W.I.) S de la Flor. (plus de 20 mentions).

15- **CHANTEUR DE CUBA** *Tiaris canora* (Cuban Grassquit) (W.I.) Miami, Keys de Flor. (plusieurs observations).

16- **CHANTEUR CICI** *Tiaris bicolor* (Black-faced Grassquit) (W.I.) S de la Flor. (plusieurs mentions).

17- **SPOROPHILE NÉGRITO** *Melopyrrha nigra* (Cuban Bullfinch) (W.I.) Miami.

18- **PÈRENOIR PETIT-COQ** *Loxigilla violacea* (Greater Antillean Bullfinch) (W.I.) S de la Flor.

19- **MARTINET À CROUPION GRIS** *Chaetura cinereiventris* (Gray-rumped Swift) (non illustré; voir W.I.) Dry Tortugas.

20- **HIRONDELLE DE CUBA** *Progne cryptoleuca* (Cuban Martin) (non illustrée; voir W.I.) Peut n'être qu'une race de l'Hirondelle noire. Keys et S de la Flor.

21- **HIRONDELLE À POITRINE GRISE** *Progne chalybea* (Gray-breasted) Martin (non illustrée; Voir Mex.) Keys de la Flor.

22- **HIRONDELLE GRACIEUSE** *Progne elegans* (Southern Martin) (non illustrée) Key West.

23- **TYRAN MÉLANCOLIQUE / DE COUCH** *Tyrannus melancholicus / couchii* (Tropical / Couch's Kingbird) (non illustré, voir Tex., Mex.) Louis., Flor. (plusieurs), Mass., Maine, N.-É.

24- **TYRAN TÊTE-POLICE** *Tyrannus caudifasciatus* (Loggerhead Kingbird) (non illustré; voir W.I.) S de la Flor.

25- **TYRAN DE LA SAGRA** *Myiarchus sagrae* (La Sagra's Flycatcher) (non illustré) Alab.

26- **TYRAN TACHETÉ** *Empidonomus varius* (Variegated Flycatcher) (non illustré) Maine.

27- **VIRÉO À BEC ÉPAIS** *Vireo crassirostris* (Thick-billed Vireo) (non illustré; voir W.I.) S-E de la Flor. (3 observations possibles).

28- **PARULINE DES BAHAMAS** *Geothlypis rostrata* (Bahama Yellowthroat) (non illustrée; voir W.I.) Flor.

301

ESPÈCES EXOTIQUES
introduites ou échappées

La plupart des oiseaux introduits avec succès (Cygne tuberculé, Faisan de chasse, Perdrix grise, Pigeon biset, Étourneau sansonnet, Moineau domestique, Moineau friquet), des oiseaux échappés et implantés (Tourterelle rieuse, Perruche ondulée, Bulbul orphée, Oriole maculé, Roselin familier) et des nouveaux arrivants (Héron garde-boeufs, etc.) ont déjà été traités dans le présent ouvrage. Il en est de même des nombreux perroquets pouvant se rencontrer (p. 178). Nombre d'autres espèces, oiseaux-gibier surtout, ont été introduites sans succès par des organismes de chasse et pêche. Une foule d'oiseaux les plus divers (du calao à l'autruche en passant par le manchot!) se sont échappés de captivité; quelques-unes des espèces exotiques les plus fréquemment signalées, parmi la myriade possible, sont illustrées ci-contre.

1- **CHARDONNERET ÉLÉGANT** *Carduelis carduelis* (European Goldfinch). Jadis établi à N.-Y. Voir aussi p. 272.

2- **CALFAT DE JAVA** *Padda oryzivora* (Java Sparrow). Établi à Miami, Flor.; nicheur.

3- **PAROARE HUPPÉ** *Paroaria coronata* (Red-crested Cardinal). A niché en Flor., en Penn., au Conn.

4- **ASTRILD ONDULÉ** *Estrilda astrild* (Common Waxbill).

5- **CAPUCIN DAMIER** *Lonchura punctulata* (Nutmeg Mannikin).

6- **CAPUCIN À DOS MARRON** *Lonchura malacca* (Chesnut Mannikin).

7- **MAINATE RELIGIEUX** *Gracula religiosa* (Hill Mynah). Flor. (de Homestead à Palm Beach).

8- **ORIOLE TROUPIALE** *Icterus icterus* (Troupial).

9- **OIE CYGNOÏDE** *Anser cygnoides* (Chinese Goose).

10- **OIE À TÊTE BARRÉE** *Anser indicus* (Bar-headed Goose).

11- **TADORNE D'ÉGYPTE** *Alopochen aegyptiacus* (Egyptian Goose).

12- **CYGNE À COU NOIR** *Cygnus melanocoryphus* (Black-necked Swan).

13- **CYGNE NOIR** *Cygnus atratus* (Black Swan).

14- **CANARD À BEC TACHETÉ** *Anas poecilorhyncha* (Spot-billed Duck).

15- **CANARD MANDARIN** *Aix galericulata* (Mandarin Duck).

16- **CANARD MUSQUÉ** *Cairina moschata* (Muscovy). Voir aussi p. 52.

17- **PERDRIX CHOUKAR** *Alectoris chukar* (Chukar). Les introductions dans l'E ont eu peu de succès.

18- **FAISAN DORÉ** *Chrysolophus pictus* (Golden Pheasant).

19- **CAILLE DES BLÉS** *Coturnix coturnix* (Common Quail). Plusieurs relachées sans succès.

20- **ORTALIDE GRIS-BRUN** *Ortalis vetula* (Plain Chachalaca). Implanté dans les îles Sapelo et Blackbeard, en Georgie.

21- **FRANCOLIN NOIR** *Francolinus francolinus* (Black Francolin). Implanté localement dans le S de la Louis. et en Flor.

22- **VANNEAU TÉRO** *Vanellus chilensis* (Southern Lapwing).

23- **RÂLE DE CAYENNE** *Aramides cajanea* (Gray-necked Wood Rail). Près de Miami et Vero Beach, en Flor. (relâché?).

ESPÈCES EXOTIQUES
introduites
et échappées

303

ESPÈCES EXCEPTIONNELLES DE L'OUEST

Les espèces égarées venant de l'O de l'Am. du N, et signalées moins d'une douzaine de fois à *l'E du Mississppi*, sont énumérées ici. Elles sont illustrées et décrites dans *A Field Guide to Western Birds* (PETERSON, Houghton Mifflin).

EIDER DE STELLER (Steller's Eider) Qc, Maine, Mass.

BUSE À CROUPION BLANC (Harris' Hawk) Louis., Flor., Iowa, Mo., Ohio, N.-Y.

BUSE GRISE (Gray Hawk) Ill.

BUSE À QUEUE BARRÉE (Zone-tailed Hawk) Car. du N.

PLUVIER MONTAGNARD (Mountain Plover) Minn., Mich., Mo., Mass., Virg., Alab., Flor.

CHEVALIER ERRANT (Wandering Tattler) Ont.

TOURNEPIERRE NOIR (Black Turnstone) Wisc.

BÉCASSEAU DU RESSAC (Surfbird) O de la Flor. (3 mentions).

BÉCASSEAU À COL ROUX (Rufous-necked Stint) Ont., Maine, Conn.

BÉCASSEAU À QUEUE FINE (Sharp-tailed Sandpiper) Ont., Ill., Iowa, Mass., Conn., N.-Y., Md, Flor.

GOÉLAND D'AUDUBON (Western Gull) Ill.

ALQUE À COU BLANC (Ancient Murrelet) Man., Ont., Qc, Nebr., Minn., Wisc., Ill., Ohio.

MACAREUX HUPPÉ (Tufted Puffin) Maine (mention d'Audubon).

PIGEON À QUEUE BARRÉE (Band-tailed Pigeon) Ont., N.-H., Ohio, Tenn., Alab., Flor.

PETIT-DUC NAIN (Flammulated Owl) Louis., Flor.

ENGOULEVENT MINIME (Lesser Nighthawk) Louis., Flor., Ont. (voir p. 184).

MARTINET SOMBRE (Black Swift) Ill.

MARTINET À GORGE BLANCHE (White-throated Swift) Mich., Ark.

ARIANE DU YUCATAN (Buff-bellied Hummingbird) Louis. (régulier?), Flor. Ill.

COLIBRI À QUEUE LARGE (Broad-tailed Hummingbird) Louis., Ark., Flor.

COLIBRE D'ALLEN (Allen's Hummingbird) Louis., Mass.

PIC DE LEWIS (Lewis' Woodpecker) Man., Ont., Minn., Ill., Mich., Mo., R.-I.

PIC À FRONT DORÉ (Golden-fronted Woodpecker) Flor., Mich. (?).

PIOUI DE L'OUEST (Western Wood-Pewee) Minn. (a niché), Ont., Mass., Md, Miss.

MOUCHEROLLE NOIR (Black Phoebe) Flor. (plusieurs).

TYRAN DE WIED (Brown-crested Flycatcher) Louis., Flor. (plusieurs).

TYRAN DE CASSIN (Cassin's Kingbird) Louis., Virg., Wisc., Mass., Ont.

HIRONDELLE À FACE BLANCHE (Violet-green Swallow) Man., Mo., Ill., Flor.

GEAI DE STELLER (Steller's Jay) S du Qc, Ill.

CASSE-NOIX D'AMÉRIQUE (Clark's Nutcracker) Man., Ont., Minn., Wisc., Ill., Mich., Mo., Ark.

CINCLE D'AMÉRIQUE (American Dipper) Minn.

MOQUEUR DES ARMOISES (Sage Thrasher) Ont., Wisc., Ill., N.-Y., Car. du N, Louis., Flor.

MOQUEUR À BEC COURBE (Curve-billed Thrasher) Man., Minn., Wisc., Louis., Flor.

BERGERONNETTE GRISE (White Wagtail) N du Qc.

PHÉNOPÈPLE (Phainopepla) Ont., Mass., R.-I.

PARULINE DE VIRGINIA (Virginia's Warbler) Ill., Ont., N.-J.

PARULINE À CROUPION MARRON (Lucy's Warbler) Louis., Mass.

PARULINE DE TOWNSEND (Townsend's Warbler) Minn., Wisc., Ohio, Penn., N.-Y., N.-J., Mass., La.-É.

PARULINE À TÊTE JAUNE (Hermit Warbler) Minn., N.-Y., Conn., Louis.

PARULINE À DOS NOIR (Golden-cheeked Warbler) Flor.

PARULINE DES BUISSONS (MacGillivray's Warbler) Ont., Ind., Mass., Conn., Louis.

PARULINE À AILES BLANCHES (Painted Redstart) Louis., Ark., Ohio, N.-Y., Mass., Ont.

BRUANT DE CASSIN (Cassin's Sparrow) Ont., N.-É., N.-J. Niche vers l'E jusqu'au 100e méridien en Okl.

BRUANT DE BREWER (Brewer's Sparrow) Minn., Mass.

BRUANT À GORGE NOIRE (Black-throated Sparrow) Wisc., Ill., N.-J., Virg., Louis., Flor.

BRUANT À COURONNE DORÉE (Golden-crowned Sparrow) Occasionnel dans l'E. Voir. p. 278.

VACHER BRONZÉ (Bronzed Cowbird) Louis., Flor.

ORIOLE JAUNE-VERDÂTRE (Scott's Oriole) Louis., Minn., Man., Ont.

ROSELIN BRUN (Rosy Finch) Ont., Minn., Mo., Maine.

Cartes de répartition

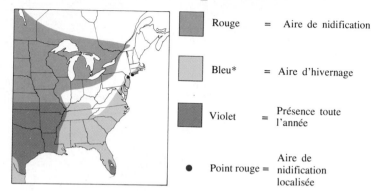

Rouge	=	Aire de nidification	
Bleu*	=	Aire d'hivernage	
Violet	=	Présence toute l'année	
● Point rouge	=	Aire de nidification localisée	

Les cartes des pages qui suivent esquissent de manière approximative l'aire de chaque espèce. À l'intérieur des plages de couleur se rencontrent de nombreux vides, là où l'habitat de l'espèce en question n'existe pas: le Troglodyte des marais a besoin d'un marais, la Sturnelle des prés, d'un pré et la Gélinotte huppée, d'une forêt. Certaines espèces peuvent être extrêmement localisées ou sporadiques pour des raisons qui ne sont pas claires. Certains oiseaux sont en expansion, parfois rapide. Enfin, d'autres espèces sont en déclin ou même en voie de disparition dans de grandes zones où elles se rencontraient autrefois. Certaines augmentations, certains déclins, de même que des occurences hors de zones colorées, sont notés. Les cartes sont fondées sur des données provenant de nombreuses publications régionales ou d'États, et sont modifiées en tenant compte des observations faites par une myriade d'amateurs et signalées dans des revues comme *American Birds* et *Birding*.

Les aires d'hivernage ne sont pas aussi bien délimitées que les aires de nidification. Une espèce peut être très rare près de la limite nord de son aire d'hivernage, survivre en décembre et au cours des hivers doux, mais souvent succomber aux rigueurs de janvier et de février.

Les cartes ne couvrent que le territoire de ce guide. Le Canard colvert, par exemple, se rencontre dans une grande partie du globe. Son aire de répartition mondiale est signalée dans le texte sous la rubrique de l'espèce. La carte ne montre que sa répartition dans l'Est de l'Amérique du Nord.

Les cartes ne sont pas données dans l'ordre phylétique (voir la liste systématique en page 17), mais suivent plutôt l'ordre dans lequel les espèces apparaissent dans le livre.

*Remarque: Dans le cas de plusieurs oiseaux pélagiques de l'hémisphère sud, le bleu indique *leur* aire d'hivernage (*durant notre été*).

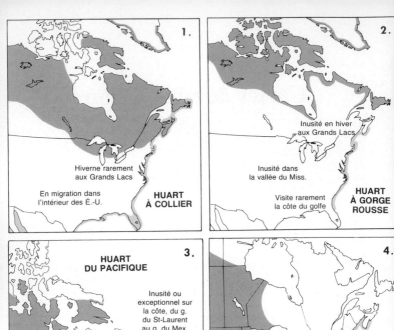

1.

Hiverne rarement
aux Grands Lacs

En migration dans
l'intérieur des É.-U.

HUART
À COLLIER

2.

Inusité en hiver
aux Grands Lacs

Inusité dans
la vallée du Miss.

Visite rarement
la côte du golfe

HUART
À GORGE
ROUSSE

3.

HUART
DU PACIFIQUE

Inusité ou
exceptionnel sur
la côte, du g.
du St-Laurent
au g. du Mex.

Hiverne surtout sur
la côte du Pacifique

Inusité ou
exceptionnel aux
Grands Lacs

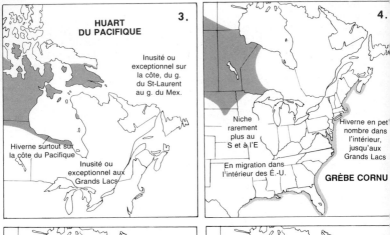

4.

Niche
rarement
plus au
S et à l'E

Hiverne en pet
nombre dans
l'intérieur,
jusqu'aux
Grands Lacs

En migration dans
l'intérieur des É.-U.

GRÈBE CORNU

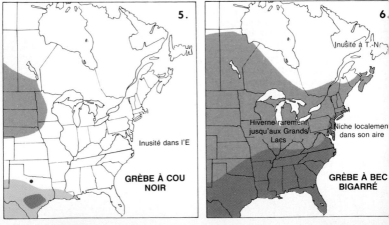

5.

Inusité dans l'E

GRÈBE À COU
NOIR

6.

Inusité à T.-N.

Hiverne rarement
jusqu'aux Grands
Lacs

Niche localemen
dans son aire

GRÈBE À BEC
BIGARRÉ

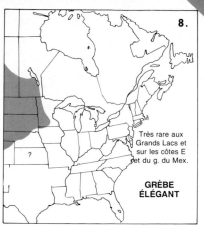

7. De passage aux Grands Lacs et dans le haut Miss.

GRÈBE JOUGRIS

Inusité jusqu'aux États du golfe

8. Très rare aux Grands Lacs et sur les côtes E et du g. du Mex.

?

GRÈBE ÉLÉGANT

PETIT PINGOUIN **9.**

Hiverne en mer jusqu'au N.-J.; inusité plus au S

Exceptionnel jusqu'au lac Ontario

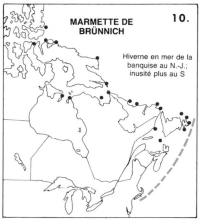

MARMETTE DE BRÜNNICH **10.**

Hiverne en mer de la banquise au N.-J.; inusité plus au S

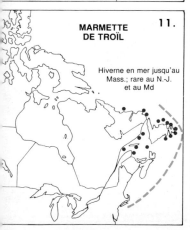

MARMETTE DE TROÏL **11.**

Hiverne en mer jusqu'au Mass.; rare au N.-J. et au Md

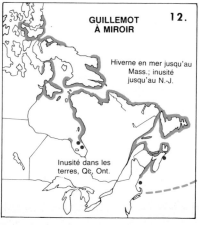

GUILLEMOT À MIROIR **12.**

Hiverne en mer jusqu'au Mass.; inusité jusqu'au N.-J.

Inusité dans les terres, Qc, Ont.

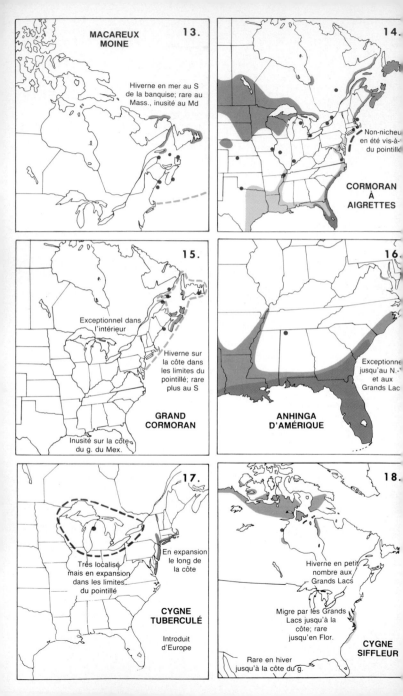

13. MACAREUX MOINE

Hiverne en mer au S de la banquise; rare au Mass., inusité au Md

14. CORMORAN À AIGRETTES

Non-nicheu en été vis-à-du pointillé

15. GRAND CORMORAN

Exceptionnel dans l'intérieur

Hiverne sur la côte dans les limites du pointillé; rare plus au S

Inusité sur la côte du g. du Mex.

16. ANHINGA D'AMÉRIQUE

Exceptionne jusqu'au N.-et aux Grands Lac

17. CYGNE TUBERCULÉ

Très localisé mais en expansion dans les limites du pointillé

En expansion le long de la côte

Introduit d'Europe

18. CYGNE SIFFLEUR

Hiverne en petit nombre aux Grands Lacs

Migre par les Grands Lacs jusqu'à la côte; rare jusqu'en Flor.

Rare en hiver jusqu'à la côte du g.

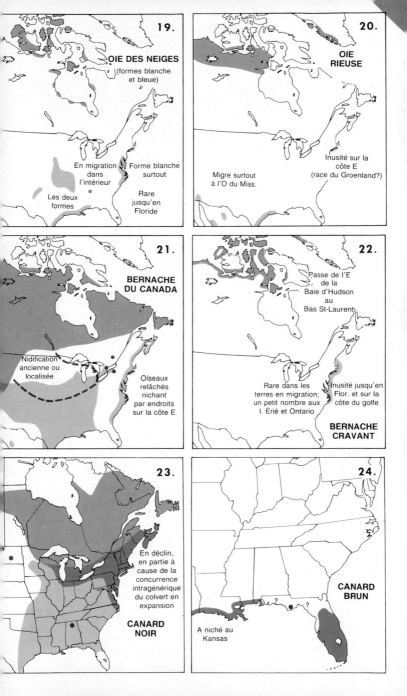

19.
OIE DES NEIGES
(formes blanche
et bleue)

En migration
dans
l'intérieur

Forme blanche
surtout

Les deux
formes

Rare
jusqu'en
Floride

20.
OIE
RIEUSE

Inusité sur la
côte E
(race du Groenland?)

Migre surtout
à l'O du Miss.

21.
BERNACHE
DU CANADA

Nidification
ancienne ou
localisée

Oiseaux
relâchés
nichant
par endroits
sur la côte E

22.
Passe de l'E
de la
Baie d'Hudson
au
Bas St-Laurent

Rare dans les
terres en migration;
un petit nombre aux
I. Érié et Ontario

Inusité jusqu'en
Flor. et sur la
côte du golfe

BERNACHE
CRAVANT

23.
En déclin,
en partie à
cause de la
concurrence
intragénérique
du colvert en
expansion

CANARD
NOIR

24.
CANARD
BRUN

A niché au
Kansas

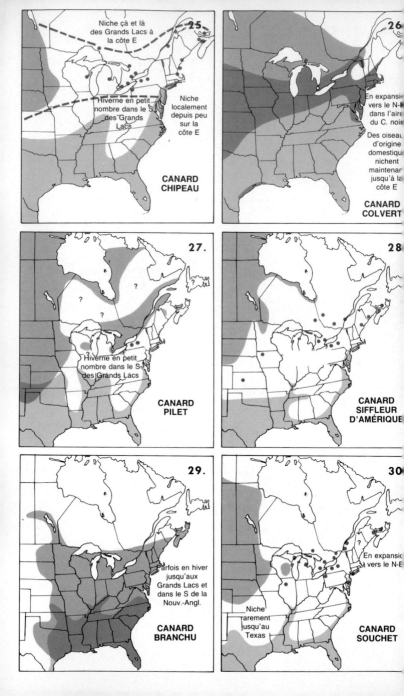

25 — CANARD CHIPEAU

Niche çà et là des Grands Lacs à la côte E

Hiverne en petit nombre dans le S des Grands Lacs

Niche localement depuis peu sur la côte E

26 — CANARD COLVERT

En expansion vers le N-E dans l'aire du C. noir

Des oiseaux d'origine domestique nichent maintenant jusqu'à la côte E

27. — CANARD PILET

Hiverne en petit nombre dans le S des Grands Lacs

28 — CANARD SIFFLEUR D'AMÉRIQUE

29. — CANARD BRANCHU

Parfois en hiver jusqu'aux Grands Lacs et dans le S de la Nouv.-Angl.

30 — CANARD SOUCHET

En expansion vers le N-E

Niche rarement jusqu'au Texas

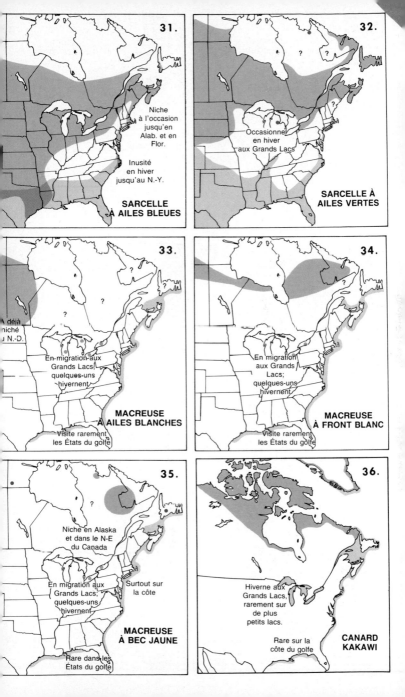

31. Niche à l'occasion jusqu'en Alab. et en Flor.
Inusité en hiver jusqu'au N.-Y.
SARCELLE À AILES BLEUES

32. Occasionnel en hiver aux Grands Lacs
SARCELLE À AILES VERTES

33. A déjà niché au N.-D.
En migration aux Grands Lacs; quelques-uns hivernent
Visite rarement les États du golfe
MACREUSE À AILES BLANCHES

34. En migration aux Grands Lacs; quelques-uns hivernent
Visite rarement les États du golfe
MACREUSE À FRONT BLANC

35. Niche en Alaska et dans le N-E du Canada
En migration aux Grands Lacs; quelques-uns hivernent
Surtout sur la côte
Rare dans les États du golfe
MACREUSE À BEC JAUNE

36. Hiverne aux Grands Lacs, rarement sur de plus petits lacs.
Rare sur la côte du golfe
CANARD KAKAWI

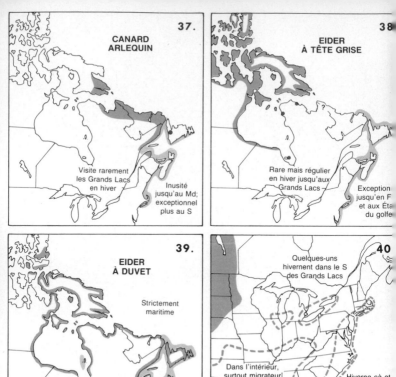

37. CANARD ARLEQUIN

Visite rarement les Grands Lacs en hiver

Inusité jusqu'au Md; exceptionnel plus au S

38 EIDER À TÊTE GRISE

Rare mais régulier en hiver jusqu'aux Grands Lacs

Exception jusqu'en F et aux Éta du golfe

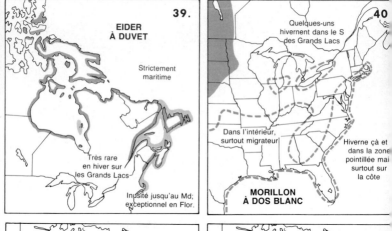

39. EIDER À DUVET

Strictement maritime

Très rare en hiver sur les Grands Lacs

Inusité jusqu'au Md; exceptionnel en Flor.

40 Quelques-uns hivernent dans le S des Grands Lacs

Dans l'intérieur, surtout migrateur

Hiverne çà et dans la zone pointillée mai surtout sur la côte

MORILLON À DOS BLANC

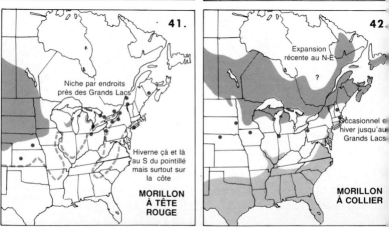

41. Niche par endroits près des Grands Lacs

Hiverne çà et là au S du pointillé mais surtout sur la côte

MORILLON À TÊTE ROUGE

42 Expansion récente au N-E

?

Occasionnel e hiver jusqu'au Grands Lacs

MORILLON À COLLIER

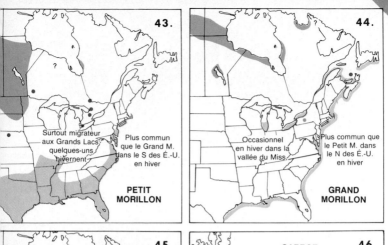

43.

Surtout migrateur aux Grands Lacs? quelques-uns hivernent

Plus commun que le Grand M. dans le S des É.-U. en hiver

PETIT MORILLON

44.

Occasionnel en hiver dans la vallée du Miss.

Plus commun que le Petit M. dans le N des É.-U. en hiver

GRAND MORILLON

45.

Hiverne çà et là à partir des Grands Lacs et du St-Laurent dans la zone pointillée

GARROT À OEIL D'OR

GARROT DE BARROW

46.

Niche surtout dans l'O et en Islande

Visite rarement les Grands Lacs en hiver

Inusité sur la côte jusqu'au Md

47.

PETIT GARROT

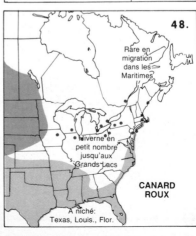

48.

Rare en migration dans les Maritimes

Hiverne en petit nombre jusqu'aux Grands Lacs

A niché: Texas, Louis., Flor.

CANARD ROUX

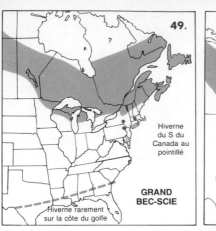

49.

Hiverne
du S du
Canada au
pointillé

**GRAND
BEC-SCIE**

Hiverne rarement
sur la côte du golfe

50

**BEC-SCIE À
POITRINE ROUSSE**

En migration dans
l'intérieur des É.-U.

Niche à
l'occasion
jusqu'au N.-J.
sur la côte

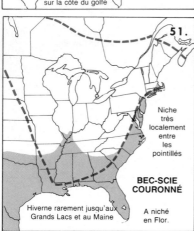

51.

Niche
très
localement
entre
les
pointillés

**BEC-SCIE
COURONNÉ**

Hiverne rarement jusqu'aux
Grands Lacs et au Maine

A niché
en Flor.

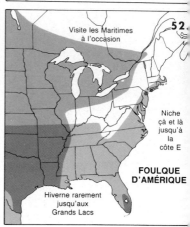

52

Visite les Maritimes
à l'occasion

Niche
çà et là
jusqu'à
la
côte E

**FOULQUE
D'AMÉRIQUE**

Hiverne rarement
jusqu'aux
Grands Lacs

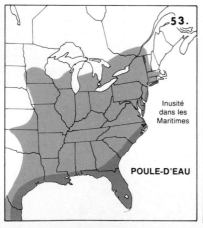

53.

Inusité
dans les
Maritimes

POULE-D'EAU

54.

Erre
rarement
jusque dans
le S du
Canada

**GALLINULE
VIOLACÉE**

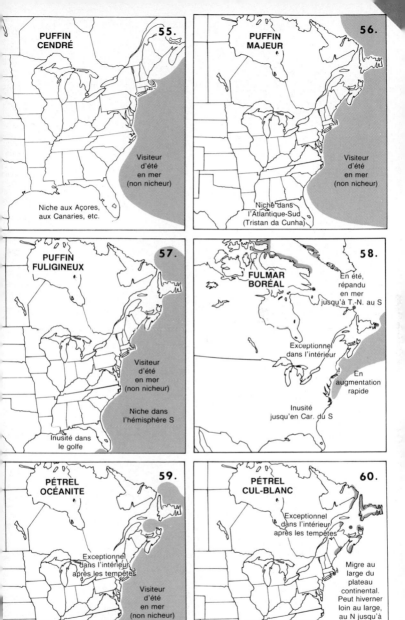

55.

PUFFIN
CENDRÉ

Visiteur
d'été
en mer
(non nicheur)

Niche aux Açores,
aux Canaries, etc.

56.

PUFFIN
MAJEUR

Visiteur
d'été
en mer
(non nicheur)

Niche dans
l'Atlantique-Sud
(Tristan da Cunha)

57.

PUFFIN
FULIGINEUX

Visiteur
d'été
en mer
(non nicheur)

Niche dans
l'hémisphère S

Inusité dans
le golfe

58.

FULMAR
BORÉAL

En été,
répandu
en mer
jusqu'à T.-N. au S

Exceptionnel
dans l'intérieur

En
augmentation
rapide

Inusité
jusqu'en Car. du S

59.

PÉTREL
OCÉANITE

Exceptionnel
dans l'intérieur
après les tempêtes

Visiteur
d'été
en mer
(non nicheur)

Niche dans
l'Antarctique

60.

PÉTREL
CUL-BLANC

Exceptionnel
dans l'intérieur
après les tempêtes

Migre au
large du
plateau
continental.
Peut hiverner
loin au large,
au N jusqu'à
la latitude du
N-E des É.-U.

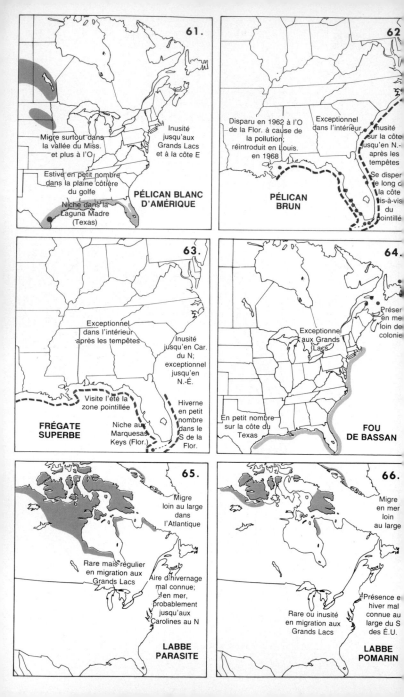

61.

Migre surtout dans la vallée du Miss. et plus à l'O

Inusité jusqu'aux Grands Lacs et à la côte E

Estive en petit nombre dans la plaine côtière du golfe

Niche dans la Laguna Madre (Texas)

PÉLICAN BLANC D'AMÉRIQUE

62

Disparu en 1962 à l'O de la Flor. à cause de la pollution; réintroduit en Louis. en 1968

Exceptionnel dans l'intérieur

Inusité sur la côte jusqu'en N.-après les tempêtes

Se disper[se] [d]e la côte [v]is-à-vis du [p]ointillé

PÉLICAN BRUN

63.

Exceptionnel dans l'intérieur après les tempêtes

Inusité jusqu'en Car. du N; exceptionnel jusqu'en N.-É.

Visite l'été la zone pointillée

Hiverne en petit nombre dans le S de la Flor.

Niche aux Marquesas Keys (Flor.)

FRÉGATE SUPERBE

64.

Préser[vé] en me[r] loin de[s] colonie[s]

Exceptionnel aux Grands Lacs

En petit nombre sur la côte du Texas

FOU DE BASSAN

65.

Migre loin au large dans l'Atlantique

Rare mais régulier en migration aux Grands Lacs

Aire d'hivernage mal connue; en mer, probablement jusqu'aux Carolines au N

LABBE PARASITE

66.

Migre en mer loin au large

Rare ou inusité en migration aux Grands Lacs

Présence e[n] hiver mal connue au large du S des É.U.

LABBE POMARIN

67.

LABBE À LONGUE QUEUE

Très rare en migration aux Grands Lacs

Migre en mer loin au large; aire d'hivernage mal connue

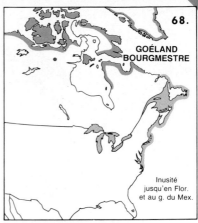

68.

GOÉLAND BOURGMESTRE

Inusité jusqu'en Flor. et au g. du Mex.

69.

GOÉLAND ARCTIQUE

Aire de nidification de la race américaine

Inusité jusqu'à l'O des Grands Lacs

Exceptionnel au S de la Virg.

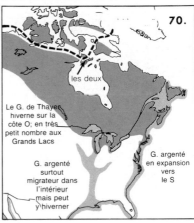

70.

les deux

Le G. de Thayer hiverne sur la côte O; en très petit nombre aux Grands Lacs

G. argenté surtout migrateur dans l'intérieur mais peut y hiverner

G. argenté en expansion vers le S

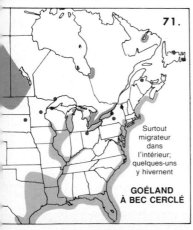

71.

Surtout migrateur dans l'intérieur; quelques-uns y hivernent

GOÉLAND À BEC CERCLÉ

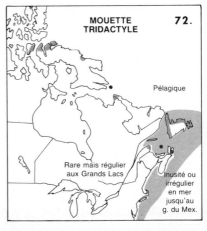

MOUETTE TRIDACTYLE

72.

Pélagique

Rare mais régulier aux Grands Lacs

Inusité ou irrégulier en mer jusqu'au g. du Mex.

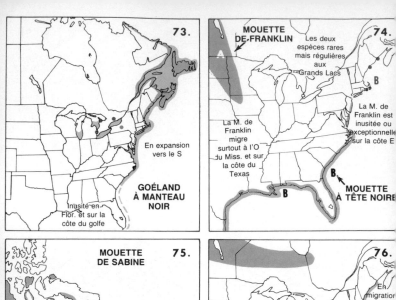

73. GOÉLAND À MANTEAU NOIR

En expansion vers le S

Inusité en Flor. et sur la côte du golfe

74. MOUETTE DE-FRANKLIN

Les deux espèces rares mais régulières aux Grands Lacs

La M. de Franklin est inusitée ou exceptionnelle sur la côte E

A

B

B

B

La M. de Franklin migre surtout à l'O du Miss. et sur la côte du Texas

MOUETTE À TÊTE NOIRE

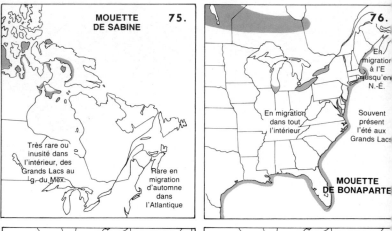

75. MOUETTE DE SABINE

Très rare ou inusité dans l'intérieur, des Grands Lacs au g. du Mex.

Rare en migration d'automne dans l'Atlantique

76. MOUETTE DE BONAPARTE

En migration à l'E jusqu'en N.-É.

Souvent présent l'été aux Grands Lacs

En migration dans tout l'intérieur

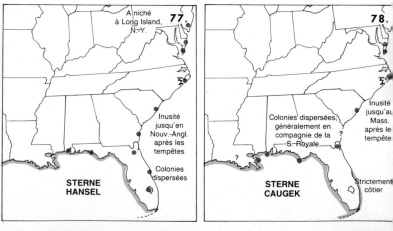

77. STERNE HANSEL

A niché à Long Island, N.-Y.

Inusité jusqu'en Nouv.-Angl. après les tempêtes

Colonies dispersées

78. STERNE CAUGEK

Colonies dispersées; généralement en compagnie de la S. Royale

Inusité jusqu'au Mass. après les tempêtes

Strictement côtier

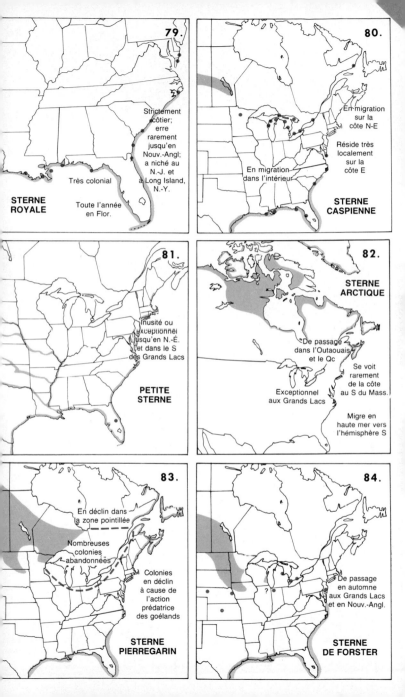

79.
STERNE
ROYALE

Strictement côtier; erre rarement jusqu'en Nouv.-Angl; a niché au N.-J. et à Long Island, N.-Y.

Très colonial

Toute l'année en Flor.

80.
STERNE
CASPIENNE

En migration sur la côte N-E

Réside très localement sur la côte E

En migration dans l'intérieur

81.
PETITE
STERNE

Inusité ou exceptionnel jusqu'en N.-É. et dans le S des Grands Lacs

82.
STERNE
ARCTIQUE

De passage dans l'Outaouais et le Qc

Se voit rarement de la côte au S du Mass.

Exceptionnel aux Grands Lacs

Migre en haute mer vers l'hémisphère S

83.
STERNE
PIERREGARIN

En déclin dans la zone pointillée

Nombreuses colonies abandonnées

Colonies en déclin à cause de l'action prédatrice des goélands

84.
STERNE
DE FORSTER

De passage en automne aux Grands Lacs et en Nouv.-Angl.

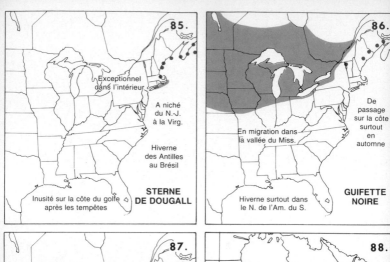

85.

Exceptionnel dans l'intérieur

A niché du N.-J. à la Virg.

Hiverne des Antilles au Brésil

Inusité sur la côte du golfe après les tempêtes

STERNE DE DOUGALL

86.

De passage sur la côte surtout en automne

En migration dans la vallée du Miss.

Hiverne surtout dans le N. de l'Am. du S.

GUIFETTE NOIRE

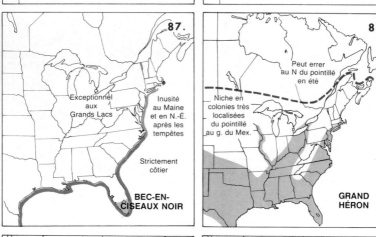

87.

Exceptionnel aux Grands Lacs

Inusité au Maine et en N.-É. après les tempêtes

Strictement côtier

BEC-EN-CISEAUX NOIR

88.

Peut errer au N du pointillé en été

Niche en colonies très localisées du pointillé au g. du Mex.

GRAND HÉRON

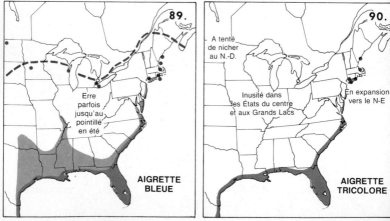

89.

Erre parfois jusqu'au pointillé en été

AIGRETTE BLEUE

90.

A tenté de nicher au N.-D.

Inusité dans les États du centre et aux Grands Lacs

En expansion vers le N-E

AIGRETTE TRICOLORE

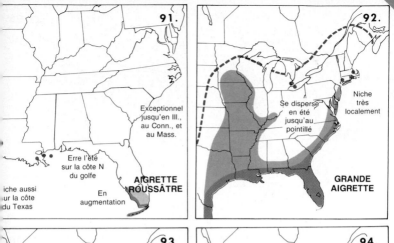

91.

Exceptionnel jusqu'en Ill., au Conn., et au Mass.

Erre l'été sur la côte N du golfe

Niche aussi sur la côte du Texas

En augmentation

AIGRETTE ROUSSÂTRE

92.

Niche très localement

Se disperse en été jusqu'au pointillé

GRANDE AIGRETTE

93.

Erre en été jusqu'aux Grands Lacs et à T.-N.

Niche très localement

En expansion vers le N sur la côte

AIGRETTE NEIGEUSE

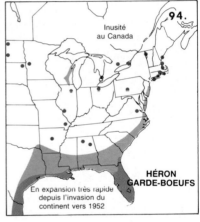

94.

Inusité au Canada

En expansion très rapide depuis l'invasion du continent vers 1952

HÉRON GARDE-BOEUFS

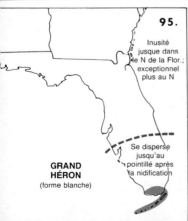

95.

Inusité jusque dans le N de la Flor.; exceptionnel plus au N

Se disperse jusqu'au pointillé après la nidification

GRAND HÉRON
(forme blanche)

96.

Inusité en hiver jusqu'au l. Érié

Colonies très localisées

BIHOREAU À COURONNE NOIRE

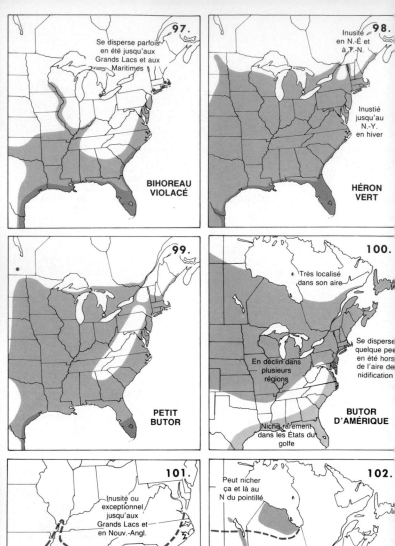

97. Se disperse parfois en été jusqu'aux Grands Lacs et aux Maritimes

BIHOREAU VIOLACÉ

98. Inusité en N.-É et à T.-N.

Inustié jusqu'au N.-Y. en hiver

HÉRON VERT

99. PETIT BUTOR

100. Très localisé dans son aire

En déclin dans plusieurs régions

Se disperse quelque peu en été hors de l'aire de nidification

Niche rarement dans les États du golfe

BUTOR D'AMÉRIQUE

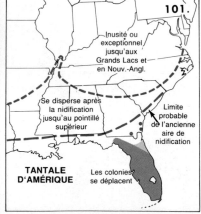

101. Inusité ou exceptionnel jusqu'aux Grands Lacs et en Nouv.-Angl.

Se disperse après la nidification jusqu'au pointillé supérieur

Limite probable de l'ancienne aire de nidification

Les colonies se déplacent

TANTALE D'AMÉRIQUE

102. Peut nicher çà et là au N du pointillé

Nicheur anciennement plus répandu dans le N de la Prairie

Migre par l'intérieur

Inusité ou exceptionnel jusqu'à la côte E

GRUE DU CANADA

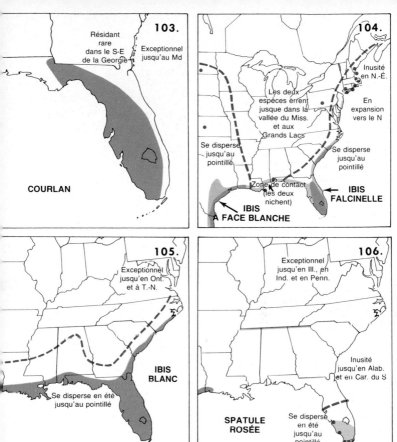

103. Résidant rare dans le S-E de la Georgie. Exceptionnel jusqu'au Md

COURLAN

104. Inusité en N.-É. En expansion vers le N. Les deux espèces errent jusque dans la vallée du Miss. et aux Grands Lacs. Se disperse jusqu'au pointillé. Se disperse jusqu'au pointillé. Zone de contact (les deux nichent)

← **IBIS FALCINELLE**

← **IBIS À FACE BLANCHE**

105. Exceptionnel jusqu'en Ont. et à T.-N. Se disperse en été jusqu'au pointillé

IBIS BLANC

106. Exceptionnel jusqu'en Ill., en Ind. et en Penn. Inusité jusqu'en Alab. et en Car. du S. Se disperse en été jusqu'au pointillé

SPATULE ROSÉE

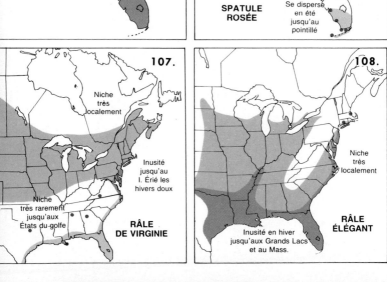

107. Niche très localement. Inusité jusqu'au l. Érié les hivers doux. Niche très rarement jusqu'aux États du golfe.

RÂLE DE VIRGINIE

108. Niche très localement. Inusité en hiver jusqu'aux Grands Lacs et au Mass.

RÂLE ÉLÉGANT

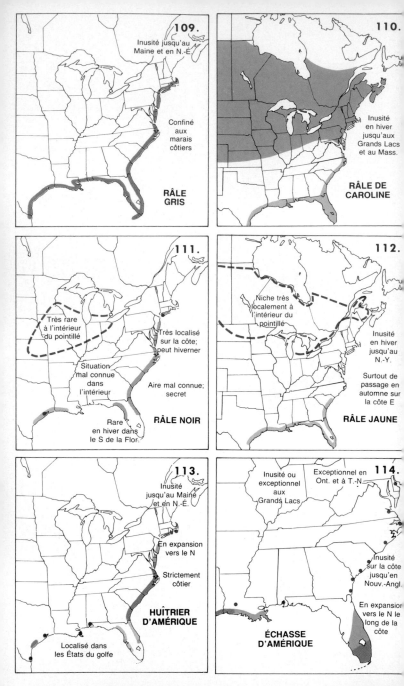

109.
Inusité jusqu'au Maine et en N.-É.

Confiné aux marais côtiers

RÂLE GRIS

110.
Inusité en hiver jusqu'aux Grands Lacs et au Mass.

RÂLE DE CAROLINE

111.
Très rare à l'intérieur du pointillé

Très localisé sur la côte; peut hiverner

Situation mal connue dans l'intérieur

Aire mal connue; secret

Rare en hiver dans le S de la Flor.

RÂLE NOIR

112.
Niche très localement à l'intérieur du pointillé

Inusité en hiver jusqu'au N.-Y.

Surtout de passage en automne sur la côte E

RÂLE JAUNE

113.
Inusité jusqu'au Maine et en N.-É.

En expansion vers le N

Strictement côtier

Localisé dans les États du golfe

HUÎTRIER D'AMÉRIQUE

114.
Inusité ou exceptionnel aux Grands Lacs

Exceptionnel en Ont. et à T.-N.

Inusité sur la côte jusqu'en Nouv.-Angl.

En expansion vers le N le long de la côte

ÉCHASSE D'AMÉRIQUE

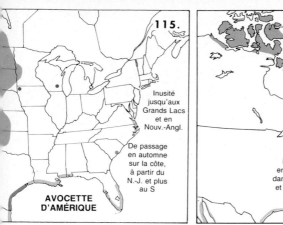

115.

Inusité jusqu'aux Grands Lacs et en Nouv.-Angl.

De passage en automne sur la côte, à partir du N.-J. et plus au S

AVOCETTE D'AMÉRIQUE

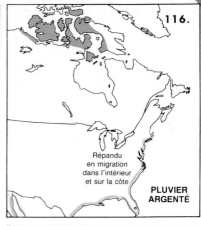

116.

Répandu en migration dans l'intérieur et sur la côte

PLUVIER ARGENTÉ

117.

Inusité à T.-N.

Migre en automne par l'intérieur et sur la côte E

Migre au printemps surtout par la Prairie

PLUVIER DORÉ D'AMÉRIQUE

Hiverne en Am. du S

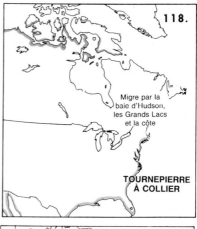

118.

Migre par la baie d'Hudson, les Grands Lacs et la côte

TOURNEPIERRE À COLLIER

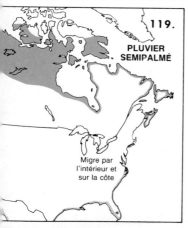

119.

PLUVIER SEMIPALMÉ

Migre par l'intérieur et sur la côte

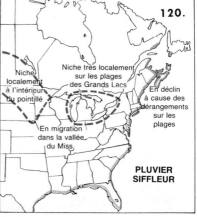

120.

Niche localement à l'intérieur du pointillé

Niche très localement sur les plages des Grands Lacs

En déclin à cause des dérangements sur les plages

En migration dans la vallée du Miss.

PLUVIER SIFFLEUR

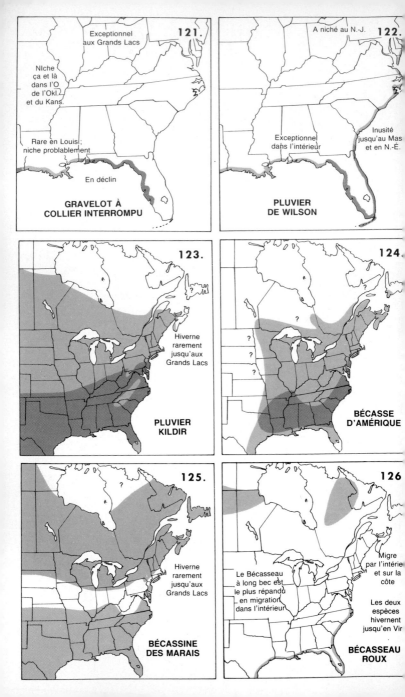

121. Exceptionnel aux Grands Lacs

Niche ça et là dans l'O de l'Okl. et du Kans.

Rare en Louis.; niche problablement

En déclin

GRAVELOT À COLLIER INTERROMPU

122. A niché au N.-J.

Exceptionnel dans l'intérieur

Inusité jusqu'au Mas et en N.-É.

PLUVIER DE WILSON

123. Hiverne rarement jusqu'aux Grands Lacs

PLUVIER KILDIR

124. ?
?
?
?
?

BÉCASSE D'AMÉRIQUE

125. Hiverne rarement jusqu'aux Grands Lacs

BÉCASSINE DES MARAIS

126 Migre par l'intérieur et sur la côte

Le Bécasseau à long bec est le plus répandu en migration dans l'intérieur

Les deux espèces hivernent jusqu'en Vir

BÉCASSEAU ROUX

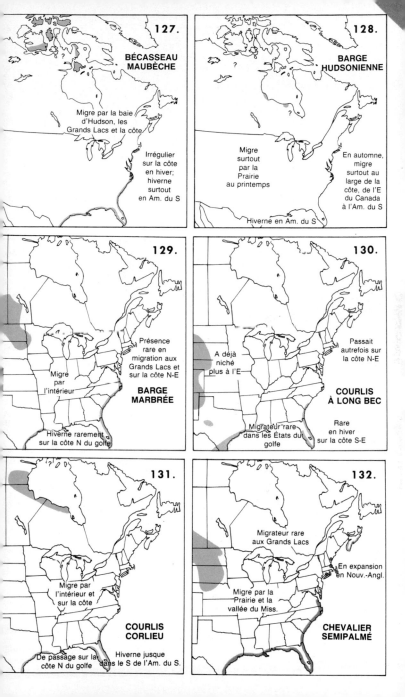

127.

BÉCASSEAU
MAUBÈCHE

Migre par la baie
d'Hudson, les
Grands Lacs et la côte

Irrégulier
sur la côte
en hiver;
hiverne
surtout
en Am. du S

128.

BARGE
HUDSONIENNE

Migre
surtout
par la
Prairie
au printemps

En automne,
migre
surtout au
large de la
côte, de l'E
du Canada
à l'Am. du S

Hiverne en Am. du S

129.

Présence
rare en
migration aux
Grands Lacs et
sur la côte N-E

Migre
par
l'intérieur

BARGE
MARBRÉE

Hiverne rarement
sur la côte N du golfe

130.

Passait
autrefois sur
la côte N-E

A déjà
niché
plus à l'E

COURLIS
À LONG BEC

Migrateur rare
dans les États du
golfe

Rare
en hiver
sur la côte S-E

131.

Migre par
l'intérieur
et sur la côte

COURLIS
CORLIEU

De passage sur la
côte N du golfe

Hiverne jusque
dans le S de l'Am. du S.

132.

Migrateur rare
aux Grands Lacs

En expansion
en Nouv.-Angl.

Migre par la
Prairie et la
vallée du Miss.

CHEVALIER
SEMIPALMÉ

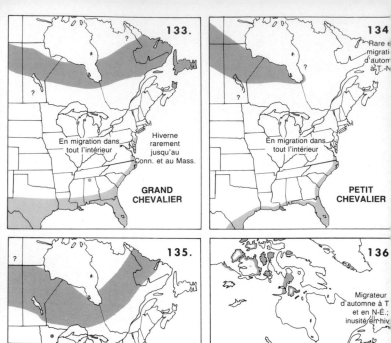

133.

En migration dans tout l'intérieur

Hiverne rarement jusqu'au Conn. et au Mass.

GRAND CHEVALIER

134

Rare e migrati d'autom à T.-N

En migration dans tout l'intérieur

PETIT CHEVALIER

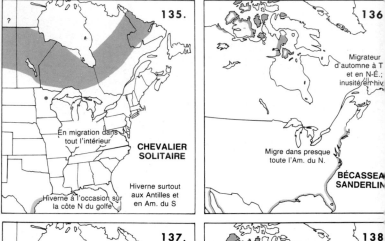

135.

?

En migration dans tout l'intérieur

CHEVALIER SOLITAIRE

Hiverne à l'occasion sur la côte N du golfe

Hiverne surtout aux Antilles et en Am. du S

136

Migrateur d'automne à T et en N-É.; inusité en hiv

Migre dans presque toute l'Am. du N.

BÉCASSEA SANDERLIN

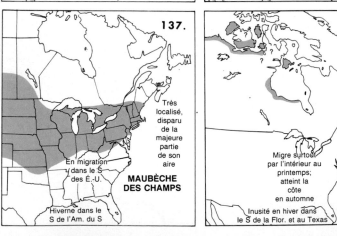

137.

Très localisé, disparu de la majeure partie de son aire

En migration dans le S des É.-U.

MAUBÈCHE DES CHAMPS

Hiverne dans le S de l'Am. du S

138

?

Migre surtout par l'intérieur au printemps; atteint la côte en automne

Inusité en hiver dans le S de la Flor. et au Texas

BÉCASSE À POITRIN CENDRÉ

Hiverne surto en Am. du S

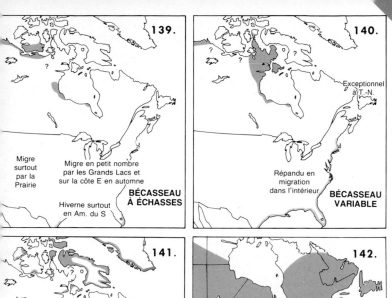

139.

Migre surtout par la Prairie

Migre en petit nombre par les Grands Lacs et sur la côte E en automne

Hiverne surtout en Am. du S

BÉCASSEAU À ÉCHASSES

140.

Exceptionnel à T.-N.

Répandu en migration dans l'intérieur

BÉCASSEAU VARIABLE

141.

Visite rarement les Grands Lacs

Sur les rochers et les jetées le long de la côte

Exceptionnel au Texas

BÉCASSEAU VIOLET

142.

CHEVALIER BRANLEQUEUE

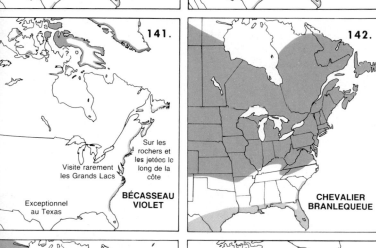

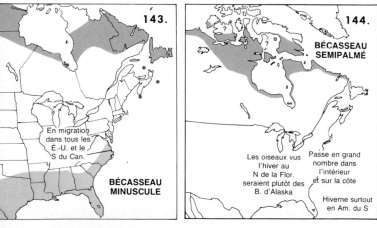

143.

En migration dans tous les É.-U. et le S du Can.

BÉCASSEAU MINUSCULE

144.

BÉCASSEAU SEMIPALMÉ

Les oiseaux vus l'hiver au N de la Flor. seraient plutôt des B. d'Alaska

Passe en grand nombre dans l'intérieur et sur la côte

Hiverne surtout en Am. du S

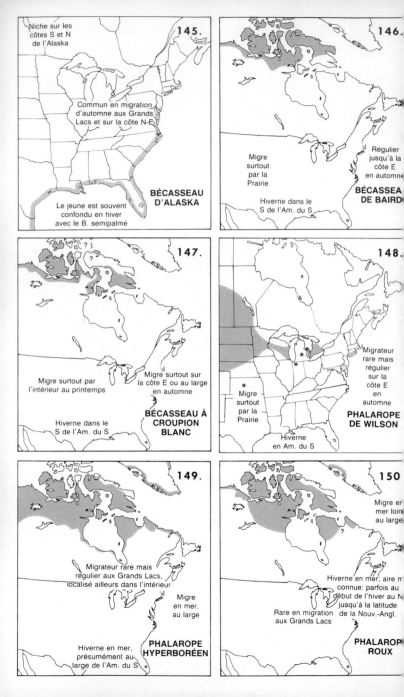

145.

Niche sur les côtes S et N de l'Alaska

Commun en migration d'automne aux Grands Lacs et sur la côte N-E

Le jeune est souvent confondu en hiver avec le B. semipalmé

BÉCASSEAU D'ALASKA

146.

Migre surtout par la Prairie

Régulier jusqu'à la côte E en automne

Hiverne dans le S de l'Am. du S

BÉCASSEAU DE BAIRD

147.

Migre surtout par l'intérieur au printemps

Migre surtout sur la côte E ou au large en automne

Hiverne dans le S de l'Am. du S

BÉCASSEAU À CROUPION BLANC

148.

Migrateur rare mais régulier sur la côte E en automne

Migre surtout par la Prairie

Hiverne en Am. du S

PHALAROPE DE WILSON

149.

Migrateur rare mais régulier aux Grands Lacs, localisé ailleurs dans l'intérieur

Migre en mer, au large

Hiverne en mer, présumément au large de l'Am. du S

PHALAROPE HYPERBORÉEN

150

Migre en mer loin au large

Hiverne en mer; aire m connue: parfois au début de l'hiver au N jusqu'à la latitude de la Nouv.-Angl.

Rare en migration aux Grands Lacs

PHALAROPE ROUX

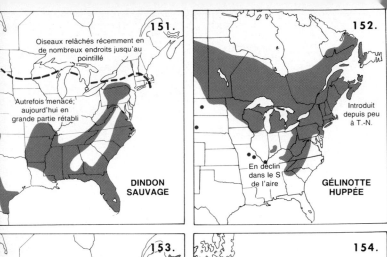

151.

Oiseaux relâchés récemment en de nombreux endroits jusqu'au pointillé

Autrefois menacé; aujourd'hui en grande partie rétabli

DINDON SAUVAGE

152.

Introduit depuis peu à T.-N.

En déclin dans le S de l'aire

GÉLINOTTE HUPPÉE

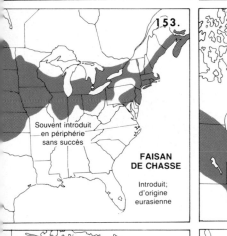

153.

Souvent introduit en périphérie sans succès

FAISAN DE CHASSE

Introduit; d'origine eurasienne

154.

TÉTRAS DU CANADA

En déclin?

155.

Anciennement Kans., Iowa, Ill.

GÉLINOTTE À QUEUE FINE

156.

Localisé, autrefois plus répandu

Race de la côte E disparue

Race «d'Attwater»

La Petite Poule-des-Prairies remplace la Grande dans le S-O du Kans., l'O de l'Okl. et le N du Texas

GRANDE POULE-DES-PRAIRIES

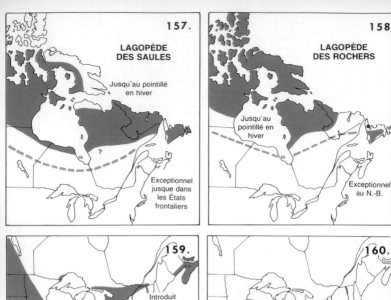

157.

LAGOPÈDE DES SAULES

Jusqu'au pointillé en hiver

?

Exceptionnel jusque dans les États frontaliers

158.

LAGOPÈDE DES ROCHERS

Jusqu'au pointillé en hiver

Exceptionnel au N.-B.

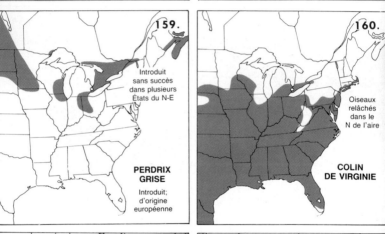

159.

Introduit sans succès dans plusieurs États du N-E

PERDRIX GRISE

Introduit; d'origine européenne

160.

Oiseaux relâchés dans le N de l'aire

COLIN DE VIRGINIE

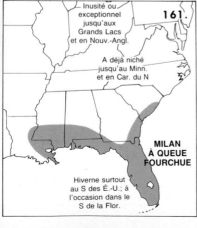

Inusité ou exceptionnel jusqu'aux Grands Lacs et en Nouv.-Angl.

A déjà niché jusqu'au Minn. et en Car. du N

161.

MILAN À QUEUE FOURCHUE

Hiverne surtout au S des É.-U.; à l'occasion dans le S de la Flor.

162.

En expansion rapide

Inusité ou exceptionnel jusqu'aux Grands Lacs et en Nouv.-Angl.

MILAN DU MISSISSIPPI

MILAN DES MARAIS

Se rend aux tropiques par le Texas

Menacé aux É.-U.

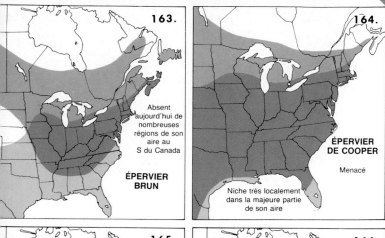

163.

Absent aujourd'hui de nombreuses régions de son aire au S du Canada

ÉPERVIER BRUN

164.

ÉPERVIER DE COOPER

Menacé

Niche très localement dans la majeure partie de son aire

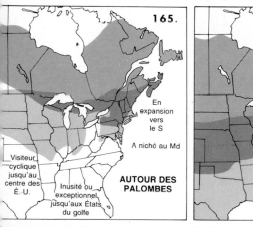

165.

En expansion vers le S

A niché au Md

Visiteur cyclique jusqu'au centre des É.-U.

Inusité ou exceptionnel jusqu'aux États du golfe

AUTOUR DES PALOMBES

166.

En déclin; ne niche plus dans certaines régions de son aire

BUSARD SAINT-MARTIN

167.

BUSE À QUEUE ROUSSE

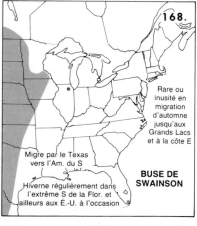

168.

Rare ou inusité en migration d'automne jusqu'aux Grands Lacs et à la côte E

Migre par le Texas vers l'Am. du S

Hiverne régulièrement dans l'extrême S de la Flor. et ailleurs aux É.-U. à l'occasion

BUSE DE SWAINSON

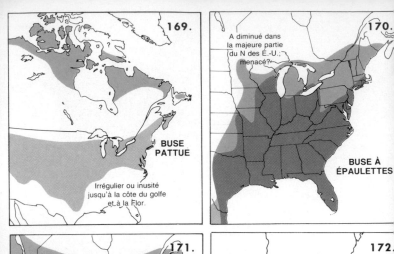

169.

BUSE
PATTUE

Irrégulier ou inusité
jusqu'à la côte du golfe
et à la Flor.

170.

A diminué dans
la majeure partie
du N des É.-U.;
menacé?

BUSE À
ÉPAULETTES

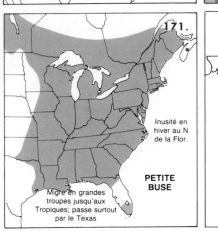

171.

Inusité en
hiver au N
de la Flor.

PETITE
BUSE

Migre en grandes
troupes jusqu'aux
Tropiques; passe surtout
par le Texas

172.

Quitte le
N de la Flor.
en hiver

BUSE À
QUEUE COURTE

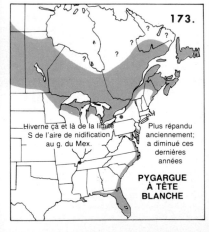

173.

Hiverne çà et là de la limite
S de l'aire de nidification
au g. du Mex.

Plus répandu
anciennement;
a diminué ces
dernières
années

PYGARGUE
À TÊTE
BLANCHE

174.

Migrateur,
hiverne
çà et là
de la limite
S de l'aire a
g. du Mex

Quelques couples
nichent dans les
Appalaches;
distribution
mal connue

AIGLE
ROYAL

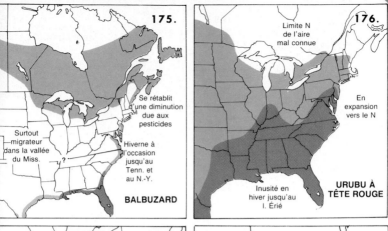

175.

Se rétablit d'une diminution due aux pesticides

Surtout migrateur dans la vallée du Miss.

?

Hiverne à l'occasion jusqu'au Tenn. et au N.-Y.

BALBUZARD

176.

Limite N de l'aire mal connue

En expansion vers le N

Inusité en hiver jusqu'au l. Érié

URUBU À TÊTE ROUGE

177.

En expansion vers le N

Inusité dans le N-E

URUBU NOIR

Quitte en partie le N de l'aire en hiver

178.

Exceptionnel au N de la Flor.

Réside également sur la côte du Texas et dans le S-O de la Louis. (rarement)

Localisé; en diminution; menacé

CARACARA HUPPÉ

179.

A diminué (pesticides?) surtout dans le S de l'aire aux É.-U.

CRÉCERELLE D'AMÉRIQUE

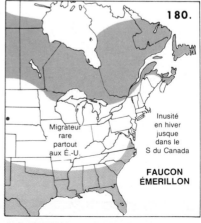

180.

Migrateur rare partout aux É.-U.

Inusité en hiver jusque dans le S du Canada

FAUCON ÉMERILLON

181.

FAUCON PÈLERIN

Aire actuelle mal connue dans l'Arctique

Avant 1955 env., nichait du S des É.-U. à la baie d'Hudson; disparu à l'E des Rocheuses à cause des pesticides

Migrateur rare; passe surtout le long de la côte E

Oiseaux captifs libérés dans le N-E

182.

FAUCON GERFAUT

Visite rarement le S du Canada

Inusité ou exceptionnel en hiver jusqu'au pointillé

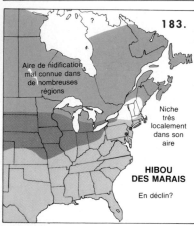

183.

Aire de nidification mal connue dans de nombreuses régions

Niche très localement dans son aire

HIBOU DES MARAIS

En déclin?

184.

PETIT-DUC MACULÉ

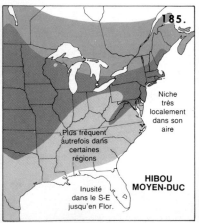

185.

Niche très localement dans son aire

Plus fréquent autrefois dans certaines régions

HIBOU MOYEN-DUC

Inusité dans le S-E jusqu'en Flor.

186.

Quitte en partie le N de l'aire en hiver

GRAND-DUC D'AMÉRIQUE

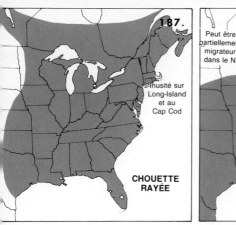

187.

Inusité sur Long-Island et au Cap Cod

CHOUETTE RAYÉE

188.

Peut être partiellement migrateur dans le N

A niché jusqu'au Qc et au Maine

Localisé dans son aire

EFFRAIE DES CLOCHERS

CHOUETTE LAPONE

189.

Invasions rares ou inusitées en hiver jusqu'en N.-É., en Nouv.-Angl., aux Grands Lacs et en Iowa

?

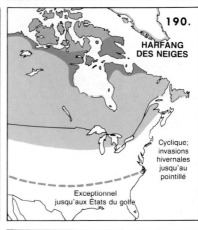

190.

HARFANG DES NEIGES

Cyclique; invasions hivernales jusqu'au pointillé

Exceptionnel jusqu'aux États du golfe

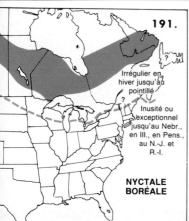

191.

Irrégulier en hiver jusqu'au pointillé

Inusité ou exceptionnel jusqu'au Nebr., en Ill., en Pens., au N.-J. et R.-I.

NYCTALE BORÉALE

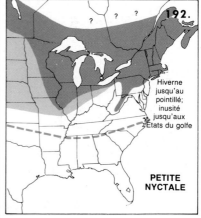

192.

? ? ?

Hiverne jusqu'au pointillé; inusité jusqu'aux États du golfe

PETITE NYCTALE

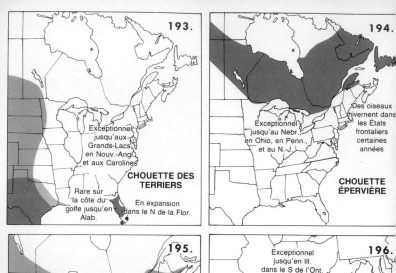

193.

Exceptionnel jusqu'aux Grands-Lacs, en Nouv.-Angl. et aux Carolines

CHOUETTE DES TERRIERS

Rare sur la côte du golfe jusqu'en Alab.

En expansion dans le N de la Flor.

194.

Des oiseaux hivernent dans les États frontaliers certaines années

Exceptionnel jusqu'au Nebr. en Ohio, en Penn., et au N.-J.

CHOUETTE ÉPERVIÈRE

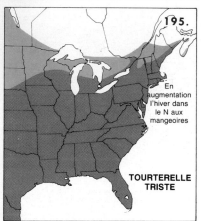

195.

En augmentation l'hiver dans le N aux mangeoires

TOURTERELLE TRISTE

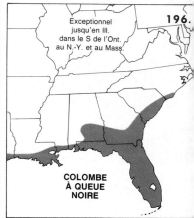

196.

Exceptionnel jusqu'en Ill. dans le S de l'Ont. au N.-Y. et au Mass.

COLOMBE À QUEUE NOIRE

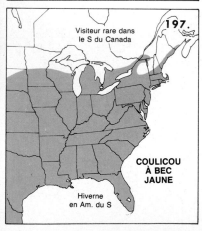

197.

Visiteur rare dans le S du Canada

COULICOU À BEC JAUNE

Hiverne en Am. du S

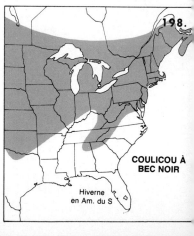

198.

COULICOU À BEC NOIR

Hiverne en Am. du S

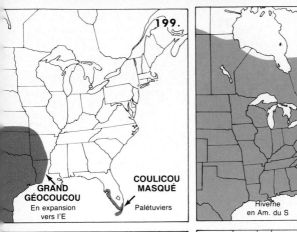

199.

**GRAND
GÉOCOUCOU**
En expansion
vers l'E

**COULICOU
MASQUÉ**

Palétuviers

200.

Très localisé
dans l'ancienne
aire indiquée
ici; a diminué ou
a disparu dans
certaines régions

**ENGOULEVENT
D'AMÉRIQUE**

Hiverne
en Am. du S

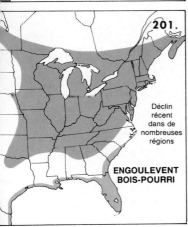

201.

Déclin
récent
dans de
nombreuses
régions

**ENGOULEVENT
BOIS-POURRI**

202.

Inusité jusqu'en
Iowa, au Mich.,
au Mass. et au
Maine;
exceptionnel
au N.-B. et
en N.-É.

En expansion
vers le N
par endroits

A niché
récemment
dans le S de
l'Ont., au N.-Y.
et au Conn.

Niche jusque dans l'E du Kans.,
l'E de l'Okl. et le centre
du Texas

**ENGOULEVENT
DE CAROLINE**

203.

?

**ENGOULEVENT
DE NUTTALL**

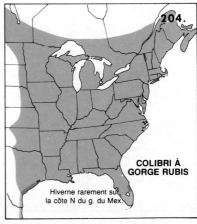

204.

**COLIBRI À
GORGE RUBIS**

Hiverne rarement sur
la côte N du g. du Mex.

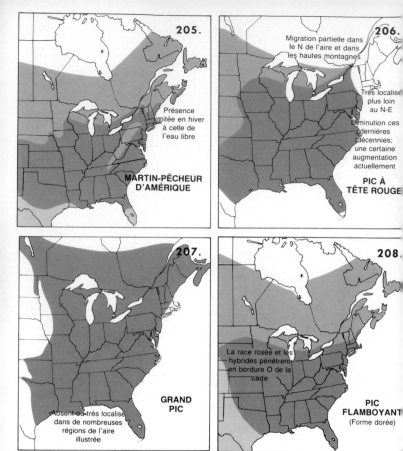
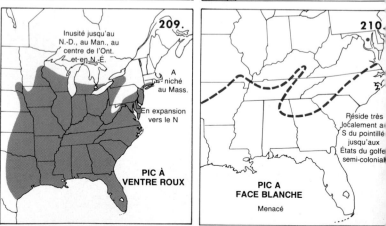

205. MARTIN-PÊCHEUR D'AMÉRIQUE

Présence limitée en hiver à celle de l'eau libre

206. PIC À TÊTE ROUGE

Migration partielle dans le N de l'aire et dans les hautes montagnes

Très localisé plus loin au N-E

Diminution ces dernières décennies; une certaine augmentation actuellement

207. GRAND PIC

Absent ou très localisé dans de nombreuses régions de l'aire illustrée

208. PIC FLAMBOYANT (Forme dorée)

La race rosée et les hybrides pénètrent en bordure O de la carte

209. PIC À VENTRE ROUX

Inusité jusqu'au N.-D., au Man., au centre de l'Ont. et en N.-É.

A niché au Mass.

En expansion vers le N

210. PIC À FACE BLANCHE

Menacé

Réside très localement a S du pointillé jusqu'aux États du golfe semi-colonial

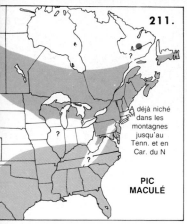

211.

A déjà niché dans les montagnes jusqu'au Tenn. et en Car. du N

PIC MACULÉ

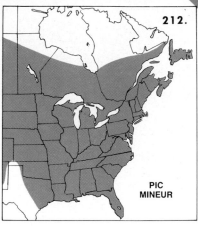

212.

PIC MINEUR

213.

PIC CHEVELU

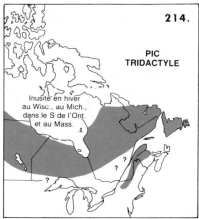

214.

PIC TRIDACTYLE

Inusité en hiver au Wisc., au Mich., dans le S de l'Ont. et au Mass.

215.

PIC À DOS NOIR

Inusité en hiver jusqu'au pointillé

216.

Inusité ou exceptionnel jusqu'à la côte E et jusque dans le S du Canada

TYRAN À LONGUE QUEUE

Hiverne surtout sous les tropiques; rarement sur la côte N du golfe

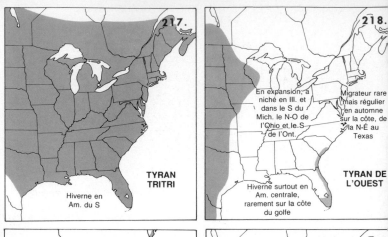

217.

TYRAN TRITRI

Hiverne en Am. du S

218.

En expansion; a niché en Ill. et dans le S du Mich. le N-O de l'Ohio et le S de l'Ont.

Migrateur rare mais régulier en automne sur la côte, de la N-É au Texas

TYRAN DE L'OUEST

Hiverne surtout en Am. centrale, rarement sur la côte du golfe

219.

Exceptionnel jusqu'en N.-É.

Nicheur rare sur la côte de la Georgie et de la Car. du S

Inusité jusqu'en Louis.

Niche çà et là jusqu'en Alab. et au Miss.

TYRAN GRIS

Hiverne aux Antilles

220.

TYRAN HUPPÉ

Hiverne surtout du Mex. à la Colombie

221.

PIOUI DE L'EST

Hiverne en Am. centrale et du S.; rarement sur la côte du Texas

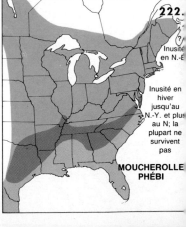

222.

Inusité en N.-É

Inusité en hiver jusqu'au N.-Y. et plus au N; la plupart ne survivent pas

MOUCHEROLLE PHÉBI

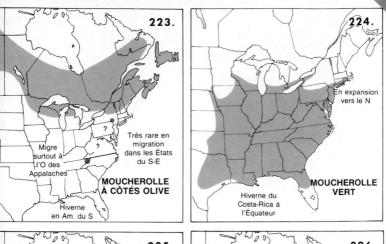

223.

Migre
surtout à
l'O des
Appalaches

Très rare en
migration
dans les États
du S-E

MOUCHEROLLE
À CÔTÉS OLIVE

Hiverne
en Am. du S

224.

En expansion
vers le N

MOUCHEROLLE
VERT

Hiverne du
Costa-Rica à
l'Équateur

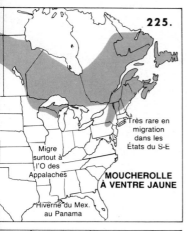

225.

Migre
surtout à
l'O des
Appalaches

Très rare en
migration
dans les
États du S-E

MOUCHEROLLE
À VENTRE JAUNE

Hiverne du Mex.
au Panama

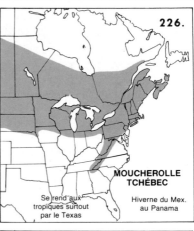

226.

MOUCHEROLLE
TCHÉBEC

Se rend aux
tropiques surtout
par le Texas

Hiverne du Mex.
au Panama

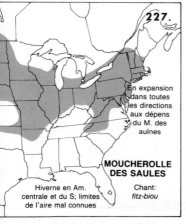

227.

En expansion
dans toutes
les directions
aux dépens
du M. des
aulnes

MOUCHEROLLE
DES SAULES

Hiverne en Am.
centrale et du S; limites
de l'aire mal connues

Chant:
fitz-biou

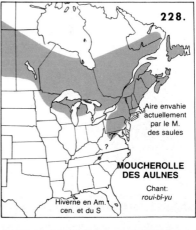

228.

Aire envahie
actuellement
par le M.
des saules

MOUCHEROLLE
DES AULNES

Chant:
roui-bî-yu

Hiverne en Am.
cen. et du S

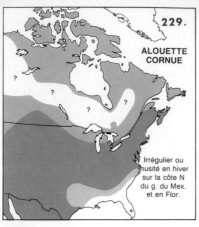

229.

ALOUETTE CORNUE

Irrégulier ou inusité en hiver sur la côte N du g. du Mex. et en Flor.

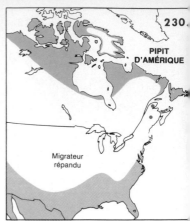

230.

PIPIT D'AMÉRIQUE

Migrateur répandu

231.

Migre à l'O du Miss.

Inusité en hiver jusqu'aux États du S-E

PIPIT DES PRAIRIES

232.

Colonial et localisé; absent des hautes montagnes et de nombreux secteurs

HIRONDELLE NOIRE

Hiverne en Am. du S

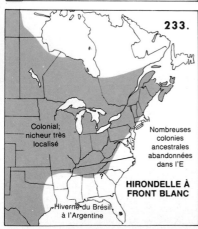

233.

Colonial; nicheur très localisé

Nombreuses colonies ancestrales abandonnées dans l'E

HIRONDELLE À FRONT BLANC

Hiverne du Brésil à l'Argentine

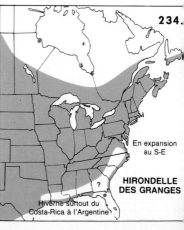

234.

En expansion au S-E

HIRONDELLE DES GRANGES

Hiverne surtout du Costa-Rica à l'Argentine

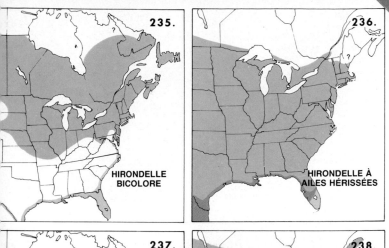

235. HIRONDELLE BICOLORE

236. HIRONDELLE À AILES HÉRISSÉES

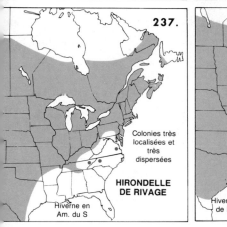

237. HIRONDELLE DE RIVAGE

Colonies très localisées et très dispersées

Hiverne en Am. du S

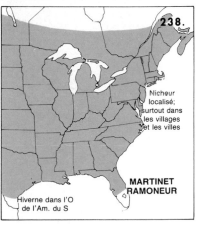

238. MARTINET RAMONEUR

Nicheur localisé; surtout dans les villages et les villes

Hiverne dans l'O de l'Am. du S

239. CORNEILLE DE RIVAGE

En expansion vers l'amont des fleuves

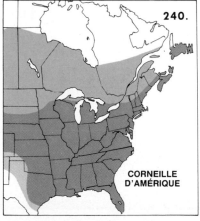

240. CORNEILLE D'AMÉRIQUE

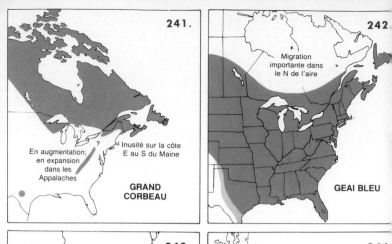

241.

GRAND CORBEAU

En augmentation; en expansion dans les Appalaches

Inusité sur la côte E au S du Maine

242

GEAI BLEU

Migration importante dans le N de l'aire

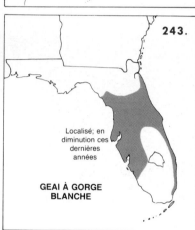

243.

GEAI À GORGE BLANCHE

Localisé; en diminution ces dernières années

244

GEAI DU CANADA

Irrégulier en hiver au S de l'aire

245.

PIE BAVARDE

Fait irruption jusqu'au pointillé certains hivers

Nicheur inusité au Minn.

Inusité ou exceptionnel à l'E du Miss. (certains sont d'origine captive)

246.

MÉSANGE À TÊTE NOIRE

Fait irruption au S de l'aire certains hivers

Niche à haute altitude dans le centre des Appalaches

Limite S de l'aire mal définie

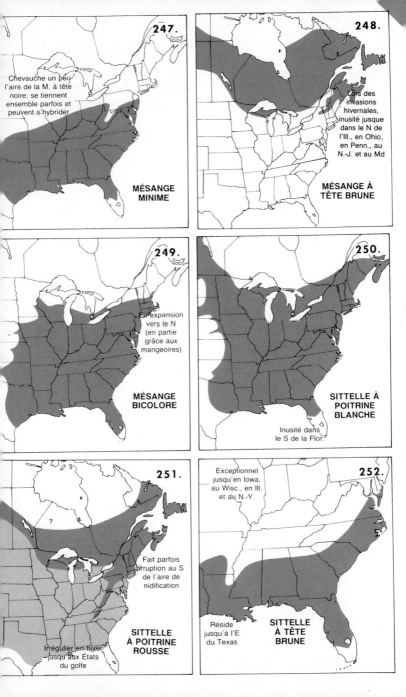

247. Chevauche un peu l'aire de la M. à tête noire; se tiennent ensemble parfois et peuvent s'hybrider

MÉSANGE MINIME

248. Lors des invasions hivernales, inusité jusqu'au N de l'Ill., en Ohio, en Penn., au N.-J. et au Md

MÉSANGE À TÊTE BRUNE

249. Expansion vers le N (en partie grâce aux mangeoires)

MÉSANGE BICOLORE

250. Inusité dans le S de la Flor.

SITTELLE À POITRINE BLANCHE

251. Fait parfois irruption au S de l'aire de nidification

Irrégulier en hiver jusqu'aux États du golfe

SITTELLE À POITRINE ROUSSE

252. Exceptionnel jusqu'en Iowa, au Wisc., en Ill. et au N.-Y.

Réside jusqu'à l'E du Texas

SITTELLE À TÊTE BRUNE

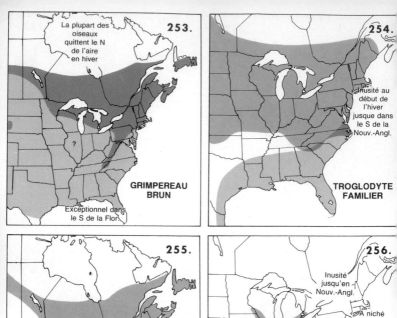

253. GRIMPEREAU BRUN

La plupart des oiseaux quittent le N de l'aire en hiver

Exceptionnel dans le S de la Flor.

254. TROGLODYTE FAMILIER

Inusité au début de l'hiver jusque dans le S de la Nouv.-Angl.

255. TROGLODYTE DES FORÊTS

Exceptionnel dans le S de la Flor.

256. TROGLODYTE DE BEWICK

Inusité jusqu'en Nouv.-Angl.

A niché dans le S-E du N.-Y.

Diminution généralisée

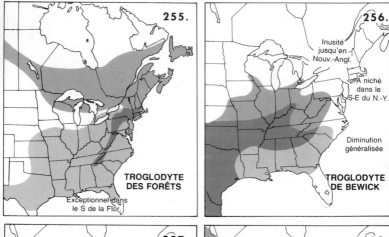

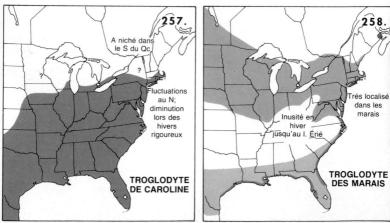

257. TROGLODYTE DE CAROLINE

A niché dans le S du Qc

Fluctuations au N; diminution lors des hivers rigoureux

258. TROGLODYTE DES MARAIS

Très localisé dans les marais

Inusité en hiver jusqu'au l. Érié

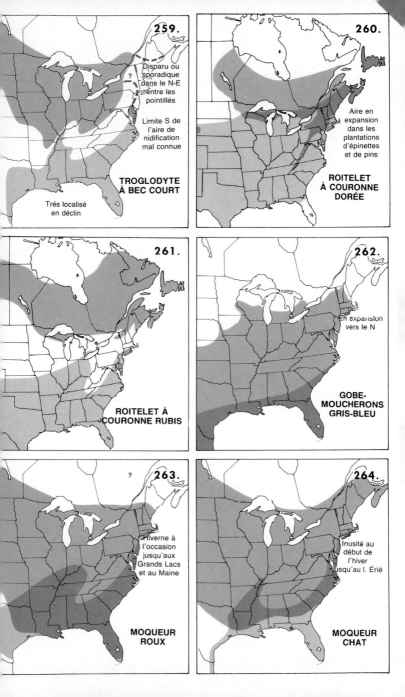

259. TROGLODYTE À BEC COURT

Disparu ou sporadique dans le N-E entre les pointillés

Limite S de l'aire de nidification mal connue

Très localisé en déclin

260. ROITELET À COURONNE DORÉE

Aire en expansion dans les plantations d'épinettes et de pins

261. ROITELET À COURONNE RUBIS

262. GOBE-MOUCHERONS GRIS-BLEU

En expansion vers le N

263. MOQUEUR ROUX

Hiverne à l'occasion jusqu'aux Grands Lacs et au Maine

264. MOQUEUR CHAT

Inusité au début de l'hiver jusqu'au l. Érié

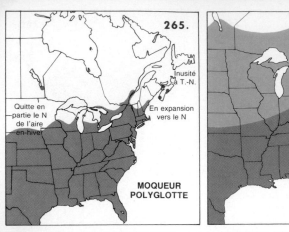

265.

Inusité à T.-N.

Quitte en partie le N de l'aire en hiver

En expansion vers le N

MOQUEUR POLYGLOTTE

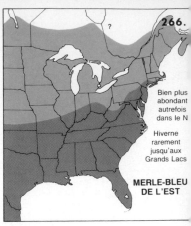

266.

?

Bien plus abondant autrefois dans le N

Hiverne rarement jusqu'aux Grands Lacs

MERLE-BLEU DE L'EST

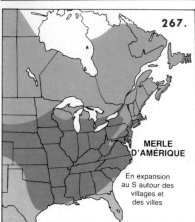

267.

MERLE D'AMÉRIQUE

En expansion au S autour des villages et des villes

268.

Répandu sur les côtes du Groenland

TRAQUET MOTTEUX

Hiverne dans l'Ancien-Monde; traverse l'Atlantique en migration

En automne, très rare dans l'E; l'augmentation des mentions indique peut-être des changements migratoires

269.

?

?

Migrateur répandu

Hiverne aux Antilles et en Am. du S.

GRIVE À JOUES GRISES

270.

?

Migrateur répandu

Exceptionnel en hiver aux É.-U.

Hiverne du S du Mex. à l'Argentine

GRIVE À DOS OLIVE

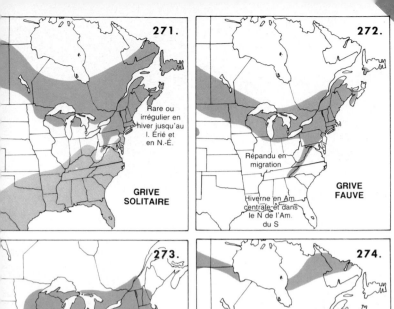

271.

Rare ou irrégulier en hiver jusqu'au l. Érié et en N.-É.

GRIVE SOLITAIRE

272.

Répandu en migration

Hiverne en Am centrale et dans le N de l'Am. du S

GRIVE FAUVE

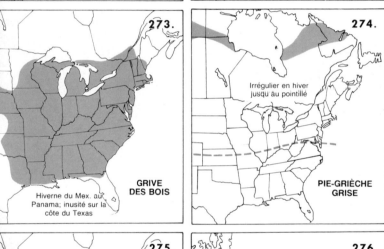

273.

Hiverne du Mex. au Panama; inusité sur la côte du Texas

GRIVE DES BOIS

274.

Irrégulier en hiver jusqu'au pointillé

PIE-GRIÈCHE GRISE

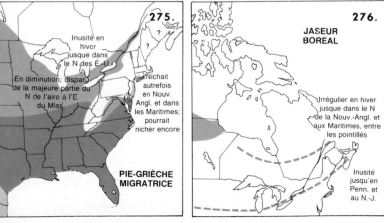

275.

Inusité en hiver jusque dans le N des É.-U.

En diminution; disparu de la majeure partie du N de l'aire à l'E du Miss.

Nichait autrefois en Nouv.-Angl. et dans les Maritimes; pourrait nicher encore

PIE-GRIÈCHE MIGRATRICE

276.

JASEUR BORÉAL

Irrégulier en hiver jusque dans le N de la Nouv.-Angl. et aux Maritimes, entre les pointillés

Inusité jusqu'en Penn. et au N.-J.

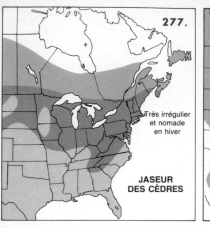

277.

Très irrégulier et nomade en hiver

JASEUR DES CÈDRES

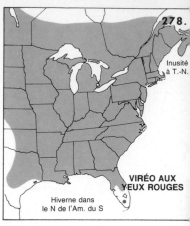

278.

Inusité à T.-N.

VIRÉO AUX YEUX ROUGES

Hiverne dans le N de l'Am. du S

279.

Exceptionnel en Car. du N

Rare sur la côte jusqu'en Louis. au printemps et en été; pourrait nicher

VIRÉO À MOUSTACHES

Hiverne dans le N de l'Am. du S

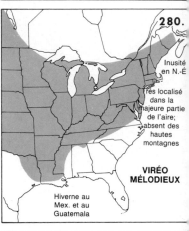

280.

Inusité en N.-É.

Très localisé dans la majeure partie de l'aire; absent des hautes montagnes

VIRÉO MÉLODIEUX

Hiverne au Mex. et au Guatemala

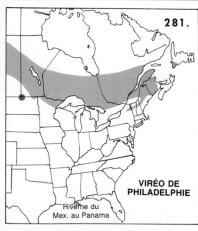

281.

VIRÉO DE PHILADELPHIE

Hiverne du Mex. au Panama

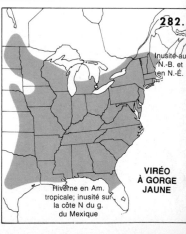

282.

Inusité au N.-B. et en N.-É.

VIRÉO À GORGE JAUNE

Hiverne en Am. tropicale; inusité sur la côte N du g. du Mexique

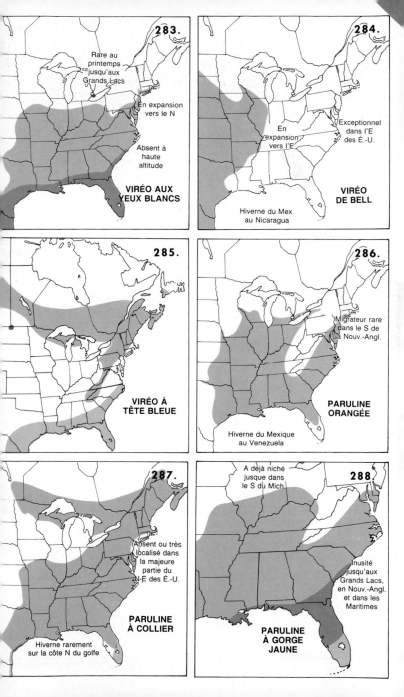

283.
Rare au printemps jusqu'aux Grands Lacs
En expansion vers le N
Absent à haute altitude
VIRÉO AUX YEUX BLANCS

284.
Exceptionnel dans l'E des É.-U.
En expansion vers l'E
Hiverne du Mex. au Nicaragua
VIRÉO DE BELL

285.
VIRÉO À TÊTE BLEUE

286.
Migrateur rare dans le S de la Nouv.-Angl.
Hiverne du Mexique au Venezuela
PARULINE ORANGÉE

287.
Absent ou très localisé dans la majeure partie du N-E des É.-U.
Hiverne rarement sur la côte N du golfe
PARULINE À COLLIER

288.
A déjà niché jusque dans le S du Mich.
Inusité jusqu'aux Grands Lacs, en Nouv.-Angl. et dans les Maritimes
PARULINE À GORGE JAUNE

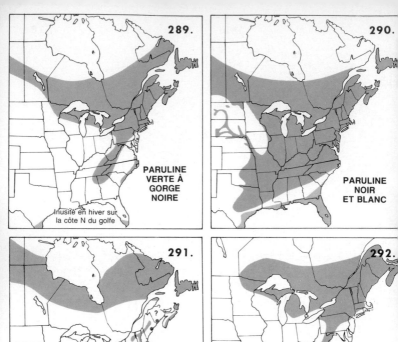

289.

PARULINE
VERTE À
GORGE
NOIRE

Inusité en hiver sur
la côte N du golfe

290.

PARULINE
NOIR
ET BLANC

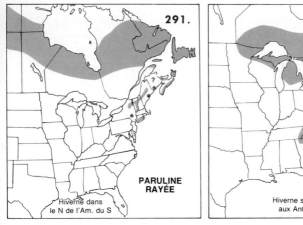

291.

PARULINE
RAYÉE

Hiverne dans
le N de l'Am. du S

292.

PARULINE
BLEUE À
GORGE
NOIRE

Hiverne surtout
aux Antilles

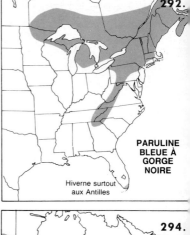

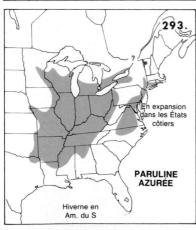

293.

En expansion
dans les États
côtiers

PARULINE
AZURÉE

Hiverne en
Am. du S

294.

PARULINE À
TÊTE CENDRÉE

Hiverne surtout aux
Antilles et du Mex.
à Panama

Inusité en hiver
sur la côte
du golfe

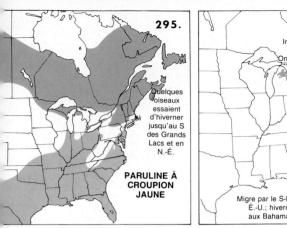

295. PARULINE À CROUPION JAUNE

Quelques oiseaux essaient d'hiverner jusqu'au S des Grands Lacs et en N.-É.

296. PARULINE DE KIRTLAND

Inusité au Wisc., dans le S de Ont. et dans le S-O du Qc

Migre par le S-E des É.-U.; hiverne aux Bahamas

297. PARULINE DU CANADA

?

Hiverne dans le N de l'Am. du S

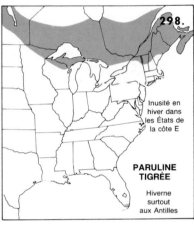

298. PARULINE TIGRÉE

Inusité en hiver dans les États de la côte E

Hiverne surtout aux Antilles

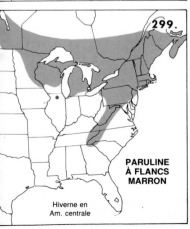

299. PARULINE À FLANCS MARRON

Hiverne en Am. centrale

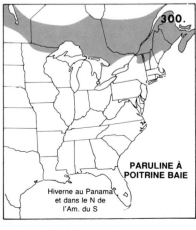

300. PARULINE À POITRINE BAIE

Hiverne au Panama et dans le N de l'Am. du S

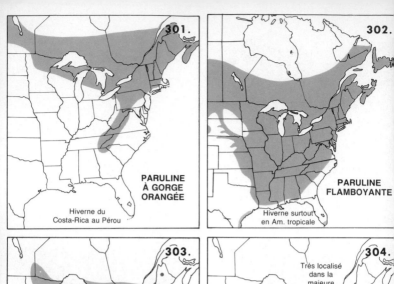

301.

PARULINE
À GORGE
ORANGÉE

Hiverne du
Costa-Rica au Pérou

302.

PARULINE
FLAMBOYANTE

Hiverne surtout
en Am. tropicale

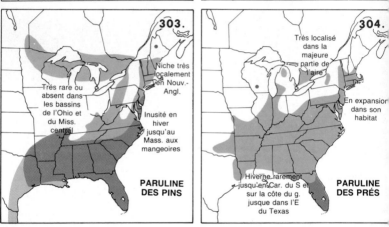

303.

Niche très
localement
en Nouv.-
Angl.

Très rare ou
absent dans
les bassins
de l'Ohio et
du Miss.
central

Inusité en
hiver
jusqu'au
Mass. aux
mangeoires

PARULINE
DES PINS

304.

Très localisé
dans la
majeure
partie de
l'aire

En expansion
dans son
habitat

Hiverne rarement
jusqu'en Car. du S et
sur la côte du g.
jusque dans l'E
du Texas

PARULINE
DES PRÉS

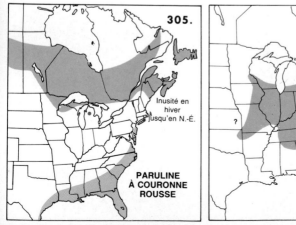

305.

Inusité en
hiver
jusqu'en N.-É.

PARULINE
À COURONNE
ROUSSE

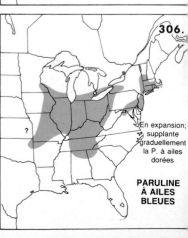

306.

?

En expansion;
supplante
graduellement
la P. à ailes
dorées

PARULINE
À AILES
BLEUES

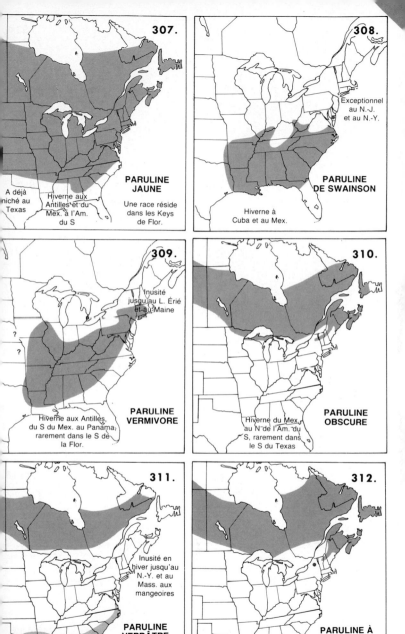

307.
PARULINE JAUNE

A déjà niché au Texas

Hiverne aux Antilles et du Mex. à l'Am. du S

Une race réside dans les Keys de Flor.

308.
PARULINE DE SWAINSON

Exceptionnel au N.-J. et au N.-Y.

Hiverne à Cuba et au Mex.

309.
PARULINE VERMIVORE

Inusité jusqu'au L. Érié et au Maine

?
?

Hiverne aux Antilles, du S du Mex. au Panama; rarement dans le S de la Flor.

310.
PARULINE OBSCURE

Hiverne du Mex. au N de l'Am. du S, rarement dans le S du Texas

311.
PARULINE VERDÂTRE

Inusité en hiver jusqu'au N.-Y. et au Mass. aux mangeoires

312.
PARULINE À CALOTTE NOIRE

Hiverne surtout du Mex. au Panama

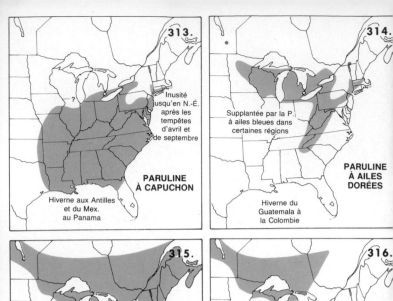

313.

Inusité jusqu'en N.-É. après les tempêtes d'avril et de septembre

PARULINE À CAPUCHON

Hiverne aux Antilles et du Mex. au Panama

314.

Supplantée par la P. à ailes bleues dans certaines régions

PARULINE À AILES DORÉES

Hiverne du Guatemala à la Colombie

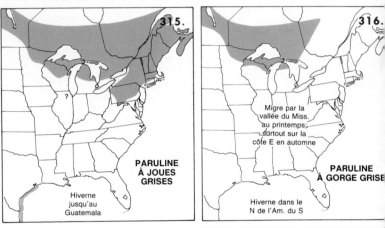

315.

?

PARULINE À JOUES GRISES

Hiverne jusqu'au Guatemala

316.

Migre par la vallée du Miss. au printemps, surtout sur la côte E en automne

PARULINE À GORGE GRISE

Hiverne dans le N de l'Am. du S

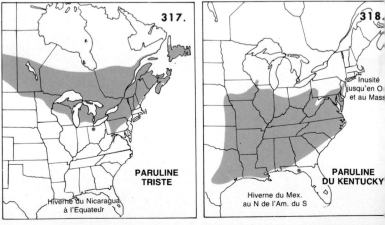

317.

PARULINE TRISTE

Hiverne du Nicaragua à l'Equateur

318.

Inusité jusqu'en O et au Mass

PARULINE DU KENTUCKY

Hiverne du Mex. au N de l'Am. du S

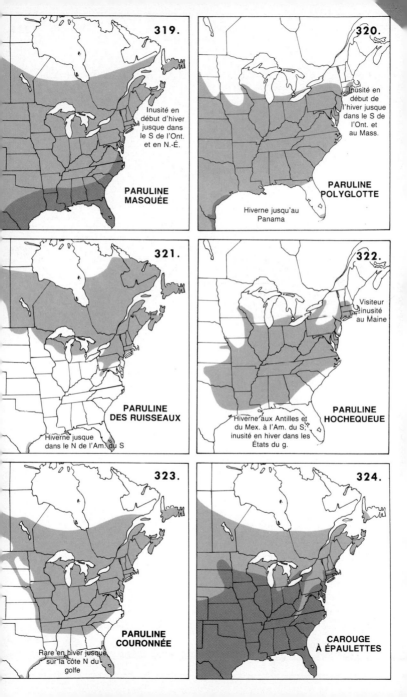

319. PARULINE MASQUÉE

Inusité en début d'hiver jusque dans le S de l'Ont. et en N.-É.

320. PARULINE POLYGLOTTE

Inusité en début de l'hiver jusque dans le S de l'Ont. et au Mass.

Hiverne jusqu'au Panama

321. PARULINE DES RUISSEAUX

Hiverne jusque dans le N de l'Am. du S

322. PARULINE HOCHEQUEUE

Visiteur inusité au Maine

Hiverne aux Antilles et du Mex. à l'Am. du S; inusité en hiver dans les États du g.

323. PARULINE COURONNÉE

Rare en hiver jusque sur la côte N du golfe

324. CAROUGE À ÉPAULETTES

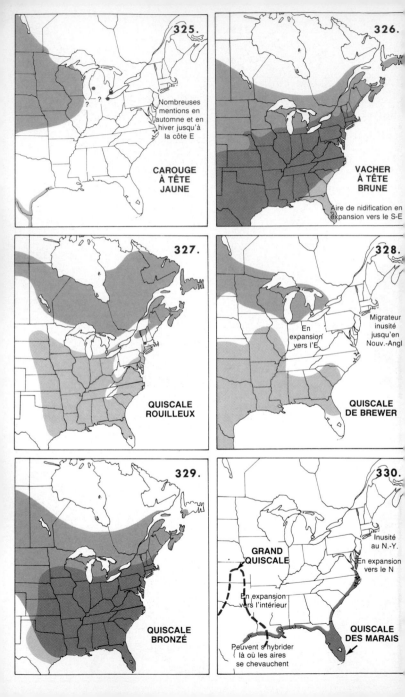

325. CAROUGE À TÊTE JAUNE — Nombreuses mentions en automne et en hiver jusqu'à la côte E

326. VACHER À TÊTE BRUNE — Aire de nidification en expansion vers le S-E

327. QUISCALE ROUILLEUX

328. QUISCALE DE BREWER — En expansion vers l'E — Migrateur inusité jusqu'en Nouv.-Angl

329. QUISCALE BRONZÉ

330. GRAND QUISCALE — Inusité au N.-Y. — En expansion vers le N — En expansion vers l'intérieur — Peuvent s'hybrider là où les aires se chevauchent — QUISCALE DES MARAIS

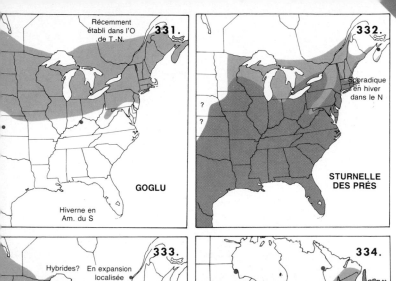

331. GOGLU

Récemment établi dans l'O de T.-N.

Hiverne en Am. du S

332. STURNELLE DES PRÉS

Sporadique en hiver dans le N

333. STURNELLE DE L'OUEST

Hybrides? En expansion localisée vers l'E

Inusité jusqu'à la côte E

Aire d'hivernage mal connue dans l'E

334. ÉTOURNEAU SANSONNET

Peut hiverner dans toute l'aire; les populations du N migrent

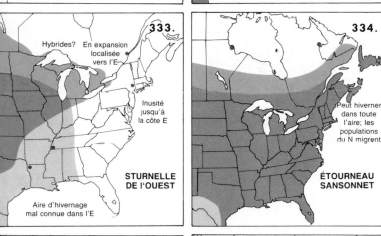

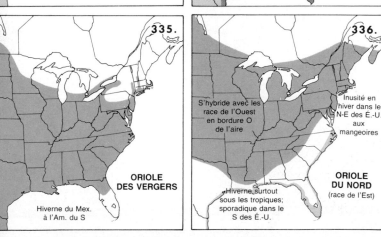

335. ORIOLE DES VERGERS

Hiverne du Mex. à l'Am. du S

336. ORIOLE DU NORD (race de l'Est)

S'hybride avec les race de l'Ouest en bordure O de l'aire

Inusité en hiver dans le N-E des É.-U. aux mangeoires

Hiverne surtout sous les tropiques; sporadique dans le S des É.-U.

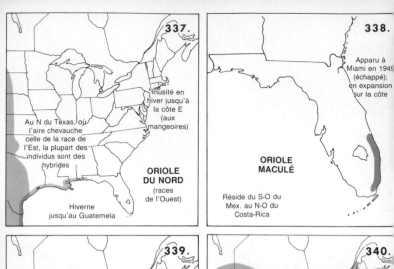

337.

Inusité en hiver jusqu'à la côte E (aux mangeoires)

Au N du Texas, où l'aire chevauche celle de la race de l'Est, la plupart des individus sont des hybrides

Hiverne jusqu'au Guatemela

ORIOLE DU NORD
(races de l'Ouest)

338.

Apparu à Miami en 1949 (échappé); en expansion sur la côte

ORIOLE MACULÉ

Réside du S-O du Mex. au N-O du Costa-Rica

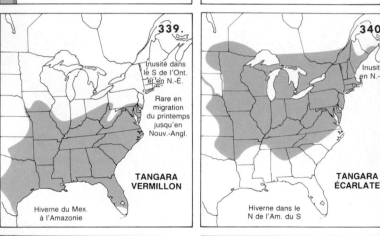

339.

Inusité dans le S de l'Ont. et en N.-É.

Rare en migration du printemps jusqu'en Nouv.-Angl.

Hiverne du Mex. à l'Amazonie

TANGARA VERMILLON

340.

Inusité en N.-É.

Hiverne dans le N de l'Am. du S

TANGARA ÉCARLATE

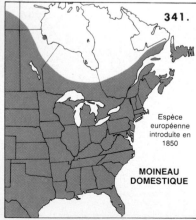

341.

Espèce européenne introduite en 1850

MOINEAU DOMESTIQUE

342.

Pas en expansion apparemment

Espèce européenne introduite en 1870 (St-Louis)

MOINEAU FRIQUET

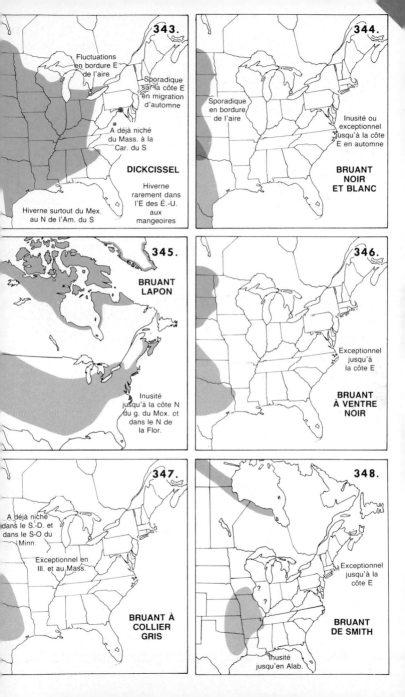

343.

Fluctuations en bordure E de l'aire

Sporadique sur la côte E en migration d'automne

A déjà niché du Mass. à la Car. du S

DICKCISSEL

Hiverne rarement dans l'E des É.-U. aux mangeoires

Hiverne surtout du Mex. au N de l'Am. du S

344.

Sporadique en bordure de l'aire

Inusité ou exceptionnel jusqu'à la côte E en automne

BRUANT NOIR ET BLANC

345.

BRUANT LAPON

Inusité jusqu'à la côte N du g. du Mex. et dans le N de la Flor.

346.

Exceptionnel jusqu'à la côte E

BRUANT À VENTRE NOIR

347.

A déjà niché dans le S.-D. et dans le S-O du Minn.

Exceptionnel en Ill. et au Mass.

BRUANT À COLLIER GRIS

348.

Exceptionnel jusqu'à la côte E

BRUANT DE SMITH

Inusité jusqu'en Alab.

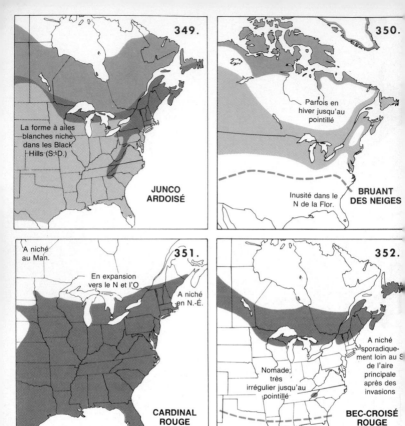

349. La forme à ailes blanches niche dans les Black Hills (S.-D.)

JUNCO ARDOISÉ

350. Parfois en hiver jusqu'au pointillé

Inusité dans le N de la Flor.

BRUANT DES NEIGES

351. A niché au Man.

En expansion vers le N et l'O

A niché en N.-É.

CARDINAL ROUGE

352. A niché sporadiquement loin au S de l'aire principale après des invasions

Nomade; très irrégulier jusqu'au pointillé

BEC-CROISÉ ROUGE

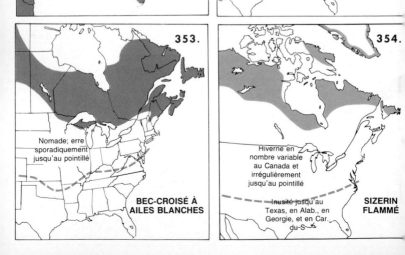

353. Nomade; erre sporadiquement jusqu'au pointillé

BEC-CROISÉ À AILES BLANCHES

354. Hiverne en nombre variable au Canada et irrégulièrement jusqu'au pointillé

Inusité jusqu'au Texas, en Alab., en Georgie, et en Car. du-S

SIZERIN FLAMMÉ

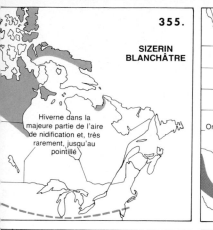

355.

SIZERIN BLANCHÂTRE

Hiverne dans la majeure partie de l'aire de nidification et, très rarement, jusqu'au pointillé

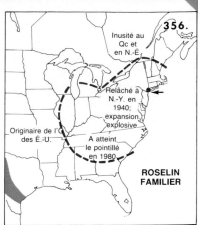

356.

Inusité au Qc et en N.-É.

Relâché à N.-Y. en 1940; expansion explosive

Originaire de l'O des É.-U.

A atteint le pointillé en 1980

ROSELIN FAMILIER

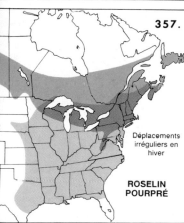

357.

Déplacements irréguliers en hiver

ROSELIN POURPRÉ

358.

DUR-BEC DES PINS

Hiverne dans la majeure partie de l'aire de nidification; jusqu'au pointillé certains hivers

A déjà niché au N.-H., dans le Maine, au N.-B. et en N.-É.

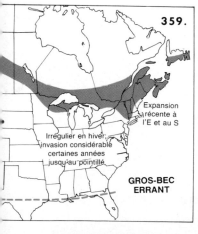

359.

Expansion récente à l'E et au S

Irrégulier en hiver; invasion considérable certaines années jusqu'au pointillé

GROS-BEC ERRANT

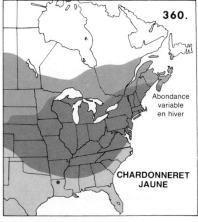

360.

Abondance variable en hiver

CHARDONNERET JAUNE

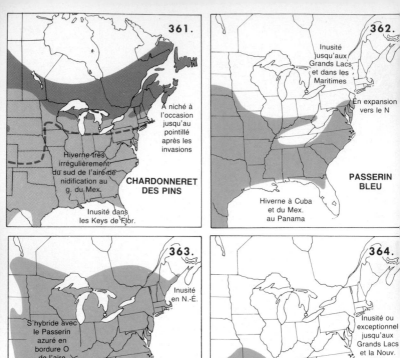

361.

CHARDONNERET DES PINS

À niché à l'occasion jusqu'au pointillé après les invasions

Hiverne très irrégulièrement du sud de l'aire de nidification au g. du Mex.

Inusité dans les Keys de Flor.

362.

PASSERIN BLEU

Inusité jusqu'aux Grands Lacs et dans les Maritimes

En expansion vers le N

Hiverne à Cuba et du Mex. au Panama

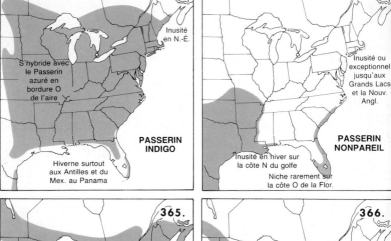

363.

PASSERIN INDIGO

Inusité en N.-É.

S'hybride avec le Passerin azuré en bordure O de l'aire

Hiverne surtout aux Antilles et du Mex. au Panama

364.

PASSERIN NONPAREIL

Inusité ou exceptionnel jusqu'aux Grands Lacs et la Nouv. Angl.

Inusité en hiver sur la côte N du golfe

Niche rarement sur la côte O de la Flor.

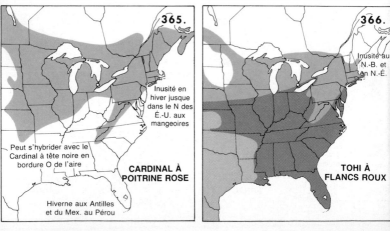

365.

CARDINAL À POITRINE ROSE

Inusité en hiver jusque dans le N des É.-U. aux mangeoires

Peut s'hybrider avec le Cardinal à tête noire en bordure O de l'aire

Hiverne aux Antilles et du Mex. au Pérou

366.

TOHI À FLANCS ROUX

Inusité au N.-B. et en N.-É.

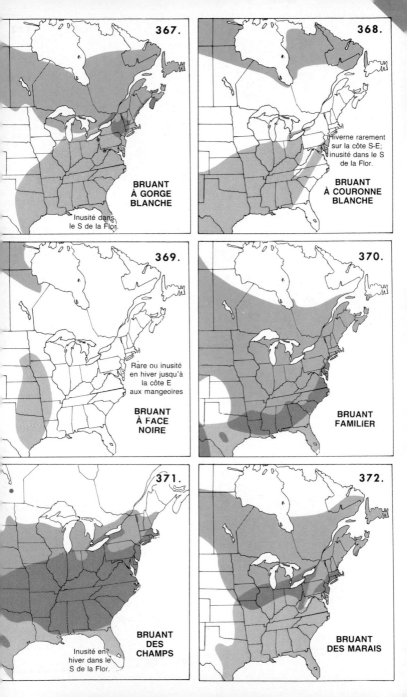

367.

BRUANT À GORGE BLANCHE

Inusité dans le S de la Flor.

368.

BRUANT À COURONNE BLANCHE

Hiverne rarement sur la côte S-E; inusité dans le S de la Flor.

369.

BRUANT À FACE NOIRE

Rare ou inusité en hiver jusqu'à la côte E aux mangeoires

370.

BRUANT FAMILIER

371.

BRUANT DES CHAMPS

Inusité en hiver dans le S de la Flor.

372.

BRUANT DES MARAIS

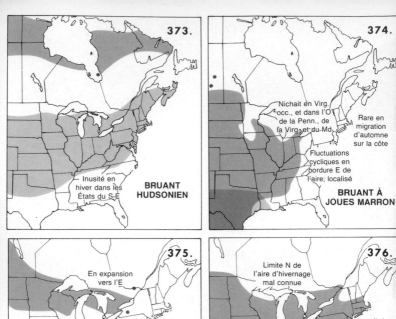

373.

Inusité en hiver dans les États du S-E

BRUANT HUDSONIEN

374.

Nichait en Virg. occ., et dans l'O de la Penn., de la Virg. et du Md

Fluctuations cycliques en bordure E de l'aire; localisé

Rare en migration d'automne sur la côte

BRUANT À JOUES MARRON

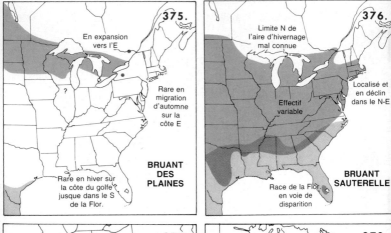

375.

En expansion vers l'E

Rare en migration d'automne sur la côte E

BRUANT DES PLAINES

Rare en hiver sur la côte du golfe jusque dans le S de la Flor.

376.

Limite N de l'aire d'hivernage mal connue

Effectif variable

Localisé et en déclin dans le N-E

Race de la Flor. en voie de disparition

BRUANT SAUTERELLE

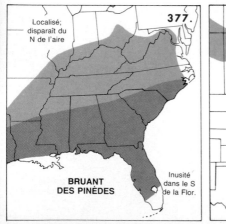

Localisé; disparaît du N de l'aire

Inusité dans le S de la Flor.

BRUANT DES PINÈDES

377.

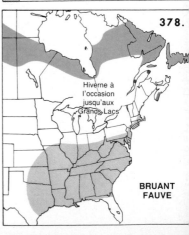

378.

Hiverne à l'occasion jusqu'aux Grands Lacs

BRUANT FAUVE

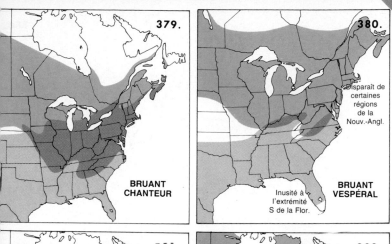

379. BRUANT CHANTEUR

380. BRUANT VESPÉRAL

Disparaît de certaines régions de la Nouv.-Angl.

Inusité à l'extrémité S de la Flor.

381. BRUANT DE LINCOLN

Hivernage incertain dans les États de l'E (densité faible; secret)

Hiverne rarement jusque dans le S de la Flor.

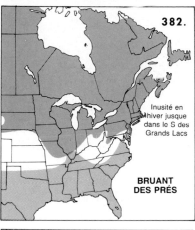

382. BRUANT DES PRÉS

Inusité en hiver jusque dans le S des Grands Lacs

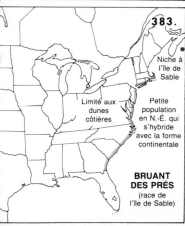

383. BRUANT DES PRÉS (race de l'île de Sable)

Niche à l'île de Sable

Limité aux dunes côtières

Petite population en N.-É. qui s'hybride avec la forme continentale

384. BRUANT DE BAIRD

Exceptionnel en Ont. et au N.-Y.

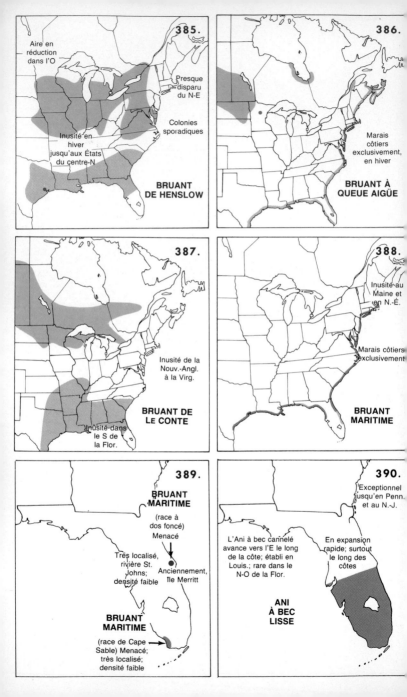

385.

Aire en réduction dans l'O

Presque disparu du N-E

Colonies sporadiques

Inusité en hiver jusqu'aux États du centre-N

BRUANT DE HENSLOW

386.

Marais côtiers exclusivement, en hiver

BRUANT À QUEUE AIGÜE

387.

Inusité de la Nouv.-Angl. à la Virg.

Inusité dans le S de la Flor.

BRUANT DE LE CONTE

388.

Inusité au Maine et en N.-É.

Marais côtiers exclusivement

BRUANT MARITIME

389.

BRUANT MARITIME

(race à dos foncé) Menacé

Très localisé, rivière St. Johns; densité faible

Anciennement, île Merritt

BRUANT MARITIME

(race de Cape Sable) Menacé; très localisé; densité faible

390.

Exceptionnel jusqu'en Penn. et au N.-J.

L'Ani à bec cannelé avance vers l'E le long de la côte; établi en Louis.; rare dans le N-O de la Flor.

En expansion rapide; surtout le long des côtes

ANI À BEC LISSE

Index

Les noms de toutes les espèces décrites et illustrées dans ce livre figurent dans les index; les oiseaux exceptionnels de l'Ouest, énumérés en p. 304, ne sont pas répertoriés. L'index des noms scientifiques renvoie aux pages des descriptions; celui des noms américains, à la description principale seulement. Sauf de rares exceptions, l'index des noms français renvoie au texte; il est entendu que l'illustration se trouve sur la page opposée. Les chiffres précédés de la lettre C, qu'on ne trouve que dans l'index français, renvoient aux cartes de distribution regroupées à la fin du livre; ils correspondent au numéro placé dans le coin supérieur droit de chaque carte.

INDEX DES NOMS SCIENTIFIQUES ET FRANÇAIS

en vol

Imprimé à Hong Kong